TEOLOGIA DOS ANDES

Luis Paul Muñoz Celleri

TEOLOGIA DOS ANDES

Fé e interculturalidade

ALTA BOOKS
GRUPO EDITORIAL

Teologia dos Andes

ISBN: 978-65-83604-95-8

Impresso no Brasil — 1ª Edição, 2025 — Edição revisada conforme o Acordo Ortográfico da Língua Portuguesa de 2009.

Dados Internacionais de Catalogação na Publicação (CIP)

M393T

Muñoz Celleri, Luis Paul. Teologia dos Andes: Fé e interculturalidade/
Luis Paul Muñoz Celleri. São Paulo:
Editora Contra o Vento, 2025.

460 p.; 16 x 23 cm

ISBN 978-65-83604-95-8

1. Teologia 2. Tradições Andinas 3. Inculturação

CDD 230

Produção Editorial: Grupo Editorial Alta Books
Diretor Editorial: Anderson Vieira
Editor da Obra: Eduardo de Proença
Vendas Governamentais: Cristiane Mutüs
Gerência Comercial: Claudio Lima

Gerência Marketing: Andréa Guatiello
Revisão: Claudia Montico
Diagramação: Luana Vulcano
Capa: Victoria Cristina Eduardo

ALTA BOOKS
GRUPO EDITORIAL

Rua Viúva Cláudio, 291 — Bairro Industrial do Jacaré
CEP: 20.970-031 — Rio de Janeiro (RJ)
Tels.: (21) 3278-8069 / 3278-8419
www.altabooks.com.br — altabooks@altabooks.com.br
Ouvidoria: ouvidoria@altabooks.com.br

Editora **afiliada à:**

abdr

ASSOCIADO CBL Câmara Brasileira do Livro

SUMÁRIO

AGRADECIMENTOS

Ao Deus Trino e Uno, por me ter engendrado em um solo sagrado cultural e religioso, que permitiu tecer minha existência como teólogo e consagrado a serviço do Reino.

À minha família de sangue e de consagração religiosa por oferecerem o apoio, o tempo e a oportunidade para realizar esta investigação.

À Pontifícia Universidade Católica do Rio Grande do Sul (PUCRS) e à Coordenação de Aperfeiçoamento de Pessoal de Nível Superior (CAPES) pelo incentivo financeiro e acadêmico durante estes anos de pesquisa.

Aos professores que ousaram pensar e trilhar caminhos fora do hegemônico, de modo muito especial ao orientador Luiz Carlos Susin e aos examinadores que constituíram a banca.

Aos colegas e estudantes de teologia por seus questionamentos e contribuições nas partilhas de ideias e material bibliográfico para a produção da tese.

Ao *Instituto Latinoamericano de Misiología* (ILAMIS), de Cochabamba, na pessoa do professor Roberto Tomichá Charupá e seus colegas, ao serem solícitos no intercâmbio de materiais de Teologia Índia, durante o período mais crítico da pandemia.

Aos amigos e às amigas da caminhada que, com suas experiências, atravessaram minha existência e influenciaram na pesquisa.

PREFÁCIO

A humanidade hoje parece ser (metaforicamente falando) uma dobradiça, com uma grande parte modernizada e secular (ou julgada como pouco moderna), e outra parte seria mais espiritual, ancestral, polimórfica. Entre esses polos existiriam alguns eixos mediadores, como a busca da felicidade, da pacificação, da plenitude; isso ocorre em meio a perplexidades, conflitos, ameaças, consensos. Falam sobre o que é aceitável e civilizado; e do progresso mágico e carente.

Pelo contrário, é melhor confrontar dualismos e dilemas. Você sente e aprende muito indo de um lado para o outro, passando de muitos conceitos para maravilhas curativas, reconhecendo raízes e árvores de conhecimento, questionando mediocridades, sendo apaixonado pelo futuro e pelo passado, sendo grato por cada gentileza. Gerar maior dignidade e equidade.

De minha parte, alguns detalhes; cresci e fui treinado em cidades e privilégios; passei muitas décadas no Chile e no Peru. Escritor e professor semiaposentado. Colaboro eclesiásticamente.

Na vasta região andina pratica-se o bem viver, cujas características autóctones e mestiças tendem a se correlacionar com a antiga tradição cristã. Esta coexistência é afetada pelos neocolonialismos, pelas resistências, pelas renovações de natureza relacional e pelos esforços que desafiam o mal. A pluralidade criativa é abundante nas regiões andinas. Viver é cultivado e morrer é suportado; acontecimentos culturais e históricos são apreciados e sofridos. Desenham-se teologias, trajetórias eclesiais, espiritualidades.

O que Luis Paúl Muñoz Célleri conseguiu é louvável. Ele conecta as mudanças nos acontecimentos andinos com o trabalho teológico derivado do Evangelho cristão. A sua obra em português – Teologia dos Andes – favorece uma transformação integral e uma responsabilidade em cada espaço e tempo onde a fé se reflete. Por ser uma elaboração especificamente andina, tem impacto universal, indicando caminhos para a felicidade humana e a bênção divina. O andino é flexível; ilumina populações do Brasil e de outras latitudes. O local é ambivalente e exige transformação e diálogo entre diferentes realidades que optam por viver com respeito.

Não se trata de transferir algo de um universo cultural para outros territórios. Pelo contrário, o colega Luis Paul divulga e examina de forma inter-científica e teológica os caminhos apropriados em nosso tempo de mudanças aceleradas. O trabalho inter-trans-cultural é, portanto, exigente e muito relevante em qualquer pensamento esperançoso e simbiótico.

A realidade andina implica uma cosmovivência de natureza relacional, transcendente e imanente; uma tríade de cosmos, divindade transcendente, ser humano comemorativo em comunidade. É o primeiro capítulo deste livro. No próximo capítulo, Luis Muñoz desenvolve conhecimentos decoloniais: epistemologia do coração e antropologia sócio-política. O seu terceiro capítulo – dedicado à teologia com hermenêutica e intercultural – está enraizado na história bíblica da mulher sírio-fenícia; e o capítulo final expõe feições comunitário-eclesiásticas de rosto andino e com fundamentos na Encarnação, na Páscoa, no Pentecostes. Sem dúvida é um itinerário reflexivo e prático que abre mentes e corações ao Espírito vivificante de Jesus Cristo e ao seu chamado universal.

Confiar e acreditar no amor de Deus implica trocas empáticas e culturais na história da humanidade. Isto também implica laços equitativos e decoloniais entre pessoas, associações, povos. Tudo isto é brilhantemente considerado por Luis Muñoz nos nossos contextos andinos e sul-americanos. Estas são significativas para aqueles que estão localizados e são evangelizados e ao mesmo tempo evangelizadores em outras latitudes. O particular tem relevância e potencial universal. A vivência e ética cristã estão correlacionadas com várias formas de acreditar em entidades curativas e gentis. Portanto, é prioritário receber e gerar vida plena. Ao pensar e celebrar, a humanidade forja existências sociais com seus rostos e desejos. Nasce da terra. Expressam-se sensibilidades, itinerários vitais, transcendências. O sofrimento é sopesado; vislumbra-se a esperança: e ficamos emocionados com a festa.

Com critérios evangélicos, as comunidades invocam o Espírito de Jesus Ressuscitado que se manifesta em todas as esferas humanas e que se celebra no universo que sofre as dores do parto. O fator cristão não é monocultural nem colonialista, nem discrimina as trajetórias de fé que florescem em todo o lado.

Nos últimos anos, todos testemunharam o drama daqueles que estão dilacerados. Os seus hábitos de crença saudáveis são muitas vezes desqualificados; levantam-se dilemas errados: ou andino ou ser ocidental, ou participar de ritos afro-americanos ou ser ativista na igreja, ou superstições amazônicas ou a única verdade e moralidade válidas. Isto não apenas separa as pessoas, mas também destrói as forças sócio espirituais.

Porém, não se esquece o que foi realizado em vários espaços andinos e por associações com avanços concretos e perspectivas renovadoras. Isto é retomado e redefinido ao longo desta obra. Se eu tivesse este texto (e outras contribuições) há cerca de 50 anos, teria dialogado com referenciais teórico-práticos que hoje não podem ser adiados. Entristece-me saber que só recentemente tive acesso a metodologias e conteúdos que nos levam adiante. Convido você a abrir novas questões e itinerários.

A este respeito, também me lembro de erros. Menciono alguns agora. Tenho sido responsável por atividades em paróquias que celebram santos padroeiros ao longo do ano, e algo comum são as danças folclóricas na veneração de imagens católicas; todos os anos; isso aconteceu nas praças e ruas da cidade. Pedi aos grupos de dança que dançassem no ofertório e no final da Eucaristia, expressando a sua gratidão ao Senhor; poucos grupos concordaram com meu convite. Algo pior foi quando perguntamos aos paroquianos (que costumam mascar folhas de coca nas cerimônias e ações diárias) se no final da missa na porta do templo não haveria problema em distribuir algumas folhas a cada participante para que eles retornem com segurança para suas casas. Também não funcionou. Mas houve outra iniciativa aceitável e fecunda, quando membros da equipe paroquial saíram do templo e juntamente com os restantes recebemos folhas daquela planta sagrada e alguns copos de cerveja. Faltam a esses disjuntores da pedagogia evangelizadora os critérios que a obra de Muñoz Célleri oferece com insights saudáveis e pontos para confrontos inevitáveis. Qualquer procedimento, bem planejado ou mais ou menos artificial, beneficia de referências ao procedimento dos testemunhos apostólicos e das comunidades responsáveis em cada território.

Vale a pena recordar a qualidade intercultural na prática e na mensagem de Jesus. Destaca-se a história de Jesus e da mulher cananéia (em Mt 15, tão bem abordada por Luis Paul), e o chamado universal para entrar na festa do Reino de Deus. Da mesma forma, somos desafiados por diversas atividades e expressões de Pedro, Tiago e Paulo (narradas em Atos dos Apóstolos, capítulos 15 a 17). Existem situações controversas e há luzes para então, para agora e para amanhã.

As diferenças e conjugações culturais merecem ser enfrentadas de forma empática, empírica, sapiencial, doutrinária, testemunhal. A audácia que vem do Espírito é contagiante e saudável desde os confins da história. Eles são redescobertos e podem ser compartilhados a partir de cosmovivências de jovens andinos, maias, afros, metropolitanos, amazônicos, mestiços, pessoas em sofrimento, solidariedade e compaixão.

Diego Irarrázaval, CSC[1]
(Amerindia -Bendita Mezcla-; eatwot:
Asociación de teólogos/as del tercer mundo)

Nota

1 Autor de: Religión del pobre y liberación (1978), La fiesta (1998), Teologia en la fe del pueblo (1999), Inculturacion (2000), Un Jesus Jovial (2003), De baixo e de dentro (2007), Itinerarios en la fe andina (2013), Indagación cristiana en los márgenes (2013), Raices con Alas (2018), Humanización con María (2023), Espiritualidad por rutas americanas (2022). En preparación: Creencias, al progresar, al convivir (2024)

INTRODUÇÃO

Nos últimos anos de história da América Latina, teve lugar uma irrupção notória dos povos indígenas. Os estudos interculturais a partir da fé cristã colaboraram no diálogo possível ao qual a reflexão teológica está chamada. Nesse sentido, cabe retomar um aspecto mencionado pelo episcopado latino-americano reunido em Aparecida, em 2007. O documento resultante da Assembleia aponta que a cultura indígena, assim como a de outros povos, emerge na sociedade e na Igreja como um *kairós*. Esse entendimento por parte dos bispos permite aprofundar o encontro da Igreja com os setores que reclamam o reconhecimento de seus direitos levando em conta sua cosmovisão, valores, identidades particulares na oportunidade de viver um Pentecostes eclesial (DAP, 91). No contexto do pontificado de Francisco, a Igreja manifestou uma sensibilidade especial para refletir a presença e a construção de um cristianismo de acordo com as realidades indígenas, especialmente à luz da *Querida Amazônia*. O tempo continua sendo favorável para alargar essas discussões, agora dentro da caminhada da Teologia Latino-Americana e sua contribuição libertadora.

Como proveniente de uma cultura andina, desde a graduação em Teologia (2012-2015), pelo fato de estar em diáspora, na Escola Superior de Teologia e Espiritualidade Franciscana (ESTEF), os trabalhos científicos foram direcionados à pesquisa histórico-latino-americana como forma de enfocar os assuntos indígenas. O objeto de estudo em questão na graduação de teologia privilegiou a partir da história do evento de "Guadalupe", da eclesiologia e religiosidade popular, com o seguinte título *Maria, figura da Igreja.*

Por sua vez, a dissertação de mestrado, apresentada ao Programa de Pós-graduação em Teologia (PPGTEO) da PUCRS, cujo título *Teologia e sumak kawsay: o diálogo com a sabedoria do bem viver* estabeleceu um diálogo entre a cultura dos povos originários andinos e a fé cristã, a partir do paradigma guarda-chuva *sumak kawsay*. É essa expressão de caráter normativa que concentra a cosmovisão andina e que encontra um ponto comum com o cristianismo: a busca pela vida plena.

Diante das conclusões alcançadas na pesquisa acadêmica, em nível de mestrado, e com uma ousada pretensão de radicalizar e determinar um diálogo direto entre cultura andina e fé cristã na presente obra, optou-se pela continuidade dos estudos interculturais que a teologia tem alcançado nos últimos anos. Assim, parte-se da reflexão teológica latino-americana em colaboração com a filosofia andina como transfundo sapiencial, a antropologia social como fator de criticidade e os esforços eclesiais por uma teologia interculturada na América Latina.

O problema que perpassa a pesquisa coloca-se através do seguinte questionamento: Como pensar o cristianismo a partir do mundo andino, sem deixar de lado a objetividade da revelação na concepção cristã e seus elementos essenciais, assim como os elementos culturais intrínsecos do povo em questão?

O termo teológico *inculturação* resume todo um programa de renovação teológica, pastoral, litúrgica, catequética, que busca reorientar a presença do cristianismo no mundo e dá sentido à missão ao exigir um diálogo com a diversidade cultural da humanidade. O reconhecimento desse fato significa que o pluralismo das culturas e das religiões que marcam fortemente a época atual impelem para ir mais longe na análise.

Assim, durante as reflexões, propõe-se um diálogo mais próximo entre o termo teológico *inculturação* e o viés crítico da acepção de cunho social e histórico, *interculturalidade*. Entende-se que, desse modo, atende-se ao imperativo do tempo contemporâneo que o cristianismo deve assumir, se quiser estar à altura das exigências dos contextos universais que planteiam a convivência humana com a pluralidade das culturas e das religiões.

Tem-se como objetivo principal discutir os elementos culturais dos povos andinos à luz da fé e ao desenvolvimento de uma teologia própria. Quanto à proposta secundária, abarca os seguintes pontos específicos: situar o contexto do mundo indígena, em particular o andino, e sua religiosidade; revisitar a reflexão sobre inculturação, desde uma perspectiva latino-americana, com a contribuição da filosofia e teologia andina e em diálogo interdisciplinar; confrontar o tema da interculturalidade com o magistério da Igreja, especialmente as Conferências do Episcopado Latino-americano: Medellín (1968), Puebla (1979), Santo Domingo (1992) e Aparecida (2007). O que a investigação pretende é uma aproximação com a sistematização da Teologia Andina. A pesquisa desta obra é de caráter bibliográfico, e se baseia na compilação dos testemunhos e dados a partir da leitura de várias obras, que darão sustento teórico para responder às perguntas fundamentais já formuladas no problema.

Há que se destacar a vertente missiológica do material bibliográfico proporcionado pelo *Instituto Latinoamericano de Misiología*, ILAMIS (Cochabamba), e sua editora, *Itinerarios*, ao oferecer, em tempos pandêmicos, material suficiente para o suporte teórico na área da teologia índia e andina de forma que a pesquisa não conseguiu avançar para uma experiência *in loco*. Em seguida, a descrição de algumas obras destaque e autores-chave.

A primeira é a de Nicanor Sarmiento Tupayupanqui, indígena peruano, com sua obra de 2016, *Un arco íris de voces teológicas: la trilogia andina desde la experiencia quechua y aymara*. A investigação se apropriou desse aporte teórico para entender a expansão e a sistematização das teologias andinas cristãs, através desse estudo missiológico e antropológico da denominada trilogia andina: cosmos, transcendência e comunidade. O autor explora, analisa e organiza os elementos antropológicos e teológicos que se encontram na trilogia andina, para procurar o desenvolvimento das teologias andinas enraizadas nos valores culturais e as tradições cristãs dos povos. Foi forte inspiração para dar início ao diálogo interdisciplinar que, de certa forma, permeia esta obra.

O teólogo argentino e com imersão no mundo andino, Lucas Cerviño, mediante sua obra *Otra misión es posible: dialogar desde espacios sapienciales e interculturales,* de 2010, abriu as portas para a história do povo dos Andes em sua complexidade que se desvela como múltipla, intercultural e inter-religiosa. Ele apresentou um método que tem sabor de mística e deve ser usado para a elaboração de um círculo hermenêutico teológico e intercultural, uma maneira de fazer teologia e que, ao mesmo tempo, é missão, ferramentas de interpretação que não são imposição e sim, proposição.

O contexto da pesquisa exigiu se restringir ao mundo andino e à sua experiência cultural-teológica. Nesse meio, o filósofo e teólogo Josef Estermann foi descoberto em uma visita breve à editora *Abya Yala*, em Quito (Equador), no ano de 2018. Apresenta-se como um dos grandes tradutores da experiência andina para o mundo ocidental, para um diálogo intercultural decidido e descolonial. Com rigor científico e experiência de imersão nos cântaros das sabedorias indígenas *quéchuas* e *aymaras*, usando o diálogo "diatópico", sua obra é toda uma novidade ao reler a filosofia e a teologia desde uma perspectiva diferente, a dos povos autóctones andinos. Já a *Filosofia Andina: estudo intercultural de la sabiduría andina,* de 1998, fundamenta que para poder se aproximar do mundo andino é preciso romper com o eurocentrismo e ocidentalismos implícitos na mesma definição e delimitação do que se entende por pensamento filosófico. Assim, a opção deve recair por um enfoque intercultural, em que a filosofia intercultural é uma forma de ver, uma atitude comprometida e um certo hábito intelectual que penetra todos os esforços filosóficos. Em *Cruz y Coca: hacia la decolonización de religión y teología,* de 2014, e em *Más allá de Occidente: apuntes filosóficos sobre interculturalidad, decolonización y el vivir bien andino,* de 2015, aprende-se que o momento presente, na era do intercultural, deverá conduzir ao entendimento intercultural e inter-religioso dos seres humanos ou chegará ao seu fim. Para a América Latina, torna-se um imperativo a descolonização da vida intelectual, cultural e política, onde as igrejas e a teologia não são exceção.

Acredita-se que o maior esforço já realizado em termos de teologia intercultural, e muito explorado desde o mundo andino, encontra-se na organização dos dois volumes de *Teología andina: el tejido diverso de la fe andina,* de 2009, em parceria com o *Instituto Superior Ecumênico Andino de Teologia,* de La Paz (Bolívia). Esse rigor científico conta com a colaboração de diversos autores autóctones ou mergulhados na realidade andina. A elaboração da Teologia Andina se inscreve no contexto de descolonização intelectual no campo teológico, como originária da teologia índia, que toma como fato histórico o sincretismo religioso e cultural vigente em grande parte da Sul-América. Ao mesmo tempo, situa-se na tradição da Teologia da Libertação latino-americana e propõe um desafio para uma teologia verdadeiramente inculturada e comprometida com os povos originários.

O método investigativo da pesquisa será descrito por meio do marco fundamental antropológico e teológico que promove o diálogo sadio entre fé, cultura e religião. O "diálogo tripolar" aparece como um método teológico fiel às experiências culturais e religiosas, à revelação divina em Cristo e à fiel comunhão eclesial universal (Sarmiento, 2016).[1] Esse procedimento pode ser empregado na ampliação e na ordenação das teologias contextuais concretas. Essa contribuição consiste em aplicar o diálogo tripolar de Juan Gorski ao processo de inculturação e sistematização das teologias andinas cristãs (Gorski, 1998). Esses momentos farão parte como capítulos da obra de forma crítica e propositiva.

Segundo esse método, as igrejas locais andinas são chamadas a dialogar com três experiências ou polos de fidelidade fundamentais. O primeiro é a "fidelidade às experiências culturais e religiosas" dos *quéchuas* e *aymaras*, que contém a experiência da presença do Deus vivo e verdadeiro expressado em seus mitos e *cosmovivências*, nas relações básicas fundamentais do povo com o cosmos, com Deus e com os outros seres humanos (Sarmiento, 2016). Este primeiro polo ainda contém a experiência salvífica do Espírito Santo, perante o qual as pessoas andinas participam no mistério Pascal de Cristo e do sofrimento enorme que infligiu ao povo indígena do continente durante a época da conquista e colonização. Este primeiro polo corresponde ao primeiro capítulo, intitulado de *Cosmovivência andina*, ou bem poderia ser chamado do aspecto antropológico da pesquisa.

O segundo polo de "fidelidade é a tradição apostólica" escrita e não escrita. É a experiência dos apóstolos e das comunidades apostólicas, o testemunho da tradição apostólica, tanto aquele testemunho consignado por escrito nas Sagradas Escrituras quanto aquele comunicado por intermédio de outros meios culturais de comunicação não escrita. Dentro da tradição não escrita, a comunicada é desenvolvida durante a história como ritos, símbolos, modelos de comportamento, modelos de comunidade e de ministério. A tradição apostólica é fundamental para o diálogo, porque a maneira de guardar e transmitir a experiência de Deus vivo revelado em Cristo se dá através da linguagem e os símbolos culturais coincidem harmoniosamente com a maneira indígena de fazer teologia (Sarmiento, 2016). Na pesquisa, foi reformulado este polo de fidelidade e nomeado como *Hermenêutica teológica intercultural*, que deu origem ao terceiro capítulo da obra, centrando-se, assim, em uma abordagem que conceda aos elementos teológicos e bíblicos para um diálogo entre cultura e religião desde o mundo andino. A reformulação deste polo obedece à escolha de trabalhar com materiais bibliográficos escritos, e não com pesquisa de campo.

O terceiro polo é a "fidelidade à comunhão eclesial universal", baseado no princípio católico da "unidade na diversidade". A experiência da Igreja em outros tempos e em outros lugares informava e formava a vida de fé das igrejas locais andinas. Este polo inclui as doutrinas do magistério, a vida dos santos, os ensinamentos dos teólogos, as formas de oração, de viver a religiosidade. Assim, os esforços para a inculturação que realizam as igrejas locais particulares são enriquecidos e questionados pela experiência da Igreja Universal. Da mesma forma, cada inculturação local da fé tem a capacidade de mobilizar o patrimônio teológico da Igreja universal e de contribuir para a maior fidelidade ao Evangelho.

Por outro lado, a natureza missiológica deste terceiro polo é um convite ao diálogo com outras denominações cristãs, no contexto ecumênico do movimento teológico andino, se entendido que a catolicidade cristã não se limita à Igreja Católica Romana. O diálogo com as religiões tradicionais andinas também é necessário, porque o cristianismo andino se considera a síntese das tradições indígenas e cristãs (Sarmiento, 2016). A finalidade é responder a esses questionamentos e traçar suas inter-relações, e por esse motivo corresponde ao quarto capítulo *Notas para uma teologia com rosto andino*. À maneira de síntese, será apresentada uma contribuição, englobando três elementos importantes da teologia andina: a revelação, a experiência com Cristo e a comunidade em chave pneumatológica. Aqui, o trabalho teológico de autores autóctones andinos em diálogo com a tradição teológica latino-americana serviu de referência. É o capítulo mais extenso e sua configuração obedece à unidade do método e do polo de fidelidade.

Além desses três polos ou fidelidades que correspondem aos capítulos mencionados, há necessidade de elaborar um apartado crítico a respeito de como, do ponto de vista sociológico, as sabedorias ancestrais precisam ser abordadas. Essa proposta está retratada no segundo capítulo, *Construir sabedorias descoloniais*. Esse bloco de aspecto crítico-sociológico atende ao nome de interculturalidade crítica e chama para esse fim. E aqui, na visão do pesquisador, há uma originalidade escondida no trabalho investigativo, no intuito de trazer presente os questionamentos da reflexão intercultural à teologia, de relacionar interculturalidade à religião, para construir teologia a partir de sabedorias outras, que não são outras sabedorias, e sim de perspectiva local, que embora pareça subversiva, é concreta e propositiva.

Nota

1 Esse diálogo, como método, foi desenvolvido por teólogos e missiólogos empenhados nas teologias contextuais e inculturada na África, Ásia e América Latina. Qualquer processo de inculturação ou de sistematização teológica inculturada implica a interação nos três elementos implicados.

1. *COSMOVIVÊNCIA* ANDINA[1]

O primeiro capítulo situa o contexto andino, do qual faz parte o primeiro passo do diálogo tripolar chamado de fidelidade à cultura. O mundo andino é possuidor de uma história longa e profunda, que permanece desconhecida e, por vezes, à margem das vozes das culturas dominantes. Não há como dissertar sobre esse assunto fora da história dos processos sociais e das lutas do mundo indígena (Acosta, 2016).

Entenda-se por contexto ou *cosmovivência*,[2] a situação geográfica e topológica, as relações que perpassam a vida, a visão cosmológica e a dimensão comunitária. Trata-se, num primeiro momento, do andino no seu contexto global, valendo-nos da história desses povos[3] e sua vivência antes da colonização. Também se toma como fonte de aproximação do andino a perspectiva filosófica, a partir dos princípios e como categoria multifacetada, que é a que mais interessa como argumento e para o desenvolvimento da pesquisa. O último passo diz respeito à maneira de os andinos entenderem a vida; usam-se os elementos comuns à cultura *quéchua*[4] e *aymara*[5] a partir da trilogia andina: cosmos, transcendência e comunidade.

1.1 O andino no contexto global

Antes da chegada dos europeus, não existiam índios em *Abya Yala (*Rodríguez, 2016*)*. O que havia eram grandes culturas andinas, como a *Caral*[6] no Peru, uma das mais antigas, que deixou registrada seu nome em uma construção arquitetônica sagrada. Sua existência pode ser contemporânea à cultura e ao desenvolvimento dos povos de Mesopotâmia. Esses tipos de sociedades andinas foram caracterizados pela mútua relação entre Estado e espiritualidade. Manifestação dessa afirmação são os lugares de *Machu Pichu,* a cidade do sol, no Peru, e *Tiwanku,* Pedra do Meio, situado ao sudeste do Titicaca na Bolívia, cidades arqueológicas que registram vestígios do império *Inca.*[7]

Nesse sentido, o

> poblamiento andino señala al arcaico tardío (4000 a.C. a 2000 a.C.), como el periodo en el que empezó el proceso de consolidación de las culturas independientes, de carácter local y con características diferenciadas entre sí, que dieron lugar a las civilizaciones conocidas como las pre incas. Durante siglos de desarrollo cultural se constituyeron civilizaciones con estados teocráticos y sociedades altamente organizadas, que fueron predecesoras del imperio incaico (Rodríguez, 2016).

Cristóvão Colombo, erroneamente, pensou que tinha chegado à Índia em 1492. Dessa maneira, os primeiros habitantes foram chamados de *índios* e o território descoberto de *Índias Ocidentais (*Mignolo *apud* Sarmiento, 2016*).* Hoje, esse nome dado aos habitantes nativos do continente e a seus descendentes é de uso comum e é aceito pela grande maioria dos indígenas. O continente americano foi um território de culturas que se formaram por meio de organizações culturais, sociais, linguísticas, políticas e territoriais.

Ao norte da *Abya Yala,* floresceram grandes confederações tribais que estavam agrupadas por famílias étnicas e linguísticas, organizadas também por parentesco em territórios comuns de vivência, pesca e caça. Ao centro da *Abya Yala* existiram civilizações *mayas*[8] e *astecas*[9] com suas próprias famílias e próprias configurações territoriais. No Sul se gestaram grandes culturas como a civilização *inca*. Essas culturas desenvolveram organização social, política, econômica, militar e religiosa mundialmente conhecidas e que hoje causam admiração. De forma surpreendente, continuam alimentando a vida de seus respectivos países. O território *inca*[10] conhecido como o *Tawuantinsuyo*,[11] por exemplo, ocupou as terras que vão desde o Sul da Colômbia, passando por Equador, Peru e Bolívia até o norte da Argentina e do Chile[12].

Quando essas terras foram achadas pelos europeus, o mundo conhecido teve drásticas consequências na percepção da realidade como um todo. O *Novo Mundo* passou a ser parte da história dos continentes existentes daquela época. O descobrimento da *Abya Yala* mudou as perspectivas dos povos europeus sobre o conhecimento, a história, a religião, a geografia e a política. É com esse enfoque que

> el cristianismo europeo se hizo consciente que el planeta era una sola realidad y que era posible vincular los mundos diferentes, anteriormente dispersos y separados. Es el inicio de una historia mundial escrita desde la perspectiva de conquistadores y cristianos, negando así las demás historias orales y reprimiendo las tradiciones culturales y religiosas de los pueblos subyugados. Marca el comienzo de la colonización y cristianización de los pueblos y naciones de Abya Yala (Sarmiento, 2016).

Os primeiros habitantes deste continente eram profundamente religiosos e espirituais. Desenvolveram religiões altamente estruturadas, bem próximas dos sistemas religiosos que se conhece no mundo ocidental. Construíram templos e santuários de importância e idealizaram ritos e cerimônias desenvolvidos e integrados com a astronomia e o cultivo da terra.[13] Também estabeleceram sacerdotes, guias espirituais, curandeiros, profetas, cantores e pessoas consagradas para o serviço do culto, capacitando-as. Algumas das atividades

> [...] que se practicaban en el pasado y que se practican en la vida actual de las comunidades nativas [son]: hablar de Dios, cantar la tradición, danzar los mitos, vivir una vida de oración, tirar maíz u hojas de coca, leer los calendarios solares y lunares, ser antorcha, ser espejo, aconsejar a los demás, volar a los cielos como águilas o cóndores, escrudiñar el horizonte para descubrir los signos de los tiempos, descifrar o interpretar los sueños y mantener vivas las memorias históricas del pueblo (Teutlatolli *apud* Sarmiento, 2016).

Os povos indígenas elaboraram códigos de conduta éticos e morais, que têm como fundamento os princípios filosóficos de harmonia, solidariedade, relacionalidade, reciprocidade e formas comunitárias de vida. Essas normas de ética de desenvolvimento pessoal e comunitário continuam a guiar a vida das gerações e através delas foram estabelecidas relações de harmonia com os demais, com o transcendente e com o cosmos (Estermann, 1998).

Desse modo pode-se afirmar que os povos indígenas que atualmente habitam a *Abya Yala* são descendentes de povos profundamente religiosos e espirituais. Durante muitos séculos antes da chegada do cristianismo, eles já tinham uma experiência do sagrado.

1.2 O andino: um conceito visto de vários ângulos

A realidade pode ser interpretada a partir de vários pontos de vista. Entende-se o contexto andino desde uma perspectiva filosófica e se descobre que o conceito andino serve às muitas interpretações que podem estar relacionadas entre si (Estermann, 1998), porém, reconhece que existem alguns limites a respeito das fontes do mundo andino:

> La limitación principal ha radicado, siempre, en la ausencia de versiones andina sobre cómo era la gente local. Para el estudio de los Andes, no existen códices como el Azteca, Zapoteca o como los libros Mayas que fueron escritos antes de que se produjera la invasión europea; tampoco ha sido descubierta, todavía ninguna escritura aborigen en Sudamérica. La decapitación política e intelectual del Estado inka realizada por los europeos fue tan rápida que no permitió que sobreviviera entrevista alguna con los Amautas, los hombres cultos y reflexivos del Tawantinsuyu. Todo lo que tenemos son las versiones de los integrantes de las camarillas militar y cortesana del Cuzco, versiones que serían recogidas de modo imperfecto por extranjeros impacientes y de visión eurocéntrica (Murra, J. V. 2002).

Por isso,

> lo andino más que una expresión, es una categoría o concepto multifacético y polivalente que se utiliza en las interacciones cotidianas de la gente y el mundo académico. Los diversos sujetos históricos, teológicos, actores sociales y eclesiales, que viven e interactúan en esta región, así como las instituciones, partidos políticos, iglesias, organizaciones no gubernamentales, movimientos sociales e individuos, dan diferentes significados a lo andino (Sarmiento, 2016).

O atributo andino não ressalta apenas um aspecto condensador, mas pode ser interpretado pelos diferentes pontos de vista e se presta a interpretações relacionadas entre si[14].

1.2.1 Uma categoria geográfica e topográfica

O andino é uma categoria espacial, no sentido geográfico e topográfico. A etimologia da palavra, que provém do *quéchua*, *antis* (oriental), foi usada na época dos incas para indicar aos moradores do *Antisuyo*, um dos quatro reinos ou regiões (*suyo*) do império do *Tawuantinsuyu*[15]. Essa região era a parte oriental do Reino, o que hoje se considera a região serrana do continente, o espaço montanhoso da América do Sul que ocupa a Venezuela, Colômbia, Equador, Peru, Bolívia e partes do norte da Argentina e do Chile (Rodríguez, 2016).

Geograficamente, esses territórios têm características particulares. São regiões montanhosas com uma altura que vai dos 2 mil a 6,9 mil metros sobre o nível do mar, mas habitada até os 4,8 mil. O clima, mesmo apresentando condições adversas, contendo diversidades de microclimas e espaço geográficos, foi há dez mil anos um lugar de estima pelo ser humano, dando lugar, ao longo dos séculos, a várias culturas. A *inca* foi uma das mais conhecidas e avançadas. E mesmo sendo evidente sua importância para os Andes, é necessário ponderar que

> su cosmovisión, modo de vida y organización sociopolítica, no es la única o la principal fuente del conocimiento andino; de hecho, una de las características de los incas fue su capacidad de integración y consolidación de los conocimientos de los pueblos que hicieron parte del imperio, así como de las civilizaciones que le precedieron (Rodríguez, 2016) .

A própria geografia deu lugar a um pensamento, em que a precariedade da terra tem um peso profundo na maneira de entender a vida, a dialética do que está em cima e embaixo, o ciclo das chuvas e a época das secas. A condição geográfica é a condição material e a particular marca de onde surgiram determinadas culturas e formas de conceber o mundo.

Portanto, o mesmo termo *andino* chega a fazer referência a certo modo de viver, a uma cultura própria. É uma categoria cultural que não se limita apenas a uma manifestação de um povo, senão de vários e, na diversidade deles, encontram-se manifestações comuns para poder falar e apreciar elementos de uma cultura andina.

O *andino* é um denominador comum em todas as manifestações culturais dos povos que habitam a região e cuja variedade pode ser contemplada nos idiomas e dialetos, nas culturas históricas que viveram, nas expressões artísticas regionais e na existência de formas particulares de organização comunitária, que até hoje se situam em comunidade rurais, bairros populares e nos próprios centros urbanos.

1.2.2 Uma categoria histórica

Considerações também são válidas quanto às culturas e civilizações que se desenvolveram nesse ambiente, sem desconsiderar que houve períodos de criação e desintegração dos estados. Menciona-se a presença dos *Tiahuanacotas*, formados por vários grupos e nos arredores do Lago *Titicaca*[16], a 3,8 mil metros acima do nível do mar.

Outro grupo são os *aymaras* que viveram além do entorno andino original, fruto da migração, e são os descendentes dos *Tiahuanacos*. Os *aymaras* se situam em comunidades, povos, cidades interioranas da Argentina, Bolívia, Chile e Peru (Rodríguez, 2016) . Os *Tiahuanacos* deram lugar à civilização *inca*[17], que foi se configurando no *Tawuantinsuyo*[18],quatro regiões que no auge de sua história chegou a incluir a maioria dos povos do Peru, Bolívia, Equador, sul da Colômbia, norte do Chile e Argentina. Sarmiento assim o explica:

> la mayoría de los estudiosos andinos concuerdan en la magnitud continental del Imperio Inca, el cual duró un

> corto periodo histórico, que probablemente empezó a consolidarse en 1450 y fue trastocado en 1532 con la llegada de los europeos [...]. El Tahuantinsuyo experimentó invasiones transcontinentales con la llegada de los conquistadores españoles con la misión de civilizar y cristianizar a los aymaras y quéchuas[19].

Esse processo de colonização e cristianização causou feridas culturais e religiosas que hoje necessitam de diálogo e conciliação. Lamentavelmente, o percurso histórico e a conformação dos estados nacionais no século XIX deixaram marcas para os *aymaras* e *quéchuas*, passando das mãos dos colonizadores ao poder dos terratenentes/proprietários de terras, também chamados de fazendeiros.

> Hoy en día, gracias a la esmerada labor de Murra, Rostworowski, Pease y otros investigadores que han tenido entre sus principales preocupaciones la de hallar y publicar documentos de interés etnohistórico, los estudiosos del mundo andino antiguo disponen de una masa de documentos cuantitativa y cualitativamente muy superior [...] (Curatola Petrocchi, 2002).

1.2.3 Uma categoria social e cultural

Nesse contexto, o ser andino pode ser identificado como categoria cultural e social que conhece os diferentes modos ou formas de vida que nasceram nos Andes, pois as culturas andinas

> del pasado y del presente han desarrollado varios idiomas con sus propios dialectos regionales: *runa simi* (o quechua), *jaqi aru* (o aymara), *pukina* y español [...]. Además de los quéchuas y aymaras, esta categorización

> cultural abarca los descendientes de los aymaras y quechuas, quienes no hablan ninguno de los dos idiomas, y los mestizos que hablan español y se identifican como andinas/os (Esterman *apud* Sarmiento, 2016).

O andino, como categoria cultural étnica, é um subconsciente coletivo, denominador comum, com uma singularidade que diz respeito à matriz geral social e cultural, que é compartilhada pelos habitantes dos Andes.

1.2.4 Uma categoria étnica

O andino alude ao dado étnico e, como categoria étnica, permite falar em ser andino, antropologia andina, povo andino. A partir dessa categoria étnica, compreende-se que esse ser humano tem sua identidade arraigada em um âmbito geográfico, social e cultural. Também se deve advertir que "lo andino [...] no se puede reducir a una cultura congelada en un periodo de tiempo preferiblemente colonial, ni a un espacio geográfico determinante (preferentemente las áreas aymara/quechua de los altos" (Esterman *apud* Sarmiento, 2016) .

A compreensão do andino nesse nível vai além das fronteiras históricas, geográficas, sociais e culturais. Essa nova concepção mudou a noção social anterior, como citação única aos descendentes diretos dos habitantes originários dos Andes, chamados erroneamente de *índios*. Deixou de ser uma categoria racial equivalente: ser indígena dos Andes é diferente de ser branco europeu e descendente destes, é distinto de ser o crioulo e o mestiço.

1.3 Razão andina e lógica da relação

Para o objetivo desta breve apresentação da filosofia andina e seus elementos a favor do pensamento descolonial, vale-se da filosofia intercultural crítica e libertadora que já pressupõe o processo dessa descolonização, levando a tomar consciência da colonialidade de estrutura e relações de poder, valores, esquemas mentais e regime jurídico e induzindo para a interculturalidade.

Pode-se afirmar com Boaventura de Sousa Santos que o projeto de uma racionalidade/filosofia andina se aproxima do objetivo das assim consideradas epistemologias do Sul, cuja finalidade é criar distâncias a respeito da tradição eurocêntrica e abrir espaço analítico para as realidades que se apresentam como surpreendentes, porque são novas ou foram ignoradas ou invisibilizadas, ou seja, consideradas como não existentes pela tradição eurocêntrica. Só poderão ser recuperadas pela chamada sociologia das ausências:

> Tomar distancia no significa descartar la rica tradición eurocéntrica y arrojarla al basurero de la historia, ignorando de ese modo las posibilidades históricas de la emancipación social en la modernidad eurocéntrica. Antes bien, significa incluirla en un panorama mucho más amplio de posibilidades epistemológicas y políticas. Significa el ejercicio de una hermenéutica de la sospecha respecto de sus 'verdades fundamentales' al develar lo que hay debajo de su 'sentido literal'. Significa prestar atención a las tradiciones más pequeñas suprimidas o marginadas dentro de la gran tradición occidental. Significa, sobre todo, asumir que nuestro tiempo es un periodo de transición sin precedentes en el que no enfrentamos a problemas modernos para los cuales no existen soluciones modernas. (De Sousa Santos, B., 1997).

1.3.1 Para além da razão ocidental

Uma filosofia intercultural crítica parte da constatação de uma assimetria entre as culturas, da hegemonia de certas culturas sobre outras, de relações de poder dentro das culturas e da assimetria das relações de gênero dentro e entre as culturas. Essa questão tem a ver com a colonialidade, seja em sentido econômico e político, seja em sentido cultural e seja de gênero.

> [...] parto aquí de la convicción de que, hoy como ayer, debemos los cristianos empezar solicitando el 'permiso' y la comprensión de los otros, esos otros que tanto hemos humillado con nuestra arrogancia occidental moderna y que tanto hemos herido con nuestros métodos de militancia, para tomar la palabra, articular nuestro mensaje y compartirlo con ellos en un diálogo abierto y sin asimetrías (Fornet-Betancourt, R., 2007).

Cada filosofia parte de alguns pressupostos, de um *mito fundante* que legitima todo o pensamento filosófico. Na filosofia ocidental, *logos* pode ser considerado o *mito fundante* mais poderoso e inquestionável.

A respeito da racionalidade, já se apropria de um conceito fundamentalmente ocidental que não pode ser transculturado. Esta razão não é uma invariável cultural, nem invenção supracultural, mas invenção eminentemente ocidental, que poderá encontrar seus correspondentes nas diversas culturas. No próprio mundo ocidental, o conceito de razão viveu uma história de transposição e de transculturação. Foi identificado como algo divino e sobre-humano, em que o ser humano participa, aspecto, por exemplo, bastante aprofundado pela cristologia e pelo platonismo cristão. A secularização plena da razão começou no nominalismo medieval e no racionalismo continental moderno, mas, apesar de todas essas tentativas, a razão conservou seu status de quase deusa. Recentemente, o pós-modernismo começa a desconstruir esse mito fundante da filosofia ocidental, na chamada racionalidade instrumental[20].

Propõe-se descolonizar esse conceito, podendo realizá-lo, enriquecendo-o com os conceitos involucrados, numa aproximação respeitosa.

Racionalidade não se deriva diretamente de razão, não se trata apenas de um modo de pensar, atuar e imaginar racionalmente. Não é apenas atividade do pensamento, é uma concepção abstrata, o que permite uma libertação das acepções técnicas de sua fonte. E quando alega existir uma racionalidade andina, assegura-se sua existência que só acontece no plural das racionalidades. Reafirma-se que a razão como criação ocidental não passa pelo processo transcultural. Porém, como conceito emancipado da razão e do racionalismo abre portas para a possibilidade de ser usado no diálogo intercultural, como um esquema heurístico do encontro.

Assim, por exemplo, quando alguém usa o conceito racionalidade, está associado, muitas vezes, a um modo de conceber e de interpretar a realidade, a uma característica de interpretar a experiência vivencial, a um modo de entender os fenômenos e esquemas que levam conceituar modelos e representações. Dito de outra forma, a racionalidade de uma certa época, cultura ou etnia se manifesta no conjunto dos fenômenos práticos ou pragmáticos de seus membros. Este pesquisador concorda com Estermann ao afirmar que

> La 'racionalidad' como 'mito fundante' no es parte de esta misma racionalidad, es decir: no puede ser 'objeto' o 'tema' de la misma, sino es 'prea-sub-puesto' por cualquiera de sus manifestaciones [...] Al vivir dentro de una cierta 'racionalidad', no podemos sobre el tapete sus estructuras y su funcionamiento, pero sí los 'prae-sub-ponemos' (inconscientemente). La filosofía intercultural nos permite 'tematizar' estos 'presupuestos', porque a través del diálogo entramos al campo de una cierta 'contraposición'

> de 'racionalidades' y empezamos a comprenderlas como culturalmente determinadas (Estermann, 1998).

Um elemento importante para este diálogo acontecer é a hermenêutica diatópica[21], que se realiza mediante o diálogo entre as culturas andina e ocidental, ou mais precisamente, entre as racionalidades andina e ocidental. A racionalidade ocidental implícita serve como contexto iluminativo para ter mais clara a racionalidade andina, e essa contribui para o esclarecimento da primeira. Encontra-se aqui num círculo hermenêutico, mesmo que o interesse seja a racionalidade andina, porém, o outro polo também está em jogo. No diálogo intercultural, não existem participantes neutros que não foram afetados por essa aventura da compreensão da alteridade.

Presença simbólica

A filosofia ocidental possui um componente predominantemente cognitivo. O objetivo se centra na busca da verdade através desse processo. Essa realidade é representada pelo esforço intelectual do ser humano na formulação do conceito, que substitui de forma ideal a realidade, e de tal modo chegar ao extremo de representá-la.

> El problema del conocimiento, según nuestro punto de vista occidental, pareciera tener cuatro etapas. Primero, una *realidad* que se da *afuera*. Segundo, un *conocimiento* de esa realidad. Tercero, un *saber* que resulta de la administración de los conocimientos o ciencia, y cuarto, una *acción* que vuelve sobre la realidad para modificarla. Esta es, al fin de cuentas, la actitud occidental desde los siglos XIV e XI, pasando por el Novum Organum de Bacon hasta la revolución industrial europea, y es también el sentir de los Estados Unidos en estos momentos, así como el ideario de cualquier clase media situada en el borde atlántico de Sudamérica. Se trata de cuatro momentos que encierran

> el ideal de que *afuera* se da todo y nosotros debemos recurrir al mundo *exterior* para resolver nuestros problemas (Kusch, 2000).

Para a filosofia andina, a realidade está presente ou se apresenta de forma simbólica e não tanto de forma representativa ou conceitual. O primeiro trabalho do ser humano, *runa*[22], não é a aquisição de um conhecimento teórico e abstrato do mundo que se apresenta, mas consiste na inserção mítica e a representação cúltica e cerimonial simbólica. A realidade se revela na celebração, que é mais do que uma representação, do que repensar uma recriação. O ser humano não capta ou concebe a realidade como algo alheio e distante, mas copresente como momento de si mesmo.

Assim,

> la celebración no es menos real que la realidad misma que aquella hace presente, sino más bien al revés: en lo celebrativo, la realidad se hace más intensa y concentrada. El 'símbolo' es la representación de la 'realidad' en forma muy densa, eficaz y hasta sagrada; no es una mera 're-presentación' cognoscitiva, sino una 'presencia vivencial' en forma simbólica (Estermann, 1998).

Desde o ponto de vista ocidental, essa forma de conceber o mundo é cogitada como mágica, numinosa, fetichista, primitiva. Essa determinação, como diástase gnosiológica, entre o sujeito e o objeto, revela a separação entre o profano e o sagrado. Mas a racionalidade andina não é mágica no sentido técnico da palavra. Nela, o objeto não tem poder salvífico por si mesmo, tampouco é puramente profano. O ser humano não se apodera da realidade para sua manipulação, mas a realidade se serve do ser humano para sua presença intensificada e salvífica.

A filosofia ocidental se constrói na base da estrutura linguística gráfica. A gramática serve como forma para o paradigma lógico do conceito e proposição. O símbolo amado de ocidente é a palavra, o verbo, *logos*. A realidade é entendida como um texto lógico que precisa ser decifrado e que se converte na própria realidade.

Para a filosofia andina, a realidade em si não é lógica e linguística, mas simbolicamente presente. O símbolo, por excelência, não é a palavra, nem o conceito, mas a realidade mesma na sua densidade celebrativa semântica. A realidade não está presente como um material cru que precisa ser processado através da cognição. A realidade está presente como símbolo, com elementos complexos de sinais concretos e materiais que referem mutuamente, uns aos outros[23].

O conceito, uma categoria socrática, busca reduplicar a realidade e instalar a dualidade ontológica, que se estabelece no paralelismo da ontologia. O ser é lógico, e o logos é o verdadeiro ser. Para a filosofia andina, a relação cognoscitiva e lógica é uma relação derivada e secundária com respeito à relação cerimonial primordial. Assim, o conceito é uma realidade de terceira ordem, uma forma posterior como o resultado de um processo de abstração. O ser andino não representa o mundo, mas o torna presente simbolicamente, mediante o rito e a celebração.

Tudo está interligado

A filosofia ocidental está buscando o *arjé* do que existe, o fundamento da realidade. Na filosofia andina, o *arjé* não é um ente substancial, mas a relação[24]. A relação é a verdadeira substância andina. Segundo Aristóteles, a relação é um acidente, uma característica de substâncias, exterior e não essencial a elas. A primordialidade ontológica e temporal da substancialidade com respeito à relacionalidade pertence aos axiomas inconscientes da filosofia ocidental. A analogia com o Ocidente pressupõe a diástase e a dualidade.

Na filosofia andina, tudo é relação e não algo acidental. O que a ontologia ocidental chama 'ente', substância em sentido aristotélico, para a racionalidade andina é um nó de relações de força e energia (Estermann, 1998).

A relacionalidade como mito fundante da filosofia andina se manifesta sobretudo, e de maneira explícita, no plano antropológico. Na antropologia andina, a posição do ser humano é dada de acordo à função que ele exerce dentro da totalidade das relações cósmicas. O ser humano seria como que uma "ponte cósmica", mas não a mais importante nem a primeira. Sua função é a de ser mediador da realidade, não no sentido de abstraí-la por completo. A tarefa e capacidade do *runa* seria a de poder representar simbolicamente o cosmos, através de ritos e celebrações[25].

O verdadeiro *arjé* para a filosofia andina é justamente a relacionalidade de tudo, a rede de elos e vínculo, que é a força de tudo o que existe. Não existe nada sem essa condição transcendental. Essa relacionalidade andina como base transcendental da concepção filosófica andina se manifesta em todos os níveis e em todos os campos da existência. Expressa-se em alguns axiomas derivados ou princípios paralógicos. Os princípios de complementaridade e correspondência são as duas expressões mais importantes do princípio fundamental de relacionalidade. O princípio de reciprocidade é a aplicação ética e social do princípio de complementaridade.

Uma racionalidade não racionalista

A forma do ser humano ocidental se aproximar da realidade acontece através da vista. Pelo olhar, o ser humano se distancia do visível como objeto transcendente, ou seja, toma distância e, ao mesmo tempo, acerca-se mediante a incorporação do objeto como imagem do sujeito. A filosofia e cultura ocidentais são altamente visuais, o que se comprova no valor predominante dos meios visuais de comunicação. O sentido predileto da vista serviu ao longo da história como modelo para a relação cognoscitiva em geral. Para Platão, por exemplo, o conhecimento verdadeiro é uma visão do verdadeiro (Estermann, 1998).

A razão é, no paradigma ocidental, a maneira mais adequada de ver a realidade tal como é e captá-la em conceito. A racionalidade ocidental é racionalista, pressupõe que a razão, como visão intelectual, é o modo de acesso privilegiado e mais autêntico do ser humano à realidade transcendente. De outro modo, tem-se o conceito.

> La filosofía andina enfatiza las facultades no visuales en su acercamiento a la realidad. El tacto por ejemplo es un sentido privilegiado (sólo hay que pensar en la devoción religiosa o en la expresión de cariño), pero también el olfato y el oído. Este último es la base para las maneras diversas maneras nemotécnicas de la tradición oral en la que el *runa* andino ha llegado a una perfección desconocida en Occidente (Estermann, 1998).

O acesso privilegiado do ser humano andino à realidade não é a razão, mas uma série de capacidades não racionais, que não são irracionais, desde os sentidos clássicos, sentimentos e emoções, até relações cognoscitivas. O ser humano andino sente mais a realidade do que a conhece e pensa. A razão é um ajudante ou complemento, que só tem sentido na medida em que o conhecimento adquirido possa ser corroborado pelas capacidades não racionais[26].

Ciência andina

A racionalidade ocidental deu à luz uma filha chamada de ciência. Nos seus primórdios, era uma sabedoria integral, em harmonia com o saber mítico, a prática religiosa e a ordem ética. Aos poucos, foi-se emancipando tanto das experiências vividas como das crenças religiosas. Na modernidade, passou a ser mais um saber instrumental, pragmático e autossuficiente devido à secularização da realidade.

Este é outro dos mitos de Ocidente: o cientificismo. A concepção de ciência como o acesso mais adequado e eficaz à realidade a tal ponto de substituir a religião, a ética e a estética, quer dizer que esse mito se autodeclara universal e único. Quanto mais científico mais moderno. No entanto, a filosofia pós-moderna reivindica a concepção relativista da ciência, ao reivindicar outro modelo de acesso à realidade, como o mito, a religião, o sentimento, a celebração e a arte (Estermann, 1998).

A filosofia intercultural tende a relativizar a racionalidade científica. A ciência como um saber abstrato, universal e necessário, um conhecimento poderoso e transformador da natureza, é fruto do mundo ocidental e tem razões culturais bem determináveis. O saber cientifico como *episteme* é uma das implicações do logocentrismo greco-ocidental, que tem características culturalmente bastante particulares. Para os gregos, conhecer algo é o mesmo que chegar à *episteme* plena, quer dizer, conhecer sua essência. A ciência, com essa conotação, é uma representação lógica da realidade através do conceito. O conceito capta a realidade em suas peculiaridades mais gerais e abstratos, mas é incapaz de conhecer em sua plenitude multifacetada e individual.

Na Idade Média, essa universalização e abstração gnosiológica, porém, contrasta com um processo inverso duma crescente individualização no estético, ético e social. O indivíduo que não tinha muita importância na filosofia antiga, veio adquirindo cada vez mais peso pela influência do espírito cristão, sem atingir o âmbito da ciência. A separação entre ética, religião e estética por um lado, e ciência e lógica, por outro, também se retrata na separação moderna entre o individual contingente e o universal necessário. Não se pode dizer que a racionalidade ocidental fosse abstrativa e universalista, mas apenas como concepção científica, pois a filosofia ocidental é a tentativa de conciliar as inconsistências fundamentais entre o universal e necessário e o individual e contingente (Estermann, 1998).

A concepção ocidental de ciência determinou decisivamente a concepção da verdade, a tal ponto de, muitas vezes, ambas se identificarem. Cientificidade chega a ser sinônimo de verdade. A partir desse ponto, a cientificidade ajudaria a comprovar a verdade ou falsidade de um assunto. Essa questão foi exportada a outros âmbitos culturais com uma pretensão universalista supercultural. O resultado é a justaposição entre verdades científicas e crenças não científicas.

A racionalidade andina não tem uma concepção racionalista ou empirista da ciência no sentido da *episteme*, objeto último do *nous* humano, mas considera a ciência, o saber, como o conjunto da sabedoria coletiva acumulada e transmitida através das gerações[27]. Existe um saber, *yachay*, palavra quéchua que corresponde à sabedoria, do subconsciente coletivo, transmitido por gerações, de forma oral e atitudinal, através de narrações, contos, atos celebrativos e costumes. Esse saber não é resultado de um esforço intelectual, mas produto de uma experiência vivida ampla e sensitiva. O verbo *yachay* expressa saber, conhecimento, mas também a capacidade de experimentar. Este tipo de experiência, o *aprender fazendo*, é um processo transgeracional e prático, proporcionando o status de autoridade à ciência andina, antiguidade, frequência e coerência.

A crença não é um dado científico em sentido ocidental, mas uma sabedoria como experiência acumulada de gerações. A sabedoria sobre as relações entre ser humano e natureza não precisa de uma demonstração científica por parte do andino, mas o vive como patrimônio sapiencial de seu povo. A ciência andina não está desligada de concepções religiosas, éticas, e mitológicas, mas as toma em conta como fontes valiosas do saber humano[28].

O choque entre as concepções ocidentais e andinas da ciência e do verdadeiro saber humano é evidente. Na atualidade, o povo andino vive esse choque na própria carne pela penetração da sabedoria andina, pela cientificidade ocidental, através de projetos de desenvolvimento, a introdução de tecnologia e a predominância de categorias quantitativas. É claro que o mundo ocidental chegou a um grau muito alto de conhecimento científico sobre o mundo, o ser humano, a sociedade. Mas isso não o torna dono do único paradigma científico nem o mais adequado e frutífero para a humanidade a longo prazo (Estermann, 1998).

Conclusões

Após a articulação de diversas referências bibliográficas, mediação e confrontação entre renomados autores, acredita-se na necessidade de um exercício que leve a desconstruir a colonialidade do saber que prioriza o racionalismo como único caminho e que leva ao conhecimento, mas não garante o acesso à sabedoria que tem a ver com a integralidade do ser.

A superioridade da razão, em alguns casos, negou os sentidos e afetos, o que facilitou a dominação da subjetividade, imaginários, desejos, corpos, a fim de construir um conhecimento objetivo e buscar alcançar verdades comprovadas. Os sentimentos e pensamentos buscam reintegrar a totalidade da condição humana, pois a humanidade sempre soube que existe não apenas em virtude disso, mas porque tem a capacidade do amor.

Sendo assim, essa consciência ajuda a superar o dualismo que, por exemplo, está fortemente impregnado na filosofia e teologia cristã. Para esse caso, as teologias e filosofias emergentes estão usando da criatividade para fortalecer as sabedorias autóctones de cada povo. A referência está relacionada a uma produção bibliográfica ampla que, por razões de espaço e tempo, não se pode analisar neste trabalho. Entretanto, indica-se essa questão pelo fato de ser necessário observar, sob esse pano de fundo, como se desenvolveu o pensamento latino-americano desde as perspectivas da libertação e da interculturalidade.

1.3.2 Princípios

Este item está bastante próximo do que se pretende entender por filosofia ou mais radicalmente, sabedoria andina. Nesse sentido, Estermann corrobora com o enunciado ao dizer que a estrutura metafísica da filosofia andina é de índole relacional:

> [...] el principio subyacente (o axioma) de la 'relacionalidad' dice que todo está conectado con todo y que no existen entidades completamente separadas (ab-solutas). [...] Esta relacionalidad fundamental y trascendental se desglosa en el pensamiento andino en los teoremas de complementariedad, reciprocidad, correspondencia, ciclicidad y paridad dual (*yanantin*) (Estermann, 2015).

Da leitura dos significados da *chakana*, a cruz andina ou cruz sagrada, pode-se extrair valiosas lições para compreender o significado da unidade na diversidade, que mantém uma permanente tensão de reciprocidade, relacionalidade e correspondência entre os distintos componentes da vida (Acosta, 2016).

Esta cruz é símbolo da realidade, *Pacha*, e se torna uma das maneiras de representar a estrutura básica racional e relacional do pensamento andino. A cruz andina é um símbolo eminentemente sincrético e pré-colonial, que contém uma riqueza de significados e possibilidades de interpretação, mas, ante tudo, é uma *chakana*, ou seja, uma ponte cósmica (Estermann, 2014).

A cruz andina parece ser de origem pré-colombiana, embora fosse reinterpretada no tempo da colônia como símbolo cristão. É possível encontrá-la em trabalhos de cerâmica nos diferentes sítios arqueológicos, especialmente na cultura *tiwanakota*, os precursores do império inca. Existem três aspectos principais da cruz andina:

1. Os braços verticais e horizontais são iguais em tamanho e possibilitam uma simetria quádrupla, pelo lado vertical, horizontal e pelas diagonais;
2. As transições entre o lado vertical e horizontal são escalonadas (4 degraus no total), e não bruscas e sem mediação;
3. O centro da cruz andina está ocupado por um disco circular e vazio (Estermann, 2014).

Relacionalidade

Esse é o axioma fundamental da filosofia andina. Indica que tudo está conectado, que tudo está em relação e não existe espaço para realidades desconexas e soltas dos demais entes e relações. O que "en la filosofía occidental es la sustancia, el ente individual corresponde en la filosofía andina a la relación: la relación es, para expresarlo de modo paradójico, la 'sustancia' verdadera (Estermann, 2014). Sobre essa determinação fundamental do pensamento andino, como pensamento de relações, parece oportuno interpretar as três características da cruz andina:

1. **As hastes vertical e horizontal como elementos estruturais** essenciais da realidade, da *pacha* situam-se em harmonia completa e num equilíbrio perfeito. Percebe-se que, nos lados de cima, de baixo, da direita e da esquerda não há preferências nem dominações; a simetria múltipla sustenta tudo no equilíbrio. Esse equilíbrio está baseado sobre a nivelação das polaridades que se opõem e se complementam: acima, abaixo, direita e esquerda, e não em base a uma metafísica do ser interpretado de modo monista;
2. Acima e abaixo, direita e esquerda não são separados um do outro de forma irreconciliável. Não há abismos entre os polos, mas mediação em qualquer sentido. Os degraus representam os diferentes fenômenos de transição no mundo andino, o que multiplica a figura da *chakana* e possibilita o

tecido vital das relações que determina a *pacha*. Sem relação e mediação, nessa compreensão, não há vida;

3. Onde, de forma invisível, as linhas estruturais horizontal e vertical se cruzam, encontra-se o espaço vazio e fértil, a *chakana* por excelência, o mistério divino;

Se colocadas na Cruz Andina linhas verticais e horizontais imaginárias, observa-se uma estrutura racional, que se pode denominar de *tetralectica*[29]: lógica ou racionalidade que se orienta pelo número quatro. Trata-se dos eixos principais que constituem os quadrantes correspondentes (Estermann, 2014).

Complementaridade e correspondência

Os princípios de complementaridade e correspondência são as duas expressões mais importantes do princípio fundamental de relacionalidade.

Complementaridade

Cada ente e cada acontecimento tem um polo oposto como complemento e condição imprescindível para ser "completo" e poder existir e agir. Um ser isolado e individual é considerado como incompleto e deficiente. Precisa se relacionar com seu complemento. A oposição não nega a relação, pelo contrário, dinamiza a realidade, assim como a lógica oriental também concebe. Céu e terra, Sol e Lua, varão e mulher, o claro e o escuro, dia e noite, bondade e maldade vão de mãos dadas, de maneira inseparável, segundo o pensamento andino. O ser verdadeiro, ou seja, a relação, é uma unidade de opostos, um equilíbrio dialético e dialógico (Estermann, 2014).

Correspondência

A relacionalidade fundamental se manifesta em nível cósmico como correspondência entre micro e macrocosmos, entre o grande e o pequeno. A ordem cósmica dos corpos celestes, das estações do ano, da circulação da água, dos fenômenos climáticos e mesmo do divino aceitam sua correspondência no ser humano e suas relações cósmicas, sociais e culturais. A ligação entre o micro e macrocosmos não é causal, em sentido mecânico, mas sim no sentido simbólico e representativo. Por isso, os fenômenos de transição, tal como o cimo das montanhas, o arco-íris, os solstícios e as fases lunares têm caráter numinoso (Estermann, 2014).

Reciprocidade

O princípio de reciprocidade é a aplicação ética e social do princípio de complementaridade. Cada ato humano, mas também divino, atinge sua finalidade quando integral, quando lhe corresponde um ato recíproco e complementário equivalente de outro sujeito. Uma ação unilateral distorce o equilíbrio delicado entre os atores, tanto no econômico, organizacional e ético como também no religioso.

> La relación religiosa de reciprocidad refuta algunas de las concepciones básicas del catolicismo, sobre todo, el concepto de 'gracia' como iniciativa unilateral de Dios, sin ninguna contribución recíproca por parte del hombre. El quechua runa no establece categoría de 'gracias' o de 'gratitud', sino de justicia y equilibrio ético. [...] Las expresiones religiosas andinas representan mediante actos simbólicos lo que pasa en lo grande, idealizándose de esta manera la continuidad del universo y de la perduración del orden cósmico. Por lo tanto, los 'fenómenos de transición' como los cerros, las nubes, el arco-iris, los manantes, los solsticios y los cambios de luna tienen un carácter numinoso y sagrado. La religiosidad en este sentido es la continua tentativa del restablecimiento simbólico y ritual del desequilibrio de la relacionalidad universal, donde los hechos individuales se extienden desde a la comunidad

> hasta el cosmos en una red de interrelaciones esenciales. (Santos Junior, 2009).

Por exemplo:

> Lo que el campesino saca de la *Pachamama* (madre tierra), tiene que devolverle de una u otra manera, aunque sea de manera simbólica. El sistema muy conocido de parentesco y compadrazgo se fundamenta en el principio de reciprocidad (Estermann, 2014).

O princípio cíclico

Em base à experiência agrária, o ser humano andino entende o tempo e espaço como algo que se repete. O *quéchua* apenas possui uma única palavra para tempo e espaço: *pacha*. Ela faz referência em primeiro lugar ao âmbito da vida, ou seja, à terra como sustento dos cultivos e como planeta, mas também ao tempo como presente. Significa que o termo *pacha* dá a noção de "aqui e agora", a dimensão espaço-temporal da vida (Estermann, 2014, p. 71).

O mundo andino não entende a infinidade como uma linha sem fim, mas como movimento circular ou espiral ilimitado[30]. Cada espiral descreve um ciclo, seja a respeito das estações do ano, das sequências das gerações ou das distintas épocas históricas. É importante afirmar que o novo, como algo absolutamente desconhecido, não existe no pensamento andino. As sequências dos ciclos são dialéticas e descontínuas. Cada ciclo termina com um cataclismo cósmico chamado de *pachakuti*, o que abre espaço para um novo ciclo ou uma nova era em outro nível.

A expressão andina para "passado", *naira/ñawpa pacha*, quer dizer literalmente aquele espaço/tempo que se tem diante dos olhos. Contrariamente, a expressão para o "futuro", *qhipa pacha*, significa aquele espaço/tempo que se encontra nas costas, o que seria como desconhecido e invisível.

1.4 A trilogia andina

Os povos andinos se caracterizam por ter a agricultura como principal atividade econômica, sistema que era controlado por divindades. A dependência dessas sociedades de determinadas entidades sobrenaturais, que decidiam a produção do sustento, deu lugar à sacralização de certos elementos da natureza, bem como a necessidade de dedicar cerimônias para oportunizar o adequado desenvolvimento dos cultivos. Dessa maneira,

> dichas prácticas estuvieron sustentadas en diversas concepciones que constituyeron formas particulares de entender y explicar el mundo. Asimismo, en estas cosmovisiones, los elementos naturales deificados que estaban asociados a la actividad agrícola fueron de gran importancia. Por ello, en los sistemas religiosos de los pueblos prehispánicos andinos y mesoamericanos ocuparon un lugar central las deidades relacionadas con la tierra y la lluvia, así como algunos accidentes geográficos, entre los que destacan los montes y las cuevas (Limón).

Serão apresentados alguns dos principais elementos que têm os *aymaras* e *quéchuas*, duas culturas que devem ser situadas sobre três pilares fundamentais e indispensáveis. O primeiro diz respeito à *pacha*, que seria o cosmos em língua *quéchua* e *aymara*. Outro pilar é a transcendência, conhecido como *Wiracocha pachacamak* em *quechua*, *qollana auqui* em *aymara*, e *Pachamama* em *quéchua* e *aymara*. Para completar a trilogia, tem-se a concepção comunitária, o *ayllu* em *quéchua* e *aymara*, a comunidade.

O ser humano como tal, o *runa* ou *jaqi* está em constante relação ao cosmos, com a transcendência e com os outros membros da comunidade, pela prática de princípios éticos e morais, expressões simbólicas e rituais que realiza, desde o raiar do dia até o entardecer.

1.4.1 O cosmos

Assim como as outras culturas existentes no mundo, o povo andino tem um método para explicar sua situação social, política, econômica e espiritual. Chama-se de cosmovisão uma forma de compreender o lugar no universo, que inclui tanto a religião e a ciência, ou seja, uma antropologia integral (Sarmiento, 2016). O componente essencial dessa cosmologia é a *pacha,* com seus lugares vitais, que deram, cada qual, origem a visões religiosas correspondentes.

A *pacha*

Calixto Quispe entende a *Pacha* como o ninho cósmico vital para viver bem:

> Pacha es el nido de vida de culturas, comunidades, familias y de todo lo que existe; [...] es el nido vital eterno de la humanidad, sean grandes o pequeños; [...] de los animales existentes pequeños y grandes; [...]de la nube, el sol, la luna, las estrellas y todo lo existe en el cosmos; [...] nido de todo lo que existe en el vientre de la Pachamama: el oro, la plata y el agua que fluye como fuente; [...]de todos los seres espirituales; [...] de los seres que han partido para dar continuidad a otra vida; [...] es el nido del hogar donde viven la pareja y los hijos en familia, junto a la naturaleza y sus espíritus; [...] en el espacio y el tiempo infinito de todo el cosmos (Pacha, 2012).

Essa reflexão pedagógica andina apreende a realidade de forma holística, aspecto que obedece a um princípio que pode resumir a própria *pacha:* a relação. Por conseguinte, com esse princípio, a experiência que o ser humano andino tem da sua vida é integral e integradora e a epistemologia andina, nesse caso, é um momento integral, uma *pachasofia* (Estermann, 1998).

Esta experiência de *pacha* se torna lugar do bem viver, pois nela

> la humanidad vive en un mismo espíritu. [...] la humanidad y la naturaleza vivimos en unidad. En la Pacha la humanidad y los espíritus nos enriquecemos de energías y reciprocidad. [...] vivimos dialogando en corresponsabilidad y en el marco de la fe. En la Pacha se da la complementación por amor a la vida, por eso salimos en defensa del vivir bien [...], no deben existir los poderosos ni empobrecidos. En la Pacha el vivir bien es nacer de nuevo para convivir con equidad con todos, [...] todos somos seres vivos, por eso tenemos como meta llegar al vivir bien en plenitud. En la Pacha vivir bien es vivir en abundancia, en comunión con la convivencia cósmica (Pacha, 2012).

Pacha significa o universo organizado em categorias de espaço e tempo, mas não apenas como algo físico e astronômico[31]. A categoria ocidental que mais se aproxima à *pacha* seria o cosmos, mas sem perder de vista no horizonte a realidade do mundo da natureza, que é parte nessa relação. *Pacha* é a realidade, o existente no mundo, o ser. Seria oportuno traduzir esse vocábulo pela característica fundamental da racionalidade andina, relacionalidade. Tempo, espaço, ordem, estratificação são elementos imprescindíveis da relação integral e "juntando el aspecto del 'cosmos' con el de 'relacionalidad', pode-se traduzir (que siempre es 'traicionar') *pacha* como 'cosmos inter-relacionado', ou relacionalidade cósmica (Estermann, 1998)".

Outros dois princípios lógicos da razão andina são os de correspondência e complementaridade. A cosmovisão é a apresentação simbólica dos cosmos inter-relacionados, através de eixos cardinais que se dividem da seguinte maneira:

> según el ordenamiento espacial entre arriba (*hanaq)* y abajo (*uray),* y entre izquierda (*lloq'e)* y derecha (*paña);* y según el ordenamiento temporal, entre antes (*ñawpaq)* y después (*qhepa)*. Estas dualidades más que oposiciones son polaridades complementarias [...] otro eje ordenador de la 'cosmovisión andina' es la polaridad sexual entre lo femenino (*warmi)* y lo masculino (*qhari),* que se da tanto en el 'arriba' (sol y luna), como en el 'abajo' (varón y mujer) (Estermann, 1998).

Então, os fenômenos de transição ou os ritos de passagem são importantes e ocupam um lugar específico e vital, porque eles têm a função de relacionar os distintos polos e os eixos cardinais, para que o sistema cósmico seja realmente *pacha,* conjunto de inter-relações ordenadas e fixas.

A *pachasofia,* a filosofia andina, insiste na importância da situação topológica dos elementos polares e correspondentes. Cada um ocupa um lugar determinado, conforme sua função relacional e simbólica dentro do todo da relacionalidade cósmica. Portanto, a filosofia ocidental, desde o filósofo Pitágoras até o poeta e escritor Dante, assente com a filosofia andina e concebe o universo como entidade ordenada intrinsecamente.

Lugares vitais da *pacha* andina

A observação dos eventos da vida, dos movimentos dos planetas e das constelações ajudou a conceituar e simbolizar o cosmos andino em três espaços, dimensões, modos de existência ou lugares vitais, que serão denominados como, o mundo daqui (*kay/aka pacha),* o mundo de cima (*hanaj/alax pacha)* e o mundo de baixo (*uqhu/manqha pacha).* Não obstante, essa ordem da cosmovisão andina, a critério de alguns autores, foi influenciada pelo domínio colonial cristão. Van Kessel concorda com a assertiva e acrescenta que:

> El poder colonial, los misioneros y después las elites republicanas, hasta hace poco, han enfatizado demasiado el mundo de arriba como el lugar de Dios, un lugar deseable para personas civilizadas y cristianas. Esta ideología del dominio ha visto al mundo de aquí como el lugar de 'costumbres indias', como lo 'primitivo' y 'fuente peligrosa por el nacionalismo e identidad indígena' que deben ser asimiladas o erradicadas. De una manera parecida, el mundo de abajo se consideraba el lugar antiguo de dioses y creencias indias, que dio legitimidad a campañas históricas y recientes de 'extirpación de idolatrías', las cuales en gran medida llevaron al etnocidio (Van Kessel *apud* Sarmiento, 2016).

Já que essa imagem ternária dos cosmos pôde ter sido um traslado da imagem europeia, acredita-se, como no caso dos *incas*, que existiam dois mundos, o de cima e o de baixo, e o plano intermédio corresponderia ao lugar de união ou encontro desses dois mundos. Esse mesmo esquema pode ser encontrado no mundo mesoamericano.

O âmbito intermédio, que obedece à superfície terrestre, era concebido por esses povos como um retângulo dividido em quatro partes, cujas esquinas estavam determinadas pelos *solstícios*, os pontos extremos norte e sul dos horizontes do oriente e do poente, de onde surge e se oculta o sol (Pease, 2014).

A origem dos três espaços vitais foi representada mediante observações agrícolas e ecológicas da vida comunitária andina, especificamente os ritos agrícolas aos *malkus* (condores) ou *achachilas* (espírito das altas montanhas), à *Pachamama* (poder gerativo dos lugares de cultivo) e ao *amaru* (espírito da água).

Os três espaços são: *hanaj/alax pacha, kay/aka pacha* e *uqhu/manqha pacha*, na língua *quechua* e *aymara*. Esses três influenciaram a ciência e a religião, os códigos éticos e morais e a vida ordinária e espiritual dos homens e das mulheres andinos durante muitos anos. Alguns lugares foram construídos para representar essa visão de mundo: templos sagrados, lugares de cerimônias, cidades e povoados[32]. Na contemporaneidade, obras antropológicas, arqueológicas e arquitetônicas estão sendo descobertas com esse viés andino. Entretanto, desde o século XVI, essa cosmovisão tem sido documentada, descrita e desenhada por cronistas andinos e espanhóis. E nos últimos cinco séculos, um grande número de cronistas, filósofos, teólogos, historiadores, arqueólogos, antropólogos, arquitetos, homens e mulheres estudaram os aspectos da cosmologia andina. Com base nesses estudos, descreve-se, brevemente, nos próximos três pontos, o assunto em questão.

O mundo de cima: *hanaj/alax pacha*

O mundo de cima perpassa a esfera terrestre e se refere à esfera celestial. Pode ser descrito como um mundo misterioso e sagrado que está além dos céus e do que os seres humanos podem ver naturalmente. Nesse lugar residem os protetores das montanhas.

> [...] es el lugar del padre sol y la madre luna, *Inti Tayta* y *Mama* Killa; de sus hijos las estrellas, *chaskas, qoyllors* y *wara waras*; y de otros cuerpos astrales del firmamento [...] es el lugar simbólico y teológico del creador y organizador del universo andino y de todos los seres vivos, con diversas denominaciones (Sarmiento, 2016).

Sabe-se que os *tiahuanacos* e os *incas* estabeleceram seus centros de culto ao sol e à lua nos seus reinos. Com a chegada do cristianismo aos Andes, em 1532, e o seu projeto consequente de evangelização[33], a forma de entender o mundo de cima teve variações. No lugar das deidades andinas, os missionários colocaram as imagens cristãs de Deus, dos Santos, de Nossa Senhora, dos Anjos, dos Apóstolos, além das almas boas e os espíritos dos ancestrais[34]. O papel e as funções das divindades andinas, do Deus cristão e dos santos foram reinterpretados de uma maneira mais *andino-cristã*, não apenas puramente andina e nem apenas cristã, mas houve uma síntese das tradições indígenas como cristãs. Estermann pondera que

> en la religiosidad (o religión) andina se desconoce normalmente las hagiografías concretas de los Santos, pero se enfatizan las funciones específicas de cada uno. Cada Santo es un intermediario con su especialidad propia en la resolución de problemas y dificultades, de la misma manera como también la tienen las deidades andinas inferiores. Para mantener el principio de complementariedad (sexual), mucho Santos tienen su pareja (por ejemplo, San Marcos es acompañado por Santa Marcela) (Estermann *apud* Sarmiento, 2016).

Este mundo de cima é um mundo bom, mas misterioso e longe das realidades terrestres, atendido por ministros próprios, *yatiris*[35] ou *altumisayocs*[36], tendo como símbolo mediador entre o mundo de cima e o mundo daqui o *condor, kuntur malku,* que leva as orações e as oferendas ao mundo de cima e traz a mensagem de Deus e dos espíritos à comunidade andina. Baseados no papel do *kuntur malku,* os líderes tradicionais das comunidades *quéchuas* e *aymaras* recebem o título de *Tayta Malkus,* já que atuam como mediadores, supervisores e protetores de seu povo durante sua vida como liderança na comunidade.

A meta de todo ser humano, no mundo andino, é chegar ao mundo de cima[37], que é habitado pelas divindades andinas (o Deus cristão), e é o destino final para o qual a humanidade tende a chegar, o chamado *Alax Pacha*, lugar das delícias e felicidade sem limites, onde moram as almas benditas que trabalham no paraíso[38].

O mundo daqui: *kay/aka pacha*

Este lugar é a terra, o mundo onde habitam as pessoas, os animais e as plantas. É a grande casa onde toda a criação se encontra contemplada e os fenômenos ordinários da natureza exercem seu poder: o vento, a chuva, a neve, o trovão, o mundo dos espíritos das montanhas, dos primeiros habitantes e das almas[39] dos familiares e antepassados. Segundo o pensamento andino,

> el *kay/aka pacha* está vivo y todos los componentes son seres vivos; estos seres son iguales y cumplen una función necesaria para el bienestar de todos, coexistindo a través de relaciones múltiples. El/la *runa/jaqui* andino [hombre o mujer] es parte de este mundo; él/ella no es superior sino un cohabitante, coexistiendo con otros seres de este planeta (Sarmiento, 2016).

Cada pessoa deve se sentir parte deste mundo e não pode estar desligada da trama das relações cósmicas, do contrário não seria um ser humano pleno. Da mesma forma, ser pessoa é existir e estar ligado a uma comunidade. Saindo dela, deixa de ser, perde sua identidade de certa maneira. Cada um dos seres contribui para o bem viver ou, pelo contrário, com os desastres, dependendo das relações que se estabeleçam.

O mundo daqui é um espaço sagrado e benevolente, gerador do sustento de tudo o que existe, o lugar onde a vida é transmitida e educada de geração em geração, é o lugar do *habitat da vida*[40]. É o lugar de todo fenômeno concreto físico, humano, psicológico e espiritual. É uma *chakana*[41] que serve de mediação entre o mundo de cima e de baixo. O ser humano é o responsável por administrar e estabelecer relações justas com os seres deste mundo e com os seres do mundo de cima e de baixo[42].

No mundo andino, um dos símbolos magníficos de ser ponte entre os três mundos é o arco-íris[43], porque é multicolor e encarna em si mesmo a bipolaridade do ser varão e mulher, das cores fortes e baixas, o arco e círculo.

Uma das tarefas maiores da pessoa andina é promover o *sumak kawsay*, como meta ética, moral e espiritual que se atinge por uma relação recíproca chamada de *ayni*. E na vida das comunidades andinas tudo é *ayni*, a vida em si. A pessoa está obrigada a viver o *ayni* com todos os seres humanos deste mundo, do mundo de cima e de baixo.

A marca de identidade ou expressão mais feliz do *kay/aka pacha* é visível na *Pachamama*, a mãe-terra, que é a mãe de todos os seres vivos, que doa e preserva a vida, que provê alimentos para as plantas, os animais e as pessoas. Essa entidade é quem sustenta as gerações passadas, presentes e futuras. Ela é benevolente, mas caprichosa e rápida para sentir cólera. É uma mãe que sustenta, e os andinos a reverenciam pelas bondades que ela oferece.

No cotidiano, os andinos se relacionam com o mundo daqui, como o lugar das coisas terrestres, mundo que passa e que leva ao mundo de cima. Três animais são considerados símbolos desta realidade: o puma, a rã e o lagarto.

O *kay/aka pacha* é atendido por ministros tradicionais e, às vezes, cristãos. São eles os *yatiris*, os *pampamisyockuna* e *jaywakujkuna*[44], bem como sacerdotes, pastores, podendo ser tanto homens quanto mulheres. Eles têm importância porque os

> aymaras y quechuas constantemente ofrecen oraciones, sacrificios y ofrendas a los habitantes de este mundo, sobre todos a los *apus* y a la *Pachamama*, por el bienestar de la gente, la siembra y el ganado. Los aymaras todavía practican la *wilancha*, u ofrenda de un sacrificio animal; ofrecen hojas de coca y libaciones alcohólicas para los protectores de la montaña. En cambio a la *Pachamama* se le reconoce en rituales diarios y especiales, con libaciones alcohólicas; ofrendas de hojas de coca, semillas, flores, metales y grasa

> animal; figuras astrales del sol, la luna y las estrellas; símbolos cristianos como la cruz, imágenes de los santos y agua bendita, que se llaman *despacho* o *jaywakuy* (ofrendas), de acuerdo a la región (Sarmiento, 2016).

O mundo de baixo: *uqhu/manqha pacha*

O *uqhu/manqha pacha* é o mundo de baixo, o coração da terra, o fundo dos lagos e do oceano. O lugar dos minerais, da água subterrânea, do fogo e do calor e das realidades desconhecidas. É um lugar quente, com um odor desagradável, mas necessário pela riqueza que esconde, principalmente pelos minerais, tais como a água, o petróleo, a areia, entre outros. É considerado o reino dos poderes da destruição e do caos, controlado por uma entidade denominada *arajpacha*. Os habitantes desse mundo são relativamente desconhecidos, mas associa-se à existência de espíritos causadores de enfermidades, conhecedores dos mares e mananciais. Pela mesma razão,

> los quechuas y aymaras se relacionan con ellos de una manera respetuosa, pero evitan el contacto directo con estos seres del mundo de abajo. La comprensión original del *uqhu/manqha pacha* se ha distorsionado por influencia del cristianismo, al identificarse con el infierno, lugar de satanás, de los demonios y de todos los espíritus y ángeles malos (Sarmiento, 2016).

O papel simbólico do *uqhu/manqha* é de se opor ao *hanaj/alax pacha*. Os ritos que se oferecem aos protetores da montanha e ao espírito da água são rituais importantes, que tinham o propósito de estabelecer o equilíbrio entre as montanhas altas e os vales baixos, entre o mundo de cima e de baixo, entre o céu e o inferno.

Os símbolos animais desse mundo são o peixe e a cobra, por serem animais que escorregam facilmente e imprevisíveis. Os ministros são os *layq'as*, bruxos que usam seus conhecimentos e poderes para amaldiçoar as pessoas, trazer doenças espirituais e físicas, dividir as famílias e comunidades. Por isso, o ministério dos ministros do mundo daqui serve para prevenir as obras dos bruxos, enfrentar as forças do mal, sarar, abençoar, trazer a unidade entre as famílias e reestabelecer a harmonia entre as pessoas e comunidades andinas.

Observação crítica

Segundo Alison Spedding Pallet (Pallet *apud* Sarmiento, 2016), tudo o que se sabe sobre a cosmovisão, a religião e as divindades andinas antes do período da conquista vem através do escritos de pessoas católicas, podendo ser elas funcionárias do governo espanhol, sacerdotes, religiosos ou escritores indígenas que assumiram os princípios cristãos como fundamento para descrever qualquer aspecto cultural e religioso. Assim, é difícil saber de forma pura como o povo andino concebia sua cosmovisão, religião e divindades antes da chegada do cristianismo nos Andes[45]. Sabe-se que os povos originários continuam vivendo e praticando aspectos centrais da cosmovisão, religião e cultura andina, aspectos que sobrevivem nos *ayllus*, comunidades extensas ou famílias.

1.4.2 A transcendência

A transcendência deve ser entendida à luz da *cosmovivência* que foi explicada anteriormente. No encontro com o cristianismo, as categorias andinas de concepção das deidades sofrem mutação e relação, dando lugar a categorias próprias para se referir ao Deus cristão e ao andino[46]. Esse processo pode ser chamado de sincretismo[47], incorporação, assimilação ou processo de inculturação como tal, embora, após a Conferência de Santo Domingo (1992), assume-se o termo de síntese[48] por razões de inter-relação.

Por esse motivo, convém descrever as duas realidades transcendentais mais importantes, normalmente assumidas como pontos de referência no mundo *quéchua* e *aymara*. São elas: *Wiracocha* ou Grande Senhor e *Pachamama*, Mãe-Terra. Essas imagens do transcendente têm como base dualidade complementaria (Sarmiento, 2016) existente entre homem e mulher, como é próprio da filosofia andina[49]. Assim, tem-se: *Wiracocha Pachayachachic*, Grande Senhor e Mestre do Universo, e *Pachamama*, Mãe Terra; *Apu Tayta/Tata*, Nosso Pai, e *Qollana Mama*, Nossa Mãe; *Tayta Inti*, Pai Sol, e *Mama Killa*, Mãe Lua.

O Deus *Wiracocha*

Este Deus andino e supremo é conhecido como o organizador, mestre, formador, criador do mundo e do povo. Os mitos andinos, especialmente os de origem inca, vinculam a *Wiracocha*[50] como um Deus ancestral que apareceu ao redor do Lago *Titicaca*[51], um lugar sagrado do altiplano da Bolívia e Peru. Ao longo dos tempos, esse lago cumpriu a função sagrada para todas as culturas que floriram nas suas margens; cada cultura se serviu de muitas formas de representação para expressar a dimensão sagrada do lago.

Etimologicamente, o nome *wiracocha* está composto de dois substantivos: *wira*, que significa gordura, e *cocha*, lago ou oceano. Nesse caso, remete a lago de gordura, e tem o sentido metafórico de lugar de poder, porque o *wira* é sinal de poder vital nos Andes[52]. Esse Deus *Wiracocha* pode receber vários significados e conotações. Os cronistas espanhóis e andinos do século XVI e XVII o chamaram de: formador do mundo, criador de todas as coisas, origem do divino, criador do mundo, Deus incompreensível (Sarmiento, 2016).

Os frades agostinianos Alonso Ramos Gavilán (1621) e Antonio de la Calancha (1637) introduziram um mito de que um discípulo de Cristo andou pregando nos Andes antes da chegada dos próprios espanhóis. Esse argumento dos frades se baseava na ideia de protoevangelização, comum na teologia dos séculos XVI-XVII. Percebe-se dessa maneira, e em outros relatos vindos de narrações cristãs (Sarmiento, 2016) sobre o deus *Wiracocha*, que ele é interpretado como um dos apóstolos de Cristo, que sua presença ultrapassa a história andina e que o Evangelho foi anunciado na América antes da chegada dos europeus. Segundo essa tese, trata-se do apóstolo Tomé e seu discípulo, que será identificado como *Wiracocha* ou Bartolomeu para os cronistas andinos, devido aos traços de correspondência que existiam (Sarmiento, 2016). Como síntese conclusiva a respeito de *Wiracocha*, propõe que

> en la historia andina, *Wiracocha*, el dios ancestral de las naciones kollas de Tiahuanaco, pasó por procesos múltiples de reinterpretación y apropiación. Primero con la caída de Tiahuanaco y el posterior surgimiento y expansión del *Tahuantinsuyo*, los incas se apropiaron de *Wiracocha* como su dios ancestral, a quien le rendían culto en todos sus territorios, junto a las deidades imperiales, como el sol, la luna, la Madre Tierra y las estrellas. Segundo, después de la invasión española, los misioneros españoles empezaron a identificar a *Wiracocha* con el Dios cristiano o con un apóstol itinerante de Cristo, quien alcanzó el Nuevo Mundo y llevó a cabo una evangelización primitiva (Sarmiento, 2016).

Ainda é provável que essa identificação seja um mito difundido pelos próprios espanhóis. Uma retrospectiva é oferecida a partir dos eventos da invasão do novo mundo:

> Cuando los españoles conquistaron Perú y abolieron el culto al Sol el cual remplazaron con la fe católica [...] los indios, recordando este sueño, concluyeron de ellos que estos hombres nuevos debían de ser los hijos y envia-

> dos del dios Viracocha, por tal razón naturalmente los llamaban Viracochas (Garcilaso apud Sarmiento, 2016).

Wiracocha tem significados diferentes: o senhor dos Andes; as pessoas brancas e mestiças que atuam como chefes, caciques, senhores ou donos; assim como "porco", um insulto para designar a todo estrangeiro aproveitador.

Hoje, é possível identificar o *Wiracocha* como um pai, o pai de toda a existência universal[53]. É o pai da *pacha*. O povo andino sente sua presença na luz brilhante, no calor e na luz do Sol. É quem faz as sementes germinarem, os animais se multiplicarem e os humanos disfrutarem dos benefícios do ano bom e prometedor. Vê-se que há uma identificação próxima com o Sol, o *Inti Tayta*, que está presente no mundo de cima (Sarmiento, 2016).

A Pachamama

No vocabulário *aymara* e *quéchua*, a *Pachamama* é a mãe de todos os seres vivos no cosmos. Na experiência cultural e religiosa desses povos andinos, ela tem um significado complexo e profundo. Objetivamente, simboliza a natureza na sua forma visível e tangível, como as montanhas, rios, lagoas, terrenos de cultivo, lugares de lazer, casas de famílias, terras da comunidade e a terra em geral. Simbolicamente, é a energia vital da terra, é a vida e fertilidade de todos os seres humanos do planeta.

Ela é representada frequentemente como a mãe terra[54], a mulher mãe, a mãe da *Pacha* e, no cristianismo, foi identificada com a *Virgen Pachamama*. Essa mãe fecunda é considerada assim porque dela nasce a vida[55], tanto animal quanto vegetal; ela mesma é vida que gera vida (Llanque apud Sarmiento, 2016).

A *Pachamama*, por ser a causa da vida, tem uma conotação sagrada[56]. Historiadores e cronistas dos séculos XVI e XVII testemunharam que, desde tempos remotos, alguns ritos são realizados para cultuar a terra e se mantêm na atualidade, passando de geração em geração sem se perderam, como os ritos agrícolas

> en donde las papas más grandes o las mazorcas de maíz multicolores se colocan en un manto multicolor como el arco iris, sobre pétalos de flores, se rocían con *chicha*, se amarran con *k'intus* de coca (hojas de coca arreglados en pares) y se inciensan antes de colocarlas en las despensas de los alimentos (Sarmiento, 2016).

O ser humano andino realiza ritos desde o acordar até o entardecer para viver a reciprocidade, comunicar, conversar e dialogar com os seres vivos da *pacha* e a *Pachamama*. Realizar ritos para seu bem-estar e bem viver é uma forma de estar em comunhão com o que está no seu entorno.

Nos tempos atuais, ativistas, cientistas e teólogos contribuíram com ideias novas para o estudo da identidade cultural, para a participação sociopolítica, para o desenvolvimento econômico, para a religião e a espiritualidade, para a fé. À raiz desses estudos, a *Pachamama* tem caraterísticas que lhe foram atribuídas pelos próprios habitantes do mundo andino (Sarmiento, 2016).

Na experiência das comunidades *aymaras* e *quéchuas*, essa entidade é considerada como educadora que garante a reciprocidade e, no mundo agrícola, sua função principal é a produção de boas colheitas para sustentar a vida existente nos *ayllus* andinos. Sob esse enfoque, a *Pachamama* é tão sagrada, que pode chegar a ser considerada como uma deusa em algumas tradições e contextos dos Andes[57]. Além disso, os *andinos* estabelecem uma relação filial, cuidando-a, respeitando seus ciclos[58] e, principalmente, protegendo-a. Como não podia ser de outra maneira, possuir terra para o *andino* é participar dos costumes, idiomas, ritos[59] e, sem ela, não há como perpetuar o *ayllu*.

Outra caraterística atribuída à *Pachamama* é ser harmonizadora. Já que a *Pachamama* faz parte do mundo daqui, então ela possui a posição privilegiada de ser mediadora entre o mundo de cima e o de baixo, para assegurar a vida abundante. Como ente mediador e sagrado, também une as relações de divindades superiores e inferiores. Nesse ínterim, o sinal que representa essa mediação é o arco-íris, um ser deste mundo, que torna visível a união com os macrocosmos, porque por um momento une todo o cosmos, o mundo de cima, o mundo de baixo, e este mundo, assim como se vê na festa de suas cores.

Associada à experiência de mãe, a *Pachamama* expressa sentimentos bons e maus. Muitas vezes, é uma boa mãe, mas exigente com seus filhos[60]. Por isso, importa estabelecer relações boas entre as pessoas e a *Pachamama*, necessárias para realizar o código ético andino de *sumak kawsay* (Sarmiento, 2016).

1.4.3 A comunidade

A palavra que corresponde ao termo "comunidade"[61] em *quéchua* e *aymara* é *ayllu*[62]. Junto ao cosmos e à transcendência, é um elemento essencial para entender a experiência andina. *Ayllu* é um termo que pode ser considerado como a unidade básica, cultural, social, econômica, política e religiosa das sociedades *aymaras* e *quéchuas*. Nesse contexto, pode-se pensar a situação e lugar que cabe ao ser humano nas suas relações.

Ayllu, modo vital de ser

Esta entidade coletiva, *ayllu*[63], concede ao ser humano uma identidade fundamental por se tornar a célula da vida[64]. A melhor forma de entender essa realidade talvez seja associá-la à comunidade campesina, onde um camponês tem sua identidade porque pertence ao *ayllu*: ali nasce, mora e se, por algum motivo é expulso ou deixa voluntariamente sua comunidade, perde sua identidade, distorce a ordem social, econômica[65], celebrativa e ritual.

Nessa perspectiva,

> los aymaras y quéchuas tienen la conciencia de que el *ayllu* es el espacio privilegiado para la realización humana: es el lugar donde nace un niño, la red social dentro de cual

> ella/él crece, y la escuela de la vida en la cual ella/él se vuelve un/una *runa/jaqi,* miembro adulto de la comunidad (Sarmiento, 2016).

O *ayllu,* como entidade básica, é o lugar de produção coletiva, forma de trabalho que se baseia no princípio da reciprocidade[66], onde através da *mink'a*[67], colaboração, participação, os membros contribuem de forma coletiva para obras em benefício comum[68]. O ser humano andino presta uma função cerimonial e cultual do cosmos inteiro como *oikos*, em e através do trabalho. São encontradas tais relações também nas festas, laços de compadresco, ritos religiosos e reações matrimoniais. O verdadeiro sujeito é o *ayullu*, a coletividade organizada e ordenada mediante um conjunto de relações estabelecidas. Afere-se esta descrição pedagógica andina:

> El ayllu es el nido vital de las diferentes culturas; [...] está constituido por las diferentes comunidades y familias desde los hogares; [...] tiene dos jurisdicciones, arriba y abajo; [...] es el nido para las diferentes comunidades y, en las comunidades existen las casas que también son nidos; [...] en el ayllu existen muchas viviendas que también son nidos vitales. La comunidad instituye la casa como nido vital para acoger a la humanidad, la naturaleza y sus espíritus. La casa tiene su espíritu, que es nido de oro y plata, el nido del cóndor y nido materno. El hogar, por tener espíritu, es como una madre que nos acoge, cobija y cría. La casa sabe enojarse cuando el ser humano se cree poderoso. A la casa siempre hay que hacer una ofrenda, ya sea en la tristeza como en la alegría (Pacha, 2012).

Na atualidade, como na época dos incas, existem muitos *ayllus* que estão dispersos pelos Andes. São unidades ou estruturas sociais, políticas, econômicas, culturais e religiosas elásticas, que adotam uma categoria ampla de configurações da comunidade. De forma sintética, pode-se dizer que,

> primero, el ayllu es una sola comunidad andina o grupo de poblados ubicados en una área geográfica con ciertos patrones culturales comunes [...] Segundo, el ayllu identifica las aldeas y los poblados de una provincia o departamento de los países andinos [...] Tercero, el *ayllu* identifica a las personas que viven en la provincias o departamentos de toda una región geográfica, como los *ayllu* de la costa, la sierra, y la Amazonía [...] Cuarto, el *ayllu* identifica las comunidades y pueblos de una nación entera como los *ayllus* de Bolivia, Perú, Ecuador, Chile, Argentina [...]. Finalmente se refiere a los habitantes de todo el continente como los *ayllus* de Aby Ayala (Sarmiento, 2016).

Toda essa compreensão do *ayllu* é correta em seu próprio contexto. Na atualidade, constitui comunidades originárias com seu próprio território, com um governo próprio e semiautônomo formado por autoridades políticas e tradicionais, de diferentes linhagens. Tais comunidades vivem e praticam os valores tradicionais ancestrais em tempos contemporâneos.

O ser humano, um ser celebrativo

O sujeito por antonomásia, na visão andina, é o *cosmos*, com seu sistema de relação múltipla, no qual o ser humano participa e é cocultivador. Nesse sentido, o homem andino, como coletividade, é um cossujeito (Estermann, 1998).

Por consequência, a subjetividade não está relacionada com a racionalidade e a liberdade, nem com a autoconsciência e a espontaneidade. A dignidade específica do sujeito humano coletivo radica em seu lugar transcendental e função relacional como *chakana*, ponte, e não é se reduzido apenas a um aspecto lógico-mórfico (racional) (Estermann, 1998).

Para entender essa antropologia andina, deve-se mencionar, de antemão, que os elementos filosóficos andinos estão presentes na concepção que eles têm de ser humano, na sua posição no cosmos e em suas características também (Estermann, 1998). Assim, só é possível entender o ser humano em um marco amplo, o que implica relacioná-lo com o cosmos que o circunda, o que o aproxima da concepção medieval e renascentista de pessoa.

O lugar específico do ser humano no universo não se deve a sua capacidade representativa nem transformadora, muito menos ao seu poder salvífico. Para o mundo ocidental, o ser humano é o lugar da revelação da realidade, na forma de uma *ontoteofania,* que, por sua capacidade de raciocínio, chega a conceituar e apreender o mundo apresentado.

Na antropologia andina, a posição do ser humano é dada de acordo com a função que ele exerce na totalidade das relações cósmicas. O ser humano seria como que uma ponte cósmica, mas não a mais importante nem a primeira. Sua função é a de ser mediador da realidade, não no sentido de abstraí-la por completo. O *runa/jaqi*[69] tem a capacidade e a tarefa de representar simbolicamente o cosmos através de ritos e celebrações. Dessa forma, "la celebración ritual es para el hombre andino un acto gnoseológico y ético en primer rango; 'celebrar el orden cósmico (en forma simbólica), significa 'conocerlo' y 'conservarlo'." (Estermann, 1998).

O ser humano, como alguém celebrativo, contribui de maneira decisiva à conservação e ao restabelecimento, caso houver desequilíbrio, da ordem cósmica. Essa obediência e observância cósmica do ser humano constituem a função principal do homem andino. É parte integral e integradora da relacionalidade cósmica e pela sua ação sacramental, o ser humano se torna o sacramento cósmico e símbolo por excelência, no qual se concentra, de maneira muito densa e intensa, o mistério da vida a ordem universal[70].

O conceito de sujeito é um dos mais importantes para a filosofia ocidental moderna e chega a substituir a concepção ontológica de substância. Isso não indica apenas a radicalidade que a modernidade europeia deu, mas também o processo de ontologização do conhecimento da realidade, a ponto de poder criar e constituir a realidade do nada. Essa concepção implica uma série de concepções secundárias que resultaram imprescindíveis para o homem moderno e se tornam verdade: autonomia, espontaneidade, individualidade, personalidade, responsabilidade, autenticidade.

A filosofia intercultural colocou em questão a relatividade cultural (monocultural) da concepção ocidental de sujeito e acredita que a diástase entre sujeito e objeto não precisa ser uma característica universal e necessária ou essencial da realidade do ser nem do conhecimento (Estermann, 1998). Nesse sentido, para a filosofia andina, o primordial não é o sujeito e o objeto, e sim, a relação em si, o que para o espírito ocidental seria algo absurdo. Então, o ser humano, o *runa/jaqi*, não é um sujeito no sentido estrito da palavra, nem o centro de atividade, o ponto de partida para o conhecimento do mundo, nem o ponto de vigilância e observação. Ele é acima de tudo relacional. Em outras palavras, o ser humano andino é definido não por concepções ontológicas ou gnosiológicas, mas a partir das concepções relacionais. Estermann acredita que:

> El hombre andino entonces define su 'identidad' [...] en y a través de 'relaciones'; es en sí mismo un chakana, un puente o un 'nudo' de múltiples conexiones y relaciones [...] el centro de gravitación no es el 'individuo' o la persona absolutamente separada, sino una identidad supraindividual. [...] El *cogito ergo sum* de Descartes para el *runa* andino se convertiría justamente en su negación *cogito ergo non sum*. Es decir: El sujeto individual ('yo'), mediante un acto aislado e inmanente (*cogito*), justamente se da cuenta de su 'no ser' (*non sum*), de su vanidad total, de la precariedad 'ontológica' que le ubica al borde de la nihilidad. La proposición básica (aplicando el *arjé* cartesiano) de la 'runasofía andina' sería: *Celebramus*

> *ergo sumus* (celebramos, y por lo tanto existimos) (Estermann, 1998).

A identidade andina é, justamente, relação: uma pessoa é na medida em que se relaciona com outra. Mas não se trata de afirmar que é o outro quem me dá a constituição como pessoa, a identidade, e sim a relação em si mesma que existe primordialmente entre todos os elementos cósmicos, ou seja, entre muitos. Uma pessoa é em si mesma na medida em que se relaciona com a realidade que a circunda. Assim, o ser humano é parte do cosmos que se define pela rede de relações mútuas e determinadas. Ao mesmo tempo, o ser humano, como ser celebrativo, é reflexo do universo, não como indivíduo, mas, como coletividade, um grupo básico (Estermann, 1998).

Notas

1 O presente capítulo é um aperfeiçoamento da primeira seção da dissertação de mestrado apresentada ao Programa de Pós-graduação em Teologia (PPGTEO) da PUCRS, em agosto de 2018, sob o título *Teologia e Sumak Kawsay:* o diálogo com a sabedoria andina do bem viver.

2 Optamos em usar essa palavra por ser mais adequada e obedecer aos princípios da lógica andina de percepção e existência em contraposição à lógica ocidental de cosmovisão, que valoriza o uso da razão e em menor medida a percepção dos sentidos e a oralidade como caminho de desvelamento da realidade. Por outro lado, "[...] parece que este término es parte del lenguaje de los curas, un poco despectivo hacia valores propios en la región y, por otra, a menudo va acompañada por un neocolonialismo regional fundado e valores importados desde siglos atrás. Creo también que este acercamiento a las religiones en los Andes deriva de una de las limitaciones de la antropología de las últimas décadas, esto es la tendencia de 'antropologizar' muchas de las prácticas religiosas y al mismo tiempo descontextualizarlas" (Arnold, D. *Algunos aportes de las ciencias sociales para el proyecto de la teología andina*, p. 199).

3 Sobressai-se o trabalho do professor Hernan Hermosa e dos estudantes do quarto nível do *Centro de Apoyo de Cayambe*, Equador. A iniciativa foi realizada com o propósito de recuperar, através dos testemunhos dos mais velhos, a forma em que as comunidades indígenas daquela região organizaram seu cotidiano em diferentes âmbitos: saúde, organização, ritos ligados ao ciclo da vida e outros meios. A critério do próprio autor, "Los testimonios de cosmovivencia andina de los mayores fueron tan elocuentes y ricos en sabiduría, que ni todas las teorías y ensayos filosóficos sobre el tema podían eclipsarlos" (Hermosa, H. (Org.). *"Cuando vengo nomás vengo"*, p. 14.)

4 Referente à cultura *inca* e aos povos que desenvolveram uma língua que leva o mesmo nome, *quéchua* ou *quíchua* e suas variações com vários dialetos. Com este nome são denominados alguns dos povos originários dos atuais estados da Argentina, Bolívia, Chile, Colômbia, Equador e Peru.

5 Pacha, *Jaqi/Runa*, p. 8. São povos herdeiros da cultura *Tiwanacota*, que habitam o altiplano e a cordilheira dos Andes, cujas atividades milenares remontam à agricultura e à domesticação de animais, entre outros afazeres.

6 Viveram entre 3000 e 1800 a.C.

7 Calcula-se a existência desse império, conhecido como *Tawantinsuyo/Tawuantinsuyo*, entre 1200 e 1533. "La articulación de cientos de grupos étnicos diferentes en un Estado, fue llevada a cabo con éxito por los inkas, usando soluciones andinas existentes y probadas en el tiempo. El Inka no emprendía inmediatamente la consolidación de cada paso expansivo, dada la naturaleza dispersa de la población andina; su propósito inicial no requería un control total de todo rincón y valle. La fuerza del Cuzco se movía rápidamente, saltando sobre el núcleo de resistencia [...] Como un primer paso estratégico del Inka confirmaba cada grupo étnico como una unidad administrativa separada (Murra, J. *El mundo andino*, p. 60).

8 Ocuparam a região da atual Honduras, Guatemala e Península de Yucatán no sul do México, entre os séculos IV-IX a.C.

9 Habitaram o México, entre os séculos XIV-XVI, tendo como capital dessa civilização a Tenochtitlán, sobre a qual foi edificado México D.F.

10 "El vasto territorio y las muchas etnias incorporadas por conquista, diseminadas en múltiples pisos ecológicos, entre serranías, desiertos y quebradas profundas, requirieron de algún sistema que relacionara la periferia con el centro y la costa con el altiplano; que mantuviera a los rebeldes potenciales bajo la observación de las guarniciones cuzqueñas; que permitiera el *khipu kamayoq* anudar en su *khipu* la información necesaria para dar a conocer a sus superiores de la burocracia. La red de caminos incaicos servía para todo esto y mucho más. Aunque faltan todavía bastantes detalles sobre cómo funcionaba la *mita* que proveía al Estado de la energía indispensable para construir y conservar caminos y puentes, poseemos un buen esquema de la red vial y de su funcionamiento" (Murra, J. *El mundo andino*, p. 43).

11 Conforme o autor, "[...] los que han estudiado los reinos preinka conocidos a través de la arqueología, tales como Wari en la sierra central, o Chimu en la costa o Tiwanaku en el altiplano, se darán cuenta que ya mucho antes de los inkas se había vivido en los Andes una experiencia señorial, de poder. Los llamados 'horizontes' de los arqueólogos ya eran sociedades multiétnicas; los inkas se nutrieron de logros tecnológicos y de gobiernos anteriores. Tal experiencia señorial andina preinka ayuda a comprender la rápida expansión del dominio cuzqueño. Sería difícil construir en un solo siglo la red vial que ligaba toda esta expansión" (Murra, J. *El mundo andino*, p. 68).

12 Há também traços da existência de uma estrada *inca* que ligava o Brasil com o Peru: o histórico caminho de Peabirú.

13 "Considerando las variaciones regionales, la religión andina estuvo basada en el núcleo de los conceptos de deidades relativas tanto a la tierra, como a la lluvia y al sol, y a los diferentes productos agrícolas sobre los cuales cada grupo humano fundamentó su economía. Los dioses y las fuerzas naturales eran personificados en seres especiales, como los animales con fuerte esencia de divinidad, y en los propios humanos, sobre todo en el cuerpo de gobernantes y chamanes que tenían el manejo del sobrenatural, habilidad de transitar y de actuar en dos planos de la realidad, el control de las fuerzas de la naturaleza, la curación de enfermedades, capacidades de premoniciones y, por fin, la manipulación política de la sociedad" (Santos Junior, A. *Cosmovisión y religiosidad andina*, p. 86).

14 Dentre as fontes para o conhecimento do mundo andino, merece atenção a etno-história, termo que indica fundamentalmente o estudo das informações etnológicas sobre os povos indígenas incluídas na documentação produzida por europeus. Clark Wissler cunhou esse termo e acrescenta que a investigação etno-histórica se complementa com a arqueológica. Um dos estudiosos do século passado foi Jhon V. Murra, que entre 1950 e 1970 renovou os estudos sobre o mundo andino antigo, relendo com categorias antropológicas as crônicas e relações dos séculos XVI-XVII em busca dos caráteres específicos e peculiares da organização social, política e econômica dos incas e de outros povos andinos. Também editou e resgatou *visitas administrativas*, documentos burocráticos que tinham passado despercebidos, mas com potencialidade cognitivas, tanto em termo quantitativos e qualitativos, como fontes de dados demográficos, históricos e antropológicos (Cf. Curatola Petrocchi, M. *Materiales para el estudio del mundo andino antiguo*, p. 187).

15 A etiomologia (*tawa*=cuatro, mais o sufixo *ntin*= união, conjunto) indica as quatro organizações estatais e sistemas administrativos que conformavam o império inca: *Coyasullo*, a região mais extensa e situada ao sudeste; o *Continsuyo*, ao sudoeste; o *Chinchasuyo* ao noroeste; e o *Antisuyo* ao nordeste (Cf. Rodríguez, A. *Teoría y práctica del buen vivir*, p. 13).

16 Situado na zona fronteiriça entre o Peru e a Bolívia.

17 Precisa-se reconhecer a organização da estrutura política: "Desde los primeros cronistas europeos que publicaron sus impresiones en Sevilla, a pocos años de la invasión, las estructuras sociales erigidas por los cuzqueños durante el siglo XV fueron reconocidas, por unos, como excepcionales, y por otros, como utópicas: era obvio que se trataba de 'gente de razón', civilizadas, con ciudades y centros de peregrinación, riego intensivo y estratificación social, administración centralizada e

inmensos depósitos para almacenar las reservas que utilizaba el ejército. Nadie era 'pobre', no había hambre. Esta última caracterización produjo la mayor impresión. A través de los años se ha generalizado la idea de que en el momento de la llegada de los europeos la sociedad inka era un estado de bienestar, que otros llamaron 'socialista' [...]" (Murra, J. *El mundo andino*, p. 44).

18 "Entre los reinos preindustriales, el Tawantinsuyu ocupa un lugar notable, no sólo como uno de los logros de la humanidad americana, sino porque resulta ser, también de interés teórico, comparativo. El tesoro llevado al emperador Carlos V por Hernando Pizarro deslumbró a los observadores europeos: no había precedente en la Europa de 1534 de una acumulación comparable de metales preciosos. Y si muchos de los que participaron en el reparto de los botines de Cajamarca y el Cuzco no se preocuparon por las instituciones que hicieron factible tal acumulación, siempre hubo entre los invasores individuos que se preguntaron ¿cómo y por qué" (Murra, J. *El mundo andino*, p. 67).

19 Sarmiento, N. *Un arco íris de voces teológicas*, p. 52. Uma descrição da formação da civilização *inca* é oferecida pela obra *El primer nueva crónica y buen gobierno*, memorial ilustrado dirigido ao Rei de Espanha que Felipe Guaman Poma de Ayala, índio da região de Huamanga escreveu em castelhano com forte influência andina (1615-1616). Existe a edição crítica de Jhon Murra e de Rolena Adorno (1980 – Nueva Crónica). Adorno dirigiu a difusão dessa obra em kb.dk/elib/mss/poma/ no ano de 2001, conservada na biblioteca real da Dinamarca e que é citada na bibliografia desta obra. Guaman Poma apresenta uma cronologia, de alto valor para os estudos etno-históricos, em quatro etapas e, com forte influência das narrativas cristãs da criação, situa a presença de Adão e Eva na América em torno de 5000 anos a.C. Depois de 5300 anos, as quatros Idades do Mundo concluem com a dinastia *inca* em 300 d.C. Poma explica o auge da idolatria e adoração ao Sol durante essa época, embora sempre trate o tema com muita cautela. O primeiro *inca* não teve pai legítimo e declarou que seu pai era o Sol, então filho do Sol (Cf. Guaman, Poma. *El primero nueva crónica i buen gobierno (1615)*, p. 379-380). O estudo contemporâneo dessas obras coloniais traz uma série de problemas metodológicos, às vezes, é possível pensar que eles expressam o pensamento mais colonial do que o próprio andino. No caso de Guamán Poma Ayala, cuja autoria se pode duvidar, existindo a hipótese de essa obra ser escrita por um grupo de jesuítas rebeldes que era contra as tendências oficialistas da Igreja, um movimento neoincaico para resgatar o melhor das ideias

religiosas andinas, um grupo contrário a um tal doutrinamento (Cf. Arnold, D. *Algunos aportes de las ciencias sociales para el proyecto de la teología andina*, p. 183).

20 A racionalidade instrumental tem sua origem na Escola de Frankfurt e como expoentes iniciantes Theodor W. Adorno e Max Horkheimer. A escola faz uma crítica à racionalidade técnica do Ocidente. No pensamento deles, a formalização, instrumentalização, coisificação da razão constituem o tema central e recorrente. Exemplo é a obra *Dialética do Esclarecimento*, publicada em 1947, a quatro mãos, na qual os autores mostram como a razão emancipatória objetiva se converteu em razão instrumental subjetiva. A razão instrumental "é caracterizada pela desconsideração, tanto da diferenciação qualitativa de seu objeto, quanto da necessidade de estabelecer fins. O adjetivo instrumental contém, assim, uma dupla determinação, a saber, o nivelamento tanto subjetivo, quanto objetivo, na experiência do sujeito com o mundo, [...] e, do lado objetivo, a natureza transforma-se em um material disforme, cujo único sentido é a adequação a princípios formais abstratos, sem conteúdo vivencial, subjugado à ânsia de progresso do conhecimento [...]" (Freitas, V. *Saber, abstração e poder na Dialética do esclarecimento*, p. 38).

21 A hermenêutica diatópica se trata de um exercício de reciprocidade entre as culturas e consiste em transformar as premissas da argumentação *(topoi)* de uma cultura determinada em argumentos inteligíveis e credíveis em outra cultura. Ou seja, o que propõe, dentro do contexto de transformação paradigmática e de uma epistemologia baseada no sentido comum, é o reconhecimento da incompletude de cada cultura e a necessidade de ir ao encontro sem pré-conceitos às outras, tratando de encontrar lugares comuns. A hermenêutica diatópica se baseia em que os *topoi* de cada cultura, mesmo que sejam fortes, são incompletos quanto à cultura a que pertencem e o objetivo de tal hermenêutica é ampliar essa consciência de incompletude através do diálogo, com um pé numa cultura e outro, noutra (Cf. de Sousa Santos, B. *Por uma concepção multicultural de direitos humanos*, p. 23).

22 A antropologia andina é a especificação e aplicação da filosofia andina à posição e característica do *runa*, termo quéchua para designar o ser humano. Assim, só é possível entender ao ser humano num marco amplo, o que implica relacioná-lo com o cosmos que o circunda, o que o aproxima da concepção medieval e renascentista de pessoa, assim como o filósofo renascentista Ficino (1433-1499) concebera, *vera universorum conexio*.

23 Para o mundo ocidental, a realidade está povoada de objetos. Esse termo, por sua etimologia, parece estar vinculado a um *olhar diante*, *objacio*, o que implica a colocação, em certo modo, voluntária de uma realidade diante do sujeito. Para o mundo indígena, é diferente. Nele, não existe a coisa em si, mas elas se referem sempre ao aspecto favorável ou desfavorável. Não interessam os objetos, e sim os aspectos. Pois, o idioma dos *quéchuas* e *aymaras* tendem a registrar acontecimentos antes que coisas, enquanto as línguas europeias registram mais coisas do que acontecimentos. Que essas culturas registrem os acontecimentos no lugar de coisas, indica um predomínio do sentir emocional sobre a observação, de tal modo que se vê para sentir, já que a emoção recomenda o tom a seguir diante da realidade. O indígena toma a realidade não como algo estável e habitado por objetos, mas como uma tela sem coisas, porém com um intenso movimento no qual tende a advertir, o sinal de cada movimento. O registro que o indígena faz da realidade é a afeição que essa exerce sobre ele, antes que uma simples conotação de percepção (Cf. Kusch, Rodolfo. *Obras completas,* p. 278-279).

24 Este é o axioma fundamental da filosofia andina. Assinala que tudo está conectado, que tudo está em relação e não existe espaço para realidades desconexas e soltas dos demais entes e relações. O que na filosofia ocidental é a substância, o ente individual, corresponde na filosofia andina à relação, a relação é, para expressá-lo de modo paradoxal, a substância verdadeira (Cf. Estermann, J. *Cruz e coca,* p. 65).

25 "El saber indígena no es entonces un saber del porqué o causas sino del cómo o modalidades. Tampoco es un saber disponible que pudiera ser encerrado o almacenado, y menos enajenado de un sujeto, sino que exige el compromiso del sujeto que lo manipulea. Así parece señalarlo el término aymara *yatiri* con que se denomina al brujo, que significa 'dueño del saber'. Este pareciera, por una parte, ser el depositario de un saber rítmico y tradicional, y, por la otra, es un promotor del ritual" (Kusch, Rodolfo. *Obras completas,* p. 317-318).

26 Rodolfo Kusch destaca a função da afetividade na produção do conhecimento indígena. É essa função que é sempre vista com um tom pejorativo. Desde Descartes até o século XVIII, a vida emocional era entendida como uma etapa confusa da vida intelectual. Kant considera que os atos afetivos são simples estados sensuais ou caóticos, e a cultura ocidental se levantou sobre a evasão e não a superação da vida emocional, seja para evitar o problema, seja para produzir, como no caso da psicanálise, uma deflação da emocionalidade a fim de restituir a livre ação da inteligência: "Ante todo, es evidente que el indígena no ve en la vida afectiva la

sensualidad o el caos que veía Kant, ni la paralización del control de la vida racional como cree el psiquiatra, ni tampoco le urge la superación de la vida emocional, por cuanto no la ve en términos de desintegración como en cambio le ocurre al hombre de formación Occidental, sino que sencillamente realiza algo que este último no hace por cuanto enfrenta y ritualiza su miedo" (Kusch, Rodolfo. *Obras completas*, p. 298).

27 O vocábulo conhecimento não tem em *aymara* as mesmas acepções similares ao nosso. Como conhecimento pode-se registrar o termo *ullttatha*, conhecer, e está vinculado à *ullsutha*, como espreitar lá fora. É provável que esteja associado à *ullinaca*, que pode ser traduzido por semblante, figura, aspecto, cara, rosto. Da mesma forma, é possível que em *aymara* exista uma distinção parecida à existente em *náhuatl* entre um saber de rosto e outro de coração. Assim, também parece acontecer com o *quéchua*, que, pelo termo *riccini*, refere-se a um conhecer de pessoas, antes que a um conhecer de coisas. O saber indígena não é de uma realidade constituída por objetos, mas cheia de movimentos ou acontecimentos: "El indígena conocerá la sementera, la enfermedad de la llama, el granizo que se desata, pero la consecuencia de ese conocer es otra. Y esto mismo, que se debe a un estilo propio de vida, lo lleva a no participar de la irrupción en la realidad, ni a utilizar en primer plano, y a nivel de su sentido de la vida, la voluntad" (Kusch, Rodolfo. *Obras completas*, p. 281-282).

28 A respeito da sabedoria dos ritos de cura, é muito interessante o testemunho de Gregorio Fariango, de 60 anos, do município de Cayambe, estado de Pichincha: "Cuando una persona está enferma saben acudir a los curanderos o en otros lados llamados como shamanes pero la gente de la comunidad más bien viene donde los curanderos que irse donde el doctor ya que nosotros nos sanamos aquí mismo en la comunidad con ayuda de nuestras plantas ya que todo es natural y nos ayuda a ponernos bien, aquí en la comunidad lo conocemos como limpiador, para hacer la limpia del cuy se lleva al paciente que siempre debe ir acompañado con una personita que le ayude y escuche las cosas que tiene que hacer para curarse, el requisito indispensable en este caso sería el cuy de preferencia sería cuy negro porque saben decir que el cuy negro es más efectivo para ver qué tipo de enfermedades tiene, entonces llegas donde el señor que sabe curar le dices que te sientes mal y haga el favor de dar viendo el cuy a ver cómo mismo está la salud (...) ahí meten algunos santitos que tiene y cree en este caso le tiene a la Virgencita del Quinche, a la Virgencita de Baños, a la Virgencita de aquí del Chiquinquirá, también sabe

invocarle al Nevado Cayambe, a la mama Cotacachi, al taita Imbabura, aquí les llamamos facchas a las quebradas antiguas donde cae tipo cascada entonces sabe invocar y también le invoca al señor santito curandero que le tiene en un cuadrito que se llama Gregorio Hernández creo que es" (Hermosa, H. *"Cuando vengo nomás vengo"*, p. 123).

29 O indígena usava a categoria da quaternada em todo seu afazer. Tudo estava dividido em quatro segmentos e levava a um último, que fazia às vezes de fruto. O tempo era entendido como uma história composta por quatro etapas, cada uma delas com um tipo de homem que logo era destruído e uma quinta etapa, a atual, que também seria destruída por um cataclismo que acabaria com a humanidade. Essa ideia da história indígena em quatro segmentos é mencionada no relato de Guaman Poma, citado na bibliografia desta tese. O significado profundo dessa concepção era de que tudo passava pelas quatro formas de dispersão e uma quinta de concentração, ou seja, fruto, onde se encontrava o "si mesmo", seja no tempo, seja no espaço ou em ambos. A forma positiva para conseguir o "si mesmo" ou a revelação, era a fuga do espaço e do tempo, ou seja, a fuga do mundo e de seus objetos naturais: "[...] ante todo, se debía conjurar al mundo. No importa que no emprendiera luego el camino del ascetismo. Lo importante para el hombre medio era evitar la pesadez del mundo mediante la conjuración mágica. Más que la pesadez, era la ira de dios la que estaba a la puerta de la conciencia y, desde ahí, condicionaba todo el instrumental de la conjuración, dándole una forma peculiar al mundo incaico que condicionaba las mismas raíces de sus culturas" (Kusch, Rodolfo. *Obras completas*, p. 108).

30 "[...] la idea de infinidad no es entendida como linear, pero como un movimiento en un espiral interminable, donde tiempo y espacio (pacha) se configuran como algo cíclico, sea con respeto a las estaciones del año o con la sucesión de las generaciones. La secuencia escatológica de los ciclos es dialéctica y discontinua, cada ciclo termina con un cataclismo cósmico (pachakuti) que da lugar a otra vuelta, una era nueva en otro nivel" (Santos Junior, A. *Cosmovisión y religiosidade andina*, p. 93).

31 Um aspecto diferencial entre o pensamento andino e ocidental se aplica à concepção do tempo. A palavra quéchua *pacha* significa também espaço ou nível e ainda tempo. A concepção *quéchua* não considera categorias de "além", "aquém" e as relações de continuidade entre os acontecimentos do passado se manifestam ainda no presente e no futuro, sem ter uma forma verbal estabelecida, já se antecipa no presente. Trata-se de situar os acontecimentos do passado no contexto

da atualidade, redescobrir o sentido dos fatos para uma renovada identidade no autodescobrimento. Essa percepção cíclica se fundamenta nos ciclos agrícolas, astronômicos, climatológicos e de parentesco. "La linealidad, continuidad y progresividad del tiempo son conceptos basados en la lógica judío-cristiana, secularizada por las filosofías de la historia del siglo 19, y popularizada en sentido tecnológico y económico en el siglo 20. Desde el punto de vista andino, existen rupturas en el tiempo, momentos decisivos (kairoi) y saltos cualitativos donde el cosmos vuelve a ser caos, los pachakuti (cataclismos)" (Santos Junior, A. *Cosmovisión y Religiosidad andina*, p. 96).

32 Vejam-se as ruínas de *Machu Pichu.*

33 Algumas características da religião campesina andina eram: "[...] gran parte de la religión campesina andina estaba centrada en el ritual agrícola. Mientras que la iglesia estatal se preocupaba en forma especial por el maíz, los adoratorios y deidades locales compartían con sus feligreses su preocupación por los cultivos de tubérculos de primera necesidad. Si bien muchas actividades como el pastar llamas, limpiar canales de regadíos, cultivar paltas o recolectar hojas de coca eran definidas como tareas religiosas, simultáneamente, eran también fuente de alimentación; los trabajos que estas tareas acarreaban nunca eran rehuidos. Sacrificios y libaciones eran parte integrante del rito, en especial cuando las catástrofes amenazaban al mundo del hombre. Comida, vestido, llamas e, en emergencias especiales, inclusive humanos podían ofrecerse en sacrificio". Mas, com a chegada dos europeus e consequente destruição desses costumes, os cultos locais começaram a ser perseguidos, de forma que ao igual que a agricultura andina, a religião andina logrou sobreviver em muitos de seus ritos até hoje observados (Guaman, P. *El primero nueva crónica i buen gobierno (1615)*, p. 399).

34 A respeito disso, é impecável o testemunho de Antonio Fernández Robalino, 94 anos, município Pedro Moncayo, estado Pichincha, Equador: "Bueno pues lo que les voy a conversar de nuestras fiestas es que buscan en nuestro medio agradecer al dios sol por haber fecundado la 'allpa mama', es decir a la madre tierra que ha dado buenos frutos para subsistencia de los 'runas', estas fiestas se realizan en todas las comunidades de nuestro cantón, se realizan a partir del 21 de junio día del solsticio de verano o Inti Raymi las cuales se realizan indistintamente en las poblaciones y comunidades, pero el 29 de junio es el día grande en el que las comunidades tomábamos posesión de la plaza de Tabacundo, ubicada en el Barrio la Banda los grandes grupos de bailarines que llegábamos a este lugar acompañados de Aru-

chicos, aya umas, y chinucas llegábamos junto a bandas musicales indígenas que nos acompañaban en la fiesta junto a los instrumentos andinos como el pingullo, rondador, tunda, y tambor y como no podía faltar también las guasicamas, que son las personas que acompañan a cuidar a los bailarines. Esta manifestación más que de fiesta, era y sigue siendo de cultural pues es heredada de nuestras antiguas generación, el cual era un proceso vivo y dinámico que mantiene vigencia y pertinencia los procesos identitarios y encuentros intergeneracionales en toda la comunidad tabacundeña, el sol de mediodía conquistó ansioso en la plaza para recibir el saludo de las setenta galladas que era como se les conocía a los grupos de músicos y danzantes tradicionales que en ese día llegábamos a celebrar las fiestas de San Pedro donde la alegría se desbordaba más que en cualquier otra ocasión, a esta Fiesta centenaria, hay que vivirla y sentirla" (Hermosa, H. *"Cuando vengo nomás vengo"*, p. 76-77).

35 De raíz *aymara*. São os especialistas em ritos, quer dizer, sábios. No cristianismo andino, esse lugar é ocupado pelos catequistas, homens e mulheres religiosos, sacerdotes, pastores, bispos, entre outros, que oferecem orações, missas, cantos, hinos, danças, oferendas queimadas de plantas aromáticas, sacrifícios de animais.

36 Variação para o dialeto *quéchua*.

37 Para os andinos, a morte é apenas uma passagem, segundo o testemunho de Daniel Lara, 87 anos, município de Cayambe, estado Pichincha: "La muerte en el mundo indígena no existe, el hombre no muere, solo pasa a otra vida como la nuestra, esto puedo decir, en la comunidad cuando muere un niño los padres no lloraban, más bien debían conformarse y bailaban por el gusto, ellos decían que el guagua iba al cielo porque era un angelito y lo más importante a preparar el nuevo hogar en la otra vida para esperar a sus padres y a sus familiares más queridos" (Hermosa, H. *"Cuando vengo nomás vengo"*, p. 296).

38 No cristianismo andino, existe um costume forte de rezar pelas almas dos falecidos. Eles são protetores do lar, da família. Isso porque "La muerte en los Andes no significa, por lo tanto, la separación de la persona de su familia, menos de su comunidad, porque el *ajayu* del difunto de una u otra manera está junto de ellos. Esta forma de plantear la vida y la muerte ha hecho que se establezca entre los vivos y los muertos una relación de reciprocidad profunda, donde el *ajayu* del difunto es parte de la familia, la comunidad y la naturaleza" (Maidana, F. *La muerte: tradición, religiosidad y simbolismo*, p. 156). A passagem de uma dimensão a outra: faz com que os seres vivos considerem os defuntos seres sobrenaturais com toda a capacidade de

provocar bem-estar e infortúnio aos familiares e a toda pessoa que compartilhou seu tempo com ele enquanto vivo. Por isso, tratam-se os defuntos com carinho, com pouco dó, mas com profundo respeito e consideração, pois sabem o poder que eles têm. As cerimônias preparadas são manifestações de carinho.

39 A morte para os habitantes do mundo andino tem que ver com a presença do *ajayu*. Essa concepção considera que a pessoa possui três *ajayus* diferenciados hierarquicamente: *Jach'a ajayu*, alma maior, o espírito principal, o desprendimento do corpo provoca a morte; *Sullka ajayu*, alma menor, é o ânimo; *Jisk'a ajayu*, alma pequena, é a coragem (Cf. Maidana, F. *La muerte: tradición, religiosidad y simbolismo*, p. 160).

40 Contrário do mundo de baixo (*uqhu/manqha pacha)*, que representa o lugar da morte.

41 Palavra de raíz *quechua*, *chaka*= ponte, *hanã= alto, ponte do alto*. Dizer que o ser humano é um *chakana*, implica reconhecê-lo como cooperador e mediador das relações.

42 O ponto central do plano terrestre constitui um lugar privilegiado porque aí se encontra *o axis mundi*, lugar onde se manifestavam as forças sagradas e do qual podia se manter o equilíbrio do mundo. Os incas, por exemplo, consideraram que sua cidade, a capital do império, Cuzco, estaria no centro (Limón, Silvia. *El culto a la tierra, los montes y el agua*, p. 150).

43 "Un polo se levanta de un manantial que es la entrada al mundo de abajo, cruza este mundo, mostrando sus colores intensos o pálidos, alcanza el mundo de arriba con la punta de su arco, eventualmente desciende a este mundo, y planta otro polo en otro manantial o arroyo, haciendo un puente multicolor perfecto con los pueblos y naciones de los Andes" (Sarmiento, N. *Un arco íris de voces teológicas*, p. 106).

44 Especialistas rituais no mundo daqui.

45 É o caso da concepção dos níveis do *Pacha*. Mesmo sem ser compatíveis, os missionários encontraram na tripartição andina de diferentes níveis um modelo apropriado para adequar a tripartição cristã de céu-terra-inferno. Porém, "para un runa, los tres niveles de pacha pertenecen todos a una misma pacha, unidad espacio-temporal. Hanaqpacha (espacio arriba) se refiere al ámbito de los fenómenos atmosféricos y astronómicos; Kaypacha (este espacio) es el ámbito natural y social de la vida; y Uraypacha (espacio debajo o adentro) se refiere al interior de la Pachamama que es tanto el ámbito de la reproducción de la vida y de la muerte. Aunque la gran mayoría de los quechuas acepta hoy las concepciones cristianas de una vida eterna, de un juicio final y del Reino de Dios, ciertamente hay matices

muy propios en sus respectivas interpretaciones" (Santos Junior, A. *Cosmovisión y religiosidad andina*, p. 97).

46 "Pero sobre religión andina, mucho más amplias, detalladas y puntuales son las informaciones de carácter local que brindan los legajos de la Sección Hechicerías e Idolatrías del Archivo Arzobispal de Lima". Eram expedientes de processos por idolatria do século XVII. Existe uma obra organizada por Ana Sánchez: *Amancebados, hechiceros y rebeldes*. Apresenta, de forma integral, uma série de expedientes relativos à atividade inquisitorial desenvolvida principalmente nas doutrinas serranas de Sayán e Ilhuari, antigo corregimento de Chancay, pelo sacerdote Juan Sarmiento de Vivero, homem de confiança de Pedro Villagómez, arcebispo de Lima (1641-1671), que desatou a mais vasta e sistemática campanha de repressão da antiga religião autóctone de toda a época colonial (Curatola Petrocchi, M. *Materiales para el estudio del mundo andino antiguo*, p. 202).

47 "Siendo la pluri-religiosidad una de las temáticas más debatidas en los estudios culturales sobre los pueblos indígenas andinos, notase una cierta centralidad analítica en el carácter sincretista del pensamiento teológico y de la praxis ritual de estas poblaciones. Este sincretismo que, a menudo es subestimado como un signo de impureza por algunas camadas de la sociedad, es antes de todo un hecho histórico y un fenómeno orgánico de síntesis, asociado a un proceso de compleja interpretación, imposición, reinvención y resistencia" (Santos Junior, A. *Cosmovisión y religiosidad andina*, p. 89).

48 A respeito deste assunto: "Resulta evidente la imposibilidad e inadecuación interpretativa de los complexos de la religiosidad andina tomando como punto de partida únicamente concepciones teológicas y filosóficas occidentales y cuando no se considera las particularidades semánticas y hermenéuticas del propio pensamiento indígena. La yuxtaposición y/o encarnación de lo cristiano en este marco cultural y conceptual no se dan sin fricciones, incoherencias y inconsistencias." (Santos Junior, A. *Cosmovisión y religiosidad andina*, p. 90). O politeísmo, o monoteísmo, o animismo, o panteísmo que se aplicaram às vivências religiosas indígenas são criações das teologias cristãs. São o reflexo da incapacidade de chamar por seus próprios nomes e de aceitar os diferentes sistemas de valores, de análise de outros povos, por tanto, do anseio de uniformizar coisas, ou empenhamento em querer valorizar o desenvolvimento e as organizações socioculturais dos povos indígenas a conceitos uniformes ocidentais. Através de

mecanismos diferentes, ao longo da história, o clero católico insistiu em suprimir as crenças dos nativos ou antepassados.

49 "Para el qheshwa runa, la vida siempre es el producto de una relación complementaria de fuerzas complementarias, lo positivo y lo negativo, lo bueno y lo malo, lo caliente y el frío, etc., que siempre están en busca de armonizarse. Un Dios absolutamente transcendente y sui suficiente es estéril e impotente, y no puede ser el 'Señor de la Vida'. La reinterpretación teológica de la ortodoxia cristiana a través de concepciones andinas pondera con mucha fuerza el elemento femenino de 'Dios' en la figura de la 'Virgen-pachamama'." (Santos Junior, A. *Cosmovisión y religiosidad andina*, p. 95).

50 A religião incaica não conhece uma deidade criadora, pois o universo existe desde a eternidade. Os primeiros missionários identificaram o "Deus criador" do Gênesis com o Deus incaico Wiracocha (ou Ticsi Wiraqocha Pachayachachi), igual como Pachakamaq, não era criador e fazedor, mas ordenador e movedor de todo o universo, e seu primeiro atributo teológico não é a onipotência. Ele tem a tarefa de "recriar" um cosmos desde o caos, não a partir do nada, causado por um pachakuti, cataclismo cósmico, ou seja, restabelecer um universo ordenado, um sistema seguro e definido de relações. Deus é para o runa andino a base necessária para a ordem do universo, tanto natural quanto social. O povo o chama de Taytacha, como um pai que cuida de seus filhos, mantendo dessa forma a ordem que faz possível a vida. Nesse sentido, "la concepción trinitaria cristiana favorece **substancialmente el acercamiento de los paradigmas con respecto a dios, y, por lo** tanto, el 'Dios' cristiano también participa en el rasgo principal del pensamiento andino. Dios trino es en sí mismo relacionalidad. Sin embargo, el pensamiento andino no se concibe en triadas como el pensamiento dialéctico y analógico occidental, pero si en polaridades duales. Para el qheshwa runa sobresalen las dos personas divinas Padre e Hijo, mientras que el Espíritu Santo prácticamente no tiene un lugar propio" (Santos Junior, A. *Cosmovisión y religiosidad andina*, p. 94).

51 Etimologicamente, vem de *titi*, que significa gato selvagem, e *caca*, que quer dizer pedra ou montanha pedregosa (Cf. Sarmiento, N. *Un arco íris de voces teológicas*, p. 114).

52 O autor comenta sua história pessoal e vivencial como índio e descreve que as oferendas à mãe terra e às montanhas protetoras incluem gordura de *llama*, e as crianças são ungidas com gordura de urso para ter valentia e força (Sarmiento, N. *Un arco íris de voces teológicas*, p. 103).

53 "El principio masculino, asociado a la parte alta del cosmos y que tuvo como característica la facultad de la fecundación, fue personificado en la zona andina por las diversas manifestaciones del dios creador: Viracocha, Pachacámac, Cuniyara y Tonapa, entre otras, y, asimismo agrupó deidades como Illapa, dios del trueno y de la lluvia, y a Inti o dios del Sol, divinidad particular del linaje gobernantes de Cusco" (Limón, Silvia. *El culto a la tierra, los montes y el agua*, p. 150).

54 "En la iconografía arqueológica andina, Pachamama, es representada como conjunto de papas y mazorcas de maíz múltiples, productos que también aparecen con un aspecto humano femenino, en ocasiones en el momento en que son fecundados por un personaje sobrenatural" (Limón, Silvia. *El culto a la tierra, los montes y el agua*, p. 154).

55 "La divinidad terrestre, en las dos religiones [incas e mexicas], fue considerada como la procreadora de los seres humanos, quienes brotaron de sus entrañas, es decir, de las cuevas, aunque algunos pueblos andinos concibieron que el hombre también surgió de manantiales y lagunas, elementos que, asimismo, estaban asociados al subsuelo. De esta manera, en las dos cosmovisiones, la deidad terrestre fue quien dio a luz a los seres humanos; sin embargo, a ellos reclama, tarde o temprano, su retorno a la matriz primordial a través de la muerte." (Limón, Silvia. *El culto a la tierra, los montes y el agua*, p. 152).

56 "[...] la contraparte femenina susceptible de ser fecundada [...] se localizaba en la parte baja del cosmos y estaba personificada en la zona andina por Pachamama y entre los mexicas por la deidad terrestre que ostenta diversos nombres como [...] Coatlicue, Tonatzin, Cihuacóatl, Quilaztli y Toci" (Limón, Silvia. *El culto a la tierra, los montes y el agua*, p. 150-151).

57 O lugar característico para a *Pachamama* habitar era o interior das montanhas, o subsolo. As oferendas de gordura e de folhas de coca eram como que um tributo e eram depositadas em buracos cavados no solo e se constituíam como canais que levavam as oferendas diretamente às entranhas. Acredita-se que por esse mesmo canal era realizado o rito do sacrifício de crianças por enterramento, antes do início dos trabalhos na terra (Cf. Limón, Silvia. *El culto a la tierra, los montes y el agua*, p. 152).

58 Os ciclos são momentos de vivência, na voz do testemunho de Dionicio Fernández (84), município Cayambe, estado de Pichincha: "Para los agricultores el ciclo agrícola comienza desde la preparación de terreno que es hacer el arado y luego sacar todos los desperdicios para que el terreno esté listo para la nueva siembra, esto se lo hace desde el mes de julio y agosto en adelante; estos trabajos se realizan

en base de minga familiar o Rantinpak "presta manos", la época de la siembra se la lleva a cabo en cuatro épocas [...].
La primera época de la siembra o tarpuy pacha. Para la comunidad la época de la siembra es muy importante se inicia en los meses de septiembre hasta las fiestas del Quinche que es en el mes noviembre de cada año [...].
La segunda época del deshierbe o hallmay pacha. Consiste en quitar las hierbas de los alrededores de las plantas recién nacidas, se debe remover el terreno para que las plantas se desarrollen en mejores condiciones. Para esto se realiza la minga con los vecinos, amigos y conocidos. [...]
La tercera época de la floración o sisay pacha. En el mes de marzo se presenta la época de la floración de las primeras flores y frutos tiernos. Para estas fechas es importante la unión de la familia y también de la comunidad, se prepara los primeros alimentos tiernos para compartir en la familia.
La cuarta época de la cosecha o pallay pacha. En esta etapa consiste en recolectar todos los frutos que la madre tierra los brindó en todo el año se realizan ceremonias para agradecer al padre Sol la festividad más conocida es el Inti Raymi, por la obtención de la buena cosecha realizada durante el año agrícola. Se celebraban en junio la fiesta de la cosecha, conocida como el Inti Raymi, que consistía en actos ceremoniales para agradecer al Padre Sol, y a la Madre Naturaleza" (Hermosa, H. "*Cuando vengo nomás vengo*", p. 154-155).

59 Os povos indígenas conhecem as necessidades da *Pachamama* e a reciprocidade faz que através de ritos eles retribuam o que receberam, eles são familiares e oferecidos por um membro, podendo ser o mais sábio (Cf. Sarmiento, N. *Un arco íris de voces teológicas*, p. 133).

60 Se por um lado apresentou aspectos positivos, como uma entidade generosa e fecunda que cria o ser humano e lhe oferece os alimentos para viver, por outro lado, apresenta um aspecto terrível, já que como entidade sagrada exigia a imolação de seres humanos para se alimentar e em troca de esses sacrifícios proporcionarem frutos (Cf. Limón, Silvia. *El culto a la tierra, los montes y el agua*, p. 152).

61 A partir do século XVI, o *ayllu*, deixa de corresponder à antiga realidade indígena e passa a ser a representação colonial de *comunidade*. Uma organização física da época medieval e europeia em razão das mudanças socioeconômicas da época afirmada na prática (Cf. Portugal, A. *O ayllu andino nas crônicas quinhentistas*, p. 40).

62 Não existe uma tradução exata do termo. Podemos citar três possibilidades de tradução. Por um lado, significa a unidade étnica da comunidade camponesa andina organizada. Pode ser definida como família extensa ou também no sentido de concebê-la como aldeia ou povoado com seu acento geográfico (Cf. Estermann, J. *Filosofia andina*, p. 314).

63 A critério de Murra, Heinrich Cunow, por volta dos anos 1890, foi o primeiro pesquisador a trazer presente informações sobre os inkas desde uma perspectiva etnográfica, ao dirigir sua atenção ao *ayllu*, unidade de parentesco. Ênfase que Murra considera importante para toda a pesquisa sobre o imperio incaico: "[...] hacia 1500, en el Tawantinsuyu había dos sistemas en la agricultura y en el acceso a la tierra. Ambos, el del Estado y el de los grupos étnicos locales eran fuerzas reales, económica y políticamente significativas" (Murra, J. *El mundo andino*, p. 45).

64 Para os pesquisadores da história cultural, é consenso que esse termo andino, para denominar o que hoje pode ser entendido como comunidade, na sua origem, antes do tempo colonial, é uma estrutura indígena que estava conformada por laços de parentesco e não estavam diretamente ligadas a um espaço territorial delimitado (Cf. Portugal, A. *O ayllu andino nas crônicas quinhentistas*, p. 32).

65 "Cuando el cuzco elaboró el sistema estatal de la mit'a, tomó como modelo las obligaciones recíprocas comunales conocidas y comprendidas por todos. [...] Todos los habitantes de la aldea se ayudaban en abrir surcos, en la siembre y en la cosecha [...]. Los recién casados tenían derecho a una casa nueva, construida con la ayuda de los demás [...] Si la tarea era de más envergadura, involucrando varios linajes, éstos se turnaban hasta concluir la obra". Todas as tarefas eram distribuídas a unidades domésticas, não a indivíduos. O grupo étnico tinha sob sua responsabilidade idosos, viúvas, órfãos e aleijados. A condição deles não impedia reclamar ou desfrutar das parcelas obtidas pelos laços de parentesco, mas diante da dificuldade ou impossibilidade de cultivá-las, a comunidade assumia o trabalho. As fontes chamam ao verificador desta atividade de *llaqta kamayoq*, em alguns casos era confiado ao mai idoso e aleijado, se possível (Murra, J. *El mundo andino*, p. 46).

66 No mundo andino antigo: "[...] el concepto básico que regía los intercambios recíprocos de energía dentro de la comunidad era el tiempo, los días o años de trabajo adeudados a personas, a unidades domésticas, a la comunidad, a los señores y, eventualmente, al Estado. Más allá de la red de reciprocidades, cada unidad doméstica era considerada autosuficiente y, de hecho, tenía el acceso suficiente a

los bienes de capital de la sociedad para que tal autosuficiencia fuera real. Al enfocar el nivel estatal, notamos que falta información acerca de las contribuciones en especias, de los tributos o de alguna unidad de intercambio. El trabajo, vale decir la energía humana de los campesinos, era accesible al Estado por encima de –aunque de alguna manera similar- las tareas y obligaciones que debían a su aylly y a su kuraka" (Murra, J. *El mundo andino*, p. 48).

67 Minga, em português, equivale a um mutirão realizado em proveito da comunidade. Segundo o testemunho de José María Caiza Pulupa; do município Pedro Moncayo, do Estado de Pichincha, Equador, "la minga es una actividad colectiva desarrollada por comuneros del mismo lugar, que se ha mantenido hasta la actualidad con algunas reformas en el horario, comida y forma de trabajo, pero con el solo hecho de que un barrio se junte con la sola idea de trabajar juntos se está poniendo en práctica la minga un trabajo social, un trabajo en equipo que permite fortalecer ahorrando tiempo y dinero; en la actualidad existe lo que se conoce como: prestar la mano, o la famosa randimpa, eso significa que por mi trabajo no le cobro pero cuando necesite un peón lo puedo ir a visitar o rogarle que me devuelva el día trabajado donde él. [...] En todas y cada una de las mingas se trabajaba con ánimo, con alegría, ya que se tenía la costumbre de pensar de que si se trabaja triste el sembrío se perdería, conforme avanzaba el día llegaba a las once de la mañana aproximadamente de doce a una era almuerzo que hacían nuestras mujeres, cabe resaltar que algunas de ellas, llevaban a nuestros hijos en sus espaldas hasta que puedan caminar y endurecer la personas" (Hermosa, H. *"Cuando vengo nomás vengo"*, p. 24).

68 Entre os sistemas de intercâmbio comunitário encontramos o *trueque*, no testemunho de José Manuel Ortiz (42 anos), municipio de Otavalo, estado Imbabura, Equador, é descrito: "[...] el trueque que para nosotros significa intercambio de productos y mano de obra. Ese trueque se lo realizaba de la siguiente manera cuando, como nosotros los del campo cosechábamos nuestros productos como es (el maíz, el fréjol, la cebada, el trigo, las hortalizas y los animalitos) pero como para la preparación de nuestros alimentos para nuestros hijitos teníamos que salir a los diferentes lugares ya sea en caballo o caminando a largas horas donde a veces se hallaba gente amable que nos brindaban un vaso de agua o platito de comida y si no tocaba regresarse con las mismas a la casita a preparar lo que cambió. Y el intercambio era donde producían los alimentos que uno no tenía para ello se llevaba ya sea el maíz u otro grano que de la misma manera nos tenían los habitantes de

las comunidades que dar sus productos como las papas u otros, que si llevamos una taza de maíz ellos nos tenían que dar una taza de papas [...]" (Hermosa, H. "*Cuando vengo nomás vengo*", p. 173).

69 Na antropologia *aymara*, o termo para designar a pessoa é *jaqui* e significa: "en la cultura aymara nos referimos al ser humano con denominaciones como: *jaqi, Jach'a jaqi* (adultos) y *Jisk'a jaqi* (menores), que expresan la unidad de todos los hombres y mujeres, de cuanto habitan en la comunidad. El hombre y la mujer desde que se casan nacen a la comunidad de adultos con todos los derechos y obligaciones que exige la comunidad. El ser *jaqi* implica la estabilidad nuclear compuesta por padre, madre e hijos. La pareja además de prestar servicios a la familia íntima, también convive con la familia extensa en el Ayllu" (Pacha, *Jaqi/Runa*, p. 9).

70 Essa função como do ser humano como ponte (*chakana)* pode ser expressa de diversas maneiras, como por exemplo, como agricultor é ponte entre os fenômenos do sol e da chuva e a terra *(pachamama)*, como parceiro é chamado a estabelecer o elo entre o feminino e o masculino, como *homens celebrans* restitui a ordem cósmica violada e desequilibrada, como ente fecundo estabelece laços entre as gerações e contribui para a conservação da vida (Cf. Estermann, J. *Filosofia andina*, p. 200).

2. CONSTRUIR SABEDORIAS DESCOLONIAIS

Esta pesquisa é construída a partir do que se considera como pensamento dialógico (Fornet-Betancourt, 1997). Desde a interculturalidade e interdisciplinaridade, procura uma prática intelectual dialógica, para que não apenas se discurse sobre as diferenças, mas com elas e a partir delas. Essa questão não procura impor um modo de pensamento, mas de problematizar um ponto de vista considerando já em sua articulação a interpretação das diferenças. São contribuições dialógicas que buscam e facilitam a participação ativa com a palavra de outros participantes. Desse modo, no presente capítulo, são elencados argumentos em favor de uma descolonização buscando a insurgência de sabedorias.

2.1 O problema da modernidade e a questão colonial

Partimos em nossa argumentação da premissa do antropólogo equatoriano, Patrício Guerrero (Guerrero, 2018), que para iniciar o processo de descolonização precisa-se levar em conta a problemática do desenvolvimento civilizatório que a modernidade impôs aos povos originários a partir da colonialidade.

A partir desse tempo de escuridão, que se instaura no tempo da conquista e da chegada da colonialidade, torna-se verossímil a planetarização da dominação, pois a colonialidade e a modernidade que emergem de dito processo e que se sustentam na implementação de uma matriz colonial-imperial de poder, autoriza ao Ocidente implantar, pela primeira vez na história da humanidade, um padrão global e universal de dominação. Esse sistema dará início à organização colonial do mundo em torno de uma narrativa local particular, que por razões de poder se constrói a partir de um caráter de universalidade radicalmente excludente, uma subjetividade, um ego conquistador que se escora na radical negação, dominação e colonização da alteridade.

É sobre essa matriz imperial de poder que se faz possível a colonialidade, através dela se erige um modelo civilizatório para o domínio do tempo, do espaço, do sentido, do conhecimento, dos saberes, das linguagens, das práticas, da memória, dos imaginários, das subjetividades e corpos. Em suma, para o controle e domínio dos seres humanos, da natureza e a totalidade da vida, que se opera em três dimensões: a colonialidade do poder, do saber e do ser (Guerrero, 2018).

2.1.1 Modernidade: questão semântica

Para o estudo do assunto, uma questão fundamental é a mudança do significado do conceito "Europa". A seguir, a pesquisa apropria-se da questão semântica para o estudo do eurocentrismo a partir de cinco critérios.

Primeiro, a Europa é filha de fenícios, de um semita, o que é totalmente diferente da Europa definitiva, ou o que se conhece como Europa moderna. Não se pode confundir a Grécia com a futura Europa. A Europa futura situava-se ao norte da Macedônia e ao norte da Magna Grécia na Itália. O lugar da Europa moderna fora ocupado pelo bárbaro por excelência, que mais adiante usurparia um nome que não lhe pertence, pois a Ásia e a África são culturas mais desenvolvidas. O que será a Europa moderna, em direção ao norte e ao oeste da Grécia, não é a Grécia originária, está fora de seu horizonte. Com isso, Dussel quer esclarecer que a diacronia unilinear Grécia-Roma-Europa é um invento ideológico do século XVIII romântico alemão, o que seria uma manipulação conceitual posterior do modelo ariano, racista (Dussel, 2005). Segundo, o ocidental

> [...] será o império romano que fala latim (cuja fronteira oriental situa-se aproximadamente entre as atuais Croácia e Sérvia), que agora compreende a África do Norte. O 'Ocidental' opõe-se ao 'Oriental', o império helenista, que fala grego. No 'Oriental', estão a Grécia e a 'Ásia' (a província Anatólia), e os reinos helenistas até as bordas do Indo, e também o Nilo ptolomaico. Não há um conceito relevante do que se chamará de Europa posteriormente (Dussel, 2005).

Terceiro, desde o século VII, o Império Romano Oriental cristão enfrenta o mundo árabe-muçulmano crescente. É importante lembrar que o grego clássico é tanto bizantino como árabe-muçulmano.

Quarto, a Europa latina medieval também confronta o mundo árabe turco. Aristóteles, por exemplo, torna-se um filósofo nas mãos dos árabes. A universalidade muçulmana chega do Atlântico ao Pacífico. Essa cultura, europeia latina, é uma cultura periférica e, até esse momento da história, nunca foi o centro da história (Dussel, 2005).

Quinto, no Renascimento italiano começa a fusão que representa novidade, especialmente após 1453, pois o Ocidente latino se une ao grego Oriental e enfrenta o mundo turco, o que, esquecendo-se da origem helenístico-bizantina do mundo muçulmano, permite a seguinte falsa equação: Ocidental = helenístico/romano/cristão. Nasce, dessa maneira, a ideologia eurocêntrica do romantismo alemão:

> Esta sequência é hoje a tradicional. Ninguém pensa que se trata de uma invenção ideológica (que 'rapta' a

> cultura grega como exclusivamente 'europeia' e 'ocidental') e que pretende que desde as épocas grega e romana tais culturas foram o 'centro' da história mundial. Esta visão é duplamente falsa: em primeiro lugar, porque, como veremos, faticamente ainda não há uma história mundial (mas historias justapostas e isoladas: a romana, persa, dos reinos hindus, de Sião, da China, do mundo mesoamericano ou inca na América. Em segundo lugar, porque o lugar geopolítico impede-o de ser o 'centro' (o Mar Vermelho ou Antioquia, lugar de término do comércio do Oriente, não são o 'centro', mas o limite ocidental do mercado euro-afro-asiático). Temos assim a Europa latina do século XV, sitiada pelo mundo muçulmano, periférica e secundária no extremo ocidental do continente euro-afro-asiático (Dussel, 2005).

Aqui se encontra, para Dussel, o cerne da questão, pois deve ser revista a consideração hegemônica no que se refere à interpretação da Europa moderna, como problema fundamental da identidade latino-americana. Para isso, o autor oferece dois conceitos sobre modernidade:

> O primeiro deles é eurocêntrico, provinciano, regional. A modernidade é uma emancipação, uma 'saída' da imaturidade por um esforço da razão como processo crítico, que proporciona à humanidade um novo desenvolvimento do ser humano. Este processo ocorreria na Europa, essencialmente no século XVIII. [...] Os acontecimentos históricos essenciais para a implantação do princípio da subjetividade (moderna) são a Reforma, a Ilustração e a Revolução Francesa (Dussel, 2005).

A essa primeira definição chama-se de eurocêntrica, porque indica como ponto de partida da modernidade os fenômenos que aconteceram no mundo intra-europeu. Para sua explicação, necessitam unicamente da Europa no que tange a justificar o processo.

A segunda visão de modernidade tem um sentido mundial, e consistiria em compreender como determinação fundamental do mundo moderno a questão de ser centro da história universal. Em outras palavras, até 1492 não houve história e, antes dessa data os sistemas culturais coexistiam entre si. Dessa forma, com a expansão portuguesa desde o século XV, e com o descobrimento da América hispânica, todo o planeta se tornou lugar de uma História Mundial. Essa Europa moderna, desde 1492, centro da história mundial, constitui, pela primeira vez na história, a todas as outras culturas como sua periferia (Dussel, 2005).

Tendo entendido que a modernidade da Europa será a operação das possibilidades que se abrem por sua centralidade na história mundial, e todas as outras culturas como sua periferia, compreende-se que o eurocentrismo moderno é o único que pretende se identificar com a universalidade em escala mundial. Assim, o eurocentrismo da modernidade é a falsa identificação entre a universalidade abstrata com a mundialidade concreta hegemonizada pela Europa como centro.

> O *ego cogito* moderno foi antecedido em mais de um século pelo *ego conquiro* (eu conquisto) prático do luso-hispano que impôs sua vontade (a primeira 'Vontade-de-poder' moderna) sobre o índio americano. A conquista do México foi o primeiro âmbito do *ego* moderno. A Europa (Espanha) tinha evidente superioridade sobre as culturas asteca, maia, inca, em especial por suas armas de ferro – presentes e todo o horizonte euro-afro-asiático. A Europa moderna, desde 1492, usará a conquista da América Latina (já que a América do Norte só entra no jogo no século XVII) como *trampolim* para tirar 'vantagem comparativa' determinante com relação a suas antigas culturas antagônicas (turco-muçulmana). Sua superioridade será, em grande medida, fruto da acumulação

> de riqueza, conhecimentos, experiência, que acumulará desde a conquista da América Latina (Dussel, 2005).

A modernidade, como paradigma do cotidiano, de compreensão da história, da ciência, da religião, surge no final do século XV e com a conquista do Atlântico. O século XVII é fruto do anterior. Holanda, França e Inglaterra representam o desenvolvimento posterior no horizonte aberto por Portugal e Espanha. A América Latina entra na Modernidade, bem antes que a América do Norte, com a característica de dominada e explorada, encoberta.

A modernidade tem um núcleo racional *ad intra* forte, como saída da humanidade de um estado de imaturidade regional, provinciana, não planetária. Essa mesma modernidade, *ad extra*, desenvolve um processo irracional ocultado aos seus próprios olhos, por seu conteúdo secundário e negativo mítico. Já a modernidade é justificativa de práxis irracional de violência. Dussel passa a descrevê-lo da seguinte forma, em alguns passos que aqui são retomados (Dussel, 2005).

1. A civilização moderna se entende como a mais desenvolvida e superior, o que lhe permite sustentar uma posição **eurocêntrica**;
2. Como exigência moral, a superioridade obriga a entender os outros como inferiores e buscar um caminho de desenvolvimento, discorrendo sobre eles em termos de bárbaro, rudes, primitivos;
3. O caminho de educação deve ser o modelo europeu e como o bárbaro não está de acordo a esse processo, a prática moderna exerce a violência, se for necessário, para destruir os obstáculos da modernização. É o que também pode ser chamado de guerra justa colonial, ou em termos atuais de abuso epistêmico ou epistemicídio;
4. Como fruto dessa dominação, aparecem vítimas e de muitas variadas formas. Para a civilização moderna, esse ato se torna inevitável, gerando até um certo ritualismo de

sacrifício, o herói que civiliza gera sacrifício salvador no índio, na mulher, no escravo africano, na própria natureza;

5. Para o moderno, o rebelde é que tem a culpa, por se opor ao processo de aparente civilização, permitindo à modernidade apresentar-se como inocente emancipadora da culpa de suas próprias vítimas;
6. E finalmente, a modernidade, encontra como inevitável os sofrimentos e sacrifícios dos povos atrasados como custo da modernização.

Com esses argumentos,

> "[...] se pretende a superação da 'Modernidade', será necessário negar a negação do *mito da Modernidade*. Para tanto, a 'outra face' negada e vitimada da 'Modernidade' como culpada da violência sacrificadora, conquistadora originária, constitutiva, essencial. Ao negar a inocência da 'Modernidade' e ao afirmar a Alteridade do 'Outro', negado antes como vítima culpada, permite 'des-cobrir' pela primeira vez a 'outra-face' oculta e essencial à 'Modernidade': o mundo periférico colonial, o índio sacrificado, o negro escravizado, a mulher oprimida, a criança e a cultura popular alienadas, etc. (as 'vítimas' da 'Modernidade') como vítimas de um ato irracional (como contradição do ideal racional da própria 'Modernidade'). Apenas quando se nega o *mito civilizatório e da inocência* da violência moderna se reconhece a injustiça de práxis sacrificial fora da Europa (e mesmo na própria Europa) e, então pode-se igualmente superar a limitação essencial da 'razão emancipadora'. Supera-se a razão emancipadora como 'razão libertadora' quando se descobre o 'euro centrismo' da razão ilustrada, quando se define a 'falácia desenvolvimentista' do processo de modernização hegemónico. Isto é possível, mesmo para a razão da Ilustração, quando eticamente se descobre a dignidade do Outro (da outra cultura, do outro sexo e gênero); quando se declara

> inocente a vítima pela afirmação de sua Alteridade como Identidade na Exterioridade como pessoas que foram negadas pela Modernidade. Desta maneira, a razão moderna é transcendida (mas não como negação da razão enquanto tal, e sim da razão eurocêntrica, violenta, desenvolvimentista, hegemônica). Trata-se de uma 'transmodernidade' como projeto mundial de libertação em que a Alteridade, que era coessencial à Modernidade, igualmente se realize. A 'realização' seria agora a passagem transcendente, na qual a Modernidade e sua Alteridade negada (as vítimas) se corealizariam por mútua fecundidade criadora. O projeto transmoderno é uma corealização do impossível para a Modernidade; ou seja, é co-realização de solidariedade, que chamamos de analéptica, de: Centro/Periferia, Mulher/Homem, diversas raças diversas etnias, diversas classes, Humanidade/Terra, Cultura Ocidental/Culturas do mundo periférico ex-colonial; não por pura negação, mas por *incorporação* partindo da Alteridade (Dussel, 2005).

Não se discute um projeto pré-moderno, como uma afirmação folclórica do passado, nem contrário à modernidade, antimoderno, de algum grupo conservador, ou pós-moderno, como negação da modernidade como crítica de toda razão para cair num irracionalismo niilista. Trata-se, então, de um projeto "transmoderno", buscando uma "transmodernidade" por subsunção real do caráter emancipador racional da modernidade e de sua alteridade negada (o Outro) da modernidade, por negação de seu caráter mítico. Os dois conceitos podem ser resumidos em modernidade eurocêntrica e modernidade subsumida.

2.1.2 A colonialidade: o lado escuro da modernidade

De acordo com Walter Mignolo, o uso da expressão "hemisfério ocidental" trouxe uma mudança radical no imaginário e nas estruturas de poder do mundo moderno/colonial, tendo impacto em sua estruturação, e nas relações Sul-Norte nas Américas, como, por exemplo, para a configuração da "latinidade" nos Estados Unidos, da mesma forma para a diversidade afro-americana no Norte, no Sul e no Caribe.

Empregando o conceito de "imaginário", Mignolo adapta o termo a um sentido geopolítico e o usa na fundação e formação do imaginário do sistema-mundo moderno colonial. Do ponto de vista de Mignolo,

> a imagem que temos hoje da civilização ocidental é, por um lado, um longo processo de construção do interior desse imaginário, desde a transição do Mediterrâneo, como centro, à formação do circuito comercial do Atlântico, assim também de sua exterioridade. Isto é, no Ocidente a imagem 'interior' construída por letrados e letradas, viajantes, estadistas de todo tipo, funcionários eclesiásticos e pensadores cristãos, esteve sempre acompanhada de um 'exterior interno', ou seja, de uma 'exterioridade', mas não de um 'fora' (Mignolo, 2005).

O que interessa a Mignolo é a emergência do circuito comercial do Atlântico, no século XVI, que ele considera como fundamental na história do capitalismo e da modernidade/colonialidade, devido ao impacto que esse momento teve na formação do mundo moderno/colonial onde se vive e cujas transformações estão sendo analisadas. Nessa reflexão, merece atenção a definição de "colonialidade", como o outro lado, chamado por ele escuro, da modernidade[1].

Essa questão, muitas vezes, não abordada na metáfora sistema-mundo moderno, não encara a colonialidade do poder e a diferença colonial, não traz presente o imaginário conflitivo que surge com a diferença colonial. Nesse cenário, vale a pena destacar o papel de Anibal Quijano, na elaboração teórica, do que seria a colonialidade do poder e com ela apresentar uma reviravolta teórica. O sociólogo peruano esclarece que a colonialidade do poder continua sendo uma estratégia da modernidade desde o momento da expansão da cristandade para além Mediterrâneo (América, Ásia), que contribui para a autodefinição da Europa, estreitamente unida ao capitalismo, desde o século XVI. No entanto, Mignolo aponta que, na história do capitalismo, essa demanda aparece despercebida:

> [...] a economia capitalista mudou o rumo e acelerou seu processo com a emergência do circuito comercial do Atlântico, a transformação da concepção aristotélica da escravidão exigida tanto pelas novas condições históricas quanto pelo tipo humano (por exemplo, negro, africano), que se identificou a partir desse momento com a escravidão e estabeleceu novas relações entre raça e trabalho. A partir deste momento, do momento de emergência e consolidação do circuito comercial do Atlântico, já não é possível conceber a modernidade sem a colonialidade, o lado silenciado pela imagem reflexiva que a modernidade (no caso, os intelectuais, o discurso oficial do Estado) construiu de si mesma e que o discurso pós-moderno criticou do interior da modernidade como autoimagem do poder. A pós-modernidade, autoconcebida na linha unilateral da história do mundo moderno, continua ocultando a colonialidade, e mantém a lógica universal e monotópica – da esquerda e da direita – da Europa (ou do Atlântico Norte) para fora. A diferença colonial (imaginada no pagão, no bárbaro, no subdesenvolvido) é um lugar passivo nos discursos pós-modernos. O que não significa que seja um lugar passivo na modernidade e no capitalismo. A visibilidade da diferença colonial, no mundo moderno, começou a ser percebida com os movimentos de descolonização (ou independência) desde fins do século XVIII até a segunda metade do século XX.

> A emergência da ideia de 'hemisfério ocidental' foi um desses momentos (Mignolo, 2005).

Durante as últimas décadas do século XX, a filosofia pós-moderna impulsionou correntes teóricas que nomearam as patologias da ocidentalização. As mesmas apontam que tais patologias deixam claro o caráter dualista e excludente que assumem as relações modernas de poder.

> A modernidade é uma máquina geradora de alteridades que, em nome da razão e do humanismo, exclui de seu imaginário a hibridez, a multiplicidade, a ambiguidade e a contingência das formas de vidas concretas. A crise atual da modernidade é vista pela filosofia pós-moderna e os estudos culturais como a grande oportunidade histórica para a emergência dessas diferenças largamente reprimidas (Castro Gómez, 2005).

Modernidade é a tentativa de submeter a vida inteira ao controle do homem sob a direção segura do conhecimento, consistindo em elevar o homem ao nível do princípio ordenador de **todas as coisas, quer dizer o homem é capaz pela razão decifrar** as leis inerentes à natureza para colocá-las a seus serviços. Modernidade, como projeto, refere-se principalmente à existência de uma instância de controle ou coordenação sobre o mundo natural e social, o Estado, que garante a organização racional da vida humana. Nesse sentido, o Estado é entendido como a esfera em que todos os interesses encontrados na sociedade podem chegar a uma síntese, isto é, como o lugar capaz de formular metas para todos (Castro Gómez, 2005).

2.1.3 Problemática da modernidade e o caso da América Latina

À tentativa de criar perfis de subjetividade estatalmente coordenados conduz a um fenômeno chamado de "invenção do outro". O intuito não é se referir à forma como determinado grupo de pessoas representa mentalmente outras, mas os dispositivos de saber/poder que servem de ponto de partida para a construção dessas representações. Para além do que se pode considerar como "ocultamento do outro", o problema deve ser teoricamente abordado da perspectiva do processo de produção material e simbólica no qual se viram envolvidas as sociedades ocidentais a partir do século XVI. Três práticas contribuíram para forjar cidadãos latino-americanos do século XIX: as constituições, os manuais de urbanidade e as gramáticas do idioma, as mesmas que possuem um denominador comum que as legitima: a escrita[2].

Se a constituição define formalmente um tipo desejável de subjetividade moderna, a pedagogia é a grande artífice de sua materialização. A escola passa a ser um espaço de internamento, onde se forma esse tipo de sujeito que os ideais reguladores estavam reclamando. O que se busca é introjetar uma disciplina na mente e no corpo que capacite a pessoa para ser útil à pátria. A crítica não se centra na função educativa, mas a função disciplinar de certas tecnologias pedagógicas como os manuais de urbanidade, que visam a controlar toda atitude e instinto considerado assim como "bárbaro", com o fim de aguçar a diferença social (Castro Gómez, 2005).

A modernidade e racionalidade devem ser pensadas como experiências e produtos exclusivamente europeus. Assim, as relações entre sujeitos e culturas entre a Europa Ocidental e o resto do mundo foram codificadas num jogo de categorias: Oriente e Ocidente, primitivo e civilizado, mágico e científico, irracional e racional, tradicional e moderno. Ou seja, Europa e não Europa. Os índios da América e os negros da África não receberam o mesmo reconhecimento como o da Europa Ocidental ou ainda o próprio Oriente.

Sob essa codificação de relações entre o europeu e não europeu, raça, é, sem dúvida, uma categoria básica para o entendimento da problemática. A ótica dualista e binária, e de conhecimento peculiar ao eurocentrismo se impôs como mundialmente hegemônica no mesmo caminho da expansão do domínio colonial da Europa sobre o mundo. Não seria possível explicar de outro modo, de forma satisfatória, a elaboração do eurocentrismo como visão hegemônica de conhecimento, da versão eurocêntrica da modernidade e seus dois principais mitos fundacionais: o primeiro que é essa ideia-imagem da história da civilização humana como uma trajetória que parte de um estado de natureza e termina na Europa. E o segundo, conceder sentido às diferenças entre Europa e não Europa como diferenças de natureza (racial) e não de história de poder. Ambos mitos podem ser reconhecidos no fundamento do evolucionismo e do dualismo, dois dos elementos nucleares do eurocentrismo (Quijano, 2005).

> O fato de que os europeus ocidentais imaginaram ser a culminação de uma trajetória civilizatória desde um estado de natureza, levou-os também a pensar-se como modernos da humanidade e de sua história, isto é, como o novo e, ao mesmo tempo, o mais avançado da espécie. Mas já que, ao mesmo tempo, atribuíram ao restante da espécie o pertencimento a uma categoria, por natureza, inferior e por isso anterior, isto é, o passado no processo da espécie. Os europeus imaginaram também serem não apenas os portadores exclusivos de tal modernidade, mas igualmente seus exclusivos criadores e protagonistas. O notável disso não é que os europeus se imaginaram e pensaram a si mesmos e ao restante da espécie desse modo – isso não é um privilégio dos europeus – mas o fato de que foram capazes de difundir e de estabelecer essa perspectiva histórica como hegemônica dentro do novo universo intersubjetivo do padrão mundial do poder (Quijano, 2005).

É evidente que a resistência intelectual a essa perspectiva histórica não tardou em emergir. Os finais do século XIX, e de forma intensa durante o XX, estiveram vinculados ao debate sobre a questão do desenvolvimento e subdesenvolvimento[3]. Essa intervenção foi dominada por um bom período pela teoria da modernização, que, em suas vertentes opostas, sustenta que o processo de modernização não é necessariamente apenas um fenômeno de ocidentalização das sociedades e culturas não europeias. Logo, defende que a modernidade é um fenômeno de todas as culturas, não apenas da europeia ocidental.

Então, se o conceito de modernidade cita única ou fundamentalmente as ideias de novidade, do avançado, do racional-científico, laico, secular, opiniões associadas a esse conceito, não resta dúvida de que é conveniente admitir que é um fenômeno possível em todas as culturas e em todas as épocas históricas.

Os defensores dessa patente europeia da modernidade costumam apelar para a história cultural do antigo mundo heleno-românico e ao mundo do Mediterrâneo antes da América, para legitimar sua defesa sobre a exclusividade a respeito desse posto. O curioso desse argumento é que oculta, primeiro, o fato de que a parte realmente avançada desse mundo do Mediterrâneo, antes das Américas, era islâmico-judaica. Segundo, dentro desse mundo, mantiveram-se a herança cultural greco-romana, as cidades, o comércio, a agricultura comercial, a mineração, os têxteis, a filosofia, a história, quando a futura Europa Ocidental estava dominada pelo feudalismo e seu obscurantismo cultural. Terceiro, muito provavelmente, a mercantilização da força do trabalho, a relação capital-trabalho, a relação capital-salário, emergiram, precisamente, nessa área e foi em seu desenvolvimento que se expandiram após em direção ao norte da futura Europa. Quarto, somente a partir da derrota do Islã e do posterior deslocamento da hegemonia sobre o mercado mundial para o centro-norte da futura Europa, graças à América, começa, também, a se deslocar ao centro da atividade cultural a essa nova região. Por causa disso, a nova promessa geográfica da história e da cultura, que ali é elaborada e que se impõe como mundialmente hegemônica, implica uma nova geografia do poder.

> Nesse sentido, a pretensão eurocêntrica de ser a exclusiva produtora e protagonista da modernidade, e de que toda modernização de populações não europeias é, portanto, uma europeização, é uma pretensão etnocentrista e além de tudo provinciana. Porém, por outro lado, se admitimos que o conceito de modernidade se refere somente à racionalidade, à ciência, à tecnologia, a questão que estaríamos colocando à experiência histórica não seria diferente da proposta pelo etnocentrismo europeu, o debate consistiria apenas na disputa pela originalidade e pela propriedade do fenômeno assim chamado modernidade, e, em consequência, movendo-se no mesmo terreno e com a mesma perspectiva do eurocentrismo (Quijano, 2005).

Porém, existe um conjunto de elementos demonstráveis que apontam para um conceito de modernidade diferente, que dá conta de um processo histórico específico ao atual sistema-mundo. Nesse novo conceito, é claro, não estão ausentes os referenciais anteriores[4]. Esse conceito forma parte de um universo de relações sociais, materiais e intersubjetivas, cuja questão central é a libertação humana como interesse histórico da sociedade e também, em consequência, seu campo central de conflito[5].

2.1.4 Modernidade e modernização em América Latina

A pressão pela modernização se exerce sobre a América Latina durante a maior parte do século passado, após o fim da Segunda Guerra Mundial, e depois com certos atributos distintos. Em primeiro lugar, tal pressão se comete em grande medida pela ação e interesse de agentes não latino-americanos, ou seja, externos. Em segundo lugar, aparece formalmente como uma proposta de recepção plena do modo de produzir, dos estilos de consumir, da cultura e dos sistemas de organização social e política dos países desenvolvidos, ditos como paradigmas de exitosa modernização. Na prática, equivale a um requerimento de mudanças e de adaptações da região às necessidades do capital em sua fase de amadurecimento.

> De esos procesos, dos de sus consecuencias en América/America Latina me parece necesario poner aquí en cuestión. Primera, como la modernización llegó a estas tierras tarde, desde fuera y ya constituida y practicada entre nosotros se acuñó una idea de la cual somos muchos aún los prisioneros: la de que América Latina ha sido siempre pasiva y tardía receptora de la modernidad. Segunda, implicada en la anterior, la confusión entre modernidad y modernización. Por eso último, y aunque el esnobismo juega en ellos un papel muy amplio, no es difícil hoy encontrar en América Latina, grupos políticos e intelectuales que de nuevo ingresan a los templos **de los mismo dioses que cuentan con lo irracional de la** especie para ganar adeptos al culto del poder desnudo, y al de la violencia del ciego interés particular contra el de la humilde mayoría de los hombres y mujeres de la tierra (Quijano, 2005).

Para Europa, a conquista da América foi também um descobrimento[6]. Não apenas no sentido geográfico, mas como descobrimento de experiências e de sentidos históricos originais e diferentes, nos quais se revelava o assombro europeu, além do exotismo, certas cristalizações históricas de algumas velhas aspirações sociais que até então não tinham existência se não como mitos atribuídos a um *ignoto* (do italiano), desconhecido passado. Em suma, essa dilatação das fronteiras do imaginário europeu era, precisamente, a consequência da América.

> Propongo, en consecuencia, que ese descubrimiento de América Latina produce una profunda revolución en el imaginario europeo y desde allí en el imaginario del mundo europeizado en la dominación: se produce el desplazamiento del pasado, como sede de una para siempre perdida edad dorada, por el futuro como la edad dorada por conquistar o por construir (Quijano, 2005).

Parece que o sentido básico das utopias que se produzem, na Europa, com posterioridade ao descobrimento da América, e o surgimento dessas específicas utopias pode ser reconhecido como o primeiro momento do processo de constituição da modernidade. Sem o novo lugar do futuro no imaginário da humanidade, a simples ideia de uma modernidade seria impensável.

Duas considerações são preponderantes.

> Para Europa de ese período, aun no sobrepasada la crisis de la sociedad feudal, la utopía de una sociedad sin ominosas jerarquías, ni arbitrariedad, ni oscurantismo, era la ideología de una larga lucha contra las jerarquías feudales, contra el despotismo de las monarquías absolutas, contra el poder de la iglesia controladora y obstaculizadora del desarrollo del conocimiento, contra la supremacía del interés privado que crecía con el mercantilismo. En otros términos, parte de la lucha por una sociedad racional, la promesa mayor de la modernidad. En ese primer momento del proceso de producción de la modernidad, América tiene un lugar fundamental (Quijano, 2005).

Segundo, existe uma estreita associação da América Latina na etapa de cristalização da modernidade, durante o século XVIII, no movimento chamado de Ilustração ou Iluminismo. Durante esse período, América não foi apenas receptora, mas parte do universo onde se produzia e se desenvolvia o movimento, porque este acontecia de forma simultânea na Europa e na América Latina.

> Esa producción del movimiento de la Ilustración simultáneamente en Europa y en América, puede verse, en primer término, en el hecho de que, a lo largo de ese siglo, las instituciones, los estudios y las ideas y conocimientos que emergían como la Ilustración, se forman y se difunden al mismo tiempo en Europa y América. Las Sociedades de Amigos del País, se forman allá y acá, al mismo tiempo; circulan las mismas cuestiones de estudio y los mismos materiales del debate y de la investigación; se difunde el mismo espíritu de interés en la exploración de la naturaleza, con los mismos instrumentos del conocimiento. Y en todas partes se afirma el ánimo reformador de la sociedad y de sus instituciones, para allanar el camino de la libertad política y de la conciencia, y la crítica de las desigualdades y arbitrariedades en las relaciones entre las gentes (Quijano, 1998).

É, pois, demonstrável que o movimento da modernidade se produzia, no século XVIII, na América Latina, e ao mesmo tempo na Europa. Nessa situação, depara-se com um fato paradoxal e surpreendente.

Enquanto na Europa a modernidade se difunde e floresce abonada pelo desenvolvimento do capitalismo, com todas as implicações para a produção de bens materiais e para as relações entre as pessoas, na América Latina, especialmente desde o último terço do século XVIII, estabelece-se uma brecha ostensiva entre as necessidades ideológicas e sociais da modernidade e o estancamento e desarticulação da economia mercantil. Inclusive, há seu retrocesso em certas áreas andinas, com a consequência de que passem ao primeiro plano da sociedade e do poder os setores e elementos mais ligados à desigualdade e à arbitrariedade, ao despotismo e ao obscurantismo.

> En Europa, la modernidad se consolida de una cierta forma como parte de la experiencia cotidiana, al mismo tiempo como práctica social y como su ideología legitimadora. En América Latina, por el contrario, y hasta bien entrado el siglo XX, se instala una profunda y prolongada brecha entre la ideología de la modernidad y las prácticas sociales, no infrecuentemente dentro de las mismas instituciones sociales o políticas. En particular la modernidad es una forma ideológica legitimatoria de prácticas políticas que van claramente en contra de su discurso, mientras las prácticas sociales modernas son reprimidas porque no pueden ser legitimadas por ninguna instancia de las ideologías dominantes (Quijano, 1998).

Como se observa, o uso da modernidade, como ideologia de legitimação de práticas antagônicas, serve para apreciar o peso ideológico da modernidade na América Latina, apesar de seu aprisionamento num universo social inverso. Também permite explicar, por exemplo, a relação entre instituições liberais e um poder conservador, que se determina com a independência. Esse fato poderia se explicar, lembrando que a modernidade, como movimento da consciência, não era um simples produto estrangeiro, mas fruto do fértil terreno latino-americano, sob dominação colonial.

De qualquer forma, sobretudo desde o século XIX, a modernidade na América Latina aprende a viver como consciência intelectual, mas não como experiência social cotidiana. Talvez isso explica a armadilha de toda uma geração do liberalismo latino-americano nessa centúria, obrigada a cultivar quimera da modernidade sem revolução. Dessa armadilha, não 'temos' saído ainda[7].

2.2 Níveis da colonialidade

É possível identificar uma série de nós histórico-estruturais específicos sobre os níveis em que a lógica colonial opera.

> O conceito quijaniano de nós histórico-estruturais heterogêneos é entendido como um estado em que qualquer par de itens é provavelmente relacionado de duas ou mais maneiras divergentes. Em uma fórmula pedagógica, se poderia dizer que nós histórico-estruturais são heterárquicos, mas para dizer isso, temos que descolonizar o conceito de heterarquia (que é definida em termos universais) e entender heterarquias atravessadas pelas diferenças coloniais e imperiais. Quando fazemos isso, a heterarquia descolonizada transforma-se em nós histórico-estruturais heterogêneos, atravessadas por diferenças coloniais e imperiais (Mignolo, 2005)[8].

É modificado o terreno epistêmico para descrever mais profundamente a matriz colonial como uma estrutura lógica, que sublinha a totalidade da civilização ocidental e como uma lógica administrativa, que se estendeu para outros atores que a criaram e administraram.

> [...] nós histórico-estruturais significam que nenhum é independente de qualquer outro, como qualquer nó é provavelmente relacionado de duas ou mais maneiras divergentes. A analítica da colonialidade (o pensamento descolonial) consiste no trabalho inexorável de desvendar como a matriz funciona, e a opção descolonial é projeto inexorável de tirar todos da miragem da modernidade e da armadilha da colonialidade. Todos são conectados pela lógica que gera, reproduz, modifica e mantém hierarquias interconectadas. Por isso, começo com o nó histórico-es-

> trutural racial, em que as diferenças coloniais e imperiais foram ancoradas [...] (Mignolo, 2005).

2.2.1 A colonialidade do poder: raça, capital, eurocentrismo e gênero

Essa questão se refere aos aspectos sistêmicos e estruturais da dominação, às dominações constitutivas, da forma como as instituições operam e seus aparatos ideológicos, jurídicos e administrativos de repressão e de controle nos mais diversos âmbitos da vida (político, económico, religioso, linguístico, cultural)[9]. Nesse raciocínio, um dos subsídios mais importantes das teorias pós-coloniais à atual reestruturação, por exemplo, das ciências sociais é haver argumentado que o surgimento dos Estados Nacionais na Europa e na América durante os séculos XVII a XIX não se ocupa de um processo autônomo,

> [...] mas possui uma contrapartida estrutural: a consolidação do colonialismo europeu além-mar. A persistente negação deste vínculo entre modernidade e colonialismo por parte das ciências sociais tem sido, na realidade, um dos sinais mais claros de sua limitação conceitual [...]. As teorias pós-coloniais demonstraram, no entanto, que qualquer narrativa da modernidade que não leve em conta o impacto da experiência colonial na formação das relações propriamente modernas de poder é não apenas incompleto, mas também ideológico. Pois foi precisamente a partir do colonialismo que se gerou esse tipo de poder disciplinar que, segundo Foucault, caracteriza as sociedades e as instituições modernas [...] (Castro Gómez, 2005).

Por conseguinte, o Estado moderno não deve ser considerado como uma unidade abstrata, separada do sistema de relações mundiais que se configuram a partir de 1492, e sim como uma função no interior desse sistema internacional de poder. Nesse ponto, o conceito de colonialidade de poder tem importância, porque recebe outra definição.

> Amplia e corrige o conceito foucaultiano de 'poder disciplinar', ao mostrar que os dispositivos pan-óticos erigidos pelo Estado moderno se inscrevem numa estrutura mais ampla, de caráter mundial, configurada pela relação colonial entre centros e periferias devido à expansão europeia. Deste ponto de vista, podemos dizer o seguinte: a modernidade é um 'projeto' na medida em que seus dispositivos disciplinares se vinculam a uma dupla governamentabilidade jurídica. De um lado, a exercida para dentro pelos estados nacionais, em sua tentativa de criar identidades homogêneas por meio de políticas de subjetivação; por outro lado, a governamentabilidade exercida para fora pelas potências hegemônicas do sistema-mundo moderno/colonial, em sua tentativa de assegurar o fluxo de matérias-primas da periferia em direção ao centro. Ambos processos formam parte de uma única dinâmica estrutural (Castro Gómez, 2005).

a) Raça

A América constitui-se como o primeiro espaço/tempo de um padrão de poder de vocação mundial e, dessa forma, como a primeira "identidade" da modernidade. À parte disso, dois processos históricos convergiram e se associaram como eixos fundamentais do novo padrão de poder. O primeiro é a codificação das diferenças entre conquistadores e conquistados na concepção de raça, uma forma de entender a estrutura biológica que situava uns em situação natural de inferioridade em relação a outros, elemento constitutivo, fundacional, das relações de dominação que a conquista exigia. O segundo é a articulação de todas formas históricas de controle do trabalho, de seus recursos e de seus produtos, em torno do capital e do mercado mundial.

Raça é uma categoria construída na modernidade e que não se encontra antes na história da América. Usada desde cedo referente à existência de estruturas biológicas diferenciais entre esses grupos.

> A formação de relações sociais, fundadas nessa ideia, produziu na América identidades sociais historicamente novas: índios, negros, mestiços, e redefiniu outras. Assim, termos como espanhol e português, e mais tarde europeu, que até então indicavam apenas procedência geográfica ou país de origem, desde então adquiriram também, em relação às novas identidades, uma conotação racial. E na medida em que as relações sociais às hierarquias, lugares e papéis sociais correspondentes, com constitutivas delas, e, consequentemente, ao padrão de dominação que se impunha. Em outras palavras, raça e identidade foram estabelecidas como instrumentos de classificação social básica da população (Quijano, 2005).

Com o passar do tempo, os colonizadores deram cor aos traços fenotípicos dos colonizados e a assumiram como a característica da categoria racial. Em 'nossa' América, a ideia de raça foi uma maneira de outorgar legitimidade às relações de dominação impostas pela conquista. A posterior constituição da Europa como nova identidade depois da América e a expansão do colonialismo europeu ao resto do mundo conduziram à elaboração da perspectiva eurocêntrica do conhecimento. O que historicamente significou uma nova maneira de legitimar as já antigas ideias e práticas de dominação e subordinação. A categoria de raça converteu-se ao primeiro critério para a distribuição da população mundial nos níveis, lugares e papéis na estrutura de poder da nova sociedade, no modo básico da classificação social universal da população mundial (Quijano, 2005).

b) Capital

No processo de constituição histórica da América, todas as formas de controle e de exploração do trabalho e de controle da produção-apropriação-distribuição de produtos foram articuladas em torno da relação capital-salário e do mercado mundial. Dentro dessa lógica, estão a escravidão, a servidão, a pequena produção mercantil, a reciprocidade e o salário.

> Em tal contexto, cada uma dessas formas de controle do trabalho não era uma mera extensão de seus antecedentes históricos. Todas eram histórica e sociologicamente novas. Em primeiro lugar, porque foram deliberadamente estabelecidas e organizadas para produzir mercadorias para o mercado mundial. Em segundo lugar, porque não existiam apenas de maneira simultânea no mesmo espaço/tempo, mas todas e cada uma articulada com o capital e com seu mercado, e por esse meio entre si. Configuraram, **assim, um novo padrão global de controle do trabalho,** por sua vez em novo elemento fundamental de um novo padrão de poder, do qual eram conjunta e individualmente dependentes histórico-estruturalmente. Isto é, não apenas por seu lugar e função como partes subordinadas de uma totalidade, mas também porque sem perder suas respectivas características e sem prejuízo das descontinuidades de suas relações com a ordem conjunta e consigo mesmas, seu movimento histórico dependia desse momento em diante de seu pertencimento ao padrão global de poder. Em terceiro lugar, e como consequência, para preencher as novas funções cada uma delas desenvolveu novos traços e novas configurações histórico-estruturais (Quijano, 2005).

As novas identidades históricas produzidas sobre a ideia de raça foram associadas à nova estrutura global de controle do trabalho. Desse modo, raça e divisão do trabalho foram se agregando e se reforçando, embora não fossem dependentes um do outro para poder existir. Os brancos foram recebendo vantagem decisiva para controlar o comércio mundial, isto porque a posição privilegiada que tinham ganhado com a América pelo controle do ouro, da prata e de outras mercadorias produzidas pelo trabalho gratuito dos índios, negros e mestiços e a localização na vertente do Atlântico por onde, necessariamente, tinha de ser realizado o tráfico dessas mercadorias para o mercado mundial (Quijano, 2005).

> A classificação racial da população e a velha associação das novas identidades raciais dos colonizados com as formas de controle não pago, não assalariado, do trabalho, desenvolveu entre os europeus ou brancos a específica percepção de que o trabalho pago era privilégio dos brancos. A inferioridade racial dos colonizados implicava que não eram dignos do pagamento de salário. Estavam naturalmente obrigados a trabalhar em benefício de seus amos. Não é muito difícil encontrar, ainda hoje, essa mesma atitude entre os proprietários de terras brancos de qualquer lugar do mundo. E o menor salário das raças inferiores pelo mesmo trabalho dos brancos, nos atuais centros capitalistas, não poderia ser, tampouco, explicado sem recorrer-se à classificação social racista da população do mundo. Em outras palavras, separadamente da colonialidade do poder capitalista mundial (Quijano, 2005).

c) Eurocentrismo

A elaboração intelectual do processo de modernidade produziu uma perspectiva de conhecimento e um modo de produzir conhecimento que demonstram o caráter do padrão mundial de poder: colonial/moderno, capitalista e eurocentrado. Essa possibilidade e modo concreto de produzir conhecimento se reconhecem como eurocentrismo.

> Eurocentrismo é, aqui, o nome de uma perspectiva de conhecimento cuja elaboração sistêmica começou na Europa Ocidental antes de meados do século XVII, ainda que algumas de suas raízes são sem dúvida mais velhas, ou mesmo antigas, e que nos séculos seguintes se tornou mundialmente hegemônica percorrendo o mesmo fluxo do domínio da Europa burguesa. Sua constituição ocorreu associada à específica secularização burguesa do pensamento europeu e à experiência e às necessidades do padrão mundial de poder capitalista, colonial/moderno, eurocentrado, estabelecido a partir da América (Quijano, 2005).

Não se trata de uma categoria que implica toda a história cognoscitiva em toda a Europa, nem na Europa Ocidental em particular. Ou seja, não faz referência aos modos de conhecer de todos os europeus e em todas as épocas, mas a uma especifica racionalidade ou probabilidade de conhecimento que se torna mundialmente hegemônica colonizando e se sobrepondo a todas as demais, prévias ou diferentes, e a seus respectivos saberes concretos, tanto na Europa como no resto do mundo.

A teoria de uma sequência histórica unilinear e universalmente válida entre as formas conhecidas de trabalho e de controle do trabalho, também conceitualizadas como relações ou modos de produção, especialmente entre capital e pré-capital, diz respeito à América.

> Do ponto de vista eurocêntrico, reciprocidade, escravidão, servidão e produção mercantil independente são

> todas percebidas como uma sequência histórica prévia à mercantilização da força de trabalho. São pré-capital. E são consideradas não só como diferentes, mas como radicalmente incompatíveis com o capital. O fato é, contudo, que na América elas não emergiram numa sequência histórica unilinear; nenhuma delas foi uma mera extensão de antigas formas pré-capitalistas, nem foram tampouco incompatíveis com o capital (Quijano, 2005).

Na América, a escravidão e a servidão impostas aos índios foram um projeto deliberado para servir a propósitos e necessidades do capitalismo. Essas formas de trabalho foram articuladas em torno do eixo do capital e do mercado mundial. Um novo padrão de organização e de controle do trabalho em todas as suas maneiras historicamente conhecidas, juntas e em torno do capital. Juntas configuram o capitalismo[10].

> A história é, contudo, muito distinta. Por um lado, no momento em que os ibéricos conquistaram, nomearam e colonizaram a América (cuja região norte ou América do Norte, colonizarão os britânicos um século mais tarde), encontraram um grande número de diferentes povos, cada um com sua própria história, linguagem, descobrimentos e produtos culturais, memórias e identidade. São conhecidos os nomes dos mais desenvolvidos e sofisticados deles: astecas, maias, chimus, aimarás, incas, chibchas. Trezentos anos mais tarde, todos eles se reduziam a uma única identidade: índios. Esta nova identidade era racial, colonial e negativa. Assim também sucedeu com os povos trazidos forçadamente da futura África como escravos: achantes, iorubas, zulus, congos, bacongos. No lapso de trezentos anos, todos eles não eram outra coisa além de negros (Quijano, 2005).

Essa formulação trouxe duas inferências decisivas. A primeira, que todos aqueles povos foram despojados de suas próprias singulares identidades históricas. A segunda é que sua nova identidade racial, colonial e negativa exigia a privação de seu lugar na história da produção cultural da humanidade. Seguindo o curso da história seriam nada mais do que raças inferiores, capazes de produzir culturas inferiores.

Essa primeira identidade geocultural moderna e mundial foi a América. A Europa foi a segunda e como consequência da América, não o inverso. A constituição da Europa como nova identidade/entidade histórica foi possível, em primeiro lugar, com o trabalho gratuito dos índios, negros e mestiços da América, com sua avançada tecnologia na mineração e agricultura, e com seus produtos, o ouro, a prata, a batata, o tomate, o tabaco. Foi nessa base que se configurou uma região como sede do controle das rotas atlânticas, por sua vez convertidas, precisamente sobre essa mesma base, nas rotas decisivas do mercado mundial. Essa região não tardou em emergir como Europa. América e Europa produziram historicamente, assim, mutuamente como as duas primeiras novas identidade geoculturais do mundo moderno.

> Contudo, os europeus persuadiram-se a si mesmos, desde meados do século XVII, mas sobretudo durante o século XVIII, não só de que de algum modo se tinham autoproduzido a si mesmos como civilização, à margem da história iniciada com a América, culminando uma linha independente que começava com a Grécia como única fonte original. Também concluíram que eram naturalmente (isto é, racialmente) superiores a todos os demais, já que tinham conquistado a todos e lhe tinham imposto seu domínio (Quijano, 2005).

Ao começar a independência, aqueles países que foram demográfica e territorialmente extensos em princípios do século

XIX, aproximadamente um pouco mais de 90% da população era conformada por negros, índios e mestiços.

> Contudo, em todos estes países, durante o processo de organização dos novos Estados, a tais raças foi negada toda possível participação nas decisões sobre a organização social e política. A pequena minoria branca que assumiu o controle desses Estados viu-se inclusive com a vantagem de estar livre das restrições da legislação da Coroa Espanhola, que se dirigiam formalmente à proteção das raças colonizadas. A partir daí, chegaram, inclusive, a impor novos tributos coloniais aos índios, sem prejuízo de manter a escravidão dos negros por muitas décadas. Claro que esta minoria dominante se encontrava agora livre para expandir sua propriedade da terra às custas dos territórios reservados aos índios pela regulamentação da Coroa Espanhola. No caso do Brasil, os negros não eram nada além de escravos e a maioria dos índios constituía-se de povos da Amazônia, sendo desta maneira estrangeiros para o novo Estado (Quijano, 2005).

d) Gênero

Face à compreensão de Ribeiro, a história da América Latina, a respeito da concepção da mulher, precisa superar o olhar colonizador que herdou da modernidade colonial:

> Existe um olhar colonizador sobre nossos corpos, saberes, produções e, para além de refutar esse olhar, é preciso que partamos de outros pontos. De modo geral, diz-se que a mulher não é pensada a partir de si, mas em comparação ao homem. É como se ela se pusesse se opondo, fosse o outro homem, aquela que não é homem [...] (Ribeiro, 2017).

Portanto, a mulher é vista como um objeto, como algo que possui uma função. Seres humanos não deveriam ser pensados da mesma forma, o que significaria lhes destituir de humanidade. Porém, esse olhar masculino coloca a mulher naquele lugar, impedindo-a de ser e de lhe apresentar o mundo com todas as suas possibilidades. Ao mencionar mulheres negras, Ribeiro argumenta:

> Mulheres negras, por exemplo, possuem uma situação em que as possibilidades são ainda menores – materialidade! E, sendo assim, nada mais ético do que pensar em saídas emancipatórias para isso, lutar para que elas possam ter direito a voz e melhores condições. Nesse sentido, seria urgente o deslocamento do pensamento hegemônico e a ressignificação das identidades de raça, gênero, classe para que se pudessem construir novos lugares de fala com o objetivo de possibilitar voz e visibilidade a sujeitos que foram considerados implícitos dentro dessa normatização hegemônica[11].

Uma categoria que precisa ser introduzida é a de "lugar de fala". Essa teoria reivindica os diferentes pontos de análises e a afirmação de que um dos objetivos do feminismo negro é marcar o lugar de fala de quem as propõem, percebendo que essa marcação é necessária para entender as realidades que foram consideradas implícitas dentro de uma normatização hegemônica (Ribeiro, 2017).

Significa, também, analisar os pontos de partida, as experiências que permitem ou não que esses grupos tenham acesso aos lugares de cidadania. Esse seria, essencialmente, um debate estrutural. Não se trata de garantir as experiências individuais, mas entender o lugar social que certos grupos ocupam e que restringem as oportunidades. Tendo como finalidade a diversidade de experiências, há uma quebra de uma visão universal. Por exemplo, uma mulher negra terá experiências distintas de uma mulher branca por conta de sua localização social, fará a experiência de gênero de outra forma.

Essa teoria, do ponto de vista feminista, precisa ser discutida a partir da localização dos grupos nas relações de poder. Seria necessário ler as categorias raça, gênero, classe e sexualidade como elementos de uma estrutura social que emergem como dispositivos fundamentais que favorecem as desigualdades e criam grupos em vez de pensar essas categorias como descritivas da identidade aplicada aos indivíduos.

> [...] No Brasil, comumente ouvimos esse tipo de crítica em relação ao conceito, porque os críticos partem de indivíduos e não das múltiplas condições que resultam nas desigualdades e hierarquias que localizam grupos subalternizados. As experiências desses grupos localizados socialmente de forma hierarquizada e não humanizada faz com que as produções intelectuais, sabores e vozes sejam tratadas de modo igualmente subalternizado, além das condições sociais os manterem num lugar silenciado estruturalmente. Isso, de forma alguma, significa que esses grupos não criam ferramentas para enfrentar esses silêncios institucionais, ao contrário, existem várias formas de organização políticas, culturais e intelectuais. A questão é que essas condições sociais dificultam a visibilidade e a legitimidade dessas produções (Ribeiro, 2017).

É possível falar de "lugar de fala" a partir do *feminist standpoint*. Não poder acessar certos espaços, traz como consequências não ter produções e epistemologias desses grupos nesses ambientes. Não poder estar de forma justa nas universidades, meios de comunicação, política institucional, impossibilita que as vozes dos indivíduos desses grupos sejam catalogadas, ouvidas, inclusive, até de quem tem mais acesso à internet. O falar não está restrito a um ato de emitir palavras, mas de poder existir. Pensa-se no "lugar de fala" como meio de refutar a historiografia tradicional e a hierarquização de saberes consequentes da hierarquia social.

> Assim, entendemos que todas as pessoas possuem lugares de fala, pois estamos falando de localização social. E, a partir disso, é possível debater e refletir criticamente sobre os mais variados temas presentes na sociedade. O fundamental é que indivíduos pertencentes ao grupo social privilegiado em termos de lócus social consigam enxergar as hierarquias produzidas a partir desse lugar e como esse lugar impacta diretamente na constituição dos lugares de grupos subalternizados (Ribeiro, 2017).

2.2.2 A colonialidade do saber: abusos epistêmicos

A conquista de *Abya Yala* se legitima como um ato de enunciação, de nominação desde o poder e a palavra, e desde a palavra do poder. Desde os imaginários dos conquistadores, começa a existir e isso gera consequências: inferiorização, desprezo e submissão do horizonte civilizatório, com uma raiz de ancestralidade milenária dos povos originários com os que se encontraram e a imposição do sentido monocultural da modernidade europeia.

Junto à colonialidade do poder, era indispensável impor a colonização dos conhecimentos e os imaginários. Por causa disso, a tarefa normativa de Colombo provocou um ato de epistemologização, o início da colonialidade do saber, para que, próximo à conquista militar, fosse imposto o conhecimento europeu hegemônico. Ao estar encarnado no poder, admite-se como verdade universal e terá esse caráter instrumental necessário para a dominação da vida e da diferença.

Com a conquista, constrói-se um padrão de conhecimento profundamente articulado ao exercício do poder, sustentado em uma razão colonial. A colonialidade do saber impõe uma colonialidade epistêmica amparada a uma hegemonia e à universalização da razão e do império da ciência e à técnica como únicos discursos de verdade, para poder falar sobre o mundo e a vida. Constitui, dessa forma, a epistemologia moderna como autoridade e silencia, invisibiliza, subalterniza outras formas de *cosmocimentos*[12], culturas, sabedorias e práticas de existência, que desde o mesmo momento em que se coloniza a vida estiveram em processos de re-existência, e insurgência material e simbólica.

Por último, outra das graves consequências da colonialidade do saber, que é necessário considerar como produto da imposição de uma razão sem coração, é a negação da afetividade e a espiritualidade do conhecimento, a ausência da ternura e do sagrado na academia (Guerrero, 2018).

Problema filosófico e epistemológico

O problema da questão é a filosofia herdada e que se continua a reproduzir com os métodos monoculturais. Esse é o problema e não as tradições indígenas de pensamento[13].

O eurocentrismo caracteriza o pensamento filosófico latino-americano. Seria isto uma interiorização da visão eurocêntrica da filosofia, que opera, às vezes, de forma inconsciente, de onde partem filósofos latino-americanos e influenciam em diversos momentos (Fornet-Betancourt, 1997):

1. De autopercepção da filosofia como reflexão centrada em um tipo lógico de saber crítico-racional;
2. Da preferência, com tendência excludente, de temas e de fontes de estudos que estão vinculados diretamente à tradição europeia da filosofia;
3. De conceder, com disposição natural, prioridade quase absoluta a métodos de articulação e formulação escrita e acadêmica dos problemas tratados;
4. Do enfoque da filosofia como disciplina científica ou como um caso particular de ciência no sentido ocidental;
5. De a opção se realizar desde uma concepção individualista da fonte de filosofar.

O problema também é epistemológico. A epistemologia se sustenta com um olhar positivista, mecanicista e instrumental, onde a observação, a experimentação, a quantificação, a indução, a dedução, o analítico e o sintético são os métodos privilegiados de conhecimento da realidade.[14] A epistemologia abstrai uma parte do real, que é observável e medível, para explicar as operações de sua lógica racional dedutiva e indutiva e, assim, extrair as regularidades, predizer, controlar, calcular e formular leis sobre o comportamento pragmático dos fenômenos que observa. Mas não compreende o ser, a natureza dos fenômenos e nesse processo descarta tudo o que não for determinável, tudo o que não possa ser explicado pelo racionalismo de seu pensamento, evidenciando seu caráter totalitário.

As sabedorias, porém, preocupam-se não apenas com a objetivação do mundo. Elas abrem espaços para a intuição e abdução, como métodos para produzir *cosmocimentos* que permitam conhecer outras dimensões mais profundas do real, que a razão é incapaz de explicar[15].

A epistemologia nunca poderá explicar nem compreender os mistérios da vida que não são objeto científico, sem os quais seria impossível a existência da mesma: o amor, a felicidade, a dor, a alegria, a vontade de continuar a lutar pela vida mesmo com séculos de história de opressão e morte, mistérios que sempre foram parte do eixo vital da sabedoria. Certamente, é importante ter presente que o eixo desses conflitos não tem a ver apenas com formas distintas de construir conhecimentos, mas que tem um sentido eminentemente político, porque a construção do conhecimento está atravessada pelas relações de poder e depende do caráter da matriz cultural e de dominação imposta (Guerrero, 2018).

O método cartesiano se mostra insuficiente para compreender os mistérios que habitam a vida e o viver, pois estes não podem ser explicados racionalmente, a não ser vividos intensamente desde o coração. Aqui, o *Corazonar*[16] se trata de uma aproximação do conhecimento, mas de forma intuitiva, e é parte do saber de cada pessoa, não apenas feminino. A ciência é incapaz de chegar a compreender as dimensões profundas, invisíveis, transcendentes e espirituais que a realidade encerra. A sabedoria, por sua potencialidade simbólica, recupera a dimensão espiritual da vida, está aberta ao mistério, ao inefável, ao transcendente e tem o potencial para fazer visíveis os rostos do invisível, para explicar o inexplicável, para fazer compreender as razões que a razão não conhece, dimensões da realidade que a epistemologia não pode conhecer nem muitos menos compreender. Essa possibilidade de compreender o impossível, o natural do sobrenatural, de fazer visível o invisível, de olhar as dimensões espirituais que a vida encerra, que faz que a sabedoria tenha uma força transformadora. Enquanto a epistemologia explica, a sabedoria transforma. A epistemologia pode oferecer brilhantes e complicadas explicações da realidade que mudaram a materialidade do mundo. Por sua vez, a sabedoria é um *cosmocimento* que gera processos de renascimento interno e transformação espiritual do ser, sem o qual seria possível a compreensão da dimensão espiritual da vida. A sabedoria transforma não só o que se conhece, mas as percepções do que é necessário para o equilíbrio existencial e que permite recuperar a consciência cósmica (Guerrero, 2018).

A sabedoria vai além do conhecimento que é percebido pelos sentidos e penetra nos mistérios da natureza, mas em relação direta e vivencial com ela, uma "cosmovisão convivencial".

> la sabiduría está más allá de la episteme, pues hay mundos de vida y de sentido que la epistemología está imposibilitada para comprender, a menos que sea desde la sabiduría. En la cosmoexistencia andina, las cuestiones más importantes del vivir y de la naturaleza no pasan por categorías teóricas y no pueden ser reducidas a conceptos, sino que son estados de conciencia o dimensiones espirituales de la realidad. Si *la episteme* se pregunta ¿qué son las cosas?, la sabiduría andina se pregunta por el ser, por el sentir, por el espíritu, las ayas de los seres que la habitan. Otra

> revelación de ese poder sentir las dimensiones espirituales de la realidad que hace posible las sabidurías [...] (Guerrero, 2018).

Os andinos distinguem entre crença e saber. A crença precisa ser vista, explicada, demostrada, como próprio do conhecimento científico racionalista.

As correntes dominantes nas epistemologias do Norte se centraram na validade privilegiada da ciência moderna que foi desenvolvida principalmente no norte global desde o século XVII. Essas correntes se baseiam em duas premissas. A primeira é que a ciência baseada na observação sistemática e a experimentação controlada é uma criação específica da modernidade ocidental, radicalmente distinta de outras ciências que se originaram em outras regiões e culturas do mundo. A segunda premissa é que o conhecimento científico, em vista de seu rigor e potencial instrumental, é radicalmente diferente de outros saberes, sejam eles leigos, sejam populares, sejam práticos, de sentido comum, intuitivos ou religiosos. Ambas as premissas contribuíram a reforçar a excepcionalidade do mundo ocidental do resto do mundo, e a desenhar a linha divisória que separou, e ainda separa as sociedades metropolitana e colonial (De Sousa Santos, B., 2018).

A sabedoria implica um conhecimento vivido, sentido, que não precisa ser demonstrado, seria um conhecimento capaz de vincular ao vital e ao invisível da existência. Ou seja, a partir do coração está a oportunidade de alcançar o maravilhoso da beleza que a *episteme* obscureceu em nome do conhecimento conceitual cheio de lucidez teórica, mas vazio de vida (Guerrero, 2018).

Modernidade, diferença entre sabedorias e epistemologias

Para compreender por que as sabedorias não podem ser consideradas como epistemologias, é imprescindível lembrar que a modernidade e a colonialidade que a impõe como hegemônica são uma forma organizada e sustentada no domínio absoluto da razão[17] (logos). Torna-se o paradigma da racionalização ocidental e ganha um caráter totalitário, porque se admite como a autoridade suprema sobre a realidade e se erige como o único modo de chegar à verdade, rodeada de um sentido eterno e universal. É um racionalismo onde não existe lugar para o caos, o azar, o indeterminado ou o inconsciente e muito menos para a afetividade. Assim se estabelece um território teórico caracterizado como o "episteme moderno"[18].

Pelo contrário, a sabedoria, ao ser um cosmocimento profundo de onde emerge a própria realidade e a vida, não se coloca nem diante nem sobre elas, mas é com e desde elas[19]. A sabedoria não tem a arrogante pretensão de objetivá-las, de fazê-las objeto de estudo, de descrevê-las ou de construir marcos conceituais para interpretá-las racionalmente ou para controlá-las ou dominá-las. A sabedoria é um conhecimento que nasce do coração e oferece consciência sobre o ser da realidade e da vida, o que permite compreendê-las em suas dimensões mais profundas, desde o coração, para transformá-las e transformar esse ato de consciência vital. Esse sentido libertador, essa dimensão insurgente que tem a sabedoria faz dela radicalmente distinta da *episteme* e, em consequência, não pode ser nomeada ou pior considerada como tal (Guerrero, 2018).

Essa é a razão do sentimento. É necessário não só pensar, mas também *corazonar* a partir das categorias negadas. Não se pode seguir falando da "razão" embora esta seja descolonial, nem de "epistemologia" embora sejam outra, do Sul ou da fronteira. Essas são categorias sobre as quais se exerceu a colonialidade do saber e do ser. Procura-se pensar a materialidade de outros lugares, de outras memórias, de outros corpos, pensar que o negado é o caminho para a constituição de outros paradigmas (Guerrero, 2018).

2.2.3 A colonialidade do ser/relações

A amostra do poder absoluto da colonialidade está em que ela não só despoja os colonizados de recursos materiais e simbólicos para sua existência, mas que uma de suas expressões mais perversas para exercer o domínio total da vida é colonizar as geografias interiores, colonizar a subjetividade, colonizar o ser e os corpos dos colonizados. Para tal, é necessário criar mecanismos para corroer sua existência e privá-los de sua condição de humanidade, instalando em seus corpos e suas subjetividades a negação do próprio ser. A colonialidade do ser se ampara na radicalização da diferença, para legitimar sua condição de inumanidade na violação do sentido da alteridade humana, a tal ponto em que o alter-ego se transforma em sub-alter (Guerrero, 2018).

A negação do ser transforma os colonizados como despojados de sua possibilidade de compartilhar o dom, incapazes de dar os bens da terra que os aproximam dos outros, pois esses lhes foram usurpados[20]. Por isso, converte-os em condenados não apenas para sobreviver na miséria, mas habitar cotidianamente nos territórios de morte materializada na fome, desemprego, um nível alto de mortes, no complexo de inferioridade e na ausência de esperança pelo futuro. Esses fatores combinados fazem com que a vida desses colonizados seja assemelhada a uma morte incompleta.

O mais terrível do poder da colonialidade do ser é que atravessa vidas, corpos, subjetividade daqueles que historicamente estão sendo objetos tradicionais de colonialidade, e percorre todas as dimensões do cotidiano e da existência. A colonialidade do ser não opera só em nível estrutural, mas se instaura no mais profundo das subjetividades, nos imaginários, nas memórias, na sexualidade e nos corpos, para fazer cúmplices conscientes ou inconscientes da dominação.

Por essa razão, urge olhar a colonialidade com um forte sentido crítico e como uma realidade cotidiana que não está apenas fora do estudado sobre ela, mas que cruza consciente ou inconscientemente, os imaginários, discursos ou práticas. Daí que *corazonamos* que a primeira ação descolonial começa pela descolonização das próprias existências. Resulta muito contraditório encher de discursos descoloniais enquanto na vida cotidiana reproduz a colonialidade à que se combate teoricamente. É contraditório que se fale de relações interdisciplinares nas ciências, se na prática exercem atitudes coloniais que obrigam a seguir como escravos da tirania epistêmica. Na sabedoria do caminho, fala-se da "necessidade de impecabilidade", ou seja, coerência entre o que *sentimos, dizemos, fazemos,* pois, a falta de impecabilidade é a causa das enfermidades do corpo e da alma. Uma lição para um real giro descolonial[21].

Para a imposição da colonialidade do poder e do saber algumas instituições e aparatos repressores que operam desde a externalidade são: o estado, a Igreja, os bancos, o mercado, as forças policiais e militares, a família, as escolas, os colégios, as universidades. Mas para o exercício da colonialidade do ser, o poder instala o repressor dentro do ser humano, manipula desde o mais íntimo das subjetividades e corpos, e coloniza as paisagens internas do ser. Radica a eficácia e força que tem a colonialidade do ser, pois assim se constroem subjetividade alienadas, sujeitos submissos, minados de esperança e força para a luta. Assim se impõe um *ethos* útil à dominação, para a imposição da razão colonial nas subjetividades.

Uma das características da colonialidade do ser é a negação da condição de humanidade. Talvez se faça necessário que os enfoques descoloniais comecem a considerar, além do mais, o que ensina as sabedorias insurgentes: que o ser, antes de se constituir como humanidade, na condição existencial primordial, é fundamentalmente cósmico.

Por esse motivo se *corazona*, para exercer o domínio totalitário da vida foi necessária a colonização das forças sobre as quais foi formada a dimensão cósmica e humana. Houve que colonizar a espiritualidade que possibilita sentir parte da trama cósmica da existência. Por isso, a colonialidade do ser separa da matriz cósmica da vida, afasta de um cosmos vivo, onde tudo está interligado com o todo e onde todos os seres formam parte do tecido cósmico, para transformar o universo numa máquina, fragmentada, desarticulada. Essa ruptura com a dimensão espiritual e sagrada de viver é o que gera uma profunda solidão e orfandade cósmica do ser, que é talvez a causa das maiores feridas e dos sofrimentos dos espíritos e corpos (Guerrero, 2018).

Também foi necessário colonizar outra das forças constitutivas do ser: a afetividade. Houve que colonizar o coração, pois este faz possível tecer uma trama de alteridade na ternura para o encontro amoroso com o outro. Houve que colonizar o sentido feminino de viver, que oferece outra sensibilidade e prática corporalmente entrelaçada com os ciclos naturais da vida, para impor uma ordem patriarcal e falocêntrica[22]. Houve que colonizar a sabedoria para impor a colonialidade do saber, através da hegemonia do *logos*, da razão, da *episteme* e da ciência. A colonização dessas forças que fazem possível a condição cósmica e humana deixava os sujeitos colonizados sem referentes de sentido para seguir traçando a esperança desde a morte. Porém, sabe-se que desde a experiência vivida de luta dos colonizados, a afetividade, a espiritualidade e a sabedoria foram poderes, forças, que permitiram ao ser humano reconstruir seu ser e continuar a luta.

A união dessas experiências remete a uma *cosmoexistência* e não à cosmovisão:

> pues esta última es una categoría antropológica propia de la academia occidental que mira al mundo y la vida cognitivamente, priorizando la perspectiva del *logos* y legitimando el sentido 'oculocéntrico' de la racionalización de Occidente, el cual prioriza la mirada y la visión racionalista como formas de conocimiento de la realidad. En cambio, para las sabidurías ancestrales, el runa, el ser humano, teje la vida, es decir, el *kawsay,* dentro del orden del Pacha (Guerrero, 2018).

A *pacha-kawsay* é o termo mais aproximado ao conhecimento andino da existência e está conformado com as palavras kichwa-aymara *pacha*, tempo-espaço, mundo, natureza e existência; e do kichwa *Kawsay* que equivale ao saber vivencial, intuitivo e sapiencial. Enfim, a *pacha-kawsay* diz respeito ao saber viver criando a vida, buscando o equilíbrio para chegar à harmonia.

Nomear como *pacha-kawsay* essa dimensão cósmica de viver dos *runas* andinos também é uma forma de semear uma política distinta de dizer, desde seus próprios territórios do viver e de lutar. E, sobretudo, fazer disso o potencial de suas próprias línguas e sabedorias, pois delas se torna possível superar a noção de cosmovisão do Ocidente, que olha o bioverso como um mundo maquinado, inanimado, cheio de objetos que devem controlar e dominar para seu benefício. Esse termo andino permite falar de um bioverso com coração, da unicidade e interdependência entre todos os seres que o habitam, olha-se o *pacha-kawsay* como expressão de sua própria sabedoria (Guerrero, 2018).

O conhecimento não tem que ser apenas pensado, mas profundamente vivido, sentido, deve atravessar os corpos e espíritos. Pesquisar é um ato de alteridade, um caminho compartilhado que conduz aos mundos de vida dos outros, para poder compreender o próprio.

Sem dúvida, trata-se de um ato de *descolonização do saber* começar a ir a esses territórios cotidianos de vivência sem mapas, a fim de ir desenhando junto aos próprios envolvidos[23]. *Corazonar* é um exercício de descolonialidade do saber, que implica ter uma atitude mais humilde no processo de investigação, compreender que os marcos conceituais e metodológicos são referentes, que, às vezes, derrubam, que não alcançam a explicação ou que dizem muito pouco sobre o que acontece nas dimensões da realidade, que ultrapassam a racionalidade (Guerrero, 2018).

2.3 Construir a partir das fissuras: interculturalidade crítica

Construir a partir das fissuras é uma proposta metodológica diante dos estragos ocasionados pelo colonialismo e seu atravessamento nas diferentes instâncias da vida. Propõe-se um caminho, que visa desde a experiência dolorosa à fissura na trama cósmica, e que afetará, de certa forma, um caminho teológico.

2.3.1 Inculturação sob suspeita

Parece que a alternativa que vem se desenvolvendo para renovar a filosofia latino-americana e o pensamento libertador, seguindo como fio condutor metodológico o enfoque da inculturação, precisa ser criticamente reconsiderado, porque não é suficiente para fazer frente ao desafio que planteia o imaginário indígena da filosofia.

Com efeito, a perspectiva da inculturação da filosofia e do pensamento latino-americano provoca uma certa armadilha porque nela se supõe a evidência da existência de um núcleo no curso do desenvolvimento histórico da filosofia no Ocidente e que teria que inculturar em outras culturas.

> Para concretizar esta observación crítica, cuya verdadera intención es la de llamar la atención sobre el sutil colonialismo que implica la idea de la inculturación, se puede pensar en las consecuencias a que conduce, por ejemplo, la idea de inculturar el logos griego-occidental con sus categorías racionalistas en las tradiciones de pensamiento indígena [...] (Fornet - Betancourt, 1997).

O fato levaria a consequências em três níveis. O primeiro seria a desestruturação da memória simbólica do imaginário indígena, pois ficaria desestruturada por conceitos lógicos. Segundo, o outro nível seria o da palavra (mito), pois as palavras fundantes permaneceriam deslocadas no imaginário indígena ao se encontrar forçado a aceitar a hierarquia estabelecida pela razão grega-ocidental. Terceiro, seria da tradição como formação viva das palavras fundantes, pois as tradições autóctones seriam submetidas a um processo de deslocamento, no sentido de que pela inculturação, '*logos*' se impõe no centro fundante.

Defendido esse aspecto da inculturação, teria que convidar os indígenas a ver esse processo de inculturação desde suas próprias tradições. Ou seja, trabalhar com a hipótese de que o processo de inculturação não é apenas uma via de sentido único, mas de duplo sentido, e de que o imaginário indígena poderia dar a mensagem a inculturar.

Talvez o caminho para encarar filosoficamente o desafio do imaginário indígena não seja apostar na mestiçagem cultural, nem pela categoria da inculturação, mas a partir de um novo caminho que consulte as culturas.

Essa é a proposta da interculturalidade, uma sugestão que contempla como condição prévia a disposição de renegociar de novo o assunto da filosofia sobre a base de uma discussão igualitária entre as culturas em uma espécie de parlamento democrático que não concede a nenhuma cultura o direito a veto, mas direito a se expressar sem limites conceituais prévios.

> Porque realmente busca esa redefinición de la filosofía, la propuesta de la interculturalidad no debe confundirse en ningún caso con los intentos de formulación de una nueva filosofía de las culturas. Tampoco se trata de buscar 'lo filosófico' en las culturas para ir creando un corpus teórico ampliando con las riquezas que se puedan ir descubriendo en el análisis de las culturas. O sea que la filosofía intercultural no se debe confundir con un programa de ampliación de filosofía vigente. Pues su línea programática intenta más bien poner las bases para un re-posicionamiento de la filosofía en el sentido de sacar su historia de las limitaciones de un solo y único lugar

> de nacimiento, es decir, arrancarla de ese lugar como del único lugar que le puede dar carta de ciudadanía, y mostrar que nace en Grecia, pero también en China, en la India, en Egipto, en América. Reposicionar la filosofía es así liberarla del peso de echar raíces en un solo lugar, ser monolocal, y de comprenderla como cosmopolita, como ciudadana del mundo, que en cada rincón cultural de este mundo tiene su casa y los medios necesario para articularse como tal (Fornet - Betancourt, 1997) .

O horizonte da interculturalidade, mediante seus processos de redefinição e reposição da filosofia, levanta a proposta de um plano metodológico para a reconfiguração da filosofia através do intercâmbio solidário de suas diversas configurações culturais. Sobre o fundo do cenário cultural, o imaginário indígena se revela um interlocutor, cuja voz pode ser escutada, respeitada, reconhecida e aceita como possibilidade real de repensar o trabalho filosófico, se, e apenas dessa forma, comprometendo-se com o caminho da consulta cultural, vai aprendendo a repensar o trabalho filosófico desde a experiência básica da solidariedade (do) logos. Busca-se esquecer velhos hábitos de pensar de forma acirrada as categorias de "assimilação" do "diferente" ao "universal". Porque a perspectiva intercultural propõe não favorecer nenhum modelo de universalidade, para buscar um novo tipo ecumênico de relação entre as culturas, que se solidarize ao imaginário indígena e à forma de pensar (Fornet - Betancourt, 1997).

2.3.2 O giro descolonial das sabedorias insurgentes

Tempos de *pachakutik*, de restauração, anunciam a insurgência de sabedorias do coração e da existência, para que iluminem os caminhos por onde transita a humanidade, para evitar que ela seja autora de sua própria autodestruição. O atual momento em *Abya Yala* mostra que se vive um processo de insurgência material e simbólica (Guerrero, 2018).

Fala-se de insurgência, porque os povos andinos e afros não só foram vítimas passivas que se conformaram com resistir desde diferentes estratégias, mas insuficiente para transformar ou liquidar o poder colonial das estruturas. Não planteavam um horizonte como hoje se conhece desde as lutas da insurgência. Emergem de formas distintas e supõe "reexistências", que desafiam, implicam elementos propositivos, que buscam questionar não só o Estado ou a transformação da sociedade, mas desestruturar e construir formas outras de poder sem dominação.

São esses processos de insurgência material e simbólicas resultantes de luta pela vida que fazem plausível a "insurgência" das sabedorias "insurgentes". Uma mostra desse retorno e do processo de insurgência vivido é que a partir dessa irrupção, a luta social possibilita que se comece a discutir e assumir propostas como a interculturalidade, a plurinacionalidade e o *Sumak Kawsay*, que são horizontes que fazem possíveis as transformações civilizatórias da vida. Propostas como o *corazonar* do povo Kitu Kara são também uma expressão de insurgência desde o ser, desde o que constitui o maior poder: o coração (Guerrero, 2018).

É importante não esquecer que as insurgências das ***cosmoexistências*** andinas visibilizam uma dimensão que esteve durante muito tempo oculta e menosprezada por causa da tirania logocêntrica: a força do sentir, o poder do coração.

Da razão descolonial à sabedoria descolonial

Para enfrentar a colonialidade do saber e do ser, e abrir espaços de descolonização dos imaginários, dos conhecimentos e o prisma da construção de um repensamento crítico e descolonial, planeja-se a necessidade de uma crítica epistemológica aos saberes hegemônicos e uma radical ação política, com o intuito de desestruturar e descolonizar o paradigma de conhecimento dominador erigido como único e como verdade universal.

Deve ser possível que se expressem outras sabedorias, práticas, saberes e mundo de vida, outros sujeitos e subjetividades, outras espacialidades e temporalidades, através das quais se possa encontrar não apenas possibilidades para uma reconstrução radical do conhecimento que enfrente a colonialidade do poder, mas também espaços de sentido para a descolonização do saber e do ser, e o mais importante, sanar a vida. Resulta equivocado acreditar que seja dentro dos mesmos marcos epistêmicos em que se sustentaram a colonialidade do poder, do saber e do ser, que se possa construir um horizonte outro de existência, já que esses marcos epistêmicos sustentaram um sistema individualista, mercantilista e dominantes que negou outras formas de conhecimento[24]. Esse é o caso dos *cosmocimentos* do mundo andino, que se apoiam em matrizes civilizatórias sustentadas nos comunitário, coletivo, na inter-relação, na reciprocidade e na complementariedade.

> Es por eso que corazonamos que sembrar un horizonte civilizatorio distinto del vivir requiere no solo de la epistemología, sino también del potencial político de las sabidurías del corazón y la existencia, puesto que la decolonización de las epistemologías que han sido el sostén de la colonialidad, demanda incorporar la afectividad, la espiritualidad y las sabidurías que el sentido disciplinar del saber académico desechó. En consecuencia, se hace necesario empezar a Corazonar las epistemologías hegemónicas, lo cual implica una ruptura radical de las fronteras disciplinarias: romper con la arrogancia del saber científico y tener la humildad para empezar a aprender de las sabidurías insurgentes que emergen desde el corazón de las y los actores colonizados (Guerrero, 2018).

Não se pode esperar que sejam esses outros conhecimentos que contribuam para enriquecer o conhecimento epistêmico, o que teria que ser buscado é construir espaço para um diálogo intercultural. Um diálogo que não só espera a contribuição do outro para enriquecer o espaço de conhecimento próprio, mas como uma comunhão de sabedorias que se encontram e mutuamente se ajudam para compreender melhor a vida e poder mudá-la (Guerrero, 2018).

Ao buscar descolonizar o saber e a vida, não se precisa construir uma razão descolonial, o que implica continuar presos a um dos eixos em que fundamenta a colonialidade do saber. Cabe lembrar que a razão consolidou um modelo de pensamento e desenvolvimento, uma estrutura que aprisiona todos (Guerrero, 2018).

Um processo de descolonização da vida envolve transformar as dimensões sistêmicas desse domínio e as estruturas de conhecimento, compreendendo que essa transformação não pode ser feita pela mesma razão, fundamento da colonialidade, mas devido à força insurgente das sabedorias do coração, as mesmas que insurgem frente a ela. Procede-se ao *desprender-se,* ao *desgarrar-se* e *descolonizar* essa razão sem alma, pois resultam impossíveis essas mesmas epistemologias, que foram instrumentos de saber para o exercício do poder, chegar a uma construção diferente de conhecimento e ainda semear um horizonte civilizatório e de existência diferente.

Partindo desse raciocínio, necessita-se muito mais que uma epistemologia, de sabedoria. Não se precisa continuar fazendo questionamentos autorreferenciais, recorrendo à razão da mesma razão, chamando epistemologia à sabedoria. É imperativo abrir o desprendimento e desarraigamento, porque o que a academia tem feito, sem negar os esforços do pensamento crítico descolonial, é criticar dentro do mesmo marco epistêmico que desacreditou e ocultou outros saberes que ofereciam possibilidades para construir outros conhecimentos e de diferente maneira, e para desestruturas a razão e a *episteme* dominante.

Por esse motivo, é contraditório querer mudar e questionar a razão. Trata-se não apenas de desafiar, mas de insurgir contra a tirania da razão por sua cumplicidade para o domínio da vida. Esses conhecimentos sempre tiveram um sentido insurgente, porque emergem da própria existência e apontam as lutas por essa vida. Esse *cosmocimento*, que ainda segue sendo ignorado pela academia, é a sabedoria. Não é somente conhecimento diferente, mas que tem a força insurgente e transformadora para desestruturar, superar e transformar a razão dominadora e abrir possibilidades para semear outro tipo de *cosmocimentos*. Torna-se mais importante e de maior interesse semear um horizonte de viver e civilizatório diferente. Por isso, chama-se de sabedorias insurgentes, do coração ou da existência[25].

É aceitável argumentar que diante de uma "razão dominadora", existe uma "razão libertadora", que é aquela que orientou as lutas pela transformação social. Entretanto, tem-se suficiente experiência histórica para mostrar que essas posturas, sem negar seu sentido transformador, não conseguiram se desprender do sentido logocêntrico, da razão ocidental, nem de superar sua visão antropocêntrica. Uma alegação que planteou a libertação das estruturas materiais da sociedade, mas que ignorou questões de colonialidade do poder, do saber e do ser, assim como a libertação da subjetividade, e que não considerou o potencial político insurgente da afetividade, da espiritualidade, do matrístico e da sabedoria.

Na verdade, é "razão outra", mas se o "outro" não emergir das margens, ou desde as fissuras, a fim de radicalizar a diferença em perspectivas insurgentes para a luta pela descolonização da vida, uma vida sentida não como um assunto epistêmico e político, mas fundamentalmente de existência. Em consequência, essas margens e os atores que seus locais nomeiam, vivem, lutam, são mais do que só razão. São sabedorias, pois estão carregadas de afetividades e espiritualidade, e têm como horizonte a transformação da vida, ou seja, são sabedorias insurgentes.

Assim,

> es por ello que, frente a la razón imperial y la razón colonial, consideramos que no resulta suficiente una 'razón des-colonial' para transformar ese orden, sino la sabiduría como forma de cosmocimiento y actitud de vida, que tiene

> el potencial para desestructurar el pode de la razón y las razones del poder. De ahí que proponemos sembrar una 'sabiduría decolonial' o de un 'corazonar decolonial', que se sustente en las fuerzas de las sabidurías del corazón y la existencia, pues permiten corazonar los procesos insurgentes de luchas decoloniales (Guerrero, 2018).

Não se deve esquecer que uma das grandes perversidades da razão para legitimar a colonialidade do saber, é a negação da afetividade, a espiritualidade e a sabedoria. Esse princípio gera esses mundos de violência e morte que não só assombram, mas que doem no coração. Também sinalizam processos de insurgência que impulsionam a continuar lutando intransigentemente para transformá-los, não pelo poder da mesma razão colonizadora, mas a partir das sabedorias insurgentes, que fazem verossímil possível a ruptura radical do epistemocentrismo e da razão hegemônica, que questionam não apenas a geopolítica do conhecimento dominante, mas também a colonialidade da vida. E permitem *corazonar* como resposta insurgente descolonial, e que também oferecem uma dimensão afetiva, espiritual do conhecimento.

Isso não quer dizer que as sabedorias insurgentes não vão dialogar com as epistemologias que constroem a academia[26]. Ainda não significa afirmar que no pensamento de fronteira ou de atores subalternizados não existam epistemologias como são entendidas na academia. Elas existem, só que são sabedorias que vão além da epistemologia, pois estão ancoradas na vida. Não se trata de uma oposição ou negação essencialista do conhecimento que produziu o Ocidente nem a renúncia ao uso de suas categorias, o que seria absurdo, porque o Ocidente e suas categorias estão nas formas de pensamento formulados. Essa tese é prova disso. Não é o caso de queimar textos de epistemologias ou de professores. O que se quer é tornar evidente o sentido perverso que o

> Occidente y el epistemocentrismo han tenido para el dominio de la vida. Se trata de mostrar que epistemo-

> logía y sabiduría no solo tienen que ver con dos formas de conocimiento, sino que representan dos matrices civilizatorias y de vida diferentes, la matriz centenaria sustentada en la razón y la episteme, y la matriz milenaria ancestral sostenida en la sabiduría y la espiritualidad, pero que aun así no tienen que ser excluyentes. Es por ello la necesidad de corazonar las epistemologías dominantes y de abrir espacios para un diálogo intercivilizatorio [...] – aquí está el gancho de los diálogo interculturales en perspectiva de liberación y reafirmación de la vida, desde la lógica del ayni, la reciprocidad complementaria (Guerrero, 2018).

Tendo em vista essa análise,

> no buscamos negar la epistemología, sino corazonarla, darle el calor de la ternura para superar esa fría razón sin corazón y construir un cosmocimiento que tenga calor y la poética de la vida, y haga de ella el horizonte de su praxis teórica, de método, de su ética y política. Corazonar las epistemologías y la academia implica nutrirlas de afectividad y espiritualidad, para ponerlas a dialogar y a aprender de formas otras de cosmocer, de pensar, de sentir, de decir y de vivir la vida; para ponerlas a conversar con las sabidurías insurgentes o sabidurías del corazón e incorporar también al lenguaje académico lo que ellas siempre nos han estado enseñando. Esto aportará a que la frialdad salga de las epistemologías, las teorías y las metodologías para que estas se nutran del corazón que habita en las sabidurías (Guerrero, 2018).

Por fim, há uma perplexidade epistêmica da academia que tem a sensação de que se perde a confiança epistemológica, de perda irreparável para aqueles povos que vivem a colonialidade em suas vidas e que a enfrentaram desde o cerne da própria palavra chamada de sabedoria.

É tempo de outro sentido de viver, um *pachakutik* dessas sabedorias que insurgem de tempos remotos e que orientaram a existência da humanidade ao longo da história, antes que exista a *episteme*. Frente à constatação da crise irreversível do racionalismo ocidental e de que a humanidade precisa de horizontes para seguir tecendo a vida, essas sabedorias do coração e da existência não podem ser ignoradas e começaram a ser validadas pela academia (embora sejam nomeadas dentro do seu próprio cânon hegemônico como outras epistemologias, do Sul ou de fronteira).

> La consideración de la existencia de 'epistemologías otras', de formas otras de conocimiento, no ha sido el resultado solo de condiciones teóricas, de un proceso de reflexión al interior de la academia o de los intelectuales críticos. Ha sido consecuencia, insistimos, del acumulado de las luchas de insurgencia material y simbólica por la vida de los pueblos sometidos a la colonialidad. Dicha presencia sociopolítica ha cuestionado profundamente a la academia, así como a interpelado al conjunto de las ciencias **dominantes, no solo a sus paradigmas**, a sus postulados epistémicos y metodológicos, sino a sus metas éticas. En consecuencia, las 'epistemologías otras' ya no podían seguir siendo ignoradas, por el contrario, se visualiza su potencialidad y cómo estas puedan constituirse en un horizonte otro, pues esas sabidurías – y por ello las llamamos insurgentes – han estado siempre acompañado las luchas por la reafirmación de la vida y mostrándonos que otra humanidad, otra civilización, otra existencia y otros modos distintos son posibles (Guerrero, 2018).

O que é necessário fazer é desprender-se da colonialidade do ser, poder e do saber e desacoplar-se da tirania da razão ocidental. Talvez mais urgente seja não apenas um se desprender, mas se desarraigar das próprias epistemologias, para se abrir a outras formas de construir pensamentos.

Uma das dificuldades encontradas é que, mesmo procurando um desprendimento real e o reconhecimento dessas sabedorias, persiste a tendência de buscar epistemologizar essas sabedorias. Ou seja, para que elas possam ser ratificadas e legitimadas, devem perder seu estatuto como sabedoria e passar a ser nomeadas segundo o cânon acadêmico como epistemologias. O novo olhar da academia pressupõe que se caracterize o *cosmocimento outro*, do Sul ou fronteiriço, desde as categorias do saber ocidental que se decidiu descolonizar.

Então, fazer isso por meio de seus próprios territórios de viver e dizer, de suas palavras, experiências, sentires, saberes e práticas com os que orientam sua existência. Não se fala de epistemologias outras, mas de sabedorias insurgentes ou sabedorias do coração e de existências (Guerrero, 2018).

Outrossim, será necessária uma virada descolonial, que alude aos desprendimentos e, sobretudo, aos radicais desgarramentos desses lugares considerados pela retórica ocidental e que seguem modelos de reprodução. É indispensável construir outras políticas desses mundos de vida fronteiriça, a começar dos *cosmocimentos* negados, ou seja, das sabedorias.

A partir dessa cosmovisão, é um aspecto importante olhar de forma mais profunda e crítica a dimensão do outro, que importa um sentido insurgente, desestruturador e descolonizador do existente como hegemônico. Outro pensamento não pode permanecer em nomear o que é distinto da mesma forma. Para tal, deve-se buscar ultrapassar radicalmente a razão epistemocêntrica, que historicamente foi hegemônica e modelou a maneira de olhar para o mundo. Assim, pensa-se que a sabedoria, como expressão desse conhecimento e pelo sentido político insurgente que têm a afetividade e espiritualidade que a sustenta, desencadeia várias possibilidades que podem contribuir para a descolonização do saber e do ser, para *corazonar* a academia e a vida.

Os povos indígenas chamam a isto de sabedoria e não epistemologia. Foi a academia que chamou a essas formas de pensamentos de epistemologias, talvez porque a *episteme* tem o peso de referencialidade, legitimidade, verdade, da razão da ciência, enquanto a sabedoria não pode se gloriar dessa nomenclatura.

> Entonces, cuando epistemologizamos la sabiduría, cuando las llamamos desde las formas de nombrar de la academia y no desde los territorios del vivir de donde emergen, estamos reproduciendo un acto de colonialidade del saber, pues ratificamos el sentido epistemocéntrico del discurso científico logocéntrico racionalista que constituye la retórica de la modernidad (Guerrero, 2018).

Ao falar de movimentos descoloniais, é interessante começar por um exercício de descolonização real do saber e não apenas discursivo. Para tanto, não se precisa insistir em epistemologizar as sabedorias. Ao contrário, conceder a ternura das sabedorias à *episteme*. Convém ressaltar que não se propõe negar as epistemologias, tampouco que elas se chamem de sabedorias, pois estão longe dessa terminologia. O que se pretende é que sejam lembradas pelo seu nome, com seu próprio estatuto. Epistemologias são epistemologias, sendo do Sul, da fronteira ou de outras partes do mundo, mas elas existem porque se referem a outro tipo de conhecimento. Quando se reporta aos cosmocimentos que transitam das espiritualidades insurgentes dos povos de *Abya Yala*, esses são mais do que epistemologias, são sabedorias, e não podem ser chamadas de epistemologias, e sim como o que elas são: sabedorias.

> Bien vale señalar que lo que se trata no es de sobreponer la una forma de conocimiento sobre la otra para legitimar un orden dominante del conocimiento, sino de decolonizar las relaciones saber-poder hegemónicas, a fin de buscar que las dos se encuentren, se hermanen, establezcan en equidad de condiciones y con respeto un diálogo dia-

> logal para que se nutran y enriquezcan mutuamente, pero desde su propia especificidad y teniendo siempre la reafirmación de la vida como horizonte. Por lo tanto, corazonamos que quizá sea necesario comenzar a mirar y nombrar a las epistemologías no del sur, sino como lo hace la gente desde el sur, no a las epistemologías otras, sino desde las sabidurías, y vivir de los pueblos runas, afros y demás diversidades sociales, se siembra y se cría un cosmocimiento que no solo es epistemología, sino que va más allá de esta, se siembre sabidurías (Guerrero, 2018).

Essas sabedorias, sendo fontes do sentido para traçar a totalidade da existência, expressam-se em formas diversas de pensar, sentir, imaginar, dizer, chamar, de significar, de sonhar e lutar; por isso, a sabedoria aponta potencialidades afetivas, espirituais, estéticas, éticas e políticas que não habitam na epistemologia. E, assim, mostraram durante a história ser uma força vital presente nas lutas pela vida dos povos, os que não foram vítimas passivas de dominação, mas que historicamente insurgem contra a violência, a exploração, a opressão e o "epistemicídio" causados pela colonialidade[27].

É oportuno realizar uma crítica à modernidade ocidental e a seus mecanismos de reprodução, à colonialidade do poder e da relação saber-poder construída pelo Ocidente, a razão epistêmica. É necessário questionar o "epistemocentrismo", como exercício contínuo para crítica da racionalização ocidental dominante, e desde o potencial das sabedorias insurgentes do coração e da existência, e para tal estar atentos aos próprios discursos e às práticas (Guerrero, 2018).

Conceito de sabedoria

Sabedoria e epistemologia são construções que se encontram social e historicamente situadas. A sabedoria precede à razão, e *logos* à ciência. A humanidade, desde seu alvorecer não tinha *logos* cartesiano como instrumento para a compreensão da realidade e para articular a vida. O conhecimento era profundamente simbólico, espiritual, afetivo, metafórico e se mantinha na dimensão simbólica da palavra, do mito, da imaginação, da intuição e dos valores estéticos. À vista disso, a sabedoria, a espiritualidade e a afetividade são a raiz que levanta a árvore da vida, os pilares que garantem a casa cósmica para habitar nela e descobrir a alma da existência. A sabedoria é a matriz sobre a qual se constituem as doutrinas religiosas, os sistemas filosóficos, teóricos e científicos.

A sabedoria foi a matriz do conhecimento. Por razões de poder, produziu-se uma separação. Inicialmente, quando emerge a filosofia, ela tinha relação com amor e sabedoria, mas na medida em que a noção *logos* vai se tornando hegemônica perde-se a dimensão originária de amor à sabedoria e se afasta para se converter em instrumento, técnica e ciência do poder para o conhecimento e domínio da realidade.

Mais uma vez, é primordial compreender uma distinção entre epistemologia e sabedoria A academia e suas *epistemes* despejaram apenas conhecimentos. A sabedoria oferece a beleza e o perfume, planta um sentido. Enquanto a epistemologia se apega ao conhecer e acumula conhecimentos como acumula capital, a sabedoria se firma no *cosmos* e planta sentido para viver, para ser dentro da trama cósmica da existência.

> [...] no implica decir que la sabiduría que se expresa en sentipensamiento runa no tiene capacidad de abstracción o de conceptualización – como es propio de la *episteme* Occidental-, la sabiduría, como forma holística de conocimiento, muestra un potencial para ir más allá de la sola abstracción y conceptualización. Para la sabiduría no hay separación entre sujeto e objeto, pues el principio de interrelacionalidad e interdependencia hace que el sujeto sea parte del cosmos, del Pacha en el que teje la existencia y en el que no hay objetos, sino seres en los que palpita

> el espíritu de la vida y cuyos misterios devela sabiduría. Una muestra de estos es que la fuerza de su palabra no solo conceptualiza, describe o enuncia el mundo, además, muestra contenidos para ser en el mundo, muestra una dimensión para vivir ese mundo simbólicamente, ceremonialmente (Guerrero, 2018).

A diferença entre sabedoria e epistemologia, além do tipo de saber e conhecimento que cada uma constrói, está em que ditos conhecimentos correspondem ou são referentes de duas matrizes civilizatórias divergentes. Por um lado, a matriz ancestral milenária, que se levanta sobre as sabedorias, e por outro, a matriz colonial do saber ocidental centenária que se sustenta na razão e na *episteme*.

> Pero, sobre todo, la epistemología y la sabiduría son distintas por el horizonte de existencia que cada una hace posible: mientras la epistemología aportó a la dominación de la vida, las sabidurías del corazón tienen un profundo potencial liberador que impulsa 'despertar' de la sensibilidad y la conciencia del vivir. Las sabidurías no solo son productoras de conocimientos, sino fuentes de sentido de y para la existencia y la reafirmación del ser (Guerrero, 2018).

A sabedoria fala desde a vida

A epistemologia, por se situar diante da realidade e teorizá-la distante da vida, é um conhecimento que se limita a falar sobre a vida, pois constrói um saber cognitivo cheio de externalidade, que não compromete a subjetividade e não teve o poder para transformar a existência, pois fica no plano discursivo, em palavras que não emergem do coração e que não estão encarnadas na existência. Por outro ângulo, a sabedoria, etimologicamente, está relacionada à vida, à experiência, ao saber e ao gosto, por estar ligada ao ser e ao sentido de viver, é um conhecimento que não fala sobre, mas desde a vida, que permite saborear o saber e o sabor da existência[28].

Isso não implica que se tenha uma visão idealizada do que é a sabedoria e que se acredite que apenas ela aproxima de uma atmosfera que não sofreu impactos da dominação. A sabedoria tem uma carga política, já que os povos submetidos à colonialidade e que sofreram por séculos em seus espíritos e corpos a dominação, encontraram na sabedoria e na espiritualidade o potencial para resistir e se rebelar contra a dominação e a morte. Também não se pode dizer que a sabedoria é vivida pela totalidade das populações colonizadas, porque desde os tempos da colônia foi uma arma insurgente que apenas determinados grupos plantaram e cultivaram com o objetivo de internalizá-la na consciência da população (Guerrero, 2018).

Por causa disso, é fundamental lembrar que todas as tradições espirituais discorreram sobre a unidade indissolúvel entre saber e ser, entre conhecimento profundo e transformação. Graças ao caráter ativo, transformador, libertador e insurgente da sabedoria, esta constrói um *cosmocimento* vivencial que compreende e internaliza, transformando o ser, a subjetividade e a vida.

> La sabiduría, como un saber que brota desde la propia vida, que nace desde la interioridad del corazón, no busca explicar ni demostrar nada, solo comprender; no pretende encontrar la verdad o el error de la realidad, solo mirarla en su plenitud, tal como es, y por ello puede encontrar en ella la verdad y el error como fuentes para sembrar un cosmocimiento que nos conecte con la vida (Guerrero, 2018).

Esse sentido profundamente vivencial da sabedoria para os andinos se traduz na sabedoria do cosmos que faz referência a um *cosmocimento* que rompe com o olhar positivista objetivamente e instrumental, que constrói uma distância entre o sujeito consciente e objeto conhecido, como defensores de um olhar epistemológico ocidental para falar sobre a vida. Pelo contrário, para a sabedoria andina não existe tal distanciamento, e ao considerar ser parte do cosmos, busca-se 'conhecer vivendo', estabelecendo uma inter-relação e uma comunicação amorosa que viabiliza *corazonar*, ou seja, *fundir* a afetividade com o pensamento.

Uma sabedoria desde o calor do coração

As diferenças entre sabedoria e epistemologia se expressam, também, no fato de que na epistemologia se oferecem informação e dados frios e se vê a afetividade como um risco para a objetividade científica, o que faz da vida e dos seres humanos objetos de estudo, a respeito do qual o teórico ou o intelectual guardam distância, construindo um saber para o domínio em que não aparecem a intuição, a imaginação, o amor nem a alegria. Pelo contrário, a sabedoria, como linguagem do coração, tem referentes de sentido para viver, profundamente libertadores, marcados pelo calor dos afetos, as sensibilidades e as emoções, o que permite compreender outras realidades e linguagens. Daí que se pode dizer que, enquanto a epistemologia fala da frieza da razão, a sabedoria conversa desde o calor do coração (Guerrero, 2018).

Para as tradições, a morada natural da sabedoria é o coração, símbolo do poder da vida. É o coração que entrega o sentido da existência. Embora para os andinos a sabedoria habite a casa cósmica, tudo tem coração e, portanto, tudo tem sabedoria. O coração é a morada da sabedoria. É fonte para plantar, cultivar e colher a sabedoria, compartilhar.

A separação do ser humano de seu coração por causa de uma razão tirânica também o afastou dessas forças vitais, para tecer o sentido de viver: a sabedoria, a afetividade e a espiritualidade. Isso trouxe como consequência a situação de morte. Na epistemologia se constrói uma relação de identidade entre o conceito e a realidade, que busca a unificação do ser, a objetivação e a transparência do mundo, através de um conhecimento que coisifica e desvitaliza a experiência humana e a reduz à aplicação prática para conseguir a eficiência, o êxito e a excelência, o que evidencia o caráter instrumental e utilitarista do conhecimento. Desde a sabedoria, porém, busca-se compreender as inter-relações entre o ser, o sentir, o pensar, o saber, o dizer e o fazer.

> Por eso la cultura quichua parece estar aprisionada por la gravidez de las cosas del mundo, está como 'yecta' en el valle o en el llamo con la amenaza del fuego, el aire o la tierra, pero asimismo se halla comprometida con un mundo sustancial de materia o sea, de cosas inalienables que ocupan un lugar en el espacio y en el tiempo cualitativos, como cosas que se dan frente al hombre, pero que le sirven para marcar el límite de sus posibilidades o, mejor, le brinda un eje para centrar su existencia [...]. En un mundo así, solo cabe la conjuración mágica con sus ritos y sed de adoratorios. Es la conjuración del mundo iracundo, como a modo de diálogo con él, en tanto éste quiere extinguir a una humanidad integrada por machos y hembras. (Kusch, 2000)

Desde a epistemologia, foi-se construindo um saber para tê-lo, que transforma a totalidade da experiência em mercadoria e se guia pela busca da verdade, a objetividade e a utilidade do conhecimento. A sabedoria tem como objetivo pleitear um *conhecimento cósmico* que abre perspectivas de sentidos distintos, para poder ser e estar no mundo e na vida, para ser junto aos outros e para estar abertos à alteridade, à riqueza da diversidade e à possibilidade de abrir espaços de diálogo de seres, sentires, saberes, experiências de vida com essa diversidade e diferença, orientados não apenas no conhecimento, mas sobretudo nas sensibilidades, afetos e emoções. Afinal, o que dá real sentido à existência não passa pelas epistemologias, nem a ciência passa pelos sentires, pelo emocionar, pela sensibilidade ou pela ternura que habitam na sabedoria. Ao passo que o Ocidente se legitima na filosofia, amor ao conhecimento para pensar conceitualizar o mundo e na mudança, os Andes se sustentam no *Munay Yachay*, que não é só amor às sabedorias, mas à sabedoria do amor, que permite compreender desde o coração para se vincular a todo o existente (Guerrero, 2018).

A afetividade não carece de ser vista como uma questão simplesmente romântica e de novela, como procurou ser estereotipada. Há que olhar para ela a partir de sua dimensão política e insurgente. Observado o caminho histórico dos povos, descobre-se que é desde a afetividade que lutaram contra toda forma de dominação e por isso ela se torna força para clarear os horizontes.

Os sábios sempre compreenderam que sabedoria e vida não podem estar dissociadas. A sabedoria tem um enorme poder terapêutico, entendida como função libertadora e sanadora, como remédio para as enfermidades do corpo e do espírito. Os sábios sustentaram que o *cosmocimento* profundo da realidade e de 'nós mesmos' é a possibilidade para chegar à libertação de tudo aquilo que não permite o crescimento, realização e felicidade plena. A sabedoria é um saber que busca ser útil e sanar o sofrimento e a vida. Mas para tal é necessário transitar esse caminho com humildade e alegria no coração, para que seja terapêutico e contribua à felicidade (Guerrero, 2018).

Para a racionalização ocidental, conhecimento é sinônimo de um saber que se inspira nos livros e se acumula, o que também tem se transformado numa forma de perpetuar poder. Prova disso é abundante existência de informação dominante, dada a quantidade e velocidade de informações, o que dificulta a construção de uma sabedoria que caminhe em perspectiva da vida. Pareceria então que o conhecimento e, por consequência, a sabedoria se perderia com a informação. Dessa premissa, conclui-se que, assim como se confunde informação com conhecimento, também há uma relação inadequada de conceder ao conhecimento o mesmo significado de sabedoria ou aprendizagem de fatos ou memorização de dados.

A sabedoria, então, não é sinônimo de saber intelectual ou acadêmico, não consiste em dominar cifras e dados, datas, nem acumular e capitalizar informação e conhecimentos livrescos que fazem conhecer muitas coisas. A sabedoria nasce da vida e é útil a ela mesma. Consiste em intuir caminhos, descobrir que por trás da dor há esperança (Guerrero, 2018).

> Mientras Occidente nos enseñó – como otra forma de poder – que todo lo que tenemos que aprender está solo en los libros y a través de la escuela nos alfabetizó solo para poder leer lo que se esconde en el secreto de la escritura, en cambio, nos hizo analfabetos del corazón, incapaces de leer el libro de sabiduría de la naturaleza y la vida, a tal punto que hoy hemos olvidado cómo aprender lo que esa sabiduría cotidianamente nos enseña siempre, pues dentro del orden cósmico de la vida todo enseña (Guerrero, 2018).

Efetivamente, para a sabedoria tudo está interligado, inter-relacionado com tudo, a ordem do bioverso. Mas essa percepção da totalidade não é possível desde os marcos epistêmicos fragmentados e fragmentadores, mas perante visão totalizadora da sabedoria. Na sabedoria *quéchua*, a noção de *Pacha* explica essa inter-relação e interdependência entre espaço e sentido, como dimensões constitutivas e constituintes da realidade e do ser, em suas múltiplas expressões[29]. Esses espírito holístico e compreensão de sabedoria estão presentes em todas as espiritualidade dos povos originários (Guerrero, 2018).

> La sabiduría tiene una profunda dimensión estética, por eso explica el orden cósmico de la existencia desde la riqueza simbólica del mito, que al igual que la ciencia, no es más que un discurso para explicar el sentido del cosmos, el mundo y la vida. Sin embargo, al contrario que *la episteme*, la sabiduría abre espacios para que la

> poética de la palabra pueda mostrarnos dimensiones de realidad que el *logos* es incapaz de comprender. De ahí que el mito, desde la sabiduría kiwcha, se vuelve *ñaupac rimayi* (palabra guiadora para orientar el transitar por la vida), sin olvidar que *ñawpay* estuvo abriendo camino antes que *logos* (Guerrero, 2018).

A dimensão estética da palavra

É justo aproximar-se da outra dimensão estética da sabedoria, compreendida como força da palavra. Em todos os povos, existiram determinadas pessoas (mulheres e homens) que se consagram à vivência da espiritualidade e da sabedoria em suas diversas manifestações, uns à cura do corpo e do espírito, outros a interpretar a linguagem das estrelas, outros a transitar pelos caminhos dos sonhos e outros a cultivar a sabedoria do espírito da palavra. Estes últimos eram os sábios e sábias que fizeram da metáfora, da poesia, da parábola e dos relatos sua forma de ensinar os mistérios da vida e de semear consciência; para conceder à humanidade belas e profundas lições de sabedoria que nos despertaram para outras dimensões da existência. Seus ensinamentos foram compreendidos e interiorizados e se tornaram horizontes de sentido para dar felicidade e elevar a condição humana e cósmica (Guerrero, 2018).

> Los pueblos de Abya Yala sabían del poder de la dimensión estética de la sabiduría de la palabra. Una muestra de ellos es que los tlamatinime o 'sabios conocedores de las cosas' entre los náhualt, que eran mujeres y hombres dedicados a cultivar la palabra, hicieron de la poesía, a la que llamaron 'lenguaje del corazón, flor y canto', el mejor camino para llegar a la sabiduría. Ellos y ellas sabían que la metáfora es aquella que nos permite mirar más allá de

> las cosas, del mundo material, y transitar por los senderos de lo invisible [...] (Guerrero, 2018).

A dimensão estética, poética, tem como consequência um sentido libertador. A descolonização remete não à criação de novos conceitos, mas às novas formas do político e da poética do sujeito, que permitam a desalienação tanto dos colonizados como dos colonizadores[30]. A construção de uma poética do sujeito só poderia ser possível graças à dor da ferida colonial, como força que constrói um sentido outro da existência.

A sabedoria fala desde o corpo como território sagrado do viver

As epistemologias reproduzem dicotomias sustentadas no dualismo cartesiano que separa razão/sujeito/corpo. Desde as sabedorias insurgentes, não é possível um conhecimento que não fale desde o corpo, que não se instale no corpo e desde que o corpo fale, porque o corpo é o território microcósmico onde se tece não apenas o conhecimento, mas a totalidade da vida, corpo em que não apenas habita a sabedoria, mas que ele mesmo **possui sua própria sabedoria ancestral**[31].

Para a racionalidade ocidental, tanto o cosmos quanto o corpo são vistos e pensados como máquinas, organismos, coisas, instrumentos que dão prazer, força para o trabalho. A razão dominante constrói corpo sem alma. O racionalismo cartesiano se apoia na fragmentação da humanidade, por isso despreza o corpo e as emoções que o habitam como obstáculos para pensamento racional e objetivo, que está por cima dos corpos, a realidade e a vida.

> Una característica de la racionalización epistémica es que fractura el cuerpo, por ello ha dado prioridad solo a los externos perceptores – la vista y el oído – como posibilidades para el conocimiento racional, de ahí que la hegemonía oculocéntrica, mientras que los otros sentidos que hacen

> la totalidad de nuestra corporalidad, son subalternizados y trasladados a la marginalidad. En cambio, la sabiduría como cosmocimiento que emerge desde el cuerpo no privilegia facultades visuales para acercarse a la realidad, sino que, al buscar comprender la totalidad del sentido de la existencia, pone en acción la totalidad del sentido de la existencia, pone en acción la totalidad de los sentidos: el tacto, el olfato, el oído, el gusto. El milagro de la vida no solo se piensa conceptualmente, se lo celebra ritualmente y se lo hace desde la totalidad de nuestras corporalidades (Guerrero, 2018).

Uma das consequências da colonialidade do saber, por seu sentido disciplinário que nega a afetividade, é que anestesiou os corpos. Por isso, é necessária uma "bofetada pedagógica" que os torne conscientes da dor que se instala em 'nos corpos colonizados'.

> [...] El cuerpo habla, comunica sentido, porque somos cuerpos habitados por el cosmos, por el mundo, y es desde el cuerpo que transitamos las diversas geografías de la existencia y pintamos los paisajes del mundo y **dejamos en este – a partir de lo vivido – las huellas de** nuestra singularidad irrepetible. Es desde el cuerpo que tejemos el entramado de la alteridad para el encuentro o desencuentro con los otros, es el territorio donde se inscribe nuestra historia individual, social, cósmica, desde donde labramos el ritual cotidiano del vivir. El cuerpo es presencia vital que nos instala en el presente, el que nos da la dimensión del aquí y del ahora en cada latido, en cada respiración. Por eso la sabiduría no ve al cuerpo como cosa, sino como templo sagrado y nos plantea la necesidad de recuperar el cuerpo, lo cual es una forma de recuperar también la sabiduría cósmica de la vida (Guerrero, 2018).

A sabedoria, em consequência, não ratifica um conhecimento descorporeizado, desapaixonado, que apenas pensa e reflete, mas é um saber incorporado, onde as palavras se encarnam, um saber que fala e vive o corpo como resultado dessa experiência. Com isso, o corpo é fonte inesgotável de sentido, de um conhecimento carregado de sensibilidades, de sentimentos. "É desde o corpo que amamos", é ele que dança amorosamente com o corpo do outro para fazer que continue com o milagre da vida ou simplesmente para celebrar o prazer e o gozo de estar vivos (Guerrero, 2018).

A sabedoria oferece horizontes para a felicidade

Um dos objetivos que as sabedorias buscaram é oferecer ao ser humano horizontes, caminhos para a felicidade. Na sabedoria habita a alegria como força libertadora, como conhecimento em que é possível rir e onde a alegria, o humor, a ironia, a piada são formas de comunicar, transmitir conhecimento, formas através das quais se podem ensinar coisas profundas, como os sábios sempre fizeram.

É importante não esquecer que o poder sempre viu a alegria ou a ironia como ameaças às ordens de disciplina estabelecidos, **porque o riso e bom humor são insurgentes, rompem a norma,** dão volta às verdades estabelecidas, oferecem um espaço de liberdade e fazem mirar a condição de humanidade de maneira distinta. Com certa vantagem, também a alegria soube manter sua força insurgente, em que se sente o pulso da vida, "seguimos sorrindo", e dessa forma, às vezes sem sabê-lo, descolonizando e sanando o saber (Guerrero, 2018).

Desde as propostas críticas, considera-se que a produção de conhecimento acontece unicamente entre o pensar e o fazer, e se ignora o potencial do sentimento, da afetividade. A esse respeito sente-se a falta de referência ao sentir e à afetividade, sem essa dimensão não haverá perspectiva holística para o viver. É condição colocar o sentir como possibilidade para o saber, para o pensar, para o conhecer, para o dizer e o fazer (Guerrero, 2018).

As sabedorias insurgentes não apenas se perguntam sobre o ambiente, mas a respeito da totalidade da vida. Não é suficiente falar de uma epistemologia ambiental, mas de uma sabedoria sobre a natureza, porque não é possível partir dos mesmos princípios epistemológicos que instrumentalizam o domínio da vida. Acredita-se que seja esse o lugar das sabedorias, pois por seu sentido insurgente, verdadeiramente desdobra, questiona, descoloniza o conhecimento científico, sua racionalidade instrumental e a de suas *epistemes*. Se precisaria de uma sabedoria do espiritual da natureza, ou falar das próprias políticas de dizer e considerando que a *cosmoexistência andina* vê o bioverso como casa e se for preciso como uma sabedoria. Para que a vida floresça, necessita-se de uma sabedoria da casa cósmica, que permita não apenas explicar racionalmente, epistemicamente os problemas que enfrenta hoje a Mãe-Terra, a natureza, os cosmos, a vida, mas que busca sentir desde o coração seu sofrimento e agir ativa e militantemente para sua cura (Guerrero, 2018).

Essa consciência política e espiritual da dor faz dela uma força de luta pela transformação da vida. Por isso, os povos que sofrem a colonialidade e a dor da dominação, lutam e renascem da dor da ferida colonial.

> Otra dimensión que a veces se ignora, es que aun cuando el conocimiento epistémico permite hacer brillantes construcciones teóricas sobre la realidad y sus problemáticas, estas no tienen ese potencial transformador que nos conduzca a la acción, a una praxis para la reafirmación de la vida. En cambio, el poder de la sabiduría del corazón obliga no solo a pensar las cosas y las causas, sino a sentipensarlas, a corazonar los diversos dolores de nosotros como sujetos cósmicos y como humanidad, que hemos vivido la dominación y los sufrimientos de la Madre Tierra. Entonces vemos que para ser transformados no solo se debe pensar, sino sentir desde la afectividad una dimensión reverencial frente a la vida,

> que no es una acto cognoscitivo, sino espiritual del corazón (Guerrero, 2018).

O poder do coração, ao contrário da *episteme*, promove essa possibilidade para fazer da dor essa força política transformadora. Para enfrentar a situação de morte da natureza, que ameaça a vida em todas suas formas, não é suficiente mudar a forma de pensar ou explicar teoricamente, epistemicamente, a dor e a agonia da Terra. O fundamental é transformar a forma de sentir, pois há que fazer que, na profundidade do coração, pulse dor e sofrimento. Porque lutar pela defesa da vida, da natureza e do cosmos, é, sobretudo, um ato supremo de amor (Guerrero, 2018).

2.3.3 Descolonialidade

Em 2004, Walsh propôs este termo numa reunião da Associação de Filosofia Caribenha em Barbados:

> "[...] propuse la 'de-colonialidad' como término y concepto propositivo para así resaltar las luchas y acciones pasadas y presentes en América Latina que desafían la colonialidad y crean condiciones de ser, saber, existir y vivir radicalmente distintas. Claro es que eliminar la 's'- proponiendo la 'de' – y no la 'des'-colonialidad- rompió la regla lingüística del castellano. Sirvió como estrategia –o juego tal vez- semántico-lingüístico, una llamada a la atención que buscaba desafiar la noción que podemos simplemente deshacernos de la colonialidad. Era de apuntar la creatividad insurgente y la tensión continua que implican vivir a pesar de, enfrentando y desafiando los patrones de poder colonial. Aunque este uso mío – inicialmente con y más recientemente sin el guión – ha sido adoptado por algunos a lo largo de América del Sur, nunca tuvo el afán de imposición. Lo entiendo y lo pro-

> pongo, más bien, como opción y provocación, siendo lo importante no su deletrear sino su significado enraizado en las luchas sociopolíticas, ontológicas, epistémicas, éticas, estéticas y de la vida misma- que tanto en el pasado como en el presente – han desafiado el poder colonial [...] (Walsh, 2012).

A descolonialidade[32], em si, é definida por horizontes de possibilidade, criatividade e construção, assim como por outros modos de poder, ser, saber, viver. Trata-se de um projeto, processo e aposta insurgente e propositiva, sempre em movimento, caminho e edificação. É nesse sentido que se entrelaça com o projeto da interculturalidade. A interculturalidade sem a descolonialidade não tem o mesmo sentido crítico e transformador[33]. Ambas se esforçam por viabilizar, questionar os desígnios do poder e dominação, ao mesmo tempo que incitam, apelam horizontes, propósitos e estratégias de intervenção. Em síntese, devem ser considerados como verbos: interculturalizar e descolonizar, colocando não apenas o sentido na ação, mas também o dever, compromisso e responsabilidade humana de agir (Walsh, 2012).

Diferença, colonialidade e poder

Tanto para os povos indígenas como para os povos negros, a colonialidade do poder desencadeou a construção cultural de raça e a produção e organização da exclusão, do racismo, de gênero e de subjetividades distintas. Ao formular um sistema de classificação e identificação social respaldado na proposta da superioridade branca, o despojamento e a repressão das identidades originárias, e a configuração de novas identidades sob a marca do negativo, o índio e o negro, para servir aos interesses econômicos ligados ao controle da força laboral, ao poder colonial, construiu e sublinhou as fronteiras identitárias e impulsionou os processos de subordinação, subalternização e exclusão.

As diferenças culturais não são naturais e nem partem da etnicidade em si. São fenómenos construídos e reproduzidos como parte de uma subjetividade e lugares de enunciação definidos pela experiência de colonização e subalternização social, política e cultural, tanto do passado quanto do presente. Essa diferença colonial rara vez assume o lugar central nas discussões e debates públicos sobre a interculturalidade. Discussões e debates que mais acentuam a diversidade cultural, a relação e o conflito étnico como algo que pode ser superado com melhores processos e práticas de comunicação. O problema está em que tais propostas entendem a interculturalidade como um assunto de vontade pessoal, não como um problema enraizado nas relações de poder. Esse é o foco ou núcleo de luta dos sentidos (Walsh, 2012).

> Para el movimiento indígena, la interculturalidad ha sido un término clave para interpretar la diferencia colonial y transformarla, tanto en los campos social y político como, más recientemente, en el campo académico [...]. Lo que está en juego es el cuestionamiento radical de las bases estructurales de la supuesta democracia, la ruptura irreversible con las concepciones monoculturales, y excluyentes, y en el sembrío estratégico de perspectivas, desde lo indígena, que interpelan y articulan otros sectores de la sociedad (Walsh, 2012).

Esse discurso se encontra com a visão indígena de poder, que tem como elementos substanciais o *yachai*, a sabedoria; o *ricisna*, o conhecimento; o *ushai*, saber executar; o *pactana*, saber alcançar; o *muskui*, a visão de futuro. O poder apreendido sobre esses códigos se converte num conceito em permanente construção, cuja relação dialética com a vida social supõe o equilíbrio, a harmonia, ou seja, a convivência. Essa visão abarca projeto político-epistêmico da interculturalidade, da construção de uma democracia de cosmovisões diversas.

Interculturalidade crítica

> No son solo las relaciones de poder que se desdibujan en esta construcción discursiva y cognitiva de lo que podemos denominar el multipluriculturalismo oficial, sino también la manera como las categorías etnoracializadas han servido (y siguen sirviendo) para construir y perpetuar el peso de la colonialidad y reestructurar el colonialismo, y para lograr los intereses del capitalismo global. De esta manera, la memoria se borra y es reemplazada, de ahora en adelante, por la nueva diversidad en la cual los grupos étnicos coexisten pacíficamente, hasta con supuesta 'voz' [...] (Walsh, 2012).

O capitalismo global atual opera uma lógica multicultural que incorpora as diferenças enquanto as neutraliza e esvazia de significado efetivo. Nesse caminho, o reconhecimento e o respeito à diversidade cultural se transformam num componente central do capitalismo global, como também Quijano chamaria de 'sua outra face'. É o novo modelo de dominação cultural pós-moderna **que ofusca e mantém, ao mesmo tempo, a diferença colonial,** através da retórica discursiva do multiculturalismo e sua ferramenta conceitual da interculturalidade entendida de maneira integracionista. Esse tipo de interculturalidade não aponta para a criação de sociedades mais igualitárias. Pelo contrário, o controle do conflito social e a conservação da estabilidade social têm a finalidade de impulsionar imperativos econômicos do modelo de acumulação capitalista (Walsh, 2012).

> Una posición distinta, que denominamos 'crítica' y desde la cual partimos aquí, enfoca los procesos que se inician desde abajo hacia arriba, desde la acción local, que buscan producir transformaciones sociales y para cuyos logros se requiere ir en múltiples direcciones. Es decir, pro-

> cesos de interculturalización de vía múltiples. Además, argumenta que las diferencias, en la práctica concreta, no parten de la etnicidad en sí, sino de una subjetividad y un locus de enunciación definidos por y construidos en la experiencia de subalternización social, política y cultural de grupos, pero también de conocimientos. El significado de la interculturalidad construido a partir de esta posición necesariamente implica procesos de desubalternización, descolonización y de-colonialidad. Procesos que, en la práctica, están dirigidos a fortalecer lo propio como respuesta y estrategia frente a la violencia simbólica y estructural, a ampliar el espacio de lucha y de relación con los demás sectores en condiciones de simetría y a impulsar cambios estructurales o sistémicos (Walsh, 2018).

Descolonizar é abrir portas para um novo pensamento. Essas palavras partem de um lugar de enunciação epistêmico e geopolítico, onde a descolonização não é apenas um assunto intelectual e político, mais importante ainda, existencial, a colonialidade do ser.

Quando tomado no conjunto a colonialidade do poder e seu uso de raça e a perspectiva eurocêntrica da colonialidade do saber, a colonialidade *do ser* serve como força última pelo fato de que negou aos descendentes seu status de gente, uma negação que projeta problemas reais em torno da liberdade e da libertação. Assim sendo, as lutas afrodescendentes contra a colonialidade (do poder, saber e ser) são duplas.

> A la diferencia de los indígenas, son luchas que tienen más que ver con asuntos enraizados en la existencia misma que con la transformación política y social (aunque eso también se mantiene como meta). Mientras que para el movimiento indígena la interculturalidad es un principio ideológico que debe guiar la transformación de estruc-

turas e instituciones estatales y sociales (una forma de descolonización de lo de afuera), para los pueblos negros el proceso es más bien desde adentro: la afirmación, el fortalecimiento y la descolonización 'casa adentro' como necesario y anterior a lo de afuera (Walsh, 2018).

Interculturalidade: caminho para descolonizar

> En esencia, la interculturalidad es el proceso y proyecto 'otro', de existencia que cuestiona y desafía la colonialidad del poder mientras, al mismo tiempo, hace visible el problema de la diferencia colonial. Al añadir una dimensión 'otra', epistemológica y de existencia a estos conceptos – una dimensión concebida en relación con y a través de verdaderas experiencias de subalternización promulgadas por la colonialidad – la interculturalidad ofrece un camino para pensar desde la diferencia hacia la descolonización, la decolonialidad y la construcción y constitución de una sociedad radicalmente distinta. **El hecho de que este pensamiento no solo trasciendа** la diferencia colonial sin que a visibilice y rearticule en nuevas políticas de la subjetividad y una lógica diferente, es crítico por el desafío que presenta a la colonialidad del poder y al sistema mundo moderno/colonial (Walsh, 2012).

Nesse processo, a interculturalidade é a ferramenta conceitual que organiza a rearticulação da diferença colonial e as políticas da subjetividade do movimento e seu pensamento e ações em relação ao problema da colonialidade do poder. Da mesma forma, é a subalternização propagada pela diferença colonial e a colonialidade do poder que é a responsável por criar as condições para o projeto de interculturalidade, tanto para os povos indígenas quanto para os povos afrodescendentes.

Os conceitos de interculturalidade, diferença colonial e colonialidade do poder, esbarram-se, inevitavelmente, relacionados entre si. De outro lado, não é a relação que importa, mas como na prática esses conceitos facilitam uma forma de 'posicionamento crítico fronteiriço', que é epistêmico, político e ético, orientado à afirmação da diferença e à transformação das matrizes coloniais do poder. Ou seja, um posicionamento em termos tanto de pensamento quanto das práxis, que vai além das categorias instituídas pelo pensamento eurocêntrico, que partem do outro e que se localiza escorada nas confrontações entre distintas concepções da sociedade, propondo reais alternativas. Esta noção de pensamento fronteiriço radica, no pensamento de Mignolo[34], uma forma de pensar de outro modo, mover-se através de outra lógica. Em suma, de mudar os termos não apenas do conteúdo da conversação. É a relação entre conhecimentos subalternizados e o conhecimento universalizado pelo mundo ocidental, ou seja, o pensamento fronteiriço é uma prática que procura mediar entre o conhecimento e o pensamento construídos dentro de histórias modernas coloniais e conhecimentos locais ligados à diferença colonial (Walsh, 2012).

> El pensamiento fronterizo no deja a un lado, sino, entabla el pensamiento dominante, poniéndolo en cuestión, contaminándolo con otras historias y otros modos de pensar. Su proyecto, entonces, es 'abrir', epistémicamente, el pensamiento eurocéntrico, un proyecto un tanto diferente al propuesto por el pensamiento 'otro'; es una práctica que lleva el pensamiento 'otro', a una dimensión diferente en la ruta hacia la interculturalización del conocimiento, una ruta que ya no es 'casa adentro' sino 'casa afuera' (Walsh, 2012).

Mas enquanto o pensamento fronteiriço alude a um encontro entre modos subalternizados e dominantes de pensar, as condições de onde cada um vem para a conversação não são as mesmas. Existe uma verticalidade de relação e de uma só via. Nessas práticas e conceitualização, o mundo indígena ou afrodescendente, por exemplo, trabalha desde as fronteiras ou interstícios das lógicas do pensamento, que tolera romper com a hegemonia do eurocentrismo como única perspectiva epistemológica.

O que rara vez acontece é uma direção reversa: brancos ou brancos-mestiços abrindo os modos dominantes do conhecimento ao pensamento indígena ou afrodescendente. Outro obstáculo que não convém esquecer: o problema da fronteira em si. Geralmente, não se está falando de fronteiras múltiplas, mas de uma só fronteira ocidental pré-determinada. Por essas razões, o pensamento fronteiriço, em si, não transforma o conhecimento ou as relações sociais, não obstante, permite imaginar alternativas ao universalismo e à totalidade.

> En este sentido, el posicionamiento crítico fronterizo lleva al pensamiento fronterizo a otro nivel, poniendo en debate cuestiones, por ejemplo, sobre la construcción de fronteras (incluyendo la multiplicidad de las fronteras mismas), la direccionalidad y conflictividad de relaciones y las condiciones en las cuales diferentes actores y conocimientos llegan a la conversación. Apunta a la capacidad de negociar, transgredir y afectar desde lo propio, es decir desde el 'lugar' de los pueblos afros o indígenas, por ejemplo, y desde los términos que ellos mismos ponen para la conversación (Walsh, 2012).

O uso da palavra 'crítico' é chave, porque faz posicionar todos os conhecimentos como construções sociais. Também é chave porque direciona para as lutas entre os conhecimentos, lutas para o controle do significado, lutas que não ocorrem só em nível teórico, mas nos contextos vividos dos sujeitos, cuja agência é necessariamente enraizada numa rede complexa de relações do poder. Portanto, falar de transformação nas esferas sociais, políticas, epistêmicas e existenciais, supõe colocar dedicação não apenas ao pensamento outro, fronteiriço, mas também às novas condições sociais de poder, conhecimento e existência.

Ambas as concepções têm suas bases numa interculturalização crítica das estruturas, instituições, relações e de formas do saber, a um novo poder, projeto e condição que não simplesmente combina, relaciona ou inclui, mas que é capaz de repensar e reconstruir essas estruturas, instituições e relações desde a diferença em todas suas múltiplas posições, conflitos e manifestações. O que a interculturalidade propõe a partir de uma perspectiva epistêmica e crítica é um repensamento e reconstrução que se conhece por "teoria crítica".

Compreensão de interculturalidade

Desde os anos noventa, existe na América Latina uma nova atenção à diversidade étnico-cultural. Uma atenção que parte de reconhecimentos e uma necessidade cada vez maior, de promover relações positivas entre distintos grupos culturais. Mas, por ser um termo de moda, usado numa variedade de contextos e com interesses sociopolíticos, às vezes opostos, a compreensão de seu conceito, na maioria dos casos, fica ampla e difusa. Pode-se explicar o uso e sentido contemporâneo e conjuntural da interculturalidade desde três perspectivas: relacional, funcional e crítica (Walsh, 2012).

A *perspectiva relacional* faz referência de forma mais básica e geral ao contato e ao intercâmbio entre culturas, entre pessoas, práticas, saberes, valores e tradições culturais distintas, o que poderia acontecer em condições de igualdade ou desigualdade. Dessa maneira, assente-se que a interculturalidade sempre existiu na América Latina porque sempre existiu o contato entre os povos indígenas e afrodescendentes, e a sociedade branca-mestiça, o que deixa em evidência a mestiçagem, os sincretismos, que formam parte da história e natureza latino-americana e caribenha.

> No obstante, el problema con esta perspectiva es que típicamente oculta o minimiza la conflictividad y los contextos de poder, dominación y colonialidad continuos donde se lleva a cabo la relación. Igualmente, limita la interculturalidad al contacto y la relación – muchas veces a nivel individual – encubriendo o dejando por un lado las estructuras de la sociedad sociales, políticas, económicas, y también epistémicas que posicionan la diferencia cultural en términos de superioridad o inferioridad [...] (Walsh, 2012).

A segunda perspectiva de interculturalidade é a *funcional*. Aqui, a perspectiva da interculturalidade se fixa no reconhecimento da diversidade e diferença cultural com metas à inclusão da mesma ao interior da estrutura social estabelecida. Esta busca promover o diálogo, a convivência e a tolerância. Nesse sentido, a interculturalidade é funcional ao sistema existente. Não entra na situação das assimetrias e desigualdade social e cultural, muito **menos questiona as regras do jogo e, por isso, é perfeitamente** compatível com a lógica do modelo neoliberal. Essa forma parte, do que vários autores referiram como nova lógica multicultural do capitalismo global, uma lógica que discerne a diferença, fortalecendo sua produção e administração dentro da ordem nacional, neutralizando e esvaziando de sentido, tornando-a funcional ao poder colonial.

> En este sentido, el reconocimiento y respeto a la diversidad cultural se convierten en una nueva estrategia de dominación, la que apunta no a la creación de sociedades más equitativas e igualitarias, sino al control del conflicto étnico y la conservación de la estabilidad social con el fin de impulsar los imperativos económicos del modelo

> (neoliberalizado) de acumulación capitalista, ahora haciendo 'incluir' los grupos históricamente excluidos en su interior. Sin duda [...] la ola de reformas educativas y constitucionales de los 90 – las que reconocen el carácter multiétnico y plurilinguíistico de los países e introducen políticas específicas para los indígenas y afrodescendientes -, son parte de esta lógica multiculturalista y funcional (Walsh, 2012).

A terceira perspectiva, e que se reconhece nesta investigação, é a *interculturalidade crítica*. Com ela, não se parte do problema da diversidade ou diferença em si, mas do problema estrutural colonial e racial. Quer dizer, de um reconhecimento que a diferença se constrói dentro de uma estrutura e matriz colonial de poder racializado e hierarquizado, com brancos no topo e os povos indígenas e negros numa situação inferior. Essa perspectiva da interculturalidade se entende como uma ferramenta e como processo de um projeto que se constrói a partir das pessoas e como demanda da subalternidade. O contraste é a funcional que requer transformação das estruturas, instituições e relações sociais, e a construção de condições de estar, ser, pensar, conhecer, aprender, sentir e viver distintas.

> La interculturalidad entendida críticamente aún no existe, es algo por construir. Por eso, se entiende como una estrategia, acción y proceso permanente de relación y negociación entre, en condiciones de respeto, legitimidad, simetría, equidad e igualdad. Pero aún más importante es su entendimiento, construcción y posicionamiento como proyetco político, social, ético y epistémico – de saberes y conocimientos – que afirma en la necesidad de cambiar no solo las relaciones, sino también las estructuras, condiciones y dispositivos de poder que mantienen la desigualdad, inferiorización, racialización, discriminación (Walsh, 2012).

O enfoque e a prática que se desprende da interculturalidade crítica não é funcional ao modelo social vigente, mas o questiona. Enquanto a *interculturalidade funcional* assume a diversidade cultural como eixo central, apontando para o reconhecimento e inclusão dentro da sociedade, deixando de lado os dispositivos e padrões do poder institucional-estrutural, que sustentam a desigualdade, a *interculturalidade crítica* parte do problema do poder, seu padrão de racialização e a diferença que foi construída em favor disto. O interculturalismo funcional responde aos interesses e às necessidades das instituições sociais. A *interculturalidade crítica*, porém, é uma construção das pessoas que sofreram um histórico submetimento e subalternização.

Desse modo, seu projeto não é simplesmente reconhecer, tolerar ou incorporar o diferente dentro da matriz e estruturas estabelecidas. Pelo contrário, é impulsionar, desde a diferença nas estruturas coloniais do poder como desafio, proposta, processo e projeto. É retomar os conceitos e refundar as estruturas sociais, epistêmicas e da existência, que colocam em cena e em relação equitativa, lógicas, práticas e modos culturais diversos de pensar, agir e viver (Walsh, 2018).

Passar da inculturação à interculturalidade no campo teológico

É prudente iniciar este diálogo com a articulação de um gesto autocrítico diante da história da tradição religiosa. Trata-se simplesmente de começar a crítica à tradição que causou estragos. Essa é condição para o diálogo.

> Pues me parece que hay que reconocer y confesar abiertamente que el cristianismo, al menos en su configuración dominante como religión oficial del mundo occidental, aprovecha por su parte su instrumentalización como instancia legitimadora de empresas imperiales para autofirmarse no sólo como religión militante, misioneramente

> militante, sino también como tradición religiosa superior o, dicho como mayor exactitud, como religión con consciencia teológica de que su propia tradición la instala en la verdad, la hace portavoz de la verdad y camino cierto para llegar a la verdad que salva (Fornet-Betancourt, 2007).

O cristianismo ocidentalizado e ideologizado da cristandade é no fundo o anseio de se impor e de imperar sobre outras religiões, e assim, sua expansão missionária equivale à negação da pluralidade. No horizonte teológico e político desse cristianismo não cabem as religiões, não se aprecia o fato religioso como realidade plural, que se expressa e encarna nas religiões. Existe uma só religião.

Por outro lado, desde as origens mais remotas, o cristianismo foi e segue sendo fonte de práticas religiosas libertadores e que a abertura proporcionada pelo Concílio Ecumênico Vaticano II marcou uma particular importância, especialmente no que tange ao fomento de atitude e capacidade de diálogo no seio da tradição cristã. Ou seja, levando-se em conta essas alternativas renovadoras, pode-se pensar em uma história passada, superada há muitas gerações, e valorizada de maneira unilateral.

Em vista disso, pode-se partir da convicção de que ontem como hoje, os cristãos devem começar pedindo licença e compreensão dos outros, que foram humilhados com 'nossa' arrogância ocidental moderna e que tanto fere com os métodos de militância para tomar a palavra, articular a mensagem e compartilhar com eles, através de um diálogo aberto e sem assimetrias.

> Hago observar, finalmente, que este 'permiso' se presenta, desde mi perspectiva, al mismo tempo, y de manera constitutivamente fundamental, como um 'compromiso'. El 'permiso' es, en efecto, 'compromiso' porque el 'permiso', o mejor, su solicitud y/o aceptación nos compromete a dialogar realmente. Lo que supone todo lo que ya sabemos que es, de hecho y de derecho, necesario para un diálogo

> verdadero, a saber, abrirse al otro, escuchar su palabra sin reservas ni prejuicios, amar su diferencia, aun cuando no alcancemos a entenderla plenamente, y aventurarse con él a un proceso de acompañamiento y de aprendizaje recíproco (Fornet-Betancourt, 2007).

Essa tarefa supõe empenhar-se na tarefa de reler e reconstruir a própria tradição, neste caso a tradição cristã, desde seu núcleo e história de libertação. A licença para dialogar com os outros é, desse modo, essencialmente compromisso de trabalhar na libertação da tradição religiosa do doutrinarismo assim como do aparato do poder. A licença é o compromisso de falar do cristianismo desde sua memória e religação peregrina de libertação e compartilhando essa memória, redimensionando com os outros a peregrinação libertadora.

É o termo teológico cristão e será abordado de forma crítica e autocrítica, embora pareça um pouco estranho diante de grupos realmente empenhados no diálogo.

> [...] en el término inculturación se resume todo un programa de renovación teológica, pastoral, litúrgica, catequética, etc. que reorienta la presencia del cristianismo en el mundo y resignifica su tradicional sentido 'misionero' al exigirle entrar en diálogo con la diversidad cultural de la humanidad (Fornet-Betancourt, 2007).

Deve-se fazer justiça, reconhecendo o avanço que significou o programa de inculturação da fé cristã. Com esse paradigma como fio condutor para universalizar a fé, supera-se aquela visão míope de que *fora da Igreja não há salvação,* iniciando uma nova forma de entender a relação entre o Evangelho e as culturas, assim como também entre o cristianismo e as outras religiões da humanidade.

Com base nessa análise, acredita-se que o paradigma precise ser substituído por outro, se é que a religião cristã quer levar a sério o diálogo com a diversidade cultural e religiosa da humanidade. Se quer de fato levar esse modelo em favor do mistério de graça que se anuncia na pluralidade das religiões, respeito amoroso e experiência de gostar da diversidade.

Algumas razões questionam o paradigma de inculturação do cristianismo, para que ele esteja à altura das exigências teóricas e práticas do diálogo intercultural e inter-religioso que reclama a pluralidade de culturas e religiões.

> Puesto que la inculturación y el programa teológico-pastoral al que este concepto da su nombre, se suelen definir como el esfuerzo de la iglesia (católica) por encarnar el Mensaje evangélico cristiano en todas las culturas de la humanidad, y hacerlo de tal forma que por dicha inculturación la fe cristiana logre expresar toda la riqueza revelada en Cristo, aprovechando todo lo bueno de las culturas, al mismo tiempo que se da como un proceso de evangelización de las culturas, por medio del cual éstas mejoran y enriquecen a su vez la experiencia cristiana [...] (Fornet-Betancourt, 2007).

Merecem atenção as seguintes críticas levantadas a respeito do paradigma da inculturação no campo teológico (Fornet-Betancourt, 2007):

1. Seu programa é reflexo de uma lógica agressiva da tradicional militância missionária ocidental e que se apresenta, em consequência como um projeto de intervenção nas culturas em que elas são mais objeto de transformação do que sujeitos em igualdade de condições e direitos de interação. Este primeiro argumento salienta a falta de respeito à diferença dos outros, falta de continência e deficiência de reciprocidade;
2. A segunda razão se complementa com a anterior e seu argumento essencial pode ser formulado com a objeção da instrumentalização à pluralidade cultural. É verdade que a inculturação supõe abertura ao outro em toda sua

diversidade cultural e busca, em seus modelos mais avançados ou radicais, superar o horizonte da mera adaptação da fé cristã às culturas para propiciar seu crescimento plural, desde a diversidade delas e, especialmente, desde as práticas cotidianas em que se expressa em concreto o pluralismo cultural;

3. O terceiro argumento é de natureza mais teológica, teoria teológica sobre a fé cristã subjacente no paradigma da inculturação. Pelo fato de se propor como resposta ao desafio de encarnar a fé cristã na pluralidade das culturas, parece ter que supor uma visão metacultural ou transcultural da mensagem cristã. Supor a transculturalidade significa aceitar que existe um núcleo duro que deve certamente alterar as culturas, mas que essas não podem modificar, se não transmitir com fidelidade em formas próprias;
4. Ligado ao argumento anterior, uma visão transcultural tem a tendência à absolutização do próprio e à relativização das outras tradições. Assim, faria valer contra a inculturação que sua visão não a leva a relativizar sua própria tradição, no sentido de relacioná-la às outras em plano de igualdade e a de revê-la desde esse tecido de relações. Pelo contrário, tem a tendência a fazer da tradição cristã a norma formativa das relações com as culturas e suas religiões;
5. Outro argumento é o silenciamento do peso da história de dogmatização da fé cristã. Há uma sobrecarga dogmática e ligada a ela. Pode-se argumentar que o conceito de inculturação, mesmo em autores que procuram distanciar-se da linha dominante transcultural, que aceita a contextualidade e a historicidade da mensagem cristã, deixam entrever "momentos de universalidade intocáveis", o que se explica pela supervivência de redutos eurocêntricos. Ou seja, o peso da formação eurocêntrica do cristianismo faz confundir ainda períodos específicos dessa configuração contextual da fé cristã com a possível universalidade dela.

> Por ello nos parece que una inculturación que no rompa decidida y radicalmente, esto es, con todas sus consecuencias y en todos los niveles, con el eurocentrismo seguirá reduciendo la capacidad de diálogo y de comunión universal del cristianismo (Fornet-Betancourt, 2007).

O reconhecimento desse fato significa, porém, tomar consciência de que o pluralismo das culturas e das religiões, que é uma marca de 'nossa' época, impelem a ir mais longe ainda. Por sua parte, procura não apenas superar a sequela eurocêntrica de uma inculturação que preenche o centro das culturas com uma mensagem evangélica monocultural, mas tenta libertar o cristianismo da tendência na busca de um cristianismo culturalmente policêntrico.

A proposta é passar da inculturação à interculturalidade, porque se tem na interculturalidade o imperativo desse tempo, um imperativo que também o cristianismo deve assumir, se quiser se colocar à altura das exigências contextuais e universais que planteia a convivência humana em e com a pluralidade das culturas e das religiões.

> Con lo cual decimos también, evidentemente, que proponemos el paso de la inculturación a la interculturalidad porque vemos en la segunda la alternativa que debe tomar hoy el cristianismo frente a la primera para superar un paradigma que todavía lo ata a pretensiones, actitudes y hábitos, teóricos y prácticos, propios de la configuración occidental dominante que históricamente se ha apoderado de sus posibilidades de realización. Para una fe cristiana vivida en diálogo y en convivencia con los otros, no basta un cristianismo inculturado. Pues, a pesar de todos los avances que se han logrado con la inculturación, ésta, me parece, tanto por el ambivalente concepto de tradición cristiana con que trabaja como por su programa de interferir en el orden religioso y cultural del otro, se presenta

> tributaria de la tradicional 'misión' y de la consiguiente 'colonización' del otro (Fornet-Betancourt, 2007).

A interculturalidade, em contrapartida, constrói uma alternativa com força para quebrar definitivamente o paradigma eurocêntrico em que poderá se mover o paradigma da inculturação. Alguns argumentos favoráveis dessa condição intercultural que objetiva transformar o cristianismo são passíveis de apreciação. São elementos que fomentam práxis intercultural da fé cristã. Descreve-se, mais uma vez, o que se entende por interculturalidade e num segundo momento as consequências para uma transformação intercultural do cristianismo:

> La interculturalidad, en tanto que proceso contextual-universal de capacitación para una cultura de culturas (y religiones) en relaciones y transformaciones abiertas, no es *misión* sino *dimisión*. Quiero decir que es una actitud vivencial que no proyecta como *misión* de *transmisión* al otro de lo propio sino como permanente *dimisión* de los derechos culturales que tenemos como propios, para que por esta *contracción* del volumen de lo que somos puedan emerger en nosotros mismos contextos de acogida, espacios libres no ocupado, en los que el encuentro con el otro es ya, de entrada, experiencia de convivencia en su sentido fuerte. En consecuencia la práctica de la interculturalidad se concretiza primero como una paciente acción de *renuncia* (Fornet-Betancourt, 2007).

Diante desse contexto, renunciar é uma atitude fundamental que caracteriza o processo. Dessa maneira, descobrem-se inspirações para a transformação do cristianismo, uma transformação que mudaria a forma de inculturar e interculturalizar. Em consequência, há algumas considerações a fazer: renuncia a sacralizar as origens das tradições culturais e religiosas e a transformar essas tradições, chamadas de próprias ou autóctones, num itinerário estabelecido:

> La renuncia a la sacralización del origen de la propia tradición implicaría, en su vertiente positiva, para quien confiesa la tradición cristiana, el compromiso de dialogar con la historia de su tradición de fe y 'enterarse' de la relacionalidad de la misma. Esto es, 'enterarse' de que el origen mismo no es absoluto sino relacionado y que, como tal, es parte de una cadena de sucesos que siguen hasta hoy (Fornet-Betancourt, 2007).

Sendo assim, renuncia a sincretizar as diferenças sobre a base de um suposto fundo comum estável e, por isso, também rejeita a teologia da unidade:

> La renuncia al sincretismo como mezcla relativista y desazonadora llevaría a una práctica y elaboración teológica de la fe cristiana, sin militar doctrinariamente la identidad de su memoria, la confiesan en diálogo y con voluntad de transformación por la convivencia; es decir que la *re-me-moran* como memoria en movimiento, peregrina, que crece, gracias a la convivencia y la participación en la pluralidad, en universalidad, pero también justamente en su insustituible contextualidad. En la convivencia pluralista e intercultural las tradiciones se transforman, pero sin disolverse en una síntesis carente de perfiles contextuales. Un cristianismo intercultural, por ser más universal, es al mismo tiempo más memoria de su memoria (Fornet-Betancourt, 2007).

Frente a este novo horizonte esboçado se faz compreensível que a perspectiva da interculturalidade habilita o cristianismo para a pluralidade das culturas e das religiões, que o habilita para o exercício plural de sua própria memória e para renascer, desde a "renúncia" a todo centro de controle, com a força dos lugares todos da pluralidade. Assim, um cristianismo em processo de transformação intercultural seria religião construtora do Reino e fator de paz no mundo (Fornet-Betancourt, 2007).

Notas

1 A colonialidade é um conceito que foi introduzido pelo sociólogo Anibal Quijano, no final dos anos 1980 e início dos anos 1990. Mignolo se valeu desse conceito para categorizá-lo como o lado mais escuro da modernidade. O termo colonialidade já fora usado durante a Guerra Fria junto ao termo descolonização: "A colonialidade nomeia a lógica subjacente da fundação e do desdobramento da civilização ocidental desde o Renascimento até hoje, da qual colonialismos históricos têm sido uma dimensão constituinte, embora minimizada. O conceito como empregado aqui, e pelo coletivo modernidade/colonialidade não pretende ser um conceito totalitário, mas um conceito que especifica um projeto particular: o da ideia da modernidade e do seu lado constitutivo e mais escuro, a colonialidade, que surgiu com a história das invasões europeias de Abya Yala, Tawantinsuyu e Anahuac, como formação das Américas e do Caribe e o tráfico maciço de africanos escravizados. A 'colonialidade' já é um conceito 'descolonial', e projetos descoloniais podem ser traçados do século XVI ao século XVIII. E, por último, 'a colonialidade' (por exemplo, el patrón colonial de poder, a matriz colonial de poder – MCP) é assumidamente a resposta específica à globalização e ao pensamento linear global, que surgiu dentro das histórias e sensibilidades da América do Sul e do Caribe. É um projeto que não pretende se tornar único. Assim, é uma opção particular entre as que aqui chamo de opções descoloniais" (Mignolo, W. *A colonialidade de cabo a rabo*, p. 2). A tese básica é esta: a modernidade é uma narrativa complexa, cujo ponto de partida foi a Europa, uma narrativa que deu origem à civilização ocidental ao celebrar as suas conquistas, enquanto esconde o seu lado mais escuro, a colonialidade. Ou seja, a colonialidade é constitutiva da modernidade, sem esta não há colonialidade. Consequentemente, o pensamento e a obra descolonial despontaram a partir do século XVI, como resposta às inclinações opressivas e imperiais dos ideais europeus modernos projetados para o mundo não europeu.

2 "[...]. Escrever era um exercício que, no século XIX, respondia à necessidade de ordenar e instaurar a lógica da civilização e que antecipava o sonho modernizador das elites criollas. A palavra escrita constrói leis e identidades nacionais, planeja programas modernizadores, organiza a compreensão do mundo em termos de inclusões e exclusões. Por isso, o projeto fundacional da nação se leva a cabo

mediante a implementação de instituições legitimadas pela letra (escolas, hospitais, oficinas, prisões) e de discursos hegemônicos (mapas, gramáticas, constituições, manuais, tratados de higiene) que regulamentam a conduta dos atores sociais [...]" (Castro-Gómez, S. *Ciências sociais, violência epistêmica e o problema da invenção do outro*, p. 81).

3 A modernidade eurocêntrica também criou uma tradição crítica que desde o começo questionou tanto os problemas quanto as soluções propostas pela política burguesa e liberal, e o marxismo é o exemplo mais destacado desta tradição. O problema é que o marxismo compartilha muito com a modernidade eurocêntrica burguesa. Além do mais, comungou não só dos fundamentos filosóficos e epistemológicos da modernidade eurocêntrica burguesa, mas também de algumas de suas soluções propostas, como a crença de um progresso lineal ou o uso ilimitado dos recursos naturais como parte do desenvolvimento infinito das forças da produção, ou inclusive a ideia de que o colonialismo poderia ser parte da narrativa progressiva do norte global, mesmo que com algumas reservas (Cf. de Sousa Santos, B. *Introducción a las epistemologías del Sur*, p. 27).

4 Para o autor, há uma necessidade de criar distância da tradição eurocêntrica, e de maneira urgente. Essa urgência, porém, não está determinada por uma consciência intelectual ou política repentina. Sua formulação é um processo histórico que deriva das formas em que a modernidade ocidental, em suas versões marxistas e burguesas, chegou a ser incorporada nos processos políticos de todo o mundo nos últimos 200 anos. Na medida que o capitalismo global e suas formas de opressão e dominação se expandiram, cada vez mais, panoramas diversos de povos, culturas, repertórios da memória e das aspirações, universos simbólicos, formas de vida e estilos de vida, concepções de tempo e espaço, e assim por diante, foram incluídos dialeticamente na conversação da humanidade, através de seu sofrimento e a exclusão. Sua resistência, muitas vezes, por meio de redes insurgentes, subalternas e clandestinas soube enfrentar a supressão pública implementada por diversas formas capitalistas e colonialistas de violência física, simbólica, epistemológica e, inclusive, ontológica. O resultado foi uma inclusão excludente. Essa é a característica do tempo, segundo o autor, de uma condição que ainda não foi plenamente reconhecida, teorizada ou tomada em conta (Cf. de Sousa Santos, B. *Introducción a las epistemologías del Sur*, p. 28).

5 De forma breve, Quijano, apresenta um esquema com algumas proposições. Primeiro, o atual padrão de poder mundial é o primeiro efetivamente global da

história conhecida. É o primeiro em que cada um dos âmbitos da existência social está articulado a todas as formas historicamente conhecidas de controle das relações sociais correspondentes. Em cada uma dessas estruturas, de cada âmbito de existência social, está sob a hegemonia de uma instituição produzida dentro do processo de formação e desenvolvimento desse mesmo padrão de poder. E em cada uma dessas instituicões existem relações de interdependência com cada uma das outras e por esse resultado o padrão do poder está configurado como sistema e cobre a totalidade da população do planeta. Segundo, a humanidade atual em seu conjunto constitui o primeiro sistema-mundo global. Terceiro, de outra forma, o que está contido no termo "modernidade", atualmente, envolve o conjunto da população mundial e toda sua história dos últimos 500 anos, e todos os mundos articulados no padrão global de poder, e cada um dos seus segmentos diferenciados ou diferenciáveis, pois se constitui junto com, como parte da redefinição ou reconstituição histórica de cada um deles por sua incorporação ao novo e comum padrão de poder mundial, ou seja, como articulação de muitas racionalidades. Quarto, uma pergunta que merece atenção é o que realmente há de novo com relação à modernidade? Nesse sentido, Dussel propôs a categoria de transmodernidade como alternativa para a pretensão eurocêntrica de que a Europa é a produtora original da modernidade. Com essa proposta, a constituição do ego individual diferenciado é a novidade que acontece com a América e é a marca da modernidade, mas tem lugar na Europa e em todo o mundo que se configura a partir da América. Dussel acerta na refutação do mito do eurocentrismo. Mas não há como afirmar que apenas o ego individual seja um fenômeno exclusivamente pertencente ao período que se inicia em América. Evidentemente, existe uma relação umbilical entre os processos históricos que se geram a partir da América e as mudanças da subjetividade de todos os povos, que vão integrando o novo padrão de poder mundial. Essas transformações levam à constituição de uma nova subjetividade, não só individual, mas coletiva, de uma nova intersubjetividade. Esse, sim, é um fenômeno novo que ingressa na história com a América e que faz parte da modernidade. Quinto, com a América inicia-se, assim, todo um universo de novas relações materiais e intersubjetivas. É bom admitir que o conceito de modernidade não se refere apenas ao que ocorre com a subjetividade, mas por uma série de fatores como são as relações intersubjetivas entre os indivíduos e entre os povos integrados ou que se integram no novo sistema-mundo e seu específico padrão de poder mundial. O conceito de modernidade dá conta, do mesmo modo, das alterações na dimensão material das relações sociais. Quer dizer, as mudanças ocorrem em todos os âmbitos da existência social dos povos, e, portanto, de seus membros individuais, tanto na dimensão material como na dimensão subjetiva dessas relações. E como se trata de processos que se iniciam com a constituição da América, de um novo padrão de poder mundial e da integração dos povos de todo o mundo nesse processo, de todo um complexo sistema-mundo, é também imprescindível admitir que se trata de um período histórico inteiro. Em outras palavras, a partir da América um novo espaço/tempo se constitui, material e subjetivamente: essa é a mentira do conceito de modernidade. Sexto, por outro lado, foi decisivo para o processo de modernidade que o centro hegemônico desse mundo estivesse localizado na zona centro-norte da Europa Ocidental. Assim, entende-se o porquê de o centro de elaboração intelectual desse processo se localizar também ali, e o porquê de essa versão ser a que ganhou a hegemonia mundial. Ajuda igualmente a explicar por que a colonialidade do poder desempenhará um papel de primeira ordem nessa elaboração eurocêntrica da modernidade (Cf. Quijano, A. *Colonialidade do poder, eurocentrismo e América Latina*, p. 113-114).

6 "La modernidad como categoría se acuña, ciertamente, en Europa y particularmente desde el siglo XVIII. Empero, fue una resultante del conjunto de cambios que le ocurrían a la totalidad del mundo que se estaba sometiendo al dominio europeo, desde fines del siglo XV en adelante. Si la elaboración intelectual de esos cambios tuvo a Europa como su sede central, eso corresponde a la centralidad de su posición en esa totalidad, a su dominio. Esa nueva totalidad histórica en cuyo contexto se produce la modernidad, se constituye a partir de la conquista e incorporación de lo que será América Latina al mundo dominado por Europa. Es decir, el proceso de producción de la modernidad tiene una relación directa y entrañable con la constitución histórica de América Latina. De esa relación, no quiero aquí referirme solamente al hecho conocido de que la producción, principalmente metalífera, de América, estuvo en la base de la acumulación originaria del capital. Ni que la conquista de América fuera el primer momento de formación del mercado mundial, como el contexto real dentro del cual emergerá el capitalismo y su lógica mundial, fundamento material de la producción de la modernidad europea" (Quijano, A. *Modernidad, identidad y utopía en américa latina*, p. 11).

7 "En definitiva, mantener la distancia vis a vis la tradición eurocéntrica equivale a ser consiente del hecho de que la diversidad de la experiencia mundial es inagotable y, por lo tanto, no puede ser explicada por una única teoría general. Mantener distancia permite lo que denominó como la 'sociología de las ausencias y emergencias doblemente transgresora'. Tal sociología transgresora es, de hecho, un movimiento epistemológico que consiste en contrastar las Epistemología del Sur con las epistemologías dominantes del Norte global" (de Sousa Santos, B. *Introducción a las epistemologías del Sur*, p. 28).

8 A heterarquia se caracteriza pela distribuição do poder em subsistemas de governo: "la 'heterarquía' como entrelazado de líneas diversas de modo que la jerarquía entre ellas es cambiante y abierta; en gran medida están 'enredadas'; la jerarquía de la línea racial se mantiene, pero se cruza con otras líneas diferenciales. Es decir, la línea de raza se enreda con la de clase, de género, de religión, etc. y, aunque la línea de raza tiende a ser hegemónica, por lo que prevalece sobre las demás marcando una línea de diferenciación fuerte, nunca actúa en estado puro, sino que siempre está enredada e incluso disimulada" (Galceran Huguet, M. *El análisis del poder: Foucault y la teoría decolonial*, p. 65).

9 "Na sua formulação original por Quijano, o 'patrón colonial de poder' (matriz colonial de poder) foi descrito como quatro domínios inter-relacionados: controle da economia, da autoridade, do gênero e da sexualidade, e do conhecimento e da subjetividade. Os eventos se desdobraram em duas direções paralelas. Uma foi a luta entre Estados imperiais europeus, e a outra foi entre esses Estados e os seus sujeitos coloniais africanos e indígenas, que foram escravizados e explorados" (Mignolo, W. *Colonialidade*, p. 5).

10 "O capital, como relação social baseada na mercantilização da força de trabalho, nasceu provavelmente em algum momento por volta dos séculos XI-XII, em algum lugar na região meridional das penínsulas ibérica e/ou itálica e consequentemente, e por conhecidas razões, no mundo islâmico. É, pois, bastante mais antigo que a América. Mas antes da emergência da América, não está em nenhum lugar estruturalmente articulado com todas as demais formas de organização e controle da força de trabalho e do trabalho, nem tampouco era ainda predominante em relação a nenhuma delas. Só com a América pôde o capital consolidar-se e obter predominância mundial, tornando-se precisamente o eixo em torno do qual todas as demais formas foram articuladas para os fins do mercado mundial. Somente desse modo o capital transformou-se no modo de produção

dominante. Assim, o capital existiu muito tempo antes que a América. Contudo, o capitalismo como sistema de relações de produção, isto é, a heterogênea, engrenagem de todas as formas de controle do trabalho e de seus produtos sob o domínio do capital, no que dali em diante consistiu a economia mundial e seu mercado, constitui-se na história apenas com a emergência da América. A partir desse momento, o capital sempre existiu e continua existindo hoje em dia só como o eixo central do capitalismo, não de maneira separada, muito menos isolada. Nunca foi predominante de outro modo, em escala mundial e global, e com todas probabilidades não teria podido desenvolver-se de outro modo" (Quijano, A. *Colonialidade do poder, eurocentrismo e América Latina*, p. 115-116).

11 Ribeiro, D. *O que é lugar de fala*, p. 25; Em se tratando da mulher indígena *aymara*, há medos que impedem viver em plena liberdade: "Cuando preguntamos a alguna mujer: ¿cómo está? Siempre responde: bien, más o menos. En realidad, estamos preguntando cómo está su interior, lo que pasa en su interior o en su corazón; muchas veces vive con problemas y preocupaciones. Por más que tengamos padres, esposos, hijos, trabajo y hasta dinero. En muchos casos los pájaros parados en una rama seca, tristes, enfermas, solitarias y falta de consuelo. Debido a estos y otros elementos negativos, las mujeres vivimos una espiritualidad vulnerable, llena de inseguridades. Entonces decimos que vivimos en un estado de *waxcha* de *qamasa*. Esto hay que transformar. Por suerte ahora hay cantidad de mujeres que afrontan esta realidad con valentía, con qamasa, con mucha fuerza y responsabilidad" (Mamani Bernabé, V. *Identidad y espiritualidad de la mujer aymara*, p. 128).

12 Palavra que se encontra no campo semântico das epistemologias do Sul. Com ela, se quer associar a experiência indígena, onde o *cosmos* é o ente por excelência e o conhecimento se situa como um saber experiencial. "Las epistemologías del Sur se relacionan con los saberes que emergen de las luchas sociales y políticas y no pueden ser separados de esas luchas. Por lo tanto, no son epistemologías en el sentido convencional de la palabra. Su objetivo no es estudiar el conocimiento o la creencia justificada como tal, por no mencionar el contexto histórico y social en el que ambos emergen (la epistemología social también es un concepto controvertido). Su objetivo, más bien, es identificar y valorizar lo que a menudo ni siquiera aparece como conocimiento a la luz de las epistemologías dominantes, lo que en su lugar surge como parte de las luchas de resistencia contra la opresión y contra el conocimiento que legitima esa opresión. Muchas de esas formas de

conocimiento no son saberes abstractos sino empíricos. Las epistemologías del Sur 'ocupan' el concepto de epistemología, con el fin de resignificarlo como un instrumento para interrumpir las políticas dominantes del conocimiento. Son epistemologías experienciales [...]" (De Sousa Santos, B. *Introducción a las epistemologías del Sur*, p. 29).

13 O problema da filosofia latino-americana em sua relação às tradições indígenas se deve também ao fato de que se tentou iniciar um processo autocrítico para superar a visão eurocêntrica do mundo e da filosofia, e se orientou por uma categoria bastante ambígua, que é a chamada de mestiçagem cultural: "categoría de carácter sumamente confuso y que lleva de hecho a no ver realmente toda la complejidad de las realidades culturales que componen el polivalente tejido cultural de América Latina, permítaseme proponer aquí como tesis a discutir la opinión de que la ambigüedad de la categoría 'mestizaje cultural' consiste, en lo fundamental, en que se nos presenta como una categoría que quiere expresar ciertamente – y es indudable que expresa un factor de nuestro tejido complejo de culturas – una síntesis cultural global; pero que en dicha pretensión, es decir, que la síntesis cultural con qué y por medio de la cual pretende afirmar precisamente su carácter de categoría envolvente de la pluralidad de culturas en América Latina, se descubre en último análisis como una síntesis cuya dinámica de estructuración responde a un eje monocultural" (Fornet-Betancourt. *El imaginario (religioso) indígena como desafío a la investigación filosófica en América Latina*, p. 12).

14 A epistemologia tem a ver com a análise das condições de identificação e validação do conhecimento em geral, e também como crença justificada. Portanto, tem uma dimensão normativa. Nesse sentido, as epistemologias do Sul desafiam as epistemologias dominantes em dois níveis. Por um lado, consideram que é uma tarefa crucial identificar e discutir a validade dos conhecimentos e os saberes que não são reconhecidos pelas epistemologias dominantes. O procedimento consiste em tomar os sujeitos ausentes e torná-los presentes, como a condição mais importante para a identificação e validação dos conhecimentos que pode reinventar a emancipação social e a libertação. O reconhecimento da luta e de seus protagonistas é um ato de pré-conhecimento, um impulso intelectual e político pragmático que implica a necessidade de examinar a validade do conhecimento que circula na luta e que é gerado pela mesma luta. Por outo lado, os sujeitos que são redimidos ou revelados, ou trazidos à presença normalmente são sujeitos coletivos, o que muda completamente a questão da autoria do conhecimento e, contudo, a questão da re-

lação entre sujeito que conhece e o objeto de conhecimento. Estamos frente a processos de luta social e política em que um tipo de conhecimento, que não costuma ter um sujeito individualizável, é vivido performaticamente (Cf. de Sousa Santos, B. *Introducción a las epistemologías del Sur*, p. 30.)

15 Os conhecimentos redimidos pelas epistemologias do Sul são técnica e culturalmente intrínsecos a certas práticas. Muito mais do que conhecimentos são saberes. Existem imersos nas práticas sociais. Na maioria dos casos, surgem e circulam de uma maneira despersonalizada, embora certos indivíduos no grupo tenham acesso privilegiado a eles ou a formulá-los com mais autoridade. Enquanto os conhecimentos se apropriam da realidade, os saberes encarnam a realidade (Cf. de Sousa Santos, B. *Introducción a las epistemologías del Sur*, p. 31).

16 Expressão tomada do povo *Kitu Kara*, do Equador, que indica uma proposta política e espiritual, diferente das transformações estruturais e socioeconômicas se preocupa com a cura do ser. É uma proposta para a descolonização do poder, do saber e do ser, mas da vida. *O Corazonar* se sustenta na dimensão simbólica e na força espiritual da *chakana* do mundo andino, considerada ponte, ordenador cósmico e um dos referentes sagrados mais importantes da espiritualidade dos Andes. Assim se propõe a revitalização dos quatro *saywas*, poderes ou forças cósmicas generatrizes da existência: *munay*, a afetividade para sentir a força transformadora do amor e para tecer outras tramas de alteridade e de encontro inter-humano na ternura; *ushay*, o poder da espiritualidade, a fim de que 'sintamos que somos' parte de um bioverso onde tudo vive, tudo tem espírito, coração, energia, onde tudo comunica, ensina para o descobrimento do sentido do sagrado da vida, onde seres humanos e não humanos são fios do tear; *ruray*, o afazer que está ligado à dimensão feminina da vida, para enfrentar o sentido patriarcal e dominador e fragmentador da vida, para sentir a paridade sagrada habitando nos espíritos e corpos, para redescobrir formas distintas de fazer e de semear metosabedorias que permitam aprender vivendo, fazendo de outra maneira; *yachay*, a sabedoria para romper com a tirania do logos, do racionalismo cartesiano que não fez melhores os seres humanos nem mais felizes e que fragmentou a condição humana e cósmica ao dizer que são seres racionais. Então, é o momento de começar a aprender das sabedorias do coração e da existência (Cf. Guerrero, P. *La chakana del Corazonar*, p. 1).

17 A racionalização científica, assumindo como sinônimo de verdade com validez universal, torna-se um modelo totalitário, na medida em que nega o caráter ra-

cional a todas as formas de conhecimento que não se pautam em seus princípios epistemológicos e por suas regras metodológicas. Essa necessidade da ciência de transformar todo o existente em coisa, em objeto de análise, não apenas foi um recurso de caráter epistêmico, mas ideológico e para a legitimação da colonialidade do poder e do ser, e racionalização instrumental. Não apenas se deve mostrar a razão como único instrumento de explicação do mundo, deve-se mostrar como seriam irracionais outras formas de conhecimento, outras sabedorias, e se devia aprofundar na separação entre natureza, cultura e ser humano (Cf. Guerrero, P. *La chakana del Corazonar,* p. 130-131).

18 "Si bien desde el conocimiento científico se produjeron procesos de desarrollo científico-técnico nunca antes alcanzados, la razón sobre la que se sostenían no cumplió la promesa de la modernidad de resolver todos los problemas y sobre todo no puedo hacernos mejores personas ni más felices; por el contrario, nos acumulamos de información instrumental que generó un profundo analfabetismo afectivo, el cual ha conducido a la situación de agonía del planeta, ya que no había espacio para el sentir. Esta ausencia de afectividad y la espiritualidad han estado también presente en la militancia de muchos movimientos sociales, de ahí que la insurgencia de las y los runas transforma, también radicalmente, esta carencia, pues desde las sabidurías amáwticas de las y los yachaks de los Andes, este es el tiempo en que insurge el sentir como posibilidad política para transformar la vida" (Guerrero, P. *La chakana del Corazonar,* p. 66).

19 A questão é não apagar as diferenças entre o Norte e o Sul, mas apagar as hierarquias de poder que os habitam. As epistemologias do Sul, portanto, afirmam e valorizam as diferenças que permanecem após as hierarquias terem sido eliminadas. Seu objetivo é o cosmopolitismo subalterno desde baixo, a promoção da pluralidade, um tipo de pensamento que fomenta a descolonização por meio de uma tradução intercultural (Cf. de Sousa Santos, B. *Introducción a las epistemologías del Sur,* p. 34).

20 Somos convidados a reconhecer que existe uma brutal diferença, ou seja, a: "Identificar la existencia de la línea abisal es el impulso fundante de las Epistemologías del Sur y de la decolonización de conocimiento al que aspiran. Identificar la línea abisal es el primer paso para superarla, tanto en nivel epistemológico como político. Identificar y evidenciar la línea abisal posibilita la apertura de nuevos horizontes con respecto a la diversidad cultural y epistemológica del mundo. En el nivel epistemológico, tal diversidad se traduce en lo que designo

como una 'ecología de saberes', esto es, el reconocimiento de la copresencia de diferentes saberes y la necesidad de estudiar las afinidades, divergencias, complementariedades y contradicciones entre ellos para maximizar la efectividad de las luchas de resistencia contra la opresión" (de Sousa Santos, B. *Introducción a las epistemologías del Sur*, p. 36).

21 Guerrero, P. *La chakana del Corazonar*, p. 58; A centralidade da resistência e a luta urgem por concepções novas do político. As disciplinas e as categorias analíticas desenvolvidas pelas ciências modernas e as humanidades impedem detectar e valorizar o artesanato das práticas de resistência. Nessa forma de artesanato, reside o que se chama de sociologia das emergências, um dos conceitos-chave das epistemologias do Sul: "Las principales herramientas de las epistemologías del Sur son las siguientes: la línea abisal y los diferentes tipos de exclusión social que crea; la sociología de las ausencias y la sociología de las emergencias; la ecología de saberes y la traducción intercultural; y la artesanía de las prácticas" (de Sousa Santos, B. *Introducción a las epistemologías del Sur*, p. 39-40).

22 Um conceito muito importante nesse discurso é o conceito de sociologia das ausências: "La sociología de las ausencias es la cartografía de la línea abisal. Identifica las maneras y los medios por los cuales la línea abisal produce la no existencia, la invisibilidad radical y la irrelevancia. El colonialismo histórico fue el tablero de diseño de la línea abisal, donde las exclusiones no abisales (aquellas que ocurrían del lado metropolitano de la línea) eran visibilizadas mientras que las abisales (aquellas que ocurrían del lado colonial de la línea) eran ocultadas. En la actualidad, la sociología de las ausencias es la investigación de las maneras en que el colonialismo, en la forma de colonialismo del poder, saber y ser, opera junto con el capitalismo y el patriarcado para producir exclusiones abisales, esto es, para producir ciertos grupos de personas y formas de vida social como no existentes, invisibles, radicalmente inferiores o peligrosos, en suma, como descartables o amenazantes. Esta investigación se centra en las cinco monoculturas que han caracterizados el conocimiento eurocéntrico: la monocultura del conocimiento válido; la monocultura del tiempo lineal; la monocultura de la superioridad universal y lo global; y la monocultura de la productividad. Tales monoculturas han sido responsables de la producción masiva de ausencias en las sociedades modernas, la ausencia (invisibilidad, irrelevancia) de grupos sociales y de formas de vida social, respectivamente clasificadas como ignorantes, primitivas, inferiores,

locales o improductivas" (de Sousa Santos, B. *Introducción a las epistemologías del Sur*, p. 47).

23 Outro conceito ligado ao processo de descolonização é o conceito de sociologia das emergências. O enfoque principal da sociologia das ausências e da sociologia das emergências se situa nas exclusões existentes, na resistência e nas lutas que elas produzem. Enquanto a sociologia das ausências aborda o aspecto negativo dessas exclusões, no sentido de que destaca e denuncia a supressão da realidade social provocada pelo tipo de conhecimento validado pelas epistemologias do Norte, a sociologia das emergências se centra no aspecto positivo destas exclusões já que percebe as vítimas da exclusão no processo de deixar de lado a vitimização e se converter em pessoas que resistem e que levam adiante maneiras de ser e saber em sua luta contra a dominação. Essa passagem da vitimização à resistência é, depois de tudo, a tarefa política principal da sociologia de ausências: desnaturalizar e deslegitimar os mecanismos específicos da opressão. A sociologia das emergências se inicia a partir daí e se centra em novas potencialidades e possibilidades para a transformação social anticapitalista, anticolonialista e antipatriarcal que emerge no campo das experiências sociais, que foram descartadas previamente e agora são recuperadas (Cf. de Sousa Santos, B. *Introducción a las epistemologías del Sur*, p. 50).

24 Enquanto que no mundo do colonizador a saudade pelas ruínas é, no melhor dos casos, uma lembrança inquietante do lado escuro da modernidade, no mundo dos colonizados, além de ser a inquietante lembrança de uma destruição, a saudade pelas ruinas é também um sinal auspicioso de que a ruina não foi total, e que aquilo que pode ser redimido como energia de resistência aqui e agora é uma vocação única e original para um futuro alternativo (Cf. de Sousa Santos, B. *Introducción a las epistemologías del Sur*, p. 53).

25 Guerrero, P. *La chakana del Corazonar*, p. 77; As apropriações contra hegemônicas constituem outra classe de emergência. Aqui, há referência às filosofias, os conceitos e as práticas desenvolvidas pelos grupos sociais dominantes para reproduzir dominação, mas que são apropriadas pelos grupos sociais oprimidos e, resignificadas, reconfiguradas, refundadas, subvertidas e transformadas criativamente para serem ferramentas de luta contra a dominação (Cf. de Sousa Santos, B. *Introducción a las epistemologías del Sur*, p. 53).

26 Um conceito importante é o de tradução intercultural e ecologia de saberes: "La ecología de saberes y la traduccion intercultural son las herramientas que convier-

ten a la diversidad de conocimiento visibilizados por la sociología de las ausencias y la sociología de las emergencias en un recurso poderoso, al hacer posible la inteligibilidad ampliada de los contextos de opresión y resistencia, permite articulaciones más amplias y profundas entre las luchas que combinan las diversas dimensiones o tipos de dominación de diferentes maneras. La ecología de saberes comprende dos momentos. El primero consiste en identificar los principales corpus de conocimiento que, si son debatidos en una lucha social dada, podrían destacar dimensiones importantes de una lucha o resistencia concreta [...]. Considerando esto, la ecología de saberes tiene que ser complementada con la traducción intercultural e interpolítica. Esta última específicamente pretenda realzar la inteligibilidad recíproca sin disolver la identidad, por lo tanto, ayuda a identificar complementariedades y contradicciones, puntos en común y visiones alternativas" (de Sousa Santos, B. *Introducción a las epistemologías del Sur*, p. 54-55).

27 de Sousa Santos, B. *Introducción a las epistemologías del Sur*, p. 54-55. O cume do trabalho, nesse sentido, chamado pelo autor de artesanato das práticas, consiste em desenhar e validar práticas de luta e resistência levadas a cabo segundo as premissas das epistemologias do Sul. Os instrumentos ou recursos das epistemologias do Sul criam condições para que essas articulações sejam possíveis. Porém, a maneira particular em que realmente acontecem no campo requer um tipo de trabalho político muito parecido ao artesanato e ao trabalho artesanal. O artesão não trabalha com modelos estandardizados, não produz peças exatamente iguais: a lógica da elaboração artesanal não é mecânica, mas é uma lógica de repetição como criação.

28 A cultura quéchua está bastante ligada à categoria *ayllu*, ou forma de "mero estar": "Una estructura así, suponía un trasfondo angustioso que, sin embargo, no podía resolverse con la acción, sino mediante una fuerte identificación con el ambiente. Precisamente por eso, diremos que se abrevaba en el inconsciente. La lucha contra el mundo era la lucha contra el fondo oscuro de su psique, en donde se encontraba la solución mágica. Si vencía al inconsciente, vencía al mundo. Esta es la clave de la actitud mágica. Por eso la cultura quichua era profundamente estática. Sólo como tal, podemos entender ese refugio en el centro germinativo del mándala cósmico, desde donde el indígena contemplaba el acaecer del mundo y veía en éste una fuerza ajena y autónoma. Era un estatismo que abarcaba todos los aspectos de la cultura quichua, como si toda ella respondiera a un canon uniforme, que giraba en torno al estar en el sentido de un estar aquí, aferrado a la

parcela cultivada, a la comunidad y a las fuerzas hostiles de la naturaleza" (Kusch, R. *Obras completas*, p. 109).

29 "[...] La decolonialidad no consiste en un nuevo universo que se presenta como el verdadero, superando todos los previamente existentes. Presentándose como una opción, lo decolonial ha abierto un nuevo modo de pensar que se desvincula de las cronologías establecidas por las nuevas epistemes o paradigmas (moderno, posmoderno, altermoderno, ciencia newtoniana, teoría cuántica, teoría de la relatividad). No es que las epistemes y los paradigmas resulten ajenos al pensamiento decolonial. No podrían serlo; pero han dejado de ser la referencia de legitimidad epistémica. La Conferencia de Bandung, en el terreno político, declaraba no ser capitalista ni comunista, sino decolonizadora; el pensamiento decolonial está hoy comprometido con la igualdad global y la justicia económica, pero afirmando que la democracia occidental y el socialismo no son los únicos dos modelos con los que orientar nuestro pensamiento y nuestro hacer. Los argumentos decoloniales promueven lo comunal como otra opción junto al capitalismo y al comunismo. En el espíritu de Bandung, el intelectual aymara Simón Yampara (1992) aclara que los aymara no son capitalistas ni comunistas. Promueven el pensamiento descolonial y el hacer comunal" (Mignolo, W. *Habitar la frontera*, p. 175).

30 "El racismo moderno/colonial, es decir, la lógica de racialización que surgió en el siglo XVI, tiene dos dimensiones (ontológica y epistémica) y un solo propósito: clasificar como inferiores y ajenas al dominio del conocimiento sistemático todas **las lenguas que no sean el griego, el latín y las seis lenguas europeas modernas,** para mantener así el privilegio enunciatio de las instituciones, los hombres y las categorías de pensamiento del Renacimiento y la Ilustración europeos. Las lenguas que no eran aptas para el pensamiento racional (sea teológico o secular) se consideraron lenguas que revelaban la inferioridad de los seres humanos que las hablaban ¿Qué podía hacer una persona cuya lengua materna no era una de las lenguas privilegiadas y que no había sido educada en instituciones privilegiadas? O bien debía aceptar su inferioridad, o bien debía hacer el esfuerzo de demostrar que era un ser humano igual a quienes lo situaban en segunda clase. Es decir, en ambos casos se trataba de aceptar la humillación de ser inferior a quienes decidían qué debías hacer, o bien mantenerte como inferior, o bien asimilarte. Y asimilarte significa aceptar tu inferioridad y resignarte a jugar un juego que no es tuyo, sino que te ha sido impuesto. La tercera opción es el pensamiento y la epistemología fronterizos" (Mignolo, W. *Habitar la frontera*, p. 178).

31 "La epistemología fronteriza y la descolonialidad van de la mano ¿Por qué? Porque la descolonialidad se dedica a cambiar los términos de la conversación y no solo su contenido. ¿Cómo funciona la epistemología fronteriza? La herencia más pedurable de la Conferencia de Bandung es el desprendimiento: desprenderse del capitalismo y del comunismo, es decir de la teoría política ilustrada (del liberalismo y del republicanismo: John Locke, Montesquieu) y de la economía política (Adam Smith), así como de su opositor, el socialismo-comunismo. Pero, una vez que nos hemos desprendidos, ¿adónde vamos? Hay que dirigirse al reservorio de formas de vida y modos de pensamiento que han sido descalificados por la teología cristiana, la cual, desde el Renacimiento, continuó expandiéndose a través de la filosofía y las ciencias seculares, puesto que no podemos encontrar el camino de salida en el reservorio de la modernidad (Grecia, Roma, Renacimiento, Ilustración). Si nos dirigimos allí, permaneceremos encadenados a la ilustración de que no hay otra manera de pensar, hacer y vivir" (Mignolo, W. *Habitar la frontera*, p. 177).

32 "[...] es un concepto cuyo punto de origen fue el Tercer Mundo. Para ser más precisos, surgió en el mismo momento en que la división en tres mundos se desmoronaba y se celebraba el fin de la historia y un nuevo orden mundial [...]. Las bases históricas de la modernidad, la posmodernidad y la altermodernidad (donde la biopolítica tiene su hogar) se encuentran en la Ilustración y la Revolución Francesa. Las bases históricas de la descolonialidad se encuentran en **la Conferencia de Bandung de 1955, en el cual se reunieron 29 países de Ásia** y África. Si bien las respuestas descoloniales surgieron junto a la retórica de conversión y justificación de la explotación y expropiación (Guaman Poma de Ayala en el Virreinato del Perú, Ottobah Cugoano en las colonias británicas del Caribe), Bandung es un momento institucional e interestatal en el cual da descolonización se enuncia como una alternativa a las dos caras de la modernidad dominantes en ese momento: capitalismo liberal y economía estatal comunista. El principal objetico de la conferencia era encontrar las bases y la visión común de un futuro que no fuera capitalista ni comunista. El camino que hallaron fue la descolonización [...]" (Mignolo, W. *Habitar la frontera*, p. 173-174).

33 "A diferencia de la decolonialidad, el punto de origen de conceptos tales como modernidad y posmodernidad, de las rupturas epistémicas y los cambios paradigmáticos, fue Europa y su historia interna. Estos conceptos no son universales; ni siquiera son globales. Son regionales y, como tales, tienen el mismo valor que

cualquier otra configuración y transformación regional del conocimiento. La única diferencia estriba en que las historias locales de los conceptos europeos se convirtieron en designios globales. Eso significa que conceptos como los arriba citados fueron necesarios para dotar de sentido a los deseos particulares y a las exigencias institucionales. Cuando la posmodernidad o los cambios paradigmáticos se convierten en conceptos viajeros que, siguiendo las rutas de la dispersión, llegan a Argentina o Irán, China o Argelia, lo hacen formando parte de la expansión de la civilización occidental [...]" (Mignolo, W. *Habitar la frontera*, p. 184).

34 Um dos autores que ajuda a entender a genealogia do pensamento de fronteira é Frantz Fanon, no seu livro, Piel Negra, márcaras blancas (1974). O conceito mais radical que ele introduz é o de Sociogênese. A Sociogênese incorpora tudo: desprendimento, pensamento fronteiriço e desobediência epistémica. Uma apertura para a gramática de descolonialidade: "La sociogénesis se sostiene en la epistemología fronteriza; mejor aún, es ya pensamiento fronterizo. Sostiene a y se sostiene en la epistemología fronteriza y no a la epistemología territorial sobre la que se apoyan las diversas disciplinas existentes. Sociogénesis es un concepto que nos permite desprendernos precisamente de las reglas en las que opera el pensamiento occidental [...]. No hay otra manera de saber, hacer y ser descolonialmente, si no es mediante un compromiso con el pensamiento fronterizo, el desprendimiento y la desobediencia epistémica" (Mignolo, W. *Habitar la frontera*, p. 183).

3. HERMENÊUTICA TEOLÓGICA INTERCULTURAL

Após o aprofundamento e explicitação do que se entende por interculturalidade, o presente capítulo propõe uma hermenêutica teológica intercultural, que servirá de fundamento para a missão intercultural que acontece em ambientes andinos. Num primeiro momento, define-se o conceito de cultura e religião, e seu entrelaçamento. Também, dentro da tradição teológica, investiga-se a cultura como lugar teológico, para propor os eixos de uma hermenêutica teológica intercultural. Finalmente, ilumina-se esta seção teológica com a Palavra de Deus, à luz da perícope da mulher siro-fenícia (Mt 15, 21-28), para conceder a este capítulo o fundamento bíblico.

3.1 Fundamentos teológicos da interculturalidade

Na perspectiva da interculturalidade, compreende-se que a evangelização não pode evitar ler na história, e nos horizontes culturais de cada período, as formas da autocomunicação de Deus que se traduz na experiência religiosa de um povo. Tomamos aqui de Paul Tillich os conceitos de religião e cultura para explicar que a religião não exerce uma mera função especial na vida das pessoas, mas uma dimensão profunda presente em todas as funções (Tillich, 2009).

3.1.1 Conceito de religião: análise religiosa da cultura

Partindo de uma compreensão de centralidade da experiência religiosa no espírito humano, Tillich faz uma crítica ao reducionismo que a experiência religiosa sofreu na história da teologia. Identificar essa experiência como função moral, cognitiva ou sentimento, é esvaziar a experiência religiosa do que lhe é próprio:

> Nesta situação, sem lugar próprio, sem ter onde habitar, de repente a religião percebe que não precisa de nada disso. Dá-se conta de que já possui seu lugar próprio em todos os lugares, principalmente das profundezas das funções da vida espiritual humana. A religião é a dimensão da profundidade em todas elas. É o aspecto dessa profundidade na totalidade do espírito humano.
> Mas que significa a metáfora da *profundidade*? Quer dizer que o aspecto religioso se volta para os elementos supremos, infinitos e incondicionados da vida espiritual. A religião, no sentido básico e mais abrangente da palavra, é 'preocupação suprema' [*ultimate concern*], manifesta em todas as funções criativas do espírito bem como na esfera moral na qualidade de seriedade incondicional que essa esfera exige. [...] (Tillich, 2009).

O conceito que Tillich propõe se aproxima de uma definição existencial de religião como aquilo que diz respeito incondicionalmente, o que se apreende ser o suficientemente capaz e abrangente para encarar a pluralidade de nosso tempo (Grümme, 2017). Como consequência a:

> [...] religião significa preocupação suprema com aquilo que nos preocupa em última análise. Fé, então, é o estado em que somos tomados pela preocupação suprema, e Deus é seu nome e conteúdo. Tal conceito de religião

> tem pouco em comum com sua descrição como crença na existência dos mais altos seres, chamado Deus, e com as consequências teóricas e práticas dessa crença. Estamos, assim, pensando na compreensão existencial da religião e não na teórica (Tillich, 2009).

O cristianismo crê que o Deus manifestado em Jesus Cristo é o verdadeiro Deus, ou seja, sujeito dessa preocupação incondicional e suprema. Todos os outros, contudo, são menos do que objetos válidos dessa preocupação, e quando transformados em deuses, convertem-se em ídolos. Diga-se, de passagem, que o cristianismo faz essa profissão de fé por causa do caráter dos eventos que o fundamentam, a criação de nova realidade nas condições da situação humana. Jesus, o Cristo, que traz essa novidade, ficou subordinado a estas condições: finitude, angústia, lei, tragédia, conflitos e morte. Mas, de forma vitoriosa, manteve a unidade com Deus, sacrificando-se com Jesus para ser o Cristo. Sendo assim, nasce uma nova realidade concretizada na Igreja, uma maneira comunitária e histórica.

Por essa razão, a reivindicação do cristianismo não se relaciona à Igreja cristã, mas ao evento fundante. Quando a Igreja não se sujeita ao evento que ela mesmo anuncia, então torna-se idólatra, adorando-se a si mesma. Essa é uma tentação constante, por ser portadora da Boa-Nova na história, autoconcedendo-se o poder de julgar o mundo; porém quando ela se exclui desse julgamento, perde o direto de julgar o mundo e passa a ser julgada por ele. Essa é, ao raciocínio de Tillich, a tragédia da Igreja Católica Romana. A forma como trata a cultura depende de sua incapacidade de se submeter ao julgamento que ela mesma pronuncia. Essa é a primeira consequência que se desprende o conceito de religião citado (Grümme, 2017).

A segunda consequência desse conceito existencial de religião, proposto por Tillich, é o desaparecimento da separação entre sagrado e secular, porque "a religião significa o estado em que somos tomados pela preocupação suprema" (Tillich, 2009), não se restringindo a determinado âmbito. Esse estado acena com todos os momentos da vida em qualquer espaço ou domínio:

> [...] o universo é o santuário de Deus. Cada dia de trabalho é do Senhor, cada ceia é a do Senhor, cada tarefa que fazemos é divina e cada alegria é alegria de Deus. A preocupação suprema está presente em todas as demais preocupações, consagrando-as. Essencialmente, não há separação entre sagrado e secular. Estão juntos (Tillich, 2009).

Ainda que essa teoria seja muito acertada, as coisas não são bem assim. Com frequência, o elemento secular tem a tendência de se tornar independente e se estabelecer por si mesmo. E, em oposição a essa atitude, o mesmo incide com a religião. A existência é determinada por essa situação, que é de alienação em face do verdadeiro ser. Poderia se dizer, de outra forma, que a existência da religião é a prova mais cabal da queda humana. O que não quer dizer que em tais condições a religião deva ser eliminada pelo secularismo, nem que o secular seja destruído pela religião, como alguns setores pregam seja a favor da religião, seja da secularidade. Em todo caso, identifica-se uma divisão que atesta a condição humana. A terceira consequência remete à relação da religião com a cultura:

> [...] *A religião, considerada preocupação suprema, é a substância que dá sentido à cultura, e a cultura, por sua vez, é a totalidade das formas que expressam as preocupações básicas da religião.* Em resumo: a religião é a substância da cultura e a cultura é a forma da religião. [...] (Tillich, 2009).

Dessa forma, evita-se o dualismo entre religião e cultura. Cada ato religioso, não apenas da religião organizada, mas também dos mais íntimos movimentos da alma, é formado culturalmente.

Essa afirmação pode ser provada pelo fato de que todos os atos da vida espiritual humana se realizam por meio de linguagem falada ou silenciosa. A linguagem é a criação cultural básica. Não existe criação cultural que não expresse a preocupação suprema[1]. É o que se percebe nas funções teóricas da vida espiritual como, por exemplo, na intuição artística e na recepção cognitiva da realidade. Também frequentes nas funções práticas, como na transformação pessoal e social da realidade. A preocupação suprema está presente em todas essas funções. Sua expressão imediata é o estilo da cultura. Quem consegue ler o estilo pode descobrir a preocupação suprema, sua substância religiosa (Tillich, 2009).

Desta última, apresenta-se uma quarta consequência, que é a relação entre religião e os estudos antropológicos a respeito dela, a dimensão ética:

> Como vamos lidar com o significado, comecemos com um paradigma: ou seja, que os símbolos sagrados funcionam para sintetizar o *ethos* de um povo – o tom, o caráter e a qualidade da sua vida, seu estilo, e disposições morais estéticos – e sua visão de mundo – o quadro que fazem do que são essas coisas na sua simples atualidade, suas ideias mais abrangentes sobre ordem. Na crença e na prática religiosa, o *ethos* de um grupo torna-se intelectualmente razoável porque demonstra representar um tipo de vida idealmente adaptado ao estado de coisas atual que a visão de mundo descreve, enquanto essa visão de mundo torna-se emocionalmente convincente por ser apresentada como uma imagem de um estado de coisas verdadeiro, especialmente bem-arrumado para acomodar tal tipo de vida (Geertz, 1989).

Os símbolos religiosos formulam uma congruência básica entre um estilo de vida particular e uma metafísica específica

(Geertz, 1989) e, ao fazê-lo, endossam cada uma delas com a autoridade emprestada do outro. Conforme Geertz, Religião seria:

> (1) um sistema de símbolos que atua para (2) estabelecer poderosas, penetrantes e duradouras disposições e motivações nos homens através da (3) formulação de conceitos de uma ordem de existência geral e (4) vestindo essas concepções com tal aura de fatualidade que (5) as disposições e motivações parecem singularmente realistas. Um sistema de símbolos que atua para [...] (Geertz, 1989).

Na opinião de Geertz, na discussão antropológica, os aspectos morais e estéticos de uma dada cultura, os elementos valorativos, foram resumidos sob o termo *ethos*. Sob outro ponto de vista, os aspectos cognitivos, existenciais foram designados pelo termo "visão de mundo".

3.1.2 Cultura como teia de significados e forma da religião

O conceito de cultura emergiu para descrever o específico do ser humano diante da natureza e para denominar diferenças entre grupos humanos. Essas diferenças não são normativas. Pois, nenhuma cultura é superior à outra. Em algumas ocasiões, a superioridade, tecnológica ou escrita, por exemplo, representa algumas das variáveis culturais, que diversos povos assumiram e geraram um desequilíbrio ético, social ou comunicativo. Logo, o conceito de cultura não é normativo, mas distintivo (Suess, 2015). Toma-se de Geertz o conceito antropológico de cultura:

> O conceito de cultura que eu defendo, [...] é essencialmente semiótico. Acreditando, como Max Weber, que o homem é um animal amarrado a teias de significados

> que ele mesmo teceu, assumo a cultura como sendo essas teias e a sua análise; portanto não como uma ciência experimental em busca de leis, mas como uma ciência interpretativa, à procura do significado. É justamente uma explicação que eu procuro, ao construir expressões sociais enigmáticas na sua superfície. Todavia, essa afirmativa, uma doutrina numa cláusula, requer por si mesma uma explicação (Geertz, 1989).

Essa formulação se origina da antropologia social, que Geertz avalia como a prática etnográfica por parte do antropólogo. E é justamente ao decifrar o que é etnografia, ou a prática etnográfica, que se pode entender o que representa a análise antropológica como maneira de conhecimento. A etnografia inaugura relações, seleciona informantes, transcreve textos, levanta genealogias, mapeia campos, mantém um diário, e assim por diante. Mas não são esses instrumentos, técnicas ou processos que definem o empreendimento. O que o revela é o tipo de esforço intelectual que ele representa, um risco elaborado para uma densa descrição. O objeto da etnografia é

> [...] uma hierarquia estratificada de estruturas significantes em termos das quais os tiques nervosos, as piscadelas, as falsas piscadelas, as imitações, os ensaios das imitações são produzidos, percebidos e interpretados, e sem as quais eles de fato não existiriam (Geertz, 1989).

A cultura, a exemplo de Geertz, é pública e a preocupação do antropólogo ao investigar sobre ela não é sobre seu status ontológico, mas sobre sua importância, o que se está transmitindo com a sua ocorrência e através de sua agência, seja ela de um ridículo, seja um desafio, uma ironia ou uma zanga, um deboche ou um orgulho (Geertz, 1989).

O conceito de cultura é histórico porque incorporado em símbolos:

> [...] ele denota um padrão de significados transmitido historicamente, incorporado em símbolos, um sistema de concepções herdadas expressas em formas simbólicas por meio das quais os homens comunicam, perpetuam e desenvolvem seu conhecimento e suas atividades em relação à vida. É fora de dúvida que termos tais como 'significado', 'símbolo' e 'concepção' exigem uma explicação (Geertz, 1989).

De Tillich apreende-se o conceito de cultura em relação com a religião: "a cultura é a forma da religião" (Tillich, 2009). Esse fato é óbvio na linguagem que ela usa. Porque qualquer tipo de linguagem, mesmo aquela que vem da Bíblia, é resultado de inumeráveis atos de criatividade cultural. O autor assevera que todas as funções da vida espiritual humana se baseiam no poder da fala tanto vocal como silenciosa. A linguagem qualifica a liberdade humana a partir de situações dadas e de suas exigências concretas. Coloca em relevo universais e em cujo poder se criam mundos acima do mundo da civilização técnica e de seu conteúdo espiritual.

> [...] o desenvolvimento desses mundos determina o desenvolvimento da linguagem. Não existe linguagem sagrada caída de um céu sobrenatural para ser encerrada nas páginas de um livro. O que existe é a linguagem humana, baseada em nosso encontro com a realidade, em evolução ao longo do tempo, usada para as necessidades cotidianas, para expressão e comunicação, literatura e poesia, bem como para mostrar a preocupação suprema. Em todos esses casos, ela é diferente. A linguagem religiosa é comum, mudando de acordo com o poder que expressa, isto é, o Ser e o sentido absolutos. Essa expressão pode ter a forma da narrativa (mitológica, lendárias, histórica), ou da profecia, da poesia e da liturgia. Torna-se santa para os que a recebem como expressão da preocupação suprema,

> de geração em geração. Mas não existe linguagem sagrada em si mesma como bem o demonstram as traduções, as re-traduções e as revisões (Tillich, 2009).

Outro modelo é o uso das criações culturais na religião, a arte religiosa. Nesse campo, o princípio da honestidade artística deve sempre ser ressaltado nessa atividade. No protestantismo, não existe estilo sagrado, em comparação à doutrina grega ortodoxa.

> [...] Chama-se de estilo artístico honesto o que expressa a situação real do artista e o período cultural a que pertence. Podemos participar em estilos do passado à medida que expressam com honestidade o encontro com Deus, com os seres humanos e com o mundo. Mas não os podemos imitar honestamente nem reproduzir para o culto da Igreja obra que não resultam de êxtase criador, embora a reproduzam do passado. Trata-se de grande avanço quando a arquitetura moderna liberta-se de formas tradicionais que nada tem a ver com nosso tempo, sem valor estético nem expressão verdadeiramente religiosa (Tillich, 2009).

O terceiro exemplo que Tillich proporciona se relaciona com o conhecimento, e tenta responder à seguinte questão: "que elementos da consciência filosófica contemporânea podem ser usados para a interpretação teológica dos símbolos cristãos" (Tillich, 2009)? Quando se pondera essa manifestação existencial contra o espírito puramente mercantilista, rejeita-se o naturalismo e o idealismo como instrumentos de expressão teológica. Ambos foram criados por esse espírito contra o qual se dirige o protesto no século XX. Os dois foram usados pela teologia em métodos em conflito, mas não são expressão da cultura contemporânea. Em vez disso:

> [...] a teologia deve utilizar o imenso e profundo material da análise existencial em todos os campos culturais, incluindo

a psicologia terapêutica. Não basta, porém, aceitá-los simplesmente. Precisa confrontá-los com a resposta implícita na mensagem cristã. O confronto da análise existencial com o símbolo por meio do qual o cristianismo expressa a preocupação suprema é o método adequado tanto para a mensagem de Jesus, o Cristo, como para a situação humana redescoberta na cultura contemporânea. A resposta não pode se derivar da pergunta. É dita a quem pergunta. O existencialismo não pode dar respostas. Pode determinar sua forma, mas jamais filósofos ou artistas existencialistas podem dar a resposta. Se o fizerem, estarão usando o poder de outra tradição possuidora de fontes reveladoras. A função da Igreja consiste em dar respostas para si mesma e para os outros (Tillich, 2009).

3.1.3 Cultura e religião no mundo andino: uma relação possível?

É preciso enunciar e explicitar uma relação pouco comentada, não obstante sempre formulada, isto é, a relação entre cultura e religião. Essa relação pouco esclarecida é parte do debate acadêmico entre antropologia e sociologia, e, em geral, das ciências sociais, sobretudo no contexto andino. As práticas e representações andinas, que obedecendo à antropologia clássica poderia se chamar de "tradicionais", próprias de sociedades ou comunidades andinas. Ao não possuir um referente religioso, foram concebidas como "culturais" e de "práticas tradicionais andinas", interpretadas como manifestações religiosas ancestrais que permaneceram por muito tempo numa espécie de clandestinidade forçada, como manifestações algumas vezes assumida na exaltação, e outras vezes minimizada e rejeitadas pelos próprios portadores (Callisaya, 2009).

A partir disso, levanta-se a pergunta sobre a fronteira existente entre religião e cultura. O que propriamente é religioso ou cultural? Não se pretende resolver essa pergunta, mas caracterizar essa relação. Entre as contribuições mais significativas nesse tema, tem destaque a proposta de Clifford Geertz, já mencionada, o mesmo que credita a religião como um sistema cultural que concede sentido à existência humana. Paul Tillich também caracterizou essa teoria com esse pensamento. Em tal sentido, as crenças religiosas oferecem explicações de circunstâncias, de acontecimentos anômalos, pois propiciam significado, estabelecendo um modelo da realidade e outro para a realidade.

Em concordância às teorias de Tillich, enfatiza-se que o sistema religioso é espelho do sistema cultural de um grupo, tribo ou sociedade e como esse impõe ao ser humano de forma duradoura os valores culturais, ou seja, que ao sistema de crenças da religião está subjacente à cultura. É certo que não se trata simplesmente de uma imposição, as de um complexo processo de confluência ou influência entre o religioso e a cultura que entretece complexamente as relações sociais (Callisaya, 2009).

Então, refletir sobre a articulação entre cultura e religião na América Latina é um desafio. Essa adversidade ocorre perante a diversidade de dados religiosos e culturais que muitos se propuseram a estudar. Em virtude desses aportes teológicos, vale a pena retomar que:

> a diversidade religioso-cultural deste continente é de natureza sincrônica e diacrônica. Culturas arcaicas vivem no interior da modernidade transnacional e começam a agonizar no seio da civilização tecnológica, por não terem tempo suficiente para uma adaptação orgânica. Somos contemporâneos de crenças animistas, politeístas e monoteístas. A modernidade importada – que significa autonomia para os que dominam a lógica instrumental e silêncio para aqueles cujas tradições foram interrompidas e destruídas – põe a todos em crise[2].

Essa analogia entre cultura e religião coloca opções de sentido de vida que, muitas vezes, não se nota no senso comum da comunidade científica.

Com exceção de alguns países da costa do Caribe, Suriname e Guiana, América Latina, do Rio Grande do Norte no México, até Terra do Fogo no extremo Sul, continua sendo contemplado um território maioritariamente católico. Relaciona-se, logicamente, com a história colonial, com o fato de que o continente foi conquistado e cristianizado pelos países católicos Espanha e Portugal. Com base nesse elemento histórico, surgiu rapidamente a ideologia da cristandade, no sentido do princípio reformatório *Cuius régio eius religio* (de quem é a região, dele se siga a religião). Até o século XX, na maioria dos países da América Latina, ficavam proibidas pelo Estado as igrejas protestantes, e até hoje há estados em que suas constituições políticas seguem regendo com a confessionalidade católica do setor público, ou seja, que definem a religião católica como a confissão oficial, firmada e promovida pelo Estado (Costa Rica, Guatemala, Argentina e Peru). Até meados do século XX, os protestantes alcançaram apenas um por cento da população total da América Latina (Estermann, 2014).

> La 'irrupción' de las y los indígenas en la vida política y social de América Latina – acelerada aún más por las celebraciones del Quinto Centenario de 1992 – no ha hecho sólo tambalear la tesis de la 'condición mestiza' de América Latina (la tesis de que el continente, en el fondo, se constituye por una identidad mestiza), sino ha hecho resurgir también la cuestión de la supuesta homogeneidad religiosa del continente. Hasta hace poco, la tesis de la catolicidad de América Latina no tenía fuertes opositores, ni dentro ni fuera de la teología católica, pero a partir de los años noventa del siglo pasado, diferentes fenómenos vienen cuestionando cada vez más esta suposición. Hay que mencionar el incremento a veces explosivo de las

> iglesias evangelicales y pentecostales, el surgimiento de ofertas religiosas esotéricas como del movimiento *New Age*, una irreligiosidad creciente en las grandes ciudades, pero también la autoconciencia crecida de las religiones autóctonas y sus manifestaciones religiosas. Según estimaciones, cada día se adhieren en América Latina unas 10.000 personas a iglesias evangélicas, cuyos miembros alcanzan mientras tanto ya un 25% de la población total (Estermann, 2014).

O surgimento das teologias índias, sejam elas cristãs, sejam não cristãs, oferecem visibilidade, à parte da reivindicação das tradições sapienciais autóctones e de uma religião popular autóctone, sobretudo de um fato que deveria ser tomado em conta nesta reflexão teológica: América Latina é um continente plurirreligioso, e a pluralização da identidade religiosa é um fato histórico inevitável. Esse conhecimento há muito tempo é uma condição imprescindível da reflexão teológica nas culturas asiática e africana, sendo que na América Latina apenas começa a se formar em forma incipiente e limitada. É interessante conhecer diversos esforços da teologia índia, mas também as formas de **ecofeminismo teológico ou o debate da Teologia da Libertação** sobre o pluralismo religioso.

> Respecto a la 'religiosidad popular', esto significa ante todo una reivindicación de la manifestación de formas y contenidos sincréticos y transreligiosos, típicos del ámbito andino, pero también del contexto mesoamericano, afrobrasileño y caribeño. El llamado 'sincretismo andino' que estaba durante siglos bajo sospecha de idolatría y herejía, por parte de la iglesia católica oficial y de la teología académica, ha experimentado en las últimas décadas, después del giro hermenéutico en las ciencias de la religión, también una apreciación cada vez más positiva por parte de la Teología de la Liberación. Partiendo de

> la hipótesis de que cada religión viva e inculturada fuera hasta cierto punto sincrética y que este hecho sea un signo del enriquecimiento mutuo entre diferentes tradiciones, las teologías indígenas del ámbito andino plantean la posición de que la religiosidad popular autóctonas concreta fuera la expresión de un sincretismo genuino que podría ser descrito como 'cristianismo andino' o 'andinismo cristiano' (Estermann, 2014).

O cristianismo delineia o andino, e o andino tem repercussões na compreensão de categorias fundamentais da fé cristã. Versa, de certo modo, sobre religião nova, enriquecida, uma síntese muito particular, que tem seus pressupostos nas categorias fundamentais do pensamento andino[3]. O grande potencial do homem andino de integrar elementos exógenos, em sua própria cosmovisão e enriquecidos dessa forma, é uma das razões por que a síntese entre religião autóctone e a cristã importada tem sido exitosa no âmbito cultural andino, e não tanto como em outros contextos[4].

Espiritualidade, outra palavra para falar em religião?

O conceito de religião se origina da sociologia da religião ocidental. Segundo esta, uma religião deve ser constituída institucionalmente (em igrejas, comunidades, irmandades), delimitada doutrinalmente (tem um credo), liderada por funcionários (normalmente homens) ordenados e se assegura em certos textos, lugares e tradições que lhe concedem autoridade. O discurso de religiões naturais e religiões altas é uma consideração dos séculos XVIII e XIX, segundo esses, que a humanidade evoluiu das primeiras religiões naturais (animismo, fetichismo) passando pelo politeísmo, até chegar às religiões altas monoteístas e, finalmente, à religião racional, propagada pela ilustração europeia (Estermann, 2014).

No conjunto dos Andes, há vinte anos não se falava de uma "religião andina"[5]. E se hoje existisse a possibilidade para as pessoas se identificarem com uma religião indígena[6], seguramente haveria apenas umas quantas que o fariam não porque não pratiquem rituais indígenas, mas porque os conceitos "indígena" e "religião" não são o reflexo da autocompreensão das pessoas. Nos idiomas nativos, não existe expressão alguma para identificar esses dois conceitos ocidentais (Estermann, 2014).

> En una descripción fenomenológica de las 'religiones andinas', llama la atención la gran riqueza de formas de manifestación, rituales, especialistas religiosos ('chamanes'), símbolos y variantes regionales. Mientas solamente una élite (intelectual) exige la restitución de una religión andina precolonial 'pura' y no-cristiana (la Universidad del Tawantinsuyu es un ejemplo), la gran mayoría de la población andina y de los/as especialistas religiosos/as practica una suerte de sincretismo religiosos en el que elementos cristianos (sobre todo católicos) van de la mano con elementos andinos indígenas. Inclusive en ritos típicamente andinos como el 'despacho' (*waxt'a, qoway, q'oa*), hay símbolos cristianos como el Padrenuestro, la Cruz o hostias no consagradas (Estermann, 2014).

A "religião andina" não tem Magistério algum, nem uma documentação de seus membros, nem muito menos conhece uma liturgia normativa. Para os antropólogos, a melhor maneira de entender esse universo sapiencial, seja pelo uso da noção de religiosidade" ou "espiritualidade". E o pesquisador arrisca a chamá-las simplesmente de "formas de expressão das sabedorias originárias".

Como o caso da "filosofia andina", vive-se em um contexto cada vez mais globalizado, em que os conceitos recebem apreciações e valorações muito próprias. Essa situação é próxima do que acontece com os conceitos de "cosmovisão" ou "pensamento". Tem menos valor na bolsa intelectual da filosofia, cuja preferência tende a elevar o conceito de "religiosidade" menos que o de "religião". Por outro lado, não se pode negar que o conceito de espiritualidade é usurpado por vários movimentos ou ondas esotéricas.

Partindo dessas interlocuções teológicas, seria cabível reafirmar que o ser andino é profundamente religioso, o que significa, ao mesmo tempo, que também é espiritual. Mas não no sentido clássico ocidental e menos pós-moderno. A seguir, há uma breve descrição dessa espiritualidade, ou forma de viver e crer, embora só seja possível pela vivência pessoal.

A sacralidade da folha de coca e da Mãe-Terra

Para os ouvidos da maioria das pessoas, deve ser algo escandaloso dizer que a folha de coca, da qual se produz a cocaína e que é responsável por muitas mortes, problemas de dependência química, exércitos paramilitares, seja considerada sagrada. Mas nem a "Coca-Cola" nem a cocaína podem mudar o fato de que a folha de coca é chamada nos Andes desde tempos remotos como "folha sagrada" e também usada com esse propósito.

> Aparte de la coca (del quechua *kuka*) como hierba medicinal, remedio contra el soroche (mal de altura), el frío y el agotamiento, además de ser un alimento con alto contenido de vitaminas y proteínas, para la gran mayoría de la población andina, el significado ritual y religioso de la hoja de coca viene en primer lugar. Crece en las zonas subtropicales (Yungas), a una altura de entre 1.000 hasta 2.500 m.s.n.m., por lo que no es una planta típica del Altiplano andino. Debido a su origen, se trata de una *chakana*, un puente entre los llamados 'pisos ecológicos', sobre todo entre el mundo de abajo o adentro (*uray/ukhu* o *manqha pacha*) de la selva, las minas y el lugar de los difuntos, por una parte, y el mundo concreto

> de la vida aquí y ahora (*kay* o *aka pacha*), por otra parte (Estermann, 2014).

Nos ritos andinos, a coca ocupa um lugar central. Esta folha é para os indígenas a *mama kuka*, mãe coca, ou *mama inala*, mãe planta. Está articulada com muitos ritos, que tem o caráter em parte social e recreativo, em parte, explicitamente religioso. A função principal em todos os ritos consiste no restabelecimento e fortalecimento das relações, sejam elas de tipo familiar, sejam comunitárias, sejam políticas, sejam espiritual-religiosos. É a função religiosa-espiritual de ponte que está no centro (Estermann, 2014).

O uso da folha de coca em rituais explicitamente cristãos, missa ou celebração dominical é restringido e pouco frequente, e proibido pela grande maioria de igrejas. Porém, alguns ministros católicos ou pastores evangélicos, que são, ao mesmo tempo, *yatiris* ou *paq'os*, ou seja, sacerdotes andinos, integram a folha de coca como símbolo religioso muito forte na liturgia cristã. Estermann chega a afirmar, sobre esse ponto, que conhecendo o sentido simbólico da folha de coca, não seria nada absurdo o seu uso nas liturgias cristãs, embora seja necessário combater uma ideia dominante pejorativa de uma droga e dialogar com as normas litúrgicas das igrejas (Estermann, 2014).

A Mãe-Terra ou *Pachamama* forma, no cenário andino, a contraparte feminina a um cristianismo predominantemente masculino de população hispânica e crioulo-mestiça. Nisso, a figura da *Pachamama* é sobreposta pela figura católica da Virgem Maria, e, inclusive, substituída por ela. No imaginário andino, a Mãe-Terra é um ser vivo. Muitos dos ritos religiosos e espirituais têm como objetivo restabelecer ou simplesmente celebrar a relação com a *Pachamama*, para que ela como mãe da vida continue a produzir frutos e mantenha com vida seus filhos, os seres humanos.

> Por lo tanto, la *Pachamama* tiene para las personas andinas un carácter 'sagrado'. No se trata ni de un medio de

> producción cualquiera, ni de un amontonamiento inerte de piedras, sino de una 'persona' que se denomina, según el caso, como 'Madre Tierra', 'Virgen Tierra' o inclusive '*Ñusta* Tierra' (en alusión a las princesas incaicas o *ñustas*). El trabajo en el campo, el arar, sembrar y cosechar, es considerado un acto religioso, una 'oración' o una 'comunión' con el misterio más íntimo de la vida. De este modo, hay que pedir permiso a la Madre Tierra antes de arar, y después de la cosecha, hay que agradecerle. Estas actividades en sí 'profanas' siempre son acompañadas de rituales, actos simbólicos y celebraciones que normalmente siguen los ciclos agrarios y meteorológicos (época de lluvia y sequía). Antes de la siembre, al inicio de agosto, la *Pachamama* es 'intocable', y se le pide permiso para ser 'desflorada'; es la época de los rituales religiosos que se llaman 'pagos a la *Pachamama*', pero que no tienen nada que ver con la actitud mercantil de la maximización de ganancias o de impuestos. Se trata de un acto de reciprocidad entre ser humano y naturaleza (Estermann, 2014).

Como a *Pachamama* é sagrada, para o homem andino é inimaginável tomar a terra em propriedade privada ou simplesmente explorá-la, seria como vender a sua própria mãe. Também se introduziram elementos cristãos aos ritos em torno da Mãe-Terra, como a identificação com a Virgem Maria ou o respeito pela criação de Deus. Ainda a concepção fortemente complementaria sexual do religioso, tal como se manifesta nos ritos para a *Pachamama*, têm repercussões na religiosidade popular católica. O lugar central da Virgem Maria na religiosidade popular, que se acentua a tal extremo, chega a colocá-la dentro da Santíssima Trindade, no lugar do Espírito Santo ou é considerada complemento de Cristo, evento que pode ser entendido dentro do marco sapiencial andino (Estermann, 2014).

Definição do sentido da espiritualidade andina

Algumas características emprestadas da obra de Estermann (2014):

- No contexto andino, não existe nenhuma ruptura entre o âmbito profano e sagrado. Tudo tem vez, em certa medida, com o mistério último da vida, porque o divino é fonte e garantia da rede de redes cósmicas (é *chakana* dos *chakanas*);
- O espiritual é, portanto, não uma sorte de aprofundamento ou retiro além da vida cotidiana, mas a dimensão de comunhão com o mistério, com a *pacha,* o cosmos ordenado que acompanha todas as atividades e lugares;
- Religiosidade e espiritualidade no âmbito andino sempre são coletivas. Todos os ritos são encontros, tanto com o mistério divino quanto com outras pessoas humanas, os ancestrais e os espíritos tutelares. Uma devoção individual não existe em sentido estrito, como também não existem celebrações individuais;
- Tarefa dos especialistas religiosos é restabelecer, emendar ou fortalecer as relações vitais com a energia divina. O rito é **eficácia simbólica;**
- Apesar de uma religiosidade cotidiana e englobante, existem lugares e tempos religiosos e espiritualmente densos, que têm normalmente transições ou situações de vida precárias. Os lugares ou santuários religiosamente densos estão, em sua maioria, situados nas montanhas, mas também nas entradas da terra, covas e rios, rochas. Os tempos espiritualmente densos são os fenômenos de transição astronômicos, tal como os solstícios ou ciclos lunares, amanheceres e entardeceres, eclipses solares e lunares, como também as transições agrárias dos ciclos e as crises vitais individuais e coletivos são acompanhados pelos ritos de passagem;

- A religiosidade andina é inclusiva e não exclusiva. Aceita elementos de outras tradições (sobretudo da católica) e os incorpora. Nisso, o princípio da complementaridade joga um papel importante, enquanto, por exemplo, integra-se, sem maiores problemas, o culto mariano. O celibato católico para sacerdotes no âmbito andino não encontra ressonância e não é aceito, embora seja tolerado;
- A religiosidade e espiritualidade andinas não têm fundamento institucional. Não há magistério, nem Sagrada Escritura. Uma pessoa é eleita sacerdote porque é escolhido pela *pacha*. Os ritos seguem certa lógica, mas podem ser modificados no marco dos princípios de complementaridade, correspondência e reciprocidade;
- Finalmente, também elementos da modernidade e pós-modernidade são integrados. Ambos não são nocivos para as relações vitais básicas.

Ritos de passagem e mitos: caminhos para entender o aspecto religioso andino

Há diversos âmbitos da vida social e individual dos andinos **a partir dos quais podem ser lidos elementos simbólicos, que** permitam advertir os efeitos da adesão ao cristianismo. Entre essas práticas e representações, deliberam-se aquelas efetuadas para celebrar a mudança de situação ou posição social, ser solteiro ou casado. São os chamados ritos de passagem que acompanham todos os ciclos de vida dos seres humanos. A *rutucha,* o primeiro corte de cabelo do menino ou da menina, o batizado, a volta do serviço militar, a formatura do ensino médio, o matrimônio, os cultos aos mortos podem ser ritos ditos de passagem. Analisar essas situações, inteiramente simbólicas, autoriza situar ou ao menos aproximar das complexas relações inter-religiosas ou religiosas-culturais (Callysaya, 2009).

Outro elemento relevante são os mitos de origem. Mesmo que eles não possam ser reconstruídos historicamente, tal e como as primeiras cultura e religiões, eles permanecem na memória mítica dos povos, por meio de uma articulação imaginada e revelam os primórdios entre cultura e religião.

> Nos mitos de origem de quase todos os povos, encontra-se uma articulação íntima e original entre cultura e religião. Quase sempre são seres divinos que estão como criadores e/ou 'ladrões' doadores na origem das aquisições culturais dos homens. O mito, contado de geração em geração, e no culto representado, é palavra eficaz; é verdade absoluta sobre o caminho do bem e do mal; é história sagrada das origens, constitutiva para a identidade do respectivo grupo humano. O mito é, ao mesmo tempo, uma palavra narrativa e lógica, afetiva e efetiva, repetitiva e historicamente aberta. Quem teve a oportunidade de presenciar entre os povos indígenas a narrativa ou a celebração destas origens mitológicas, percebe na emoção do narrador ou dos celebrantes – por vezes, vai do choro até o grito – a vida real que a narração representa. Em sociedades autóctones não estratificadas, o mito tem a vantagem de representar a reflexão consensual de um determinado povo. As 'intuições míticas' mostram até hoje uma certa força explicativa. Depois de quase três mil anos do seu surgimento, o mito de Édipo, por exemplo, tornou-se um conceito-chave de interpretação do homem moderno (Suess, 1992).

A tradição mitológica dos povos indígenas não se distingue da tradição mitológica de outros povos arcaicos.

Na avaliação de Suess:

> Nas Américas estão presentes todas as 'soluções clássicas' da mitologia universal. Também na tradição dos povos autóctones das Américas, a cultura tem uma origem religiosa. As aquisições culturais – as instituições sociais e

> religiosas, as técnicas de trabalho e as plantas comestíveis – são consideradas um presente e /ou uma conquista de um herói civilizador, personagem mítico da tribo com traços divinos. O pai deste herói-civilizado é, geralmente, o sol em uma das suas mais diversas configurações simbólicas e/ou animísticas. A conquista do fogo está sempre ligada à supremacia de um deus solar. A aquisição do fogo estabelece uma fronteira nítida entre os homens, os deuses e os animais. [...] O mito da conquista do fogo, muito espalhado entre os povos indígenas da América, fornece – através do conflito entre as gerações de iguais (pai/filho) e desiguais (deuses/homens) – a matriz para a construção da identidade sociocultural e religiosa de muitos povos indígenas (Suess, 1992).

Na história dos *aymaras* e *quéchuas* dos Andes assim como na do povo hebreu, a existência do universo criado, as plantas e os animais, e a pluralidade de culturas e raças, explica-se pelo mito de origem. As civilizações *tihuanaco* e *inca* elaboraram mitos de origem, tendo como base o contato direto com o cosmos e a observação rigorosa das constelações solares e lunares, e do **contato com os outros grupos culturais dos Andes e do mundo** (Sarmiento, 2016).

O antigo mito de origem do deus *Wiracocha*, elaborado pelas nações *Collas* de Tiahuanaco, foi incorporado nos mitos de origem inca. Mais adiante, com a chegada dos europeus no século XVI e a cristianização posterior das nações *aymaras* e *quéchuas*, foi dada uma interpretação cristã ao mito andino, no qual o deus *Wiracocha*, divindade suprema andina, identificou-se primeiro com o Deus criador cristão, e, logo mais, com os discípulos desconhecidos de Cristo, até mesmo com os próprios invasores espanhóis.

A missiologia contemporânea reflete sobre o importante estudo da teologia da criação, já que as teologias inculturadas e contextuais em desenvolvimento encontram terreno para o diálogo com as teologias ocidentais no estudo dos mitos da criação bíblicos e locais. Elencar as semelhanças e as diferenças entre os relatos bíblicos e andinos da criação ajudaria entender que as pessoas de diversas culturas são seres religiosos, que relacionam sua condição de cultura com as perguntas comuns de todos os homens, dando origem a um criador e uma história salvífica original[7].

A influência da Igreja e da teologia na cultura contemporânea

A reflexão teológica tem a função de responder à questão implícita da existência humana, ou seja, a questão a respeito do sentido da existência. Tillich acredita que a função do evangelismo, e pode-se dizer que também do trabalho teológico em ambiente católico e plural, consiste em mostrar às pessoas que estão fora de uma perspectiva cristã, que os símbolos usados são respostas às questões subentendidas da existência. As pessoas

> [...] precisam sentir que o cristianismo não é mero conjunto de doutrinas ou de leis morais, mas a boa-nova que supera a lei com o aparecimento da nova realidade salvadora. Precisam perceber que os símbolos não são absurdos e inaceitáveis para a mente questionadora de nossos dias, mas que indica a nossa preocupação suprema, fundamento e sentido da existência pessoal e geral (Tillich, 2009).

Na mesma linha, em sua descrição, sobre o estudo antropológico da religião, Geertz também assinala a importância da análise do sistema simbólico incorporado à religião, o que é, na visão dele, elemento fundamental:

> O estudo antropológico da religião é, portanto, uma operação em dois estágios: no primeiro, uma análise do sistema de significados incorporado nos símbolos que

> formam a religião propriamente dita e, no segundo, o relacionamento desses sistemas aos processos socioestruturais e psicológicos. A pouca satisfação que venho obtendo com grande parte do trabalho antropológico social contemporâneo sobre religião provém não do fato de ele se preocupar com o segundo estágio, mas do fato de negligenciar o primeiro e, ao fazê-lo considerar como certo aquilo que precisa ser elucidado. Discutir o papel do culto dos ancestrais na regulamentação da sucessão políticas, dos festins de sacrifício que definem as obrigações do parentesco, da adoração dos espíritos na programação das práticas agrícolas, da divinização para reforço do controle social ou dos ritos de iniciação para apressar a maturação da personalidade não constituem tentativas pouco importantes, e não recomendo que elas sejam abandonadas em favor da espécie de cabalismo árido no qual pode cair tão facilmente a análise simbólica de crenças exóticas (Geertz, 1989).

Para corresponder às dificuldades do tempo atual, aproveita-se mais um questionamento levantado por Tillich: De **que forma a Igreja, e se pode dizer no mesmo nível, a teologia,** deveriam tratar o espírito do tempo, que é responsável, muitas vezes, pelas mazelas que devem ser confrontadas pela sua mensagem? (Tillich, 2009)

Certamente, não se pode substituir a realidade social contemporânea por outra, em termos de progresso, para a realização do Reino de Deus. Não tem o poder de delinear estruturas sociais perfeitas nem de sugerir reformas concretas. As mudanças culturais ocorrem impulsionadas pela dinâmica interior da própria cultura. A Igreja e a teologia poderão participar, se quiserem, liderando, mas sempre como força cultural entre outras e não como representante da nova realidade na história. A Igreja tem um papel profético, é guardiã que revela as estruturas dinâmicas da sociedade e se opõe ao seu poder maldoso, revelando-o, mesmo quando se encontrar dentro dela. Dessa forma, a Igreja ouve, também, as vozes que são proféticas, fora dela, que julgam a cultura e a ela mesma como sua parte. Muitas dessas vozes não fazem parte da Igreja de fato, mas se poderiam chamá-las da "Igreja latente" (Tillich, 2009), uma Igreja em que a preocupação suprema está oculta sob formas e deformações culturais.

Em alguns casos, a Igreja latente aparece no cenário, e se deveria reconhecer naquelas vozes a forma como deveria ser seu espírito e aceitá-lo mesmo se for hostil à Igreja. Por outro lado, a Igreja também deveria agir como guardiã contra as distorções maldosas em que caem os ataques se não forem assimilados pela preocupação suprema. Para Tillich, julgar significa observar os dois lados da realidade[8].

3.1.4 Cultura como lugar teológico[9]

O ponto de partida para o diálogo entre as culturas é a atualização criativa dos lugares de elaboração teológica da teoria de Melchor Cano[10]. A atenção a esse teólogo, um dos fundadores da teologia dogmática no início da modernidade, corresponde à sua **intuição por intermédio do novo no contexto da modernidade** e suas rupturas, que permite olhar para o tempo também com suas rupturas:

> En tiempos de Cano, la Iglesia, al igual que en la actualidad, tuvo que redefinir su autocompresión de manera renovada; justamente por ello, el inicio de la Modernidad fue también el momento de la reflexión dogmática sobre la Iglesia, la eclesiología. [...] el aporte teológico de Melchor Cano [está] en el marco de este contexto histórico de la incipiente Modernidad y de una nueva autocomprensión de la Iglesia y, de este modo, el haber dado impulsos para relacionar la metodología teológica con la eclesiología. Justamente hoy – en vista de la disputa por las interpre-

> taciones del Concilio Vaticano II – no puede ser subestimado este escrutinio de Cano y de su 'pensamiento de la historia'. Cano se encontraba al inicio de una nueva época y supo 'pensar' su tiempo y deducir a partir de allí la autocomprensión de la Iglesia. Esto justamente lo hace tan atractivo para nuestros tiempos modernos, aunque nuestro tiempo y sus cuestionamientos sean otros. [...] (Eckholt, 2014).

Como Cano, os seres humanos se encontram no início de uma nova era, tal e como acontece em qualquer mudança de época. Essa novidade já começou e, ao mesmo tempo, ainda está em de fase de adaptação. Como se aponta no capítulo 2 desta obra, o novo se revela na confrontação necessária com a modernidade e suas implicações. Desde uma perspectiva eclesiológica, o desenvolvimento das igrejas locais no tempo pós-conciliar e a expansão das teologias contextuais são uma resposta a esta mudança de época[11]. Embora a mudança seja mais profunda, é uma transformação cultural global na dimensão dos processos de pensamentos com o conceito de cultura. Eckolt infere a cultura como um conceito, como o de cosmos e de história, que **designam uma época:**

> Las ideas de Antigüedad y de Edad Media están caracterizadas por la idea del cosmos; a la Modernidad, en cambio, se la caracteriza por el concepto de historia. Melchor Cano supo pensar los nuevos signos de los tiempos y abrirle nuevos caminos a la reflexión sobre la fe por medio de la determinación de la 'autoridad de la historia' como lugar teológico. En este sentido, su metodología ha sido una respuesta al cambio cultural de su tiempo; y, justamente por eso, también en la actualidad, al comienzo de una nueva época, la metodología teológica tiene que abrirse nuevos caminos y ayudarle a la Iglesia a autodeterminarse en estos nuevos tiempos.

> Al definir la cultura como un nuevo 'lugar teológico', este lugar se ha desarrollado e independizado, en cierto modo, a partir del lugar teológico de la historia. [...] (Eckholt, 2014).

História é um conceito fundamentalmente europeu, mas nos tempos hodiernos se precisa desprender do eurocentrismo. Hoje, as fronteiras e espaços de espera se transformam em lugares onde se entrelaçam as múltiplas histórias, onde se decide a história mundial. Essa percepção da pluralidade de lugares e o perambular entre mundos designam a necessidade de atravessar as fronteiras entre o próprio e o alheio como parte fundamental do pensamento, e também de uma compreensão da fé que descobre sua eclesialidade universal. Sobre o próprio e o alheio, a passagem de fronteiras, é uma experiência básica da nova época com a que está se familiarizado e que se pode caracterizar com a palavra cultura.

> [...] Al formular la cultura como un nuevo 'lugar teológico' pretendo comprender la mediación de lo ajeno y lo propio, necesaria en la actualidad, para el proceso de conocimiento teológico. El 'reflejo' exterior se convierte en un elemento constitutivo de la reflexión teológica. Con ello, llegan a ser un componente esencial de la búsqueda de las formas de una habla actual sobre Dios, científicamente respaldado, las cuestiones relacionadas con el diálogo intercultural e interreligioso, el diálogo de la teología con las múltiples ciencias de lo humano y de la cultura, la mirada sobre la riqueza de formas de vida y de configuraciones de la praxis humana, también una nueva percepción de los múltiples 'sujetos' – de varones y mujeres, jóvenes y adultos (Eckholt, 2014).

Nesse sentido, o Concílio Ecumênico Vaticano II modificou as coordenadas de forma decisiva. Essa intuição de atualizar a metodologia de Cano se articula com os impulsos eclesiológicos do Vaticano II. A tese principal é:

> [...] con el Concilio, la Iglesia encontró una nueva autocomprensión como Iglesia mundial, tanto en el sentido de una Iglesia en la diversidad de las culturas como en el sentido de una Iglesia que se comprende y se realiza siempre también a partir del mundo y de la cultura. Al hablar de la Iglesia mundial, la relación que se establece con 'otro' y con lo 'ajeno' – dicho concretamente, con la Modernidad y sus ámbitos autónomos de objetos culturales, sus estructuras sociales y económicas, el ateísmo moderno, las religiones no-cristianas – adquiere una nueva relevancia para la Iglesia y la teología. La Iglesia ya no se comprende como 'opuesta' al mundo sino como Iglesia 'en' el mundo. [...] (Eckholt, 2014).

A teologia fundamental arrisca algo semelhante quando procura legitimar a fé diante dos desafios contemporâneos. A fé, que vem da escuta de uma mensagem, requer uma justificativa racional. O axioma tradicional *fides quaerens intellectum*, no horizonte **de uma teologia pública e contextual, só pode acontecer com a** experiência dos "sinais dos tempos" promulgada pelo Concílio (Concílio Vaticano II), e, sobretudo, no retorno às experiências do ser humano[12].

Os lugares teológicos depois do Vaticano II

Em sua obra póstuma (1563), a *De loci theologicis*, Cano tentou estruturar o processo do conhecimento teológico. Ele formula dez lugares e distingue entre *loci proprii* (pertencem a esse grupo a Escritura e a tradição apostólica, a autoridade da Igreja católica, dos concílios e da Igreja romana, dos padres da Igreja e os teólogos) e os *loci alieni* (a *ratio naturalis*, a autoridade dos filósofos e da história humana) (Boff, 1998).

A partir desses lugares, é possível ao teólogo obter possibilidades de argumentação, que podem servir para o anúncio da fé ou para a refutação de opiniões que contradigam a fé. A atualização criativa da metodologia de Cano e a formulação da cultura como novo lugar teológico, no sentido de um *locus alienus*, projeta-se sobre a base da obra de Cano. A critério de Eckolt, a interpretação do processo cristão é um acontecimento linguístico guiado pela dinâmica do Espírito e nessa afirmação está contida a possibilidade da formulação de novos lugares teológicos (Eckholt, 2014).

Para dar mais um passo no caminho, é necessário compreender a Igreja como *Povo de Deus* que peregrina na história e reúne a multiplicidade de povos na promessa do reino de Deus. Se compreendido esse processo vivo de tradição como um acontecimento guiado pelo Espírito nas múltiplas estruturas de comunicação do mundo, pode chegar a ser possível falar da configuração de novos lugares teológicos abertos ao novo.

> De este modo, en el nivel del pensamiento teológico se considera, por un lado, el profundo cambio cultural y, por otro, se acompaña el crecimiento de la Iglesia hacia una nueva catolicidad. Justamente en ello, el acontecer de la tradición se demuestra como vivo dentro de la Iglesia, como creativo, como movido por el Espíritu de Dios cuyo futuro es siempre nuevo. De este modo – y esta es mi tesis – los *loci alieni* reciben un significado nuevo que va más allá de las propuestas de Cano. Ya no tienen un significado 'accidental' sino que se transforman en 'factores constitutivos para la teología de la fe. Sin ellos no es posible encontrar su autoridad' (Eckholt, 2014).

Na formulação do novo lugar teológico, a cultura, pode se achar a oportunidade de um novo diálogo da teologia com as ciências humanas, junto aos estudos culturais. Esse é um serviço que não deverá ser subestimado na tradição da fé cristã e para a relevância da fala sobre Deus.

Os estudos culturais, de forma crítica e usando ferramentas de desconstrução, ajudaram na recuperação da identidade e reconstrução de sujeitos esquecidos. A critério de Stuart Hall, originador dos Estudos Culturais no século XX, os processos que acompanham essa formação de identidade cultural estão entrelaçados nos passos que a humanidade foi dando dentro da modernidade, do processo de globalização e do fenômeno migratório. Assim, a marca específica do tempo é esta consciência aguda que o mundo adquiriu a partir do pluralismo cultural e de suas tradições religiosas, reivindicando o direito a uma identidade e diferença (Hall, 2021).

Cultura: conceito epocal

Em vista dos processos globais de mudança radical e do desenvolvimento de uma nova sociedade, compreendemos a cultura com um conceito epocal:

> la cultura se conecta con los conceptos de comprensión del mundo, como los de 'cosmos' e 'historia', los cuales han caracterizado las grandes épocas históricas de la Antigüedad, la Edad Media y la Modernidad. La Antigüedad y la Edad Media han sido marcadas por la idea del cosmos, del orden y de la armonía de la realidad, de la coordinación bien ordenada de la realidad divina y humana. En las filosofías de los grandes pensadores de la Antigüedad, como Platón y Aristóteles, y en la teología patrística y escolástica, el modelo del cosmos está presupuesto. [...] Pensadores como Francis Bacon o G. B. Vico rompen, a partir de la temprana Modernidad, con este modelo del *ordo*: por un lado, gracias a la comprensión de la capacidad creativa propia del hombre y la 'mecánica' de la realidad que obedece a las leyes de la naturaleza y, por otro, gracias a una nueva concepción de la historia. [...] Pero con la independencia que obtienen las ciencias naturales en su

> descripción de la realidad y, sobre todo, con la concentración de los sistemas filosóficos en el hombre – el *cogito ergo sum*, de Descartes, y el *sapere aude*, de Kant – surge una nueva época: la historia se convierte en concepto epocal. El pensamiento histórico, impulsado aún más en las filosofías del idealismo alemán, alcanza, durante el siglo XIX, en el pensamiento de Marx, Nietzsche y Dilthey, un nuevo punto culminante. La historia y, con ella, la experiencia del tiempo, del devenir y transcurrir marcan las experiencias humanas de la realidad (Eckholt, 2014).

Na teologia, a irrupção do pensamento histórico é incorporada com bastante atraso. Embora alguns teólogos tenham trabalhado no final do século XIX e início do XX, o pensamento histórico ganha vigência apenas no Concílio Ecumênico Vaticano II. A complexidade que significa o modelo da história, a diferença do modelo do cosmos, potencializa-se com o avanço dos desenvolvimentos e dos novos movimentos de busca, especialmente com os ensaios teológicos na época pós-conciliar, nos países do Sul. É justamente o momento para introduzir um novo modelo referencial e conceitual: o conceito de cultura, nascido de certa forma na história e, ao mesmo tempo, elemento indicado para o novo de cada momento atual.

> Los nuevos comienzos teológicos y filosóficos en América Latina, África o Asia hacen ver que el concepto epocal de la historia ha surgido sobre la base de una comprensión occidental de la realidad, de un modelo guía que implicaba una universalidad que se describe como 'eurocéntrica' en comparación con las nuevas formas de teologías y filosofías contextuales. [...] La irrupción de las sociedades antiguamente coloniales en la historia universal significa, en cambio, una diferenciación de esta comprensión de la historia y, con ella, un cambio epocal que – ciertamente con el carácter provisorio de todo lo nuevo – tiene que ser

> definido mediante el concepto de cultura. [...] (Eckholt, 2014).

A cultura, nessa acepção, representa a multiplicidade das formas de vida e de diferenciação da percepção da realidade em toda sua pluralidade. Um conceito fundamental, no pensamento de Hall, é cultura, que possui duas dimensões, uma substantiva, a partir da qual atua na estruturação empírica da realidade em que se vive; e a outra seria epistemológica, conforme a que exerce um importante papel na constituição e na transformação das compreensões e explicações que integram os modelos conceituais com os que se representam o mundo. A cultura abrange todos os fenômenos da vida social e também os modelos cognitivos (Hall, 2006).

> Essa visão ampla da cultura acarreta simultaneamente a pluralização do conceito e a consequente ampliação daquilo que pode ser pensado como cultural. Nessa perspectiva, qualquer instituição ou atividade social – seja ela política, econômica, religiosa, artística ou educativa – possui uma dimensão 'cultural'. Em função disso, **nas reflexões propostas por Hall, a cultura deixa de ser** considerada como uma simples variável, secundária ou dependente em relação ao que faz o mundo mover-se e passa a ser vista como algo fundamental e constitutivo não apenas de nossas práticas, mas também dos modelos que utilizamos para conferir sentido à realidade (Zubaran, 2016).

Nesse contexto, o conceito de cultura, precisa de aprofundamento. Ganha-se de Hall sua afirmação de que a cultura pode ser compreendida nos termos de "significados partilhados" (Hall, 2006). Então, cultura tem relação a um pertencer ao mesmo universo conceitual e linguístico, o que dá sentido à realidade.

Esse conceito deixa flexível a possibilidade de criticar e radicalizar as discussões em torno de algumas representações culturais, pois não existem significados essenciais, fixos e imutáveis. Ainda na percepção do teólogo:

> A cultura também nos posiciona enquanto sujeitos. É a partir de sistemas classificatórios disponíveis nas culturas em que estamos inseridos, portanto, que definimos quem somos e quem podemos ser. Devido a esse poder para constituir os sujeitos, a produção e o consumo dos sistemas culturais são alvo constante de disputas de poder e de regulação (Zubaran, 2016).

Dentro dos conceitos envolvidos com o termo cultura, dois merecem atenção, *representação* e *identidade*, que têm sido usados com frequência nas questões éticas e raciais. Para Hall, constrói-se o sentido da realidade através da linguagem, conceitos e signos. A representação cultural acena com uma prática que lança mão de objetos materiais e produz efeitos sobre os sujeitos.

> Nesse sentido, a definição de cultura que parece melhor abranger o conjunto de questões levantadas por Hall a configura como um processo em que ocorrem lutas pela imposição de certos significados, as quais se caracterizam por se processarem no âmbito da linguagem, que pode ser abordada pelas práticas de representação e de discurso (Zubaran, 2016).

E na base dessas representações se encontra a construção das identidades. Essa não é estática, nem subjugada pela cultura, mas aqui o sujeito é capaz de estabelecer negociações com as representações culturais. Essa conformação de uma identidade é um processo constante e de transformação. Ele mesmo afirma que "as identidades são pontos de apego temporário às posições de sujeito que as práticas discursivas construídas" (Hall, 2006).

O desenvolvimento das teologias contextuais, em suas diversas configurações na América Latina, África e Ásia, mostrou, com seus métodos próprios, que a unidade da história foi quebrada e só é possível questioná-las acerca do sentido da história pela via da diversidade das histórias particulares e em vista das rupturas do mesmo momento histórico.

> De este modo, con el concepto de cultura se tematizan la diversidad, la dinámica, la fragilidad y la permanente falta de univocidad. No obstante, la cultura también incluye la posibilidad de perversión: en ella pueden desarrollarse no solo formas de 'vida buena'. La reflexión sobre las diferentes 'potencialidades' con las que el hombre se traba a sí mismo y traba a los demás es justamente parte del desarrollo de una semejante comprensión de la cultura. [...] (Eckholt, 2014).

Assim, os processos de mudança cultural da atualidade se tornam densos em sua ambiguidade e no conflito, na tensão e **na relação de pretensões culturais particulares e o surgimento de** uma cultura global. É obrigatório tomar atenção à inter-relação das culturas, aos processos de interculturalidade e aos movimentos de transculturalidade.

Sobre essa base, a unidade é uma referência escatológica, uma figura de esperança que só pode surgir na convivência e no diálogo vivo das diferentes culturas. Nessa conjuntura de luta pelo humano e de disputa de novas formas de vida em vista das potencialidades da cultura, as religiões e as ideologias cobram um novo significado. Na sinfonia das múltiplas religiões e ideologias, a fé cristã, de uma perspectiva exterior, tem novas demandas.

Cultura como lugar teológico, do próprio e o alheio

A contribuição de Cano, entre outras teorias, esbarra na formulação de *os lugares alheios*. A história da teologia tinha deixado indeterminados esses lugares, e sem influência para o trabalho teológico. No caminho para o descobrimento das mediações históricas e culturais, essenciais para a fé e sua compreensão, os lugares alheios são reformulados e podem ser considerados fontes essenciais da busca teológica pela verdade. Os *loci alieni* se encontram em relações hermenêuticas com os *loci theologici proprii*, o que significa que se cumpre a relação entre o si mesmo e o outro, do próprio e o alheio, e vice-versa.

> De este modo fue posible arraigar en la teología la dimensión de la fe de una Iglesia mundial y de comprensión de esa fe que comenzó a imponerse durante el Vaticano II, de tal modo que se transformó en un elemento determinante y modificador de la teología. El recurso al mundo y a la cultura en su diversidad se tornó constitutivo para la Iglesia y para la elaboración teológica de su autocomprensión. Aquí se encuentra el fundamento teológico de **la nueva mirada sobre los *loci theologici* y, especialmente,** los *loci alieni*. La autorrealización de la Iglesia y el trabajo teológico se definen a partir de y en la mediación entre el 'sí mismo' y el 'otro'. A ello pertenecen justamente aquellos ámbitos que en las constituciones, decretos y declaraciones del Concilio – sobre todo en *Gaudium et Spes, Nostra Aetate* y *Dignitatis Humanae* – fueran relacionados con el desarrollo de la vida humana y con la convivencia bajo condiciones de la Modernidad, con las diferentes formas de vida que surgen en la economía, la sociedad y la política, y que solo puede ser aprehendidos en la conversación entre muchos, en el diálogo abierto de las culturas y las religiones (Eckholt, 2014).

Sobre essta construção teórica e no contexto dos lugares alheios, a cultura se converte em lugar essencial, de uma instância de mediação da fé, que historicamente se constituiu em lugar de conhecimento teológico no sentido de componente consubstancial da teologia. A cultura passa a ser um lugar onde a Palavra de Deus se revela historicamente, lugar de autotestemunho.

Ao determinar a cultura como novo lugar teológico, fica claro que os lugares que aceitam as paisagens do cristianismo não estão traçados diacronicamente no sentido do princípio da tradição na história, mas que, na atualidade, cobram cada vez mais importância também o caráter sincrônico e, junto a ele, a orientação especial, também em relação aos processos de pensamento e aos de conhecimento.

> En el lugar teológico 'cultura' será posible percibir la verdad de Dios 'en el mundo', en las diferentes formas de praxis en las que el ser humano desarrolla su vida, en el encuentro con la sociedad secular, con otras religiones y culturas. La perspectiva se abre a los múltiples contextos de comunicación en los que se encuentran el hombre y la mujer. Mediante el concepto de cultura, el concepto **de historia – con el que estaba relacionado el cambio de** paradigma de la época del Concilio – pierde su abstracción; se perciben las formas de vida y las formas de praxis en toda su diversidad, contradictoriedad, ambivalencia y fragilidad. El punto de partida de la reflexión sobre la fe en la diversidad de las formas de vida y las formas de praxis le otorga a la 'Iglesia mundial' un rosto concreto o, mejor dicho, rostros concretos (Eckholt, 2014).

No lugar teológico cultura, arraiga-se o projeto de uma Igreja mundial no caminho do pensamento teológico. Se no lugar teológico da cultura, o "outro" pode expressar sua voz e se torna como que "profecia estranha", um momento essencial para a realização da Igreja e para a acomodação da racionalidade teológica então é o "reconhecimento do outro", e a capacidade do diálogo e comunicação se transformam em momentos de eclesialidade mundial. Dessa forma, no lugar teológico da cultura está a condição de possibilidade para a dignidade do plural. Além do mais, transforma-se em ponto de partida para as novas formas de proceder e trabalhar de maneira intercultural e interdisciplinar na teologia.

> [...] en el lugar teológico de la cultura, el proceso de la búsqueda de la verdad, que ha sido ubicado por Melchor Cano al interior del espacio de la iglesia, se abre, más allá de este espacio, a lo ajeno: a las múltiples formas de cultura en las que los seres humanos configuran hoy formas de sentido y formas de 'vida buena'. Se ha logrado tener un puente para la capacidad de diálogo y comunicación de la Iglesia con lo ajeno. El lugar teológico de la 'cultura' es, de este modo, constitutivo de la búsqueda de la verdad teológica en una Iglesia mundial. [...] (Eckholt, 2014).

Parte desse caminho são as traduções e mediações entre as intepretações culturais e religiosas. Será necessário pesquisar e **decifrar as afirmações que acontecem dentro do terreno cultural**, por meio dos diferentes âmbitos da experiência da realidade, seja da economia, seja da política, seja da arte, e da perspectiva de outras religiões, a respeito de sua relevância no conjunto do processo do conhecimento.

> Las diversas formas de vida que se desarrollan en – y que son determinadas por – las ciencias particulares tendrán que ser sometidas una y otra vez a la crítica acerca de si están orientadas a la 'buena vida' y a la 'convivencia en instituciones justas'. De este modo, el lugar teológico 'cultura' advierte sobre el hecho de que la búsqueda de la verdad de la fe cristiana en una Iglesia mundial es un proceso de aprendizaje abierto, que se encuentra en diá-

> logo con las múltiples formas culturales y religiosas de sentido: es un proceso de búsqueda. Una tal demostración de la verdad está orientada al futuro y la esperanza y su criterio es, sobre todo, el 'reconocimiento del otro', tal como ha acontecido para la fe cristiana en la profundidad de la encarnación, la cruz y la resurrección de Jesucristo. [...] (Eckholt, 2014).

A metodologia teológica tem que capacitar, na atualidade, para relacionar o próprio e o alheio, para atravessar as fronteiras. Essa é uma metodologia da Igreja em missão e de acordo com a época, de uma Igreja enviada ao estranho, de uma Igreja que certamente precisa ser conduzida. Sempre é novo, passando por caminhos interessantes, não livres de conflitos, rumo à fé que confia na Palavra de Deus que corre o risco de se tornar humano, viver o amor de Deus que ama os homens e as mulheres. Esse amor pode-se descobrir nos diversos caminhos que a densidade do mundo apresenta (Eckholt, 2014).

3.1.5 Eixos para uma hermenêutica teológica intercultural

A teologia intercultural é uma reflexão recente, de caráter contextual e que pretende dialogar diante da tensão cultural recíproca entre o discurso teológico e a experiência cultural[13].

Estamos em concordância com Cerviño (2010), que a tradição do pensamento filosófico e teológico da libertação tem dedicado uma proposta teológica mais articulada. Ainda temos em evidência as ideias de Raul Forntet-Betancourt na sua crítica aos processos de inculturação, como mencionado no final do segundo capítulo. O objeto de estudo é retomar alguns elementos importantes do pensamento filosófico-teológico intercultural.

Filosofia e teologia latino-americana

Por pensamento latino-americano se entende, por uma parte, a cultura filosófica e teológica do plano libertador que em um longo processo histórico foi sendo gestado, articulado, madurado e diferenciado na América Latina, a partir dos anos 1968, concretamente com os impulsos da Conferência Geral do Episcopado Latino-Americano em Medellín.

> El Sínodo regional de Medellín es un hito que parte la historia de la Iglesia latinoamericana en este siglo. De una Iglesia dependiente de Europa para su reflexión teológica y su pastoral, se pasa a una Iglesia con temas y elaboraciones propias, aunque sea en forma incipiente. En la variedad de asuntos tratados en Medellín, no desaparecen ni quedan opacados estas realidades y temas centrales. La preparación de la Conferencia había recogido en sus diversas reuniones la voz y situación de nuestros pueblos. Por ello, los temas nucleares en Medellín fueron: – los pobres y la justicia; – amor al hermano y la paz en una situación de violencia institucionalizada; – unidad de la historia y dimensión política de la fe. La sensibilidad de nuestros pastores recogió en Medellín la dolorosa realidad de las masas de empobrecidos. (Oliveros, 1990).

No entanto,

> [...] entendemos también el movimiento filosófico-teológico que comienza a desarrollarse de manera explícita a partir de las nuevas reivindicaciones políticas, culturales y religiosas de los pueblos indígenas, y afroamericanos con el contexto del conflicto por la interpretación del sentido de la programada 'conmemoración' de los 500 años de América Latina (1492-1992), y que busca por ello en la interculturalidad un nuevo horizonte para poder

> proyectarse como un pensar plural en el que resuenan realmente los muchos sentidos de la diversidad cultural de América (Fornet-Betancourt, 2007).

Em suma, limita-se a um setor do pensamento latino-americano com uma produção filosófica e teológica que abrange em torno de quatro décadas e que continua a ter momentos de criatividade e impacto cultural. Esse é um setor, que é como se fosse a coluna vertebral do desenvolvimento do pensamento latino-americano, uma bibliografia ampla que não é proposição dessa pesquisa.

A próxima subseção avança em alguns temas centrais que caracterizam o corpus textual da pesquisa. Antes disso, uma premissa importante:

> Poniendo en su agenda de trabajo el tema del verdadero 'Descubrimiento' de América como primer eje de su reflexión, el pensamiento filosófico-teológico intercultural se entiende, así como una aportación a la recuperación de los muchos nombres de América, que en este caso concreto quiere decir reivindicación de plural capacidad de auto interpretación filosófica-teológica. Por eso se insiste **en que el verdadero 'Descubrimiento' tiene que ser** resultado de un acto comunitario en el que se comparte la palabra y se funda una comunidad de intérpretes donde del 'descubrimiento' del otro es encuentro acogedor con su palabra. Este 'Descubrimiento' de América es progreso en la convivencia de las alteridades, y no dinámica de superposición de memorias (Fornet-Betancourt, 2007).

Devemos fazer própria essa reivindicação da plural capacidade de autointerpretação da América. O pensamento filosófico-teológico intercultural impõe a si mesmo evidentemente a tarefa de desconstruir a história do chamado pensamento latino-americano para detectar as omissões que se produziram na herança que se transmite[14]. Nesse sentido, o método da "repetição" da história do pensamento na presença dos que foram deserdados se consolida como o melhor método para tomar consciência das exclusões, ausências e deficiências (Fornet-Betancourt, 2007).

> De donde se sigue que la tarea de deconstrucción y reconstrucción intercultural e interreligiosa que se da así mismo esta vertiente del pensamiento latinoamericano actual se proyecta en términos de un ensayo de redimensionamiento de las experiencias fundantes de tradiciones, es decir, de pluralización de los lugares originarios con nombres propios para las cosas, y no simplemente como un proyecto de recuperación de márgenes sobre un matriz ya constituida. La interculturalidad y la interreligiosidad significan justamente para este nuevo pensamiento latinoamericano renegociar, por la vía de la re-petición, la cuestión del centro referencial, del substrato común, del hilo conductor, de la matriz cultural de fondo, o como se prefiera llamar, de la historia constituida hasta ahora (Fornet-Betancourt, 2007).

Com uma opção decidida por uma radical reconfiguração intercultural e inter-religiosa da teologia na América Latina, o pensamento filosófico-teológico intercultural se cruza em vários níveis com o pensamento da libertação.

Níveis de cruzamento

São níveis identificáveis com as mesmas categorias para resumir alguns dos eixos temáticos, que, na opinião deste pesquisador, caracterizam conjuntamente a reflexão do pensamento filosófico e teológico libertador na América Latina.

Crítica do eurocentrismo

É evidente que essas duas vertentes do pensamento latino-americano se cruzam e coincidem na crítica ao eurocentrismo. Ambos compartilham a necessidade de repreender essa ideologia como uma consequência, que se origina diretamente de sua argumentação em favor de uma América que fala e pensa por si mesma. Porém, esse ponto de convergência carece de uma diferença importante.

À medida que o pensamento filosófico-teológico da libertação entende sua crítica como uma recolocação da América Latina na história universal ou de seu direito ao desenvolvimento inculturado, a abordagem intercultural radicaliza essa crítica na hora de descentrar também como um *achado eurocêntrico* o construto "América Latina". Há necessidade de libertar as diferenças ao interior da chamada cultura latino-americana. Ou seja, a interculturalidade reclama a crítica da internalização latino-americana do eurocentrismo e de suas consequências culturais e religiosas (Fornet-Betancourt, 2007).

A contextualização

Neste campo temático, acontece um cruzamento com coincidências e divergências. O exercício teórico da interculturalidade, seja de caráter filosófico, seja teológico, requer o arraigamento contextual[15] como uma de suas condições básicas, porque a riqueza da diversidade é sempre contextual. Ou seja, o pensamento filosófico e teológico intercultural tem que começar na afirmação da contextualidade latino-americana como fonte de reflexão. Essa percepção coincide plenamente com a exigência de contextualizar a reflexão como foi proposta pelo pensamento da libertação. A diferença se encontra na perspectiva da contextualização que o pensamento intercultural busca, ir além dos contextos impregnados pela cultura moderna europeia e pelo cristianismo, para reconhecer, também, como lugares de legítimo desenvolvimento as tradições indígenas e afro-americanas em seus respectivos mundos (Fornet-Betancourt, 2007).

A opção pelos pobres

Como critério para o exercício profético e crítico do pensamento, a opção pelos pobres representa outro desses níveis em que se dá o cruzamento entre as duas vertentes do pensamento latino-americano em razão de sua orientação crítica de fundo que as leva a optar pelos oprimidos e marginalizados de um sistema cuja hegemonia destrói as alteridades. Também se nota nesse ponto uma diferença, embora precise se entender não como uma divergência, mas como um acento que precisa e complementa o enfoque dado à opção pelos pobres na reflexão da libertação[16].

Diante do sentido de cunho mais político e econômico com que o pensamento da libertação descreve ou argumenta a categoria da opção pelos pobres, o pensamento intercultural pondera como primordial o valor e a riqueza cultural dos chamados pobres. Ou seja, aprender a contemplá-los não unicamente como excluídos do sistema hegemônico, mas também como portadores de tradições culturais e religiosas valiosas. A interculturalidade **insiste no reconhecimento dos pobres como sujeitos de culturas e** religiões, cujo valor é necessário para cultivar memórias integrais na América Latina[17].

A partir dessa ótica, a interculturalidade reclama pelos muitos nomes próprios dos "pobres" e propõe, em contrapartida, complementar essa opção no aval de uma opção com suas alteridades pela riqueza das mesmas. Dessa forma, a opção pelos pobres se transforma em fonte de pluralidade[18] e diversidade[19].

A inculturação

Nesse aspecto, existe uma divergência clara que faz visível o horizonte em que se movem o pensamento libertador e o intercultural no contexto filosófico e teológico latino-americano.

Em termos esquemáticos, e fazendo abstração das diferenças argumentativas, metodológicas e sistemáticas, pode-se declarar que a filosofia e a teologia latino-americana da libertação não superaram o horizonte da universalidade, *logos* (grego e cristão). Opera-se um esforço como momento concreto de seu projeto de transformação contextual, na tarefa de inculturar suas reflexões, ou seja, em deixar que a filosofia e a teologia tomem raízes na cultura latino-americana. Sintetizando, o empenho é por situar o universal.

Por outro lado, o pensamento filosófico e teológico intercultural denuncia a inculturação como uma sutil estratégia de imposição colonial, especialmente quando é levada adiante por profissionais da disciplina. De uma visão intercultural se considera que se o pretendidamente universal, *logos grego,* é realmente universal não precisaria ser inculturado, pois já estaria de alguma maneira em todas as culturas. Porém, se não está e necessita, por isso, de uma inculturação, não é universal e está extrapolando.

Com isso, fica claro que para chegar à interculturalidade não se pode partir do pressuposto de um universal que deve ser situado ou contextualizado[20]. Sua perspectiva inverte os termos do problema da inculturação ao propor a universalização do **contextual mediante o diálogo e o intercâmbio intercontextuais** (Fornet-Betancourt, 2007).

Mestiçagem cultural

É outro ponto de cruzamento em que se ressalta a divergência entre essas duas formas do pensamento latino-americano. E não porque o pensamento filosófico e teológico intercultural negue a fecundidade hermenêutica dessa categoria no contexto atual.

É evidente que se trata de uma categoria valiosa e que dá conta de processos culturais. Apesar disso, o que não é mais óbvio, é que represente a solução para o problema da hermenêutica cultural que desafia a realidade dos povos latino-americanos.

Reconhece-se sua parcialidade ou regionalidade como categoria que adentra no processo de constituição e evolução da América mestiça. A pergunta permanece para as outras Américas.

Em nome das *Américas que não são mestiças* denuncia a interculturalidade do uso ideológico da categoria mestiçagem cultural como conceito supostamente integral, para reduzi-lo a seus limites próprios e evitar que se difunda como a única chave hermenêutica. Sem negar a realidade cultural da mestiçagem, deixa-se falar às culturas e às religiões de *Abya Yala* e de Afro-América, para encontrar em suas autointerpretações, e não nas imagens feitas no horizonte da mestiçagem.

A interculturalidade, sem renunciar à mestiçagem intercultural, toma suas distâncias frente a essa categoria, porque considera que pode induzir a promover leituras alheias das culturas indígenas e afro-americanas. Por sua vez, representa uma ordem de relações culturais que conhece certamente a alteridade[21], mas como momento já integrado ou superado numa síntese que a atravessa e dissolve (Fornet-Betancourt, 2007).

O conceito de povo

Finalmente, esse tema representa outro dos pontos de cruzamento, onde os pensamentos da libertação e interculturalidade apontam diversas direções. É compreensível que, pelos contextos históricos e teóricos a partir de argumentos elucidados, o populismo nacionalista ou a noção cristã de Povo de Deus, a filosofia e a teologia da libertação tenham insistido na necessidade de pensar o problema do sujeito dos processos de libertação nos termos de um agente unificado e garantia da unidade de uma nação ou de uma comunidade de fé. Ou seja, que tenham colocado a unidade falando justamente de um povo e de sua cultura.

Assim como no caso da mestiçagem cultural, tampouco essa argumentação se pode rejeitar. Afinal, não cabe dúvida que corresponda a processos históricos reais. Deve-se diferenciar a categoria *povo* e reconhecer que o mais correto seria o não uso da nomenclatura, no sentido de um conceito que subsome as diferenças, mas descentrá-la e aplicá-la sempre com o adjetivo correspondente que a qualifica pela sua dessemelhança.

O pensamento intercultural aponta uma pluralização da categoria *povo*, perdendo, assim, seu caráter de unificação nacional-estatal ou supranacional, isto é, perde sua significação como expressão que simboliza singular a unidade das alteridades em um projeto comum. É ressignificado como um conceito irredutível em sua contextualidade e situação que menciona sempre memórias concretas com projetos singulares de realização.

Por essa razão, o pensamento filosófico-teológico intercultural latino-americano também expressa suas reservas diante da categoria de "cultura latino-americana popular", e sim, sem negá-la, propõe desconstruí-la, para que o faça não como manifestação de simples aspectos de uma cultura geral, mais precisamente como pluralidade de matrizes culturais diferentes.

O pensamento filosófico e teológico intercultural não pode se desenvolver no escopo de um pensamento popular único, mas deve fazê-lo pela via da pluralização contextual[22], ou seja, desenvolvendo-se mediante o fenômeno de filosofias e teologias que se articulem desde as diferentes tradições em que os muitos povos de *Abya Yala* reconhecem suas memórias singulares e compreendem sua situação atual, sem medo dos possíveis problemas de comunicação que dele puderem resultar (Fornet-Betancourt, 2007).

Na perspectiva da interculturalidade, a solidariedade não exige nem o entendimento, nem a unidade de um projeto comum. É uma aposta radical à possibilidade de cancelar a situação de tutela filosófica-teológica que ainda se mantém por parte da cultura (acadêmica) latino-americana nesse campo sobre as culturas indígenas e afro-americanas. E não é essencial dizer que essa aposta tem um profundo sentido libertador.

Se a América Latina, como em teoria se costuma conceder, é realmente plural e diversa, se é de verdade uma comunidade de comunidades, sua libertação tem que passar, então, por um processo de reorganização intercultural e inter-religiosa, tanto na ordem intelectual como no plano prático e institucional.

Perspectivas e síntese

Apesar das diferenças constatadas, acredita-se estar diante de duas variantes do pensamento latino-americano que se complementam e sua interação pode ser, portanto, frutífera para ambos.

> [...] Si el planteamiento de la liberación no asume con todas sus consecuencias las exigencias de la interculturalidad continuará sin tener acceso directo a la diversidad cultural de América y seguirá moviéndose en un paradigma filosófico-teológico todavía tributario del eurocentrismo. Pero si, por su parte, el pensamiento intercultural no hace suya la perspectiva de la liberación histórica de los oprimidos y la crítica del poder hegemónico corre el riesgo de permanecer en un plano culturalista e incluso ontologicista y de quedar con ello separado de los procesos reales en que se decide hoy la suerte de las identidades culturales y religiosas (Fornet-Betancourt, 2007).

Tomando como referência Fornet-Betancourt e antes de encaminhar essa questão, é indispensável iniciar um debate teórico que esclareça posições e dissipe mal-entendidos. Porém, essa pretensão respeita não as teorias desenvolvidas, mas as situações de risco e conflitos. Assim sendo, o limite da análise é elencar quatro campos de problemas que pedem urgente cooperação entre o pensamento latino-americano libertador e intercultural (Fornet-Betancourt, 2007).

- A expansão de uma cultura dominante neoliberal que difunde o analfabetismo contextual e, sob o manto de um cosmopolitismo mal-entendido e banalizado, gera um tipo humano sem memória histórica;

- A hegemonia epistemológica e tecnológica ocidental que, cimentada pelo desenvolvimento do capitalismo, deixa literalmente sem mundo os saberes e religiões chamados tradicionais;
- A criminalização dos movimentos de resistência e de concepção de mundo alternativos que apontam a ideologia de que apenas existem uma ordem se existir monotonia e uniformidade;
- A imposição de um tempo único que se some ao compasso de um ritmo único próprio, e a partir disso distinguir as culturas.

Esses quatro campos de problemas não são evidentemente os únicos, mas representam áreas em que as possibilidades da libertação e da interculturalidade podem atuar e se complementar mutuamente, com a finalidade de melhorar as condições do mundo. As tendências dominantes nomeadas com projetos alternativos para:

- A recuperação das memórias coletivas e individuais como "meio" imprescindível para o desenvolvimento conquistado de subjetividades, com mundo próprio e consciência de pertença comunitária;
- A "remundanização" dos saberes e as tradições religiosas, ou seja, esboçar projetos de mundos alternativos, de vida diária, em que as pessoas possam realmente praticar e desenvolver o que sabem e acreditam, suas tradições marginalizadas e neutralizadas em sua potência de realidade. Esse seria um caminho para contribuir desde a América Latina ao equilíbrio epistemológico e religioso da humanidade;
- A revalorização da pluralidade, a diversidade e as diferenças como fontes de possibilidades humanas, e, portanto, também como caminhos que levam a aprofundar os respectivos processos de humanização[23];
- A libertação do tempo das pessoas e comunidades, dando suporte aos processos de vida alternativa não sujeito à

ditadura de um ritmo único, que impõe o imperialismo do mundo mediático.

Considerando o paradigma intercultural, entende-se que não há cultura pura. Contra todo tipo de essencialismo, admite-se que a verdade e a justiça são parte de uma caminhada em comum com os diferentes, com os outros. Assumir esse paradigma implica questionar a visão monocultural e da religião. A visão monocultural se sobrepôs à realidade cultural e religiosa graças à invisibilização das religiões ancestrais indígenas e afrodescendentes.

> [...] a superação desse processo histórico de discriminação e perseguição supõe a abertura para o diálogo inter-religioso, e a construção de um novo pensamento teológico, que exige a superação do fundamentalismo e da mera tolerância piedosa para com o outro. Assumir o paradigma intercultural implica o exercício do carisma da mediação cultural e suas exigências práticas: domínio de diferentes idiomas, capacidade para o diálogo intercultural e o exercício da tradução, superação de preconceitos, abertura pessoal e curiosidade científicas para as diferenças, além do preparo incondicional para a vivência da compaixão e do cuidado. Do ponto de vista teológico implica ainda um forte enraizamento bíblico teológico e a vivência de uma espiritualidade que consegue aliar ação e contemplação, mística e luta por justiça, sobriedade e ousadia [...] (Zwetsch, 2015).

Círculo hermenêutico[24] teológico-intercultural

Este tema tem a intenção de encontrar e conferir sentido tanto na realidade como no fim último da existência humana. Essa é uma hermenêutica teológica diretamente ligada ao

Mistério do Sagrado, que exige desse pesquisador o exercício da tradução.

> Una hermenéutica intercultural como conversación que a su vez es conversión a lo 'diverso e diferente' para a abrirnos a subversiones que estén más allá de nuestro horizonte interpretativo. Entonces iniciamos un camino de descentramiento, un envío a el exilio para dejarnos fecundar por el sentido o los sentidos que habitan en otros mundos simbólicos (culturales, religiosos, sociales, generacionales.) fecundación que brota del diálogo y se da en el exilio, en el lugar del 'otro' que deja de ser extranjero para convertirse en prójimo. Desde este lugar ajeno que se convierte en propio, podemos vislumbrar la novedad escondida en nuestra propia tradición cultural y religiosa. Vislumbrar, que es descubrir y conferir sentido allí donde no lo había, gracias al exilio que exige riesgo y coraje. Exilio que se convierte en un caminar juntos, desde nuevas comprensiones e interpretaciones que permiten aportar gérmenes de vida plena en el presente histórico que nos toca vivir, porque 'ser cristiano es ser amigo del **autor de la vida, de Jesús el Cristo'. Aporte desde los pun**tos de encuentro para apuntar a nuevas fecundaciones (Cerviño, 2010).

Esse é o círculo vital que supera a lógica do dualismo dialético. Trata-se de um diálogo que se expressa como uma nova experiência de revelação, evoca totalidade, conecta com a transcendência, Deus que se manifesta com seus múltiplos rostos. Encontro existencial, ato religioso por excelência, experiência pascal, que entretece outros mundos possíveis e modifica contextos e sentidos. Portanto, exige novos exílios, saídas de si mesmos para os outros, deixar o próprio para entrar no alheio. Transitar por novas fronteiras e conexões, continuar o caminho. Essa é uma hermenêutica como criação contínua que nasce e renasce em cada conversação que chega a ser conversão e subversão.

> Entonces la hermenéutica teológica intercultural busca interpretar, a través de la escucha y fecundación, desde donde está hablando Dios en la historia presente de cada pueblo, pero sobre todo en la mutua interacción de estos. Esta escucha y fecundación son las que dan 'nuevos ojos' para reconfigurar, desde la crítica, la propia tradición cultural-religiosa y poder interpretar como hablar de Dios. Re-configuración que brota del descubrir sentidos de la vida y de la realidad (manifestación del Misterio) que estaban escondidos, olvidados, excluidos o ignorados (Cerviño, 2010).

Por meio desses sentidos, que oferecem novas linguagens e símbolos, é possível construir propostas alternativas de onde falar de Deus tenha sentido e relevância histórica. Propostas inclusivas, amplas e abertas, mas que precisam uma constante transformação e recriação. O esquema de Cerviño é o seguinte (Cerviño, 2010):

1º momento: deixar-se fecundar. É o momento de assumir com radicalidade a abertura e desafio aos demais, que são diversos e diferentes. É aceitar o rompimento afetivo e efetivo do próprio universo simbólico, mito ou horizonte de vida. Esse fator é indispensável para se abrir ao alheio. Não se trata de julgar, interpretar ou conceitualizar a outra cultura ou religião desde o horizonte, mas perceber a força do Espírito nesse grupo. É dar início à comunicação dialógica, aventurar-se a transitar por zonas desconhecidas que interpelam, criam incerteza e perplexidade. É necessário se deixar fecundar por Deus que habita e se manifesta além das fronteiras, num contexto que resulta estranho. Teologicamente, esse momento corresponde ao *auditus fidei* (Libânio; Murad, 1996). O teólogo encabeça sua reflexão colocando-se numa atitude receptiva, à escuta dos testemunhos da fé. A razão teológica traz presente a memória do que Deus tem feito em benefício do mundo.

2° momento: vislumbrar a novidade. A novidade do Mistério, na tradição própria como alheia, o que acontece graças à fecundação no primeiro momento. É o de reconfigurar, rememorar, reatualizar e reinterpretar a própria tradição cultural e religiosa, desde seus textos e vivências. É o momento da intraculturalidade, de ir dentro. Nesse nível, a razão teológica procura iluminar quanto for possível os mistérios da fé. É chamado de *intellectus fidei (*Libânio; Murad, 1996), em que se procura, sobretudo, que a revelação expressa em categorias diversas ao longo da história possa ser compreendida pelo homem e pela mulher, situados em outras coordenadas de tempo e espaço. No entanto, como nenhuma construção teológica pode encerrar o Mistério, todo sistema teológico deve permanecer aberto à existência plural das teologias.

3° momento: formar germens de vida plena. Fecundados pelo contexto alheio e transformados pelo mistério ao se revelar a partir de outros universos simbólicos, algo que permanecia desconhecido. Agora, é o momento de retornar à práxis. No segundo se desenvolvia o discernimento, esse é o da intervenção **na história para gerar um presente, onde existem intercâmbios,** encontros e enriquecimentos. É ser coparticipante do projeto de Deus. Teologicamente, esse momento equivale ao *aplicativo fidei* (Boff, 1998). Algo descuidado pela teologia clássica e também moderna, mas colocado de relevo na Teologia da Liberação. É a ocasião em que operar representa o momento constitutivo de toda a teologia, que queira ser completa e fecunda. É uma atitude necessária para explicitar as projeções concretas da fé na vida das pessoas e das sociedades. Pois toda teologia hermenêutica sem prática não existe. Então, essa hermenêutica termina onde começou, na fé, porém comprometida, lúcida e exigente.

3.2 Fundamentos bíblicos da interculturalidade

Dentro da reflexão da teologia bíblica, é prudente acolher o conceito de interculturalidade. A proposta é de relacioná-lo ao termo *inculturação*, concebendo a fé já no interior de uma cultura que deve ser captada e vivida em outra cultura. Essa questão será aprofundada no capítulo 4 desta pesquisa.

3.2.1 Interculturalidade no Novo Testamento

Por enquanto, no caso da interculturalidade no Novo Testamento, deve-se entender que se trata de uma proposta de evangelização interculturada, promovida pelo grupo que se originou a partir da pregação de Jesus. Esse grupo, que Lucas chama de *testemunhas oculares* (Lc 1,2), teria feito esta "evangelização interculturada". Ou seja, o próprio texto de Lucas já seria o resultado da pregação feita aos povos urbanos de cultura greco-romana, de uma proposta de espiritualidade construída a partir dos gestos e palavras proferidos por Jesus de Nazaré, no contexto sociorreligioso rural da Galileia.

Com essa afirmação, formula uma série de questionamentos:

> [...] será que as palavras de Jesus de Nazaré, pronunciadas em aramaico, foram bem traduzidas ao grego? De que maneira as pessoas de cultura greco-romana acolheram e viveram esta fé, transmitida pela pregação dos apóstolos e apóstolas? Como e por que as pessoas, vivendo nas periferias das cidades daquela época, acolheram a proposta cristã? Será que os textos que temos hoje no Novo Testamento em grego, traduzem, de fato, a pregação destas testemunhas oculares? (Orofino, 2010)

A interculturalidade é, portanto, um processo importante para o surgimento do Novo Testamento. Esse processo supõe um intercâmbio entre as duas culturas. Os agentes dessa troca seriam pessoas que tiveram, ao mesmo tempo, um pé dentro de cada cultura.

> Ou seja, seriam antes de tudo judeu de raça e de cultura, gente que conhecia bem os mistérios da religião judaica. Por outro lado, deveriam ter também uma boa formação helenista, conhecedores não apenas da língua e da formação grega, mas também conhecedores do universo religioso do povo urbano e pobre daquela época. Gente que poderia se situar bem dentro de uma cidade e, ao mesmo tempo, situar-se bem dentro da religião urbana daquela época. O exemplo paradigmático seria o judeu-helenista Saulo/Paulo de Tarso. Em resumo, o lento processo de assimilação e/ou resistência por parte de uma cultura de matriz semita (os judeus) com uma cultura de matriz indo-europeia supõe agentes capacitados. No meu entender, a equipe missionária organizada e coordenada por Paulo acabou por mostrar-se vitoriosa na transmissão da mensagem de Jesus. As igrejas cristãs são herdeiras deste trabalho (Orofino, 2010).

O fato de definir Saulo como um judeu-helenista mostra que o diálogo entre duas culturas distintas tinha começado há muito tempo. Na verdade, prosperou com a aquisição de conceitos religiosos e jurídicos persas pelo Antigo Testamento (AT), (o Pentateuco, os anjos, o princípio do mal). A religião dualista persa deixa seus traços na Bíblia. A chegada dos gregos (a partir de 333 a.C.) apenas acentua essa interpretação entre as duas culturas tão distintas.

No século III a.C., com a progressiva helenização do Oriente Médio, a partir do centro irradiador de Alexandria no Egito, o judaísmo percebe a necessidade de assimilar e/ou resistir às investidas da cultura grega. De um lado, surgem iniciativas de incorporação, como tradução dos LXX. Também se ressalva um diálogo construtivo de identidade judaica no mundo grego, como o Livro da Sabedoria. Por outro foco, a resistência tanto surge nas formas literárias sapienciais (Eclesiastes e Sirácida) como nas novelas populares de resistência (Judite). Essa resistência tomará sua forma mais dramática na mentalidade apocalíptica e sua consequente literatura.

> É inegável que o cristianismo conseguiu, de fato, ser uma proposta de interculturalidade, na medida em que a pregação feita por Jesus na Galileia tornou-se regra de vida para pessoas vivendo o cotidiano das cidades greco-romanas ao redor do Mediterrâneo. Para entender esse fenômeno, teríamos, então, que tentar traçar uma linha contínua deste trabalho de evangelização, partir da região rural das comunidades da Galileia para as grandes cidades do império greco-romano. Este trabalho foi feito pela primeira geração de cristãos, entre os anos 30 a 70 d.C. [...] (Orofino, 2010).

As comunidades geradas por esse esforço evangelizador é que farão suas sínteses, mostrando o quanto a mensagem de **Jesus foi sendo adaptada às novas realidades urbanas. Se fossem** elencados todos os sinais dessa adaptação presentes nos evangelhos, se estenderia demais o trabalho. Por isso, tomou-se como aporte apenas exemplificar com a proposta do Reino de Deus e, consequentemente, identificá-la numa perícope mateana.

3.2.2 O Reino de Deus: uma proposta intercultural

A proposta do Reino de Deus[25] que Jesus apresenta se torna uma opção bem concreta (Mc 1,15). Esse projeto, evidentemente, situa-se dentro das contradições sociais da própria Galileia nos anos 30. De que maneira então essa moção, feita em língua aramaica, atravessou a fronteira cultural entre Galileia e Síria, tornando-se internacional ao adotar a língua grega? E como acabou por se tornar uma proposta religiosa para resolver os problemas espirituais das populações urbanas do Império, entre os anos 30 e 70? Qual o preço pago para essa transformação?

Nesses 40 anos já são encontradas comunidades cristãs nas grandes cidades do Império. Isso demonstra que a proposta do Reino, feita a essas populações urbanas, contou com um respaldo e uma aceitação. É, bem verdade, que nesse curto tempo de 40 anos apenas uma pequena minoria validou essa proposta cristã.

> A partir de Atos dos Apóstolos (cf. At 17, 16-34) podemos perceber a crise de Paulo em Atenas: a evangelização deve ser direcionada para as populações das periferias urbanas. Esta população tinha sérios problemas espirituais por formar um agrupamento bastante heterogêneo, misturando raças, culturas e religiões, revelando pessoas com problemas de identidade e segurança, perda de significado religioso pela migração forçada e ausência de projetos históricos causados pelo desenraizamento. Temos que tirar da cabeça que a elite de uma cidade logo aceitou a proposta de Jesus. Foram pequenos grupos de gente simples, buscando cultos de salvação para seus problemas. A equipe missionária fez uma proposta religiosa para estas pessoas, e elas, de certa forma, aceitaram. [...] (Orofino, 2010).

Qual a proposta? Um pequeno detalhe mostra o processo de interculturalidade feito pelas equipes missionárias. Vale a pena notar esse pormenor na própria oração do Pai-Nosso. Há duas versões que, numa rápida comparação, registram uma importante diferença. No Evangelho de Mateus, voltado a uma catequese para cristãos de origem judaica, o Pai-Nosso ainda pede o "perdão das dívidas" (Mt 6,12) indicado por Jesus bem dentro da espiritualidade do Ano Jubilar. O mesmo Pai-Nosso em Lucas (Lc 11,4), numa catequese direcionada aos cristãos de origem pagã, o perdão agora é dos "pecados". Uma coisa é perdoar as dívidas e outra os pecados. A linguagem mudou.

> Vemos, então, que o Evangelho do Reino de Deus, pregado por Jesus na Galileia, foi sendo gradativamente transformado no Evangelho do Reino realizado em Jesus Cristo, morto e ressuscitado. Ou seja, a esperança sociopolítica messiânica galilaica foi sendo transformada numa proposta espiritualizada de uma vaga esperança celeste universal, voltada para populações urbanas sofredoras e sem objetivos na vida. Para que esta esperança se concretize, bastava aceitar a vida nova que vinha pelo batismo. Ainda que as implicações deste batismo fossem, para a época, uma proposta política bastante radical: o fim das diferenças entre as pessoas. Mesmo assim, a proposta de um Reino voltado para os pobres foi sendo transformada numa proposta de um Reino voltado para os pecadores que serão purificados (Orofino, 2010).

Mesmo para uma comunidade cristã com uma trajetória particular como a comunidade joanina, que retrata uma evangelização nas cidades de Ásia, verifica-se como o conceito de Reino sofreu transformações. No início, o Quarto Evangelho (Evangelho de João) fala em Reino (Jo 3,3). Mas vai sendo gradativamente substituído pela expressão "vida eterna" (Jo 3,16). Essa "vida eterna" é a vida nova que cada um vai conquistando através da fé no Filho de Deus.

Para Orofino, é importante perceber a interculturalidade, citando esse exemplo do Reino de Deus. O que era originariamente uma proposta coletiva de redenção camponesa para agricultores galileus acabou se tornando uma proposta espiritual de salvação individual urbana (Orofino, 2010).

3.2.3 O encontro de Jesus com a mulher cananeia (Mt 15,21-28)

Cada vez que toma conhecimento do texto de Mt 15,21-28, que narra o encontro entre Jesus e a mulher cananeia, sente-se a tensão da discussão que a mulher, estrangeira, e de outra religião, teve com o Filho de Deus. É frequente destacar as qualidades dessa siro-fenícia, sua insistência e grande demonstração de fé em Cristo, como exemplo para todos os cristãos. No entanto, uma parte pouco explorada é a dinâmica que esse encontro teve, sua relevância e consequências, tanto para o Mestre Jesus quanto para essa mulher.

Uma perspectiva intercultural propõe mergulhar nesse assunto, com a intenção de trazer presente o fundamento bíblico para a pesquisa, tendo como foco principal a categoria da cultura do encontro.

Divide-se essa exegese em três pontos. O primeiro aborda, embora de forma sintética, a estrutura do Evangelho de Mateus, olhando para o conjunto da obra. No segundo, usando os instrumentos da exegese bíblica, analisa-se, de forma mais específica, a perícope, comparando-a com outros textos bíblicos. Finalmente, **no terceiro, elabora-se a hermenêutica, procurando aspectos para** a prática e a vivência do Reino de Deus.

O contexto da comunidade mateana

O Evangelho de Mateus, primeiro livro do Novo Testamento, é o contexto maior de onde se tira a perícope (Mt 15,21-28). A seguir, descreve-se o contexto histórico em que nasceu tal Evangelho, as características e conflitos que sofria a comunidade redatora, e a estrutura geral da obra mateana.

Contexto histórico e características da comunidade mateana

Existe o consenso de que o Evangelho de Mateus foi escrito por volta dos anos 80, perto da cidade de Antioquia da Síria. Esse livro teria sido escrito em mutirão, por autores de origens cristãs, helenistas, a escola rabínica cristã. Eles conheciam bem a Bíblia hebraica dos LXX e as tradições cristãs existentes (Richard, 1998).

O nome dado à obra corresponde a uma ficção literária de colocar essas palavras nas mãos de um discípulo direto de Jesus. A motivação que levou a escrever corresponderia a uma necessidade de resgatar e manter vivo o testemunho que os discípulos diretos de Jesus deixaram. Após o desaparecimento da primeira geração de discípulos (até o ano 80 d.C.), fomentaria espaço para uma segunda e terceira, dentro do período subapostólico (70-135 d.C.).

Para a formação do livro, deve ter se usado a fonte "Q", o Evangelho de Marcos, juntamente às tradições que existiam na Antioquia, Síria e Galileia. Assim, o "evangelho de Mateus é, portanto, a primeira grande síntese das tradições cristãs, realizada depois da destruição de Jerusalém e do povo judeu na guerra dos anos 66-74" (CNBB, 1998). Tem-se nesse evangelho 50 anos de tradição oral que se manteve vivas em tais comunidades.

Assim, o movimento de Jesus na Palestina e na Síria tenta reconstruir a tradição israelita, em contraproposta ao que o judaísmo rabínico, de caráter ortodoxo e exclusivista fez naquele período.

Após a guerra judaica romana e a destruição do Templo de Jerusalém, os cristãos que viviam dentro do judaísmo oficial fugiram pela perseguição implantada pelo império Romano e pelo judaísmo rabínico em formação. Dirigiram-se para o norte da Galileia e da Síria, onde se formaram fortes comunidades até a região de Damasco. Social e economicamente eram comunidades devastadas (CNBB, 1998).

Uma vez terminado o conflito, o império romano tomou conta das terras férteis dos judeus, e se a situação já era ruim, só piorou. Afetadas se viram, também, as regiões da Galileia e da Síria. Os agricultores se tornaram até escravos, e distintas intempéries afetaram a plantação.

Dessas comunidades pobres, nasce o Evangelho de Mateus, com características de ser uma comunidade mista. Enumeram-se as principais particularidades dessa comunidade, as mesmas que transparecem no próprio evangelho (CNBB, 1998):

- *Igreja mista:* constituída por judeus cristãos, judeus helenistas apegados à Lei e ao Templo e não judeus (Mt 5,17-19; 9,17);
- *Conflitos em torno da Lei:* a observância da Lei se tornou causa de conflito, devido às tendências que existiam. Mateus, no seu evangelho, faz o grande esforço de ser mediador entre a Antiga Lei, ou seja, a de Moisés e a nova proposta de Jesus;
- *Conflitos com o judaísmo formativo:* expulsão dos judeus cristãos das sinagogas, por parte dos judeus ortodoxos que queriam formar um judaísmo puro;
- *Controvérsias a respeito da vinda imediata de Jesus:* as comunidades de Mateus, assim como outras esperavam a vinda do Senhor de forma iminente. Isso gerou um cansaço e desânimo. Mas o apelo que aparece no evangelho é o da vigilância, e a prática do amor (Mt 16,27; 25,31-46);
- *Comunidades em tensão:* o conflito reside na abertura aos gentios, os estrangeiros, já que existia a ideia predominante de um cristianismo exclusivo para as "as ovelhas perdidas da casa de Israel" (Mt 15,24). Esse argumento já aparece na perícope, mas a abertura deverá ser maior, e o cristianismo deveria ser um legado universal para todo aquele que quiser assumir este projeto.

Estrutura geral

Para a redação do evangelho, uma das fontes usada pelos autores da comunidade mateana é Marcos, como foi dito. É pertinente colocar alguns elementos sobre o uso que Mateus faz de

Marcos. Isso corresponde a uma necessidade metodológica, já que se compara a perícope da mulher cananeia, nos dois evangelhos. Não se exclui o uso da fonte "Q" e das tradições próprias da comunidade mateana para a redação do evangelho.

Mateus salienta que, no agir de Jesus, estava se cumprindo a profecia do Antigo Testamento, em vista de possíveis leitores judeu-cristãos, o que não excluía os pagãos convertidos (Ziener, 2004). Seguindo a comparação com Marcos, Mateus ampliou o princípio e a conclusão de Marcos: uma pré-história à maneira de prólogo (Mt 1,2) e uma conclusão revestida pela narrativa da aparição do Ressuscitado e pela ordem de batizar (Mt 28,16-20).

Essa ampliação de Mateus obedece a uma tentativa de historização, em que o tempo de Jesus se olha como passado, que anima a vida das comunidades. E que os acontecimentos da vida de Jesus devem ser lidos como acontecimento em que as profecias se cumprem.

Outra curiosidade é que só Mateus menciona que a missão de Jesus se restringia ao povo de Israel (Mt 15,24), "característica do tempo de Jesus, que se torna, assim, bem distinto do tempo de Mateus, no qual a missão entre pagãos era um fato" (Ziener, 2004). E o que colocaram em boca de Jesus fica como um legado e exigência do próprio Jesus para os cristãos do tempo de Mateus. A obra mateana tem uma finalidade catequética, pelo seu jeito de escrever e por seus objetivos. Não esgotando as discussões referentes às diferenças entre Mateus e Marcos, passa-se ao esquema que as comunidades mateanas apresentam no Evangelho.

A estrutura de Mateus está dividida em cinco partes, cada uma com um livro que leva um tema. Cada livro contém um discurso e uma narrativa. No total, tem-se dez partes, cinco narrativas e cinco discursos, mais a introdução e a conclusão. A exegese atual entende isso como uma forma de Mateus tornar presente a *Torá* e os dez mandamentos (CNBB, 2010).

Na sequência, a esquematização (CNBB, 2010):

A Introdução (1 - 2)
Jesus dentro da História do Povo de Deus (1,1-17)
Jesus: um novo começo dentro de um novo Êxodo (1,18-2,23)
B Primeiro Livro: Justiça Do Reino (3-7)
Narração: Jesus anuncia o Reino (3-4)
Discurso: O Sermão da Montanha (5-7) – Condições para entrar no Reino.
C Segundo Livro: Uma Justiça Que Liberta Os Pobres (8-10)
Narração: Os Milagres, sinais do Reino (8-9)
Discurso: A missão (10), como anunciar o Reino.
D Terceiro Livro: Uma Justiça Que Provoca Conflitos (11,1-13,52)
Narração: As reações diante da prática de Jesus (11-12)
Discurso: As parábolas do Reino (13, 1-52), o ministério do Reino.
C Quarto Livro: O Novo Povo De Deus (13,53-18,35)
Narração: O seguimento de Jesus (13,53-17,27)
Discurso: A comunidade dos seguidores (18, 1-35), sinal do Reino.
B Quinto Livro: A Vinda Definitiva Do Reino (19-25)
Narração: O Reino é para todos (19-23)
Discurso: A vigilância (24-25), o Futuro do Reino.
A Conclusão: Páscoa Da Libertação (26-28)

Para destacar a parte mais significativa, os redatores de Mateus organizaram o material de maneira muito inteligente, colocando as ideias nos extremos e a parte mais importante no centro. Atribui-se o nome de "quiasmo".

Por último, a ideia que perpassa por todo o evangelho será a da "Justiça que provoca conflitos". E partir desse conceito, organizam-se os demais textos. O encontro de Jesus com a siro-fenícia geraria conflitos, mas, no final, uma justiça que se revela como acolhida de todos os povos.

Análise comparativa

A perícope de Mt 15,21-28 se insere dentro da estrutura do quarto livro do evangelho, em que seguidores e seguidoras de Jesus vêm ao seu encontro, que possibilita o diálogo e o discipulado mútuo, a reconstrução da esperança messiânica esperada por muitos povos. Aborda-se o texto de forma específica, usando os elementos possíveis para uma exegese bíblica, comparando com outros textos, entendendo o contexto maior em que se adiciona e analisando os símbolos, expressões e particularidades. Eis o texto, obtido da tradução grega do Novo Testamento interlinear (Scholz, 2004):

> 21 E saindo dali Jesus retirou-se para os lados de Tiro e Si-
> dom. 22 E eis (uma) mulher cananeia de as regiões aquelas
> tendo saído gritava dizendo: Tem compaixão de mim,
> Senhor filho de Davi: a minha filha horrivelmente está
> endemoninhada. 23 Mas Ele não respondeu a ela palavra. E
> aproximando-se os discípulos dele pediam a ele dizendo:
> Despede a mesma, porque grita atrás de nós. 24 Mas Ele
> respondendo disse: Não fui enviado senão para as ove-
> lhas perdidas de (a) casa de Israel. 25 Mas ela tendo vindo
> adorava a ele dizendo: Senhor socorre a mim. 26 Mas Ele
> respondendo disse: Não é bom tomar o pão dos filhos
> e jogar aos cachorros. 27 Mas ela disse: Sim Senhor, pois
> também os cachorros comem de as migalhas que caem de
> a mesa dos donos deles. 28 Então respondendo Jesus disse
> a ela: Ó mulher, grande (é) tua fé; seja feito a ti conforme
> queres. E foi curada a filha dela desde a hora aquela.

O contexto maior de Mt 15, 21-28

A perícope se inclui dentro do conjunto do quarto livro do evangelista, o "O Novo Povo de Deus" (13,53-18,35). Conta com uma narração sobre o seguimento de Jesus (13,53-17,27) e com um discurso que faz referência à comunidade dos seguidores, que se converteriam em sinais do reino. E de forma geral, desenrola-se em torno de duas perguntas: Quem é Jesus? Quem são as comunidades dos discípulos e discípulas de Jesus? (CNBB, 2010)

O texto entra na narrativa daqueles que seguiam Jesus, que se sentiam chamados e interpelados pela sua mensagem. Esse assunto está ambientado no contexto judaico (13,53-14,36), e por ser assim essa prática libertadora de Jesus entra em confronto com a religião oficial (15,1-20). Surge de novo a pergunta a respeito da pessoa de Jesus, mas agora em ambiente pagão (15, 21-16, 20). Segue o contexto da perícope.

Apresenta-se o início da caminhada de Jesus rumo a Jerusalém (16,21), aparece Pedro na cena e a repreensão de Jesus, junto a isso Jesus anuncia sua paixão. A continuação dá algumas recomendações aos seus discípulos sobre seu seguimento (16,24-17,21). Há um novo anúncio sobre a paixão e a ressurreição (17,22). Finalizando a parte narrativa desse livro, Jesus proclama a liberdade do povo frente às autoridades religiosas e políticas (17,24-27).

Centrando-se na perícope, há, antes dela, o texto que narra o conflito que Jesus teve com os doutores da lei, que provinham de Jerusalém (15,1-20), e lendo as entrelinhas, apreende-se o contexto **histórico de Jesus e o confronto das comunidades mateanas com** os dirigentes do judaísmo ortodoxo, superando a lei do puro e do impuro, e a superioridade que Israel impunha sobre povos vizinhos (CNBB, 2010).

Na continuação, Jesus vai aos territórios considerados pagãos, que dá lugar ao encontro d'Ele com a mulher cananeia, que lhe pediria a cura da sua filha (15,21-28). Surpreende as palavras proferidas por Jesus: "Eu vim para as ovelhas perdidas da casa de Israel" (Mt 15,24). A princípio, parece que Jesus veio para salvar só a um grupo cultural específico. Teólogos, biblistas e pesquisadores da religião e de áreas afins indagam se essa frase seria uma expressão própria dele ou representa algum conflito interno das comunidades mateanas não abertas ao mundo pagão. Ainda se, propositalmente, essas palavras foram colocadas na boca do

Messias intencionalmente, para se referir a uma catequese que tem como fundo o discipulado mútuo. São questionamentos que percorrem essas páginas e serão passíveis de respostas mais adiante.

Depois da perícope, depara-se com uma narrativa que dá continuidade ao ministério de Jesus que cura e partilha o pão em território estrangeiro (15,29-31; 32-29) formando uma unidade, e com uma intenção por trás dela.

Esse bloco condensado num livro, provoca saber a intencionalidade que está no fundo de cada palavra e frase proferida. Uma hora Jesus está em território judaico, outra num estrangeiro. O objeto em análise tenta responder às interrogações levantadas, tendo presente a unidade do bloco e a particularidade da perícope.

Quadro comparativo entre Mt 15, 21-28 e Mc 7, 24-30

O texto aparece também em Mc 7,24-30. Elabora-se o seguinte quadro comparativo oferecido por Johan Konings (2005):

Mt 15, 21-28	Mc 7, 24-30
21 E tendo saído dali, Jesus retirou-se para a região de Tiro e Sídon 22 E eis, uma mulher cananeia, tendo saído daquela região, gritava dizendo: Tem compaixão de mim, Senhor, filho de Davi: minha filha está malignamente endemoninhada. 23 Ele não lhe respondeu palavra (alguma), e seus discípulos, aproximando-se, pediam-lhe, dizendo: despede-a, pois (ela) grita atrás de nós. 24 Ele, respondendo, disse: Não fui enviado senão às ovelhas perdidas da casa de Israel. 25 **A mulher, porém veio e prostrou-se** diante dele dizendo: Senhor ajuda-me! 26 Ele respondendo disse: Não é bom tomar o pão dos filhos e lançá-los aos cachorrinhos 27 Ela disse: É sim, Senhor; pois também os cachorrinhos comem das migalhas que caem da mesa de seus donos! 28 Então, respondendo, Jesus lhe disse: Ó mulher, (é) grande tua fé! Seja-te feito como queres! E a partir daquela hora, sua filha ficou sarada	24 Tendo se levantado dali, foi-se para a região de Tiro e, tendo entrado numa casa, queria que ninguém soubesse, mas não conseguia ficar escondido. 25 Mas logo, tendo ouvido a respeito dele, uma mulher cuja filha tinha um espírito impuro, tendo ido, caiu aos seus pés. 26 A mulher era grega, siro-fenícia de origem, e pedia-lhe que expulsasse o demônio de sua filha cf. v. 25 27 E ele lhe disse: deixa que os filhos **se saciem primeiro; pois, não é bom** tomar o pão dos filhos e lançá-los aos cachorrinhos. 28 Ela respondeu e disse-lhe: Senhor, também os cachorrinhos, debaixo da mesa, comem das migalhas das crianças. 29 E ele lhe disse: Por causa desta palavra, parte: o demônio de tua filha.

Esse exercício comparativo permite evidenciar as particularidades de cada texto. Algumas considerações:

- Mateus realça que Jesus não chegou à cidade, ficou nos arredores (v.21);
- Em Mateus, os discípulos acompanham Jesus (v.23), enquanto em Marcos apresenta o Filho de Davi sozinho retirando-se, de repente queria descansar ao entrar naquela região, já que sua fama tinha se espalhado pela Galileia;
- Marcos já situa a cena dentro de uma casa, lugar de descanso e das relações, e onde a nova comunidade toma forma. Mas a fama de Jesus tinha se espalhado como recorrem os dois textos e não pôde fugir;
- Em Mateus, a mulher grita (v.22), vem atrás deles, insiste e dialoga com ele e logo se ajoelha; em Marcos, ela se prostra diretamente sem ter este diálogo (v.25);
- Nas duas versões, Jesus não quis curar a filha da mulher. Em Mateus, Jesus chegou a se negar até três vezes (vv.23,24,26). Ele se comportou como um judeu conservador igual aos discípulos, porque o provérbio proferido no v.26 era conhecido contra os não judeus. Na versão de Marcos, Jesus não se nega três vezes, mas acrescenta uma parte e abre o espaço para os gentios (v.27);
- Em Mateus, o que parece importante não é a cura da filha, mas o diálogo que Jesus tem com a mulher. Já, em Marcos, ocorre o inverso;
- A mulher que insiste é de origem grega, siro-fenícia, segundo Marcos. Possivelmente de condição e dignidade melhor em comparação às outras culturas, já que sua filha dormia numa cama, num contexto em que poucos tinham ou se davam esse direito;
- Nota-se a teimosia da mulher em ambos os textos. Não importou de se jogar aos pés de Jesus (Mc v.25), mesmo tendo uma condição muito melhor que os próprios judeus. É de admirar a fé da mulher como apresenta Mateus (v.28).

O passo seguinte do capítulo é dissecar as particularidades do texto oferecido por Mateus, as expressões, simbologia, palavras.

Particularidades de Mt 15,21-28: expressões e símbolos

Jesus anda aos arredores de Tiro (Líbano) e Sídon, ao norte da Galileia. Longe de Jerusalém, num território considerado por muitos como pagão, onde as pessoas não seguiam de perto a Lei. Além disso, o relacionamento entre os siro-fenícios e galileus não era muito bom. Os galileus se encontravam em desvantagem econômica, já que Tiro era um porto marítimo e explorava os produtos agrícolas produzidos no território agrícola da Galileia. Logo, "trata-se de dois povos e duas culturas que, embora vivam lado a lado, não se apreciam mutuamente" (Tamez, 2004). Esse conflito perpassa o texto da perícope, influenciando até os gestos e as palavras do mestre Jesus. Tem-se um texto tenso, de interlocuções fechadas, que carrega mágoas, no qual pensamento judaico parece se sobrepor.

Ao encontro de Jesus vem uma mulher, sem nome, provavelmente a primeira apóstola dos gentios. Marcos (v.26) insiste na nacionalidade, é siro-fenícia. Mas Mateus (v.22) informa que é cananeia, para insistir que era pagã e estrangeira. Ela chama a atenção de Jesus com as seguintes palavras: "Tem compaixão de mim, Senhor, filho de Davi" (v.22). Essa profissão de fé por parte de uma estrangeira surpreende muito, mas no fundo dela estava a esperança de um Messias libertador, aguardado por muitos povos. Com essa expressão, "se quer acentuar que Jesus é o Messias esperado [...] em uma tradição palestina que também foi mantida na cristologia da Igreja helenística" (Goppelt, 2002).

Diante da insistência da mulher, os discípulos intercedem e Ele responde: "Não fui enviado senão às ovelhas perdidas da casa de Israel" (v.24), frase que aparece só em Mateus, e de forma única no Novo Testamento (Ziener, 2004). Junto a esta outra frase: "Não é bom tomar o pão dos filhos e lançá-los aos cachorrinhos" (v.26), revelam o comportamento de um Jesus carregado de traços culturais judeus e vindo especificamente para esse povo. Parece que para Jesus, os pagãos eram impuros, mas por trás de tudo isso existe um propósito, principalmente para as mulheres.

As "[...] migalhas que caem da mesa" (v.27), migalhas de pão, do Reino dos céus, representam o projeto de fraternidade universal a ser construído, em que sentar-se à mesa seja a comunhão de irmãos e povos. Aqui, toma sentido o que acontece depois do encontro de Jesus com a mulher cananeia, Ele cura e partilha o pão com os povos gentios (Mt 15,29-31; 32-39), deixando mais evidente a intenção da comunidade mateana ao colocar Jesus em território estrangeiro.

A cultura do encontro: lugar de transformação

Dedica-se este item à hermenêutica que brota do estudo exegético da perícope. Com exercício, não se sinaliza esvaziar as possíveis interpretações do texto mateano.

De fato, a intenção é salientar o encontro que Jesus teve com a mulher cananeia. Ali, o Filho de Davi se mostra plenamente humano e divino, ao acolher os sentimentos dos excluídos, seus sonhos e esperanças de uma irmandade sem fronteiras e universal. **Pois é no encontro que o humano se diviniza e o divino se** humaniza. Assim, aconteceu com Jesus e com a cananeia.

Certamente, Jesus foi um homem diferente para seu tempo, suas obras e palavras mostram isso. Muitas mulheres pertencentes ao judaísmo fizeram parte do seu movimento, foram discípulas e missionárias. Surpreendem muito essas atitudes diante de uma cultura machista e patriarcal. A primeira conclusão, Jesus, o Cristo, é amigo das mulheres e defensor dos descartados, pois "com uma sensibilidade nada habitual numa sociedade patriarcal, Jesus tem o costume de falar explicitamente das mulheres, tornando-as 'visíveis' e pondo em relevo a sua atuação" (Pagola, 2010). Ele as coloca no centro e as torna protagonistas.

Com a mulher cananeia, não acontece nada diferente. Ela que não era judia, mas estrangeira, incomoda e chama a atenção daqueles que estavam ao redor de Jesus (v.23), seus discípulos. Revela-se um conflito de etnia. Mas Jesus tenta acolher essa mulher ainda que, possa ter usado palavras e expressões fortes, como "cachorro", fruto de uma mentalidade judaica. Ele consegue superar esse preconceito e se torna o amigo daquelas que sofriam pelo fato de pertencer a uma cultura diferente.

Como informa Richter, a presença das mulheres no movimento de Jesus apresentadas no Evangelho da comunidade mateana refletem a sua participação, assim como os conflitos ligados ao discipulado de iguais (Richter, 1997).

Uma segunda consequência é o caminho de aprendizagem traçado por esse encontro transformador. "Ó mulher, grande é tua fé" (v.28). São palavras que revelam o processo de conversão de Jesus (Richter, 1997), reconhecendo a iniciativa e o testemunho de uma fé profunda de uma mulher não judia. Essa mulher sem nome, humilhada, faz parte do ministério de Jesus, tem uma participação central, paradigma na inclusão de homens e mulheres de tradição não judaica. Com ela, abriu-se a janela do Reino de Deus.

Em Mateus, eclodem os testemunhos de várias pessoas de origem não judaica que exerceram influência no ministério de Jesus. **Em 9,27 se fala da cura dos três cegos de outra etnia; em** 14,34, sobre a cura do servo do centurião romano. E no encontro de Jesus com a mulher cananeia, além do um conflito de etnia, desenrola-se um conflito de gênero, tema resgatado de forma preciosa por teólogas feministas. Por esse motivo, mulheres são resgatadas no evangelho, como é o caso da cananeia, algo relevante para a construção de uma comunidade como espaço de inclusão (Pagola, 2010). Sendo homem, Jesus não se aproveitou da situação de humilhação da mulher, para "rebaixá-la e vingar-se daqueles que fazem mal a seu povo, como ocorria com a classe econômica poderosa de Tiro e Sídon".

Jesus tratou mal a mulher no início, mas teve a coragem de reconhecer a sua posição errada e se converter para as necessidades dos gentios, pois essa mulher fez com que Jesus caísse em conta de que todos os povos da terra merecem se beneficiar da misericórdia de Deus. Foi nesse encontro de acolhida mútua, de aceitação e de articulação que o diálogo deu frutos e se concretizou em gestos e palavras cheias de sinceridade, de compaixão e honestidade.

A terceira consequência se situa no nível de um projeto de salvação universal. Jesus fica surpreso com a resposta da mulher, com a fé demonstrada, mesmo que professada com palavras que faria um judeu esperando o tempo messiânico. E agora "com sua convicção (a da mulher), os demais povos também têm o direito de participar do reinado de Deus, anunciado por ele (Jesus)".

Na outra versão da perícope, Jesus responde à mulher: "Por causa desta palavra" (Mc 7,29), "por causa da tua fé", fazendo uma releitura de Mateus (v.28). Jesus cura a filha dela. Como se constata, as palavras da mulher no diálogo com Jesus provocaram mudanças, revelando que as mulheres podem ser pioneiras, na frente das reclamações do que é justo.

Essa mulher foi uma das pioneiras da evangelização fora das fronteiras e tradições judaicas. Retornou para sua terra, não continuou com Jesus. Ele não a deteve, deu-lhe liberdade e levou esse testemunho para as pessoas do seu povo. Nesse encontro, **averigua-se "[...] o quanto um vai se deixando cativar pelo outro.** Ao mesmo tempo, o quanto cada um vai crescendo no exercício de cativar". Assim, procurar formas para que esses encontros se realizem de forma humana, e como caminhos abertos para a construção das relações, na prática do bem viver. As qualidades das relações demonstrarão a presença do Deus vivo e humano no meio do seu povo.

O Evangelho de Mateus exibe uma das grandes tradições a respeito da vivência do cristianismo, provavelmente depois que os discípulos de Jesus não se encontravam vivos.

A mensagem da comunidade mateana está carregada de aspectos culturais, símbolos e expressões, de um grupo de seguidores de Jesus que se encontrava em relação e conflito com o mundo helênico e acolhendo pessoas de vários lugares. Na perícope abordada, aparecem de forma evidente esses aspectos.

Jesus, o profeta do Reino se encontrava pregando o ano da graça e reconstituindo a humanidade num único projeto, de vida, de justiça e de paz. Mas tudo isso não aparecia de forma evidente para os povos estrangeiros na perícope de Mt 15,21-28. O conflito parece mais da comunidade mateana do que do próprio Jesus, como o confirmam os autores usados na exegese. No entanto, não se pode passar despercebido, o comprometimento de Jesus para com todos os povos, depois da discussão com a cananeia, depois da sua conversão de pensamento.

Foi o rosto de um Jesus humano, e aberto a acolher no mais íntimo do seu ser as angústias de quem grita e clama por liberdade, que chamou a atenção. A janela do Reino de Deus abria-se de forma universal, ninguém podia ficar fora desse projeto. Esta breve exegese deve motivar a colocar em prática o discipulado de iguais e a abertura universal que, como cristãos, deve-se ter na acolhida daqueles que procuram seguir Jesus, como a cananeia. Uma mente sempre aberta e disposta a acolher o diferente precisa gerar-se no seio das comunidades, assim cumprindo a universalidade do Reino (Pagola, 2010)..

Com esse relato, o narrador convida a descobrir, com profundidade, a existência, essa que é capaz de ver a mulher, da sua urgência e necessidade, presente em todo símbolo religioso. Diante da vida ameaçada como são a doença, a exclusão, a pobreza e o vazio existencial, devem ser capazes de atravessar a superficialidade, em favor de uma aproximação da realidade e se deixar invadir pelo Mistério que a habita. O que está em debate nessa perícope, além das diferenças culturais, sociais e religiosas é a vida, a vida de uma criança. O narrador adverte a tentação sempre presente em todas as épocas (Cerviño, 2010).

Notas

1 "Se assim é, então, fenômenos como consumo, a moda, a música ou o esporte e o condicionamento físico se tornam lugares de experiência transcendental pós-moderna. Não por nada, nos jovens estas se tornaram realização de sua 'religião invisível' (Thomas Luckamann) subjetiva, e desse modo substitutivos, concorrentes ou já há muito, sucedâneos do cristianismo institucionalizado. Neles, articula-se aquilo que Udo Schamalzle chama de consciência religiosa" [...]. (Grümme, Bernhard. *Uma época sem religião*, p. 6).

2 Suess, P. *Cultura e religião*, p. 41; O mesmo autor tem um conceito de cultura "integral", como sistema de três subsistemas, o simbólico/palavra, o material/pão e o relacional/outro e nesse último o parente/nosso ou estranho/outro. Esta é outra possibilidade de entender a cultura porque a religião diz respeito aos três subsistemas: "A cultura envolve a globalidade da vida de cada grupo humano (etnia, povo, nação): a sua cultura *material, social e interpretativa*. Esta globalidade da condição humana pode ser acionada em diferentes níveis: no nível *imaginário* (sonhos, mitos, esperanças), no *simbólico* (representação material, social ou cognitiva) e no *real* (a canoa, como meio de transporte, é um produto cultural, sem ter um sentido simbólico). O mundo natural não é transformado apenas pelo trabalho 'real', mas também através dos símbolos, do imaginário, da contemplação. Os três subsistemas culturais – o material, o social e o interpretativo – e os três registros – o imaginário, o simbólico e o real – estão em permanente interação. O imaginário, por exemplo, tem uma incidência sobre o campo material, social e interpretativo, como sistema interpretativo direciona a imaginação, a produção simbólica e real". (Suess, P. *Cultura e religião*, p. 46).

3 "[...] En este sentido la 'sincreticidad' no es un signo de 'impureza' y 'decadencia', sino de la organicidad e interpretación cultural, de la interculturalidad del hombre mismo. Ciertamente, no hay que olvidar las circunstancias bajo las cuales este proceso se ha dado en el caso de *Abya Yala*; sorprende que a pesar del choque traumático y de la conflictividad religiosa, ha podido constituirse esta religiosidad *sui generis*". (Estermann, J. *Filosofia andina*, p. 261).

4 "Para sustentar estadísticamente la hipótesis de la diferenciación religiosa de América Latina, me refiero al ejemplo de Bolivia que debe ser bastante representativo en la comparación a nivel latinoamericano. Como prácticamente todos los países

de América Latina, también Bolivia es inclusive hoy día todavía un país esencialmente católico, aunque de manera *sui generis*, debido a los influjos sincréticos por las religiones ancestrales andinas y amazónicas. Sin embargo, la situación hegemónica católica viene cambiándose en Bolivia desde hace algunas décadas, y el campo religioso se ha diversificado en los últimos años de manera dramática. Hay dos causas principales para estas evoluciones: por un lado, el avance de iglesias, movimientos y agrupaciones cristianas no-católicas y, por otro lado, el renacimiento y fortalecimiento de una religiosidad ancestral precristiana que surge al ritmo de la irrupción de lo indígena en la sociedad, política y vida cultural. Estas dos causas son potenciadas aún más por el cambio político que apunta a un Estado laico y el fin de la cristiandad, como factos decisivos en la construcción de una identidad de la sociedad boliviana" (Estermann, J. *Cruz y Coca*, p. 85).

5 "Ciertamente la religiosidad de los Andes ha sido estudiada desde diversos enfoques, principalmente impulsados por la antropología. Una gran variedad de estos estudios fue realizada a partir del enfoque de la antropología (lo llamaremos así) clásica, cuyos aportes convergieron en la elaboración de tipologías y clasificaciones basadas en valoraciones subjetivas, considerando de esta manera ciertas prácticas y representaciones de 'resto folklórico' y otras de sustancia antropológica. Esta tipologización, más que contribuir al trabajo investigativo y esclarecedor, encubrió forzosamente la complejidad de las relaciones interreligiosas y cómo éstas se entretejen complejamente con la social y cultural en las interacciones sociales; **[...] En tal sentido es imprescindible partir estableciendo que rebatimos** firmemente los intentos de clasificación y tipologización, considerando además que con ello reduciríamos el análisis de la diversidad y complejidad de las prácticas y representaciones religiosas a observaciones – unilaterales – regidas, de inicio, por sesgos y subjetividades 'academicistas'." (Callisaya, C. *La negociación simbólica*, p. 41).

6 A critério do historiador Franklin Pease, é muito complicado o uso desse termo, assim como saber de forma clara quais seriam os elementos constitutivos de uma religião andina (se assim quisermos chamar) devido às narrativas sobre elas serem sempre de ocidentais, e no melhor dos casos de nativos que tiveram contato e a intenção de traduzir para o mundo ocidental a espiritualidade andina. Para ele, o melhor caminho para o acesso ao dado religioso são os ritos, mitos, que são a soma de conhecimentos e experiências milenares (Cf. Pease, F. *El Dios creador andino*, p. 10).

7 Uma ampliação e comparação dos mitos da criação hebreus e andinos pode ser conferida na seguinte obra: Muñoz Célleri, Luis Paúl. *Teologia e sumak kawsay:* o diálogo com a sabedoria andina do bem viver. Porto Alegre: Editora Fi, 2019, p. 132ss.

8 "[...] Quando a Igreja julga a cultura, precisa incluir aí suas próprias formas de vida. Pois suas formas são criadas pela cultura, assim como sua substância religiosa torna possível a cultura. A Igreja está dentro da cultura e vice-versa. E o Reino de Deus as inclui ao mesmo tempo que as transcende" (Tillich, P. *Teologia da cultura,* p. 93).

9 Por lugares teológicos entendemos: "[...] as instâncias de argumentação, as 'sedes' ou 'domicílios' das razões teológicas. Trata-se na verdade de uma heurística ou tópica teológica – a parte do método que ensina onde encontrar (*heurískein)* os argumentos de autoridade em teologia" (Boff, Clodovis. *Teoria do método teológico,* p. 200).

10 Eckholt, M. *Lo propio y lo ajeno,* p. 893.

11 "A fé e a Teologia acontecem em determinados contextos. Estão situadas em contexto cultural como social, político e econômico, bem como epistemologicamente quanto sociologicamente. O teólogo Johann Baptist Metz, certa vez, definiu a Teologia como a reflexão da fé em nosso tempo. Quer dizer, a Teologia tem um indexador de tempo. Deve-se reconhecer nela o tempo em que foi formulada. Deve assumir os desafios do seu contexto, refleti-los e avaliar e deve articular-se em meio a esse contexto. A Teologia precisa ser contextual. Isso quer dizer, que tanto ela quanto a mensagem da fé precisam refletir-se nesse contexto e refleti-lo tanto criticamente quanto relacionar-se produtivamente com os mesmos. Não só deve refletir criticamente o contexto, mas dela precisam partir impulsos que levem a fé e a Teologia para frente, bem como para a vida das pessoas e da Igreja. Se não fizesse isso, seria cega e surda para o seu contexto, e afirmaria acriticamente o status quo" [...]. (GRÜMME, B. *Fé impossível,* p. 1).

12 "[...] Para Karl Rahner, o cristão do futuro, sob as condições da modernidade tardia, será alguém que experienciou algo, ele será um místico ou não então ele não será mais ninguém. Especialmente diante dos desafios da Modernidade Tardia, ser cristão se deixa legitimar apenas pelo retorno à Antropologia. Teologia e Antropologia não se contradizem: convergem. No contexto da virada antropológica da Teologia foi elaborada essa estreita vinculação entre Teologia e Antropologia, entre Antropocentrismo e Teocentrismo. A culminância do sentido da

Antropologia, sua fundamentação e força dinamizadora está na Teologia. Por outro lado, a Teologia ganha por sua refundação antropológica uma relação à vida e à experiência. Dessa maneira, a Teologia consegue aproximar-se da vida" (GRÜMME, B. *Religião e fé como realização do ser humano*, p. 1).

13 Na palavra interculturalidade, o prefixo *inter* indica uma relação, uma consideração das relações e ações entre vários grupos, pessoas ou identidade. O *inter* sugere necessidade de diferenças. Falar de interculturalidade é assumir que esses grupos, pessoas ou identidades interatuam mutuamente embora de maneira desigual no caso das relações assimétricas por motivos econômicos, políticos, sociais, de classe, de gênero, de idade. "El prefijo *inter* remite tanto a la manera de ver al otro, como a la manera de verse a sí mismo. En el lenguaje común se utiliza muchas veces el adjetivo intercultural en un sentido lato y débil y como sinónimo de multicultural. Así se queda en un nivel descriptivo y a veces determinista, el mismo que ve a la cultura como un conjunto de rasgos internos autónomos del contexto y de las relaciones con los otros; la cultura vista como orden, como sistema, como estructura homogénea. Por todo ello, interculturalidad se distingue de multi o pluricultulturalidad, no se limita a reconocer las diferencias, a comprarlas, a coleccionarlas, sino que las radicaliza, les da valor, las pone en juego y las ubica en perspectiva" (Preiswerk, M. *Hacia una educación teológica intercultural*, p. 58).

14 "A passagem de um conhecimento da cultura e de um 'cultivo da cultura' para **um reconhecimento do outro e para uma cultura do outro – que reconhece e** acolhe o outro no gesto cultural – só pode ser feita como uma ruptura epistemológica, uma desarticulação da forma de conhecimento tranquilo da cultura em si mesma e como cultura 'própria', da identidade. As experiências de caráter religioso de epifanias devastadoras são exemplos dessa espantosa revelação da alteridade no âmago de um gesto cultural. [...]". A alteridade se revela como face, e a experiência nua da face – o face-face – conduz à cultura da transcendência que a habita (Susin, L. *Revelação e condicionamento cultural*, p. 178).

15 Por contextualidade, entende-se " [...] Quer dizer, todo pensamento está conectado a um contexto concreto. Ele nasce em estreita conexão com sua realidade e dever estar voltado para resolver problemas concretos de uma realidade sócio-histórica. O que significa que a contextualidade é condição da interculturalidade, porque a própria razão é contextual. A contextualidade do pensamento significa dizer, primeiro, que todo saber traz em si um tanto de seu lugar e que esse

saber ganha importância na capacidade de explicar e resolver questões prática e conceituais desse contexto [...]" (Zwetsch, R. *et al.* *Contextualidade, pluralidade, ecumenicidade*, p. 172).

16 "Podemos entender a Teologia da Libertação como aquela reflexão de fé da Igreja que tomou a sério a opção preferencial e solidária com os pobres. É a partir dele e junto a eles que a Igreja quer atuar de forma libertadora. Essa opção não é interesseira e política, como maneira de a Igreja-instituição se colocar ao lado da força histórica emergente: as classes populares cada vez mais decisivas na condução da história. Ela o faz em virtude de motivações próprias, inerentes à própria fé cristã [...]". (Boff, C.; Boff, L. *Como fazer teologia da libertação*, p. 66).

17 Nesse sentido, há necessidade de uma educação teológica intercultural no contexto atual de *Abya Yala*, e essa não pode se não reivindicar a alma da produção teológica latino-americana das últimas décadas, reafirmando sem matizes a opção pelos e pelas pobres. Nessa perspectiva, há que se assumir os avanços e diversificação da categoria de pobres desde o gênero, as etnias, as culturas, as idades, as minorias sexuais, sem esquecer as classes subalternas. Assume-se a categoria de pobres desde a lógica dos que sofrem exclusões e discriminações. Nesse sentido, a opção pelos pobres é parte do paradigma intercultural. Esse não planteia nada que se aproxime a uma espécie de aliança de classes ou de hibridez ideológicas, ou de mestiçagens culturais. Planteia que o respeito pelas diferenças complementado com a luta por um mundo que erradique a exclusão parte de **uma opção pelas e pelos pobres reconhecidos como diversos** (Cf. Preiswerk, M. *Hacia una educación teológica intercultural*, p. 70).

18 "[...] Uma vez que o pensamento é eminentemente contextual e se os contextos são diversos há uma pluralidade de vozes que se expressam a partir de cada um desses contextos" (Zwetsch, R. *et al.* *Contextualidade, pluralidade, ecumenicidade*, p. 173). Os contextos que são diversos só podem se comunicar de forma dialógica. Dessa comunicação nasce uma polifonia, multiplicidade de vozes com suas maneiras próprias de razão, uma exigência do pensamento intercultural é essa abertura ao outro, a outros modos de ver e compreender o mundo. Esse é um exercício que busca não fazer do nosso mundo categorial o centro a partir do qual se compreende o outro, no sentido de concebê-lo à luz do nosso próprio horizonte de compreensão.

19 Fornet-Betancourt, R. *Interculturalidad y religión*, p. 131. Neste ponto, recai em várias interrogações: em que medida a lógica, a simbólica, a sensibilidade pró-

pria aos rostos e corpos da teologia de *Abya Yala* estão assumidos nos centros de formação no momento de produzir teologia? Em que momento os métodos assumem a interculturalidade? De que maneira nossos objetivos assumem essa diversidade, lutam contra as diferenças criadoras de desigualdades, superam a autorreferencialidade eclesial, casada com um monoculturalismo? (Cf. Preiswerk, M. *Hacia una educación teológica intercultural*, p. 71).

20 "Nenhuma cultura pode ser arvorar 'a priori' em cânone para as demais, sob pena de decair na morosidade do etnocentrismo. Mas pode apresentar suas medidas, os seus cânones, para o diálogo, para o confronto e para o julgamento. Também não se utilizam nem se misturam cânones culturais numa panaceia: cada tradição cultural guarda sua coerência e sua complexidade própria, e somente dentro de uma tradição viva e de uma história própria se pode compreender as medidas que agem no interior dessa mesma tradição e história. Portanto, é necessário trazer, com as medidas, também a história de seu funcionamento para o diálogo das culturas'. [...] (Susin, L. *Revelação e condicionamento cultural*, p. 183-184).

21 O desvestimento e a nudez que revelam a transcendência do outro para além de toda forma cultural estão na *palavra*. A palavra é uma abertura, um poder da alteridade para revelar seu absoluto no âmago da forma cultural em que se apresenta. É necessário prestar atenção ao privilégio da palavra, sobretudo da palavra oral, em qualquer cultura, porque nela está a presença mais imediata da face, ou seja, da pessoa. "Na palavra oral, a pessoa está presente à sua própria manifestação ('abertura na abertura'). É da sua presença que decorrem depois todas as outras formas culturais. Seus traços culturais, como vestígios e sacramentos de alteridade, são traços portadores de revelação, traços da palavra de revelação, e não mero desvelamento do ser-aí" (Susin, L. *Revelação e condicionamento cultural*, p. 179).

22 "Toda boa reflexão teológica apresenta simultaneamente traços de universalidade e particularidade. A universalidade reside no fato de fundar-se na única revelação divina, destinada a toda humanidade, e inserir-se na tradição cristã, memória coletivo-seletiva da comunidade eclesial. A particularidade provém do necessário caráter situado de todo pensar humano. A teologia, enquanto ato de homens e mulheres concretos, sofre os condicionamentos de diversos contextos socioculturais em que é gestada. Participa da condição de finitude de toda atividade que utiliza a linguagem e trabalha sobre esquemas mentais superáveis.

Enquanto ato iluminado pelo Espírito de Jesus, reatualiza o mistério da encarnação, com sua necessária particularização num contexto. Em suma: a teologia é hermenêutica situada (particular) da única e mesma fé (universal)" (Libânio, J.; Murad, A. *Introdução à Teologia*, p. 245-246).

23 Junto à contextualidade, a pluralidade, o fator ecumênico é fundamental no esboço duma teologia intercultural. A ecumenicidade é entendida a partir da convivência dialógica com o outro. O diálogo com o outro é essa possibilidade de olhar novas perspectivas, baseado no princípio da convivência com o diferente. O diálogo com o outro como base de uma relação entre sujeitos. Dessa forma, a convivência aponta a uma relação qualificada pela virtude da solidariedade. "Em resumo, a contextualidade, a pluralidade e ecumenicidade são características de uma teologia intercultural a partir da América Latina. Seguindo esses três parâmetros ou pressupostos, podemos desenvolver uma teologia que seja crítica à sua forma de pensar e que perceba nela os '*a priori*' culturais que carrega. Ela é capaz de uma abertura fraterna ao outro, podendo dialogar abertamente e, sobretudo, aprender com os outros e se solidarizar com a luta de libertação das suas vozes e modos de ser e compreender. Trata-se, assim, de uma teologia das práxis da solidariedade e da compaixão. Uma teologia em que várias vozes e rostos podem ser entendidos" (Zwetsch, R. *et al. Contextualidade, pluralidade, ecumenicidade*, p. 175).

24 A inspiração foi o árduo trabalho de Claude Geffré, que entendia a teologia **como uma hermenêutica atualizante da Palavra de Deus. Desse modo, havia um** deslocamento da Teologia como saber constituído para a interpretação plural, ou a passagem de uma teologia dogmática para uma teologia hermenêutica. "Parece-me, assim, que reflexão mais lúcida sobre a revelação nos leva a compreender que a teologia é sempre atividade hermenêutica, pelo menos no sentido em que ela é interpretação da significação atual do acontecimento Jesus Cristo a partir das diversas linguagens da fé suscitadas por ele, sem que nenhuma delas possa ser absolutizada, nem mesmo o Novo Testamento. Com efeito, Jesus é senhor de todos os tempos, e nós devemos repetir o que foi manifestado em Jesus de Nazaré com referência à nossa experiência do homem e do mundo" (Geffré, C. *Como fazer teologia hoje*, p. 19).

25 "Jesús no dio una definición de Reino de Dios. Un adagio teológico tradicional nos lo pone más fácil, al decir: *ubi bonum, ibi Regnum*, o sea, donde está el bien, allí está el Reino. ¿Qué es entonces el Reino de Dios? Una antífona litúrgica, tra-

dicionalmente acompañante del salmo 71, responde a nuestra pregunta de una forma magistral: 'Tu Reino es Vida, tu Reino es Paz, tu Reino es Gracia, tu Reino es Amor...' Vida, Verdad, Justicia, Paz, Gracia y Amor. Y con mayúsculas, indicando que no se trata sólo de una pequeña participación en esos bienes transcendentales, sino de su realización plena, que transborda de unos a otros y los compenetra mutuamente". (Vigil, J. Sumak Kawsay y Reino de Dios. In: Revista de Culturas, Espiritualidades y Desarrollo andino amazônico. *Discurso Teológico y Buen Vivir*. Equipo Ilamis/Editorial Itinerarios, 2015, p. 9).

4. NOTAS PARA UMA TEOLOGIA COM ROSTO ANDINO

Os fios de cada cultura são tecidos no cenário mundial. Diante de uma mudança de época e conforme a situação descrita no segundo capítulo sobre a modernidade[1], há de se ficar atento às dores de parto advindas da civilização andina, dos povos originários e da cultura indígena. As novas formas de sentir e refazer a condição que emergem implicam um replanejamento da tarefa da inculturação, pois seria muito ingênuo e irresponsável evangelizar um espaço cultural, segregando-o artificialmente do cenário mundial.

O questionamento que aparece é este: como evangelizar desde **as culturas e rumo a projetos de vida plena, tendo como finalidade** compartilhar a Boa-Nova do amor[2], e não o cultural em si, pois não cabe evangelizar a cultura? Entendemos que o acento deve ser colocado no "desde" e "rumo a" pessoas e mundos humanos transformados pela Graça.

Se durante séculos o catolicismo esteve assentado no assim chamado Primeiro Mundo, nos séculos que vierem o maior crescimento e inculturação será em regiões africanas e americanas.

No caso em estudo, pergunta-se o que acontecerá, qual o caminho, retrocesso, criatividade nas igrejas particulares? A preocupação maior é quanto à decadência expressada, dentre tantas formas, por esquemas monoculturais, obsessões mediante o surgimento de novas expressões religiosas e do secularismo, uma restauração clerical e a abstenção macropolítica.

Por outro lado, é aconselhável notar a inovação acentuada pelo Concílio Vaticano II, as trajetórias do episcopado latino-americano de Medellín, Puebla, Santo Domingo e Aparecida, o caminho sinodal no pontificado de Francisco, e por tanta vitalidade nas comunidades de fé.

Neste capítulo, chama-se a atenção para a urgente questão da inculturação e interculturalidade, de acordo com a tradicional opção pelos pobres, o caminho missional da teologia índia e a contribuição do mundo andino. Delineia-se um processo exigente e obrigatório. Ao ser imprescindível a libertação de toda dívida e injustiça, é, também premente a reivindicação de culturas postergadas, a fim de acolher o dom da vida. Na América Latina, assediam velhos e novos ídolos, e, frente a esse modismo cultural, Deus convoca para um novo céu e uma nova terra, como motivação para continuar evangelizando a partir do projeto histórico do outro, desde os povos da margem que contam com grandes energias espirituais, cotidianas e cheias de gozo[3].

4.1 A inculturação como processo

A atual preocupação pela inculturação é como uma elaboração musical com vários compositores e executores. Lamentavelmente, há bastante cacofonia; propostas que não vingam, sons irritantes, melodias que repetem velhas incoerências. Outrossim, há vozes e nas quais soam acordes, e constituem uma magnífica obra sinfônica.

> Al examinar meticulosamente el panorama eclesial, es claro que gran parte de la pastoral es funcional al progreso moderno, y lo es de modo acrítico. En la labor comunicacional y educacional, en la promoción social y los derechos humanos, en los implícitos políticos de

> la catequesis y la liturgia, tenemos como denominador común la meta de un 'desarrollo' ofrecido por el orden mundial vigente. Las posturas críticas y proféticas llaman atención porque el panorama general carece de creatividad, y dicho con franqueza, es mediocre. Particularmente en el terreno de la inculturación se dan pocos logros, bastante palabrería, desinterés y hasta ocultamiento de la propuesta episcopal de Santo Domingo (Irarrazával, 2000).

O caminho da inculturação não se encontra no zero, nem as águas estão tranquilas. Existem grandes projetos, embora haja indiferença e irresponsabilidade ante os desafios da inculturação. Nossa proposta tem raízes no trabalho eficaz e silencioso das igrejas locais, que durante décadas interagiram com as culturas presentes em seus espaços de ação pastoral, muitas vezes sem falar em inculturação ou interculturalidade, mas tornando-as realidade. A forma explícita aparece nas conferências do Conselho Episcopal Latino-Americano (CELAM), onde bispos recolhem as contribuições das comunidades, pastoralistas e teólogos do continente.

4.1.1 Inculturação na interculturalidade

As reflexões e questionamentos realizados ao paradigma teológico de inculturação levam a retomar o processo e a intenção desse elemento teológico da tradição, especialmente à luz do magistério latino-americano. Como se trata de uma pesquisa em perspectiva de diálogo intercultural, que se enriquece com os pensamentos opostos para realizar a síntese, o que vem desse estudo a respeito da inculturação não nega os erros e deslizes apontados pelos próprios teólogos e antropólogos nos capítulos anteriores. Ao contrário, permanecem como advertência aos possíveis desvios. O intuito é mostrar nesta subseção que o processo teológico da inculturação supõe a experiência intercultural.

Leitura dos sinais dos tempos: fundamento cristológico

O miolo da tarefa da inculturação se situa na leitura dos sinais de salvação, que faz descobrir rostos de Cristo crucificado e ressuscitado aqui e agora. Essa empreitada "[...] no permanece en un plano objetivo de valores y expresiones; más bien llega al sentido hondo de un pueblo/cultura en sus vivencias cristológicas. En concreto, se trata de una comunión con seres humanos cristificados, tanto en su dimensión sufriente como en su pascua y gloria" (Irarrazával, 2000).

O fundamento cristológico da inculturação abre as portas para outras melodias. Reporta-se a uma música composta e difundida ao longo da história da fé dos povos. É recente a consciência e proposta eclesial feita de maneira explícita, embora a prática inculturada é uma realidade desde os primeiros passos em todo o caminho das igrejas.

As formas mais generalizadas são frutos da chamada *religião do povo*. Este sabe ser solidário e acompanhar o crucificado presente no próximo, e também desfrutar a ressurreição do Senhor em sua comunidade. São as melodias das associações do povo crente, comunidades de fé em Cristo, onde é sujeito da inculturação. Além do mais, exerce-se a responsabilidade pelos pobres da terra e se pergunta sobre como deverá acontecer a libertação integral nessa opção preferencial. Nessas melodias, manifesta-se o conteúdo cristológico da prática da inculturação.

De outro lado, aparecem novas partituras. São muitos textos de obras musicais para várias vozes e instrumentos. A partir de elementos interculturais, mencionam-se algumas dessas partituras e seus contextos, onde há contraposições (Irarrazával, 2000):

- Na inculturação, vai se desenvolvendo a partitura do econômico, no contexto de globalização econômica que gera exclusão de muitos. Nesse caso, a população tem estratégias de sobrevivência, produção eficiente, solidariedade de bens e talentos, que constituem expressões de fidelidade ao Deus criador e sábio;

- Outra partitura é a de gênero. Tem-se tensão entre o androcentrismo, que em meio a tantas coisas, maltrata crenças e representações de Deus, e culturas que priorizam a relacionalidade. Também acontece a inculturação da fé na vida, que é música produzida por vozes distintas e complementares;
- Outro campo novo é o ecológico, que encara a espoliação do entorno e 'de nós mesmos', algumas vezes legitimada religiosamente em favor de aparentes donos do mundo. Os trabalhos de um desenvolvimento sustentável e holístico são uma dimensão da inculturação da fé na criação por quem Cristo morreu e ressuscitou;
- Outra partitura é a das juventudes, assediadas por modelos uniformizadores, e chamada a ser sujeito de inculturação, criando e recriando o que o Espírito suscitar.

Na medida em que se difundem as melodias apontadas, e se conta com novas partituras, a inculturação chega a ser uma grande obra sinfônica. São vozes e músicas que expressam o caminho histórico de cada povo, das muitas faces do Povo de Deus, com seus rostos crucificados e ressuscitados. Essa sinfonia mexe e supera os sons cacofônicos que envolvem e desumanizam. **Trata-se de vozes e melodias distintas, mas que plasmam** uma obra comum. Essa obra dá preferência a quem Deus salva da pobreza injusta, para que compartilhe a vida com os demais. É, pois, uma sinfonia de inculturação que dá liberdade, que faz realidade as promessas de Deus. As culturas são redimidas, não para sacralizar as obras humanas, mas para que se participe do tempo da graça que reordena a convivência e o mais íntimo de cada um (Irarrazával, 2000).

Prioridades da inculturação

Como se incultura a Boa-Nova nas Américas? O ponto de partida, conforme Irarrázaval, é a revelação do mistério trinitário e a prolongação da missão do Filho na missão do Espírito. Esse é o pano de fundo, o conteúdo, o espírito, com que são realizadas a inculturação na missão de cada igreja local[4]. As respostas são dadas, obviamente, por cada comunidade de crentes. Na continuação se colocam algumas linhas gerais na responsabilidade pastoral (Irarrazával, 2000):

- É o Espírito que conduz no caminho cristão da libertação integral, concedendo suas chamas de fogo e faz com que se fale e cante em muitas línguas (culturas). Isso implica dizer que a música da inculturação é plural. Não há um esquema único, totalitário. Por isso, desde as culturas e religiões das Américas (aqui, o caráter intercultural) é que acontece o processo da inculturação;
- As melodias do Evangelho, aqui e agora, são interrompidas e alteradas por ruídos estrondosos. Esses se originam da megapolítica econômica e cultural do sucesso e do consumo. Mas os vícios hedonistas e pragmáticos, entre outros, não cancelam os valores e logros da modernidade que favorecem a liberdade humana. A pastoral da libertação inculturada é um núcleo incipiente de alternativa frente ao projeto mundial dominante. Nesses contextos, a inculturação se caracteriza por ser histórica, holística, **contemplativa**[5].
- A evangelização está urgida por realidades interpelantes. Ressaltam os modos de vida gerados pelas juventudes, pois não cabe apenas inculturar o Evangelho em culturas assentadas em meios adultos, já que ela é o sujeito cultural majoritário latino-americano. Também tornar presente o Evangelho em meios marcados por migração, interculturalidade, mestiçagens, impactos dos meios de comunicação. Ainda há de ser a subjetividade, a valorização da pessoa, e espiritualidades presentes nas sociedades. Essas realidades são como tambores que despertam as tarefas urgentes;
- Sem dúvida, a Igreja Católica ofereceu espaços a muitas culturas nas Américas. Embora, com frequência suas diretrizes foram monoculturais, nos povos há muitas formas

de expressão da mesma fé. Pode-se dizer que o Corpo e o Sangue de Cristo nas Américas têm muitas e diversas culturas, que a sacramentalidade e a simbologia da Salvação, têm características policulturais. Esses ambientes levam à implementação de pastorais específicas: afro-americanas, indígenas, populações urbanas, criança e juventude, comunidades de base, pastoral da saúde, da terra, dos encarcerados;

- Para que a inculturação seja de verdade universal e cotidiana, a pastoral deve tomar em conta a perspectiva de gênero. Permite viver e anunciar a Salvação com todas as sensibilidades e dimensões humanas. Não apenas com acento androcêntrico. Tanto o masculino quanto o feminino, e a interação entre eles, formam parte de um processo de inculturação integral;
- Os fatores modernos requerem associações pequenas e geradoras de vida compartilhada. Por outro lado, a renovação conciliar sustenta igrejas particulares com suas trajetórias específicas. Elas são os focos da inculturação, nelas há unidade na diversidade, diálogo e construção da esperança histórica. Esse é um modelo de Igreja pobre para os pobres, no dizer do Papa Francisco. Uma Igreja que promove os direitos humanos, inserção no mundo, missionária, comunitária, trinitária. Avança de forma local e não tem caráter de ser universalista.

> [...] la tarea inculturadora es un caminar por muchas vías hacia el cielo y la tierra nueva. Esta imagen del caminar en la fe proviene del Evangelio: discipulado, camino cristiano según los Hechos de los Apóstoles, Jesús el Camino. Es algo sumamente relevante en experiencias de nuestros pueblos: grandes oleadas de migración en todos los países y entre naciones, vivencias norteamericanas de movilidad geográficas, mística eclesial brasilera (y latinoamericana) de la 'caminhada', replanteamiento de la utopía como

> pequeños senderos con un hermoso horizonte común (Irarrazával, 2000).

Jesus Cristo é o caminho, hoje, e aqui, nas Américas. Através da inculturação, respira-se uma caminhada não excludente, mas pelas várias vias e com belas melodias que suscita o Espírito do Senhor.

Inculturação: lugar e fontes

A inculturação é distinta à aculturação[6]. Nesta, uma pessoa evangelizadora, com sua base cultural, tenta se inserir e assumir o modo de vida de outro povo. Uma coisa bem distinta é a adaptação e pedagogia culturalista (catequizar segundo a capacidade de quem escuta; ou uma hierarquia que adapta a mensagem ao laicato). Nenhum trabalho desde outra cultura (aculturação), nem desde o cargo eclesial (adaptação) são inculturação. Essa é trabalho de cada comunidade, interpelada pelo Evangelho, cujos germens estão em cada cultura, e obedece ao Espírito transformador da história (Irarrazával, 2000).

> La práctica tradicional y fecunda, de incontables grupos y líderes eclesiales en el continente, es la comunidad inculturadora. Ella, con su 'sensus fidei' ha acogido el Mensaje y generado modos indígenas, afroamericanos, mestizos, urbano-modernos, etc., de vivir la fe. Además, nos han incentivado buenas experiencias en Asia y Africa. En América Latina sólo a partir de los 80 es explicitada como estrategia pastoral. La sostiene una eclesialidad pluriforme, animada por el Espíritu de libertad, en medio de condiciones de muerte. La inculturación abarca cada dimensión del ser creyente: ética y solidaridad entre personas necesitadas, sanación con sabiduría popular, vivencia juvenil de la fe, iniciativas de mujeres en la religión de base, programas de catequesis inculturada, opción por

> el pobre en la vida consagrada y en movimientos laicos, paraliturgias y ritos del pueblo, y tanto más. No queda pues encerrada en lo cultural (Irarrazával, 2000).

A inculturação[7] é obra do povo. Com respeito à existência eclesial, pode-se falar de frutos e flores da inculturação. Nas comunidades concretas, as "Sementes do Verbo" e do Espírito implícitos nela levam ao crescimento da inculturação com resultados promissores. A acolhida acontece em todas as dimensões do ser e do fazer crente. A tarefa é do Povo de Deus, não é propriedade de peritos, nem do clero. Seus frutos provêm do trabalho do laicato, das comunidades eclesiais, grupos e movimentos, da vida consagrada, de sacerdotes e a Igreja particular presidida por seu bispo. Em síntese, os sinais salvíficos e da inculturação são cultivados e desenvolvidos pela Igreja conduzida pelo Espírito do Senhor. De acordo com isso, a Igreja particular, sob a ação do Espírito leva a cabo a inculturação da fé. Não se realiza de posições de poder econômico e social, nem com meios culturais dominantes, tal como a lógica de uma nova cristandade ou cultura cristã, nem com um intuito autorreferencial da própria igreja, se não a partir da graça derramada em cada povo (Irarrazával, 2000).

São fontes da inculturação: a encarnação, a páscoa e o evento pentecostes. Um cristianismo homogêneo e uniformizado não é fonte de inculturação. O caminho é

> [...] el Hijo de Dios encarnado en Nazaret y para siempre humano en forma particular. Es el eterno y universal como Dios, como enviado del Padre; pero no es un ente ahsitórico. El primer fundamento para la inculturación no es, pues, 'cristianismo', sino el Cristo transcendente y presente en cada comunidad humana. [...] la encarnación-salvación incide en todo lo existente y en el conjunto de la historia humana. Puede entenderse la encarnación [...] como en-humanización y en-pobreización, como en-pascualizacion, en-pneumatización, en-escatologización. Así,

> entendida de modo amplio, la encarnación es 'condición' de la inculturación. Entonces, el proceso inculturador a los cristianos no nos segrega de cada realidad natural, humana, espiritual donde nos encontramos; más bien nos impulsa a asumirlas plenamente (Irarrazával, 2000).

Páscoa: processo inculturador. No continente, a maioria dos crentes sente uma compaixão profunda pelo Crucificado, e implicitamente sente que o Ressuscitado os abençoa:

> [...] Estas son dos indesligables dimensiones de la fe pascual; la primera ha sido bien acentuada por la evangelización, y la segunda dimensión sólo ahora comienza a ser resaltada. Se trata del acontecimiento objetivo de Dios que salva a la humanidad a través de la muerte y resurrección del Señor. En cierto sentido la cristología vivida por el pueblo brota de la soteriología. A través de la experiencia de ser salvados de la maldad y de la comprensión del amor de Dios, es como la mayor parte de los seres humanos captan la Pascua y cómo ella incentiva la inculturación. Esta constituye un proceso no sólo por el **menor o mayor grado de conversión y aceptación humana** del único Salvador, sino sobre todo por la pedagogía de Cristo que camina y comparte el pan redentoramente con cada pueblo. Con respecto a la inculturación, su fuente es la vivencia eclesial de la liberación en Cristo. No es un 'adaptar' ni un 'transplantar' lo de Cristo a un grupo o a un contexto determinado. Nuestro Señor no está distante ni ausente del itinerario personal y colectivo. Por eso en la inculturación de la comunidad hoy descubre y celebra a Cristo caminando y comiendo con ella, como lo hizo con los discípulos de Emaús [...] (Irarrazával, 2000).

Pentecostes: protagonistas. A obra do Espírito constitui uma terceira e decisiva fonte de inculturação. Recorre-se a um dinamismo espiritual que não deve ser reduzido, como normalmente se faz, a assuntos eclesiais e à santificação pessoal. A teologia contemporânea começa a ver o Espírito nos termos das culturas, religiões, a libertação. Dom Antônio Cheuiche planteava que entre o Evangelho e as culturas de hoje existe uma dupla e recíproca apropriação (Irarrazával, 2000). Pode-se, também, dizer que os crentes o Espírito de Pentecostes lhes concede a força de serem protagonistas da inculturação, porque o poder do Espírito oferece abundante esperança (Rm 15,13), um poder para sermos testemunhas até os confins da terra (At 1,8).

Segundo essa experiência neotestamentária, o Espírito é fundamento para a ação. Desperta para lideranças e ministérios. Nos momentos mais importantes de sua vida, Jesus e seus discípulos são claramente conduzidos pelo Espírito. Ele conduz para a verdade (Jo 16,3). Distribui os dons a cada um para o bem comum (1Co 12,7).

As fontes bíblicas indicam de maneira tímida a presença do Espírito no mundo e nas culturas. O acento é colocado mais na Igreja e na santificação da pessoa. Porém, convém citar que de maneira recente esse tem sido um tema de aprofundamento nos encontros de Teologia índia[8]. O Espírito está presente e afeta **as sociedades, a história, os povos, as culturas e as religiões.** É uma doutrina necessária para que o processo de inculturação seja integral. Se isso não ocorrer, apenas alguns fragmentos da realidade humana entram em contato com o Evangelho, e o resultado é uma correlação superficial entre cultura e Boa-Nova. A tradição reafirma que o Espírito Santo sustenta a experiência de fé (ninguém pode dizer que Jesus é o Senhor, sem o Espírito – 1Co 12,3) e a missão universal (At 1,8).

> [...] Es decir, la actual preocupación por la inculturación no es un mero asunto pragmático e institucional; es una realidad espiritual. Podemos decir que es una obra del Espíritu. Así como Pablo enumeró unos frutos espirituales: amor, gozo, paz, perseverancia, bondad, po-

> dríamos hoy añadir: sensibilidad inculturada, solidaridad con los últimos, comunidad, etc. Me parece que hoy vemos a comunidades cristianas, y también a personas humanistas o de otras religiones, llenas con el coraje del Espíritu, con sus dones. El gran potencial de la gente latinoamericana y caribeña puede ser atribuido al Espíritu (Irarrazával, 2000).

Nas comunidades do continente, encontra-se uma riqueza de carismas, onde abundam potencialidades. Os fatos mostram as obras do Espírito: lideranças e ministérios, preocupação amorosa pelos outros, luta solidária em favor da vida, dons pelo bem comum. O mistério de Cristo na vida das pessoas, onde Pentecostes é visível e eficaz pela palavra, culturas, idiomas, cores, sabores, melodias, movimentos. A base pentecostal da inculturação a torna dinâmica e plural. São processos que não se limitam a agentes eclesiásticos, mas é preocupação do Povo de Deus com suas comunidades e autoridades. Envolve a história humana e o cosmos, as igrejas e a religião do povo, a trajetória de cada ser humano. O amor de Deus e a obra do Espírito não encontram fronteiras.

A inculturação precede e acompanha o ritmo da libertação, assim como a Encarnação precede e acompanha a economia da salvação, a finalidade da inculturação é a libertação, e o caminho da libertação é a inculturação. Foi a essa conclusão que os bispos em Santo Domingo[9] chegaram, quando apresentam a inculturação de cada povo e de cada cultura, tendo em vista a libertação integral, e anotam que suas fontes são a Encarnação, Páscoa e Pentecostes (Celam, 1955).

4.1.2 Magistério

No entendimento do teólogo *zapoteca*, Eleazar López Hernández, o Sínodo para Amazônia, celebrado em 2019, pode ser descrito como o caminho que a Igreja fez para escutar os povos da periferia do mundo. Um dos clamores da Igreja latino-americana recolhido e direcionado ao Papa Francisco foi a necessidade de uma conversão pastoral e missionária que leve a Igreja a aderir às culturas e tradições religiosas dos povos do mundo, especialmente os da periferia, e dessa forma chegar a ser um Igreja com rosto amazônico (López Hernández, 2016). Clamor que foi assumido no documento final:

> Se o cuidado das pessoas e o cuidado dos ecossistemas são inseparáveis, isto torna-se particularmente significativo lá onde a floresta não é um recurso para explorar, é um ser ou vários seres com os quais se relacionar. A sabedoria dos povos nativos da Amazónia inspira o cuidado e o respeito pela criação, com clara consciência dos seus limites, proibindo o seu abuso. Abusar da natureza significa abusar dos antepassados, dos irmãos e irmãs, da criação e do Criador, hipotecando o futuro. Os indígenas, quando permanecem nos seus territórios, são quem melhor os cuidam, desde que não se deixem enredar pelos cantos das sereias e pelas ofertas interesseiras de grupos de poder. Os danos à natureza preocupam-nos, de maneira muito direta e palpável, porque – dizem eles – somos água, ar, terra e vida do meio ambiente criado por Deus. Por conseguinte, pedimos que cessem os maus-tratos e o extermínio da 'Mãe Terra'. A terra tem sangue e está sangrando, as multinacionais cortaram as veias da nossa 'Mãe-Terra' (QA 42).

Esse compromisso desafia a longa prática eurocêntrica da Igreja, cujas estruturas em nível dogmático, teológico, catequético, litúrgico, ministerial, não permitem mudanças que levem a sério o apelo do Concílio Vaticano II, de formar "igrejas particulares autóctones" (*Ad Gentes* 6), e que na América Latina foram impulsadas num primeiro momento pela pastoral indigenista[10], feita por agentes não indígenas, e num segundo momento com a pastoral indígena, que acredita no valor teológico das "Sementes do Verbo" semeadas por Deus em todos os povos, e reconhece o protagonismo dos indígenas no processo de elaboração das chamadas "Teologias Índias"[11].

De Medellín a Aparecida: a Igreja se reencontra com os ameríndios

A Igreja latino-americana desde Santo Domingo a Aparecida foi abrindo e consolidando caminhos para um reencontro respeitoso com os povos indígenas de *Abya Yala*, procurando emendar erros do passado e propondo novos métodos missionários e pastorais (López Hernández, 2016). Na Conferência de Puebla (1979), colocou-se a atenção nos valores culturais e na experiência religiosa em que se guardam as "Sementes do Verbo", preexistentes à primeira evangelização, há mais de 500 anos. Os bispos afirmaram:

> A Igreja, Povo de Deus, quando anuncia o Evangelho e os povos acolhem a fé, neles se encarna e assume suas culturas. Instaura assim não uma identificação, mas duma estreita vinculação com ela. Por um lado, efetivamente, a fé transmitida pela Igreja é vivida a partir de uma cultura pressuposta, isto é, por fiéis 'vinculados profundamente a uma cultura, e a construção do Reino não pode deixar de servir-se de elementos da cultura e das culturas humanas'. Por outro lado, continua válido, na ordem pastoral, o princípio de encarnação formulado por Santo Irineu: 'O que não é assumido não é redimido'. O princípio geral de encarnação se concretiza em diversos critérios particulares: As culturas não são terrenos vazios, carente de autênticos valores. A evangelização da Igreja não é um processo de destruição, mas de consolidação e fortalecimento desses valores; uma contribuição ao crescimento dos 'germes do Verbo' presentes nas culturas (DSD 248).

Em Santo Domingo (1992), a Igreja pediu perdão por ter permitido que a cruz do missionário fosse usada para justificar a violência da conquista, e acrescentou que, para oferecer o Evangelho de Cristo ao outro, ao diferente, é necessária uma atitude humilde, compreensiva e profética:

> Depois de ter pedido perdão com o papa aos nossos irmãos indígenas e afro-americanos 'perante a infinita santidade de Deus, pelos fatos marcados pelo pecado, pela injustiça e pela violência' (Audiência Geral, quarta-feira, 21 de outubro de 1991), queremos desenvolver uma evangelização inculturada:
> 1. Para com nossos irmãos indígenas:
> – Oferecer o Evangelho de Jesus com o testemunho de uma atitude humilde, compreensiva e profética, valorizando sua palavra através de um diálogo respeitoso, franco e fraterno e nos esforçar por conhecer suas próprias línguas;
> – Crescer no conhecimento crítico de suas culturas para apreciá-las à luz do Evangelho;
> – Promover uma inculturação da liturgia, acolhendo com apreço seus símbolos, ritos e expressões religiosas compatíveis com o claro sentido da fé, mantendo o valor dos símbolos universais e em harmonia com a disciplina geral da Igreja;
> – Acompanhar sua reflexão teológica, respeitando suas formulações culturais, que os auxiliem a dar razão de sua fé e de sua esperança;
> – Crescer no conhecimento de sua cosmovisão, que faz da globalidade de Deus, homem e mundo, uma unidade que impregna todas as relações humanas, espirituais e transcendentais;
> – Promover nos povos indígenas seus valores culturais autóctones mediante uma inculturação da Igreja, para atingir uma maior realização do Reino (Celam, 1955).

Por isso, o diálogo com as culturas e religiões indígenas e afro-americanas seria pós- Santo Domingo o caminho para obter uma adesão de mente e coração que não destrua, mas fortaleça e leve em sua plenitude o que Deus já semeou com antecedência nesses povos.

> [...] el obstáculo y reto principal no reside al interior de una iglesia. La cuestión mayor es la mundialización de factores culturales que en parte desfiguran los modos de vida locales y los reorientan hacia necesidades de un mercado total. La identidad está delimitada por hábitos de consumo. Empresas multinacionales pasan a ser actores políticos y culturales. Esquemas universales invaden la vida cotidiana de todos los pueblos. Esto pone nuevas reglas de juego para la convivencia humana, y también para la acción pastoral inculturadora. Una afirmación de la identidad y el proyecto de vida digna, en cada grupo y sociedad, tiene que confrontar corrientes culturales a nivel planetario. Así, actualmente la misión inculturadora es muchísimo más exigente y urgente. Además, en términos positivos, todos los pueblos – y las **iglesias locales – tienen la oportunidad de reconstruir** sus modos de vida al interactuar con otros pueblos, y – en un sentido espiritual – al recibir el don de la Buena Nueva de salvación en el hoy y aquí" (Irarrazával, D. *Inculturación*, p. 19).

Na Conferência de Santo Domingo, 1992, são traçadas as grandes linhas de um processo de inculturação. As bases doutrinais se derivam de Pentecostes, a Criação, a Encarnação e da Páscoa (n. 228-229, 243, 264, 279). As linhas práticas são: pastoral da conduta moral (231-242), povos indígenas, afro-americanos, mestiços (n. 243-251), cultura modernas e cidades (252-262), educação e comunicação (263-286). Não cabendo reduzir o inculturador, como se faz com frequência e obtendo resultados lamentáveis, ao intracultural e intraeclesial. Pois, a inculturação afeta tudo e sua meta é a salvação e libertação integral (n. 243).

Em Aparecida (2007), o documento final fala de uma integração dos indígenas e afro-americanos:

> Como discípulos de Jesus Cristo, encarnado na vida de todos os povos, descobrimos e reconhecemos a partir da fé as "Sementes do Verbo" presentes nas tradições e culturas dos povos indígenas da América Latina. Deles valorizamos seu profundo apreço comunitário pela vida, presente em toda a criação, na existência cotidiana e na milenária experiência religiosa, que dinamiza suas culturas, e que chega à sua plenitude na revelação do verdadeiro rosto de Deus por Jesus Cristo.
>
> Como discípulos e missionários a serviço da vida, acompanhamos os povos indígenas e originários no fortalecimento de suas identidades e organizações próprias, na defesa do território na educação intercultural bilíngue e na defesa de seus direitos. Comprometemo-nos, também, a criar consciência na sociedade a respeito da realidade indígena e seus valores, através dos meios de comunicação social e outros espaços de opinião. A partir dos princípios do Evangelho, apoiamos a denúncia de atitudes contrárias à vida plena em nossos povos de origem e nos comprometemos a prosseguir na obra de evangelização dos indígenas, assim como a procurar as aprendizagens educativas e de trabalho com as transformações culturais que isso implica (Aparecida 529 e 530).

As propostas do magistério episcopal latino-americano dão corpo ao magistério pontifício. Por isso, durante o caminho da Igreja latino-americana houve muitas intervenções dos últimos pontífices como João Paulo II, Bento XVI[12] e Francisco[13] sobre o compromisso da Igreja com esses povos e especialmente sobre a inculturação de Cristo e da instituição eclesiástica no mundo dos indígenas. Essa inculturação em diálogo com o povo incide como resultado igrejas particulares autóctones que nascem da escuta de Deus, com Ele o clamor do povo.

De Nazaré pode vir algo bom

Nas periferias do mundo de hoje, está a maior parte da humanidade e a partir dela há que recriar os modos concretos de ser Igreja e de levar à missão, como assinalou o Sínodo para a Amazônia (QA 5-7). Para tal, precisa-se desenhar horizontes além das fronteiras das ovelhas que estão no redil, para abraçar com amor as que se encontram fora por não terem sido tomadas em conta pela catolicidade. Os indígenas, e principalmente os amazônicos estão nessa situação. A eles cabe levar a boa notícia do Evangelho vivido pela Igreja, mas também estar dispostos a recebe o Evangelho desses setores da humanidade dentro da Igreja. O processo de evangelização das culturas deve seguir a lógica da promoção e não da destruição, reconhecendo, consolidando e fortalecendo valores pré-existentes nos povos (DP 401). Daí que para oferecer o Evangelho de Jesus ao outro, ao diferente, seja necessária uma atitude humilde, compreensiva e profética, valorizando sua palavra e através de um diálogo franco e fraterno (DSD 248).

A ação evangelizadora, em seu sentido autenticamente cristão, não tem a ver com a imposição de um projeto político ou religioso de tipo colonizador, nem sequer a implantação de um modelo específico de vida eclesial. O Evangelho de Jesus convida ir ao encontro do outro para salvá-lo, para incluí-lo em família, para torná-lo próximo (Lc 10, 10-35). Relaciona-se a achar em cada pessoa o tesouro escondido ou pérola mais fina, que ajuda a tomar uma decisão de investir "o que somos e temos para adquiri-lo" (Mt 13, 44-46). "Evangelizar no significa hacer al otro lo que yo quiero que sea; sino responder desde el Evangelio a lo que él quiere o necesita que se haga según el proyecto de Dios, que ya está actuando en él antes de la llegada de los misioneros y de la Iglesia" (López Hernández, 2016).

Quem está convencido de que a aposta da Igreja autóctone em Chiapas, Guatemala, Equador ou na Amazônia forma parte da fé em Cristo deve confiar que não se repitam erros do passado, mas que triunfe a obra de Deus:

> Es tiempo de un trasvasamiento cultural de la fe en Cristo, y de una verdadera inculturación de la propuesta cristiana no en el sentido de meter, por las buenas o por las malas, algo externo y extraño en el corazón de un pueblo para que deje su identidad y asuma otra identidad, sino en el sentido de llevar a plenitud lo que Dios ha sembrado en cada pueblo; lo que los Padres de la Iglesia llamaron de *logoi spermatikoi* o semillas del Verbo (López Hernández, 2016).

A respeito disso, o Papa Francisco formula claramente a necessidade de uma Igreja inculturada e intercultural (QA 62ss). É um tempo favorável para se abrir aos povos originários, sem colonizações ideológicas que destroem ou reduzem a idiossincrasia do povo, mas em atitude de escuta, de diálogo, de aprendizagem da sabedoria destes povos. A interrogante que cabe é se a Igreja está pronta para dar lugar em seu seio à pluralidade cultural e religiosa, quando, por muitos séculos, ela foi monocultural desde o eurocentrismo assumido e usado como meio de identidade e missão no mundo.

A proposta do Papa Francisco, por uma Igreja em saída, manifesta uma novidade missiológica, pastoral e litúrgica que esteja em condições de acolher a perspectiva dos que não são da cultura ocidental. Esse esforço, não obstante, enfrentou-se de imediato com a oposição de quem não deseja mudar os esquemas estabelecidos e pretende frear as transformações. Eleazar López Hernández assente quanto à manifestação do pontífice com a seguinte afirmação:

> De modo que es momento no sólo de optar por los indígenas, sino de unir esfuerzos para hacer posible ese otro mundo pluricultural e intercultural propuesto por Cristo y soñado por nuestros antepasados. Esto no sólo por el bien de los pueblos originarios, sino de la Iglesia misma y de la humanidad entera. El Sínodo Pan amazónico se ha atrevido a recoger y dar cauce efectivo en la Iglesia tanto la propuesta vivida de los pueblos de esta periferia sobre el cuidado de la Madre Tierra como la exigencia de una verdadera encarnación de la Iglesia en las culturas y religiones de estos pueblos y de todos los pueblos del mundo. Este nuevo kairós, que Dios nos da para la renovación profunda de la Iglesia y de la humanidad, no lo debemos desaprovechar por nuestro bien y de toda su santa Iglesia (López Hernández, 2016).

4.1.3 Teologia Índia[14]

O teólogo Eleazar López Hernandez, usando uma comparação guadalupana[15] para falar sobre a o caminho da teologia índia na Igreja, **menciona que, a partir do Sínodo para a Amazônia,** ouvem-se os cantos dos pássaros deleitosos:

> Como sucedió con el indio Juan Diego hace quinientos años, al encontrar-se con Tonatzin Guadalupe en medio de la destrucción del mundo cultural y religioso precolombino por causa de la conquista material y espiritual, también nosotros oímos ahora en la Iglesia los cantos deleitosos y olemos las perfumadas flores que nuestros antepasados nos legaron como sabiduría que ha regido nuestra vida y se ofrece en el Sínodo, desde Roma, a quienes abran su mente y corazón para recibirla. Ciertamente que este es un tiempo de gracia o de Kairós para seguir soñando – como lo hace el Papa Francisco – y así amar

> a la Madre Tierra y a sus hijos más pequeños para llevar a la realidad los ideales que Dios sembró en nuestros pueblos y que nuestro Señor Jesucristo vino a ratificar y a dar plenitud [...] (López Hernández, 2020).

Esse resgate da sabedoria indígena demostra que nas línguas e culturas autóctones encontram-se caminhos de conhecimento de Deus e que vale a pena tomá-las como fontes de evangelização. A respeito dessa experiência frei Bartolomé de las Casas falou anos após 1492 em *Teologia Indorum* (López Hernández, 2020), quer dizer, teologia feita por índios.

Outro testemunho importante é oferecido pelo frei Bernardino de Sahagún (1499-1590). Franciscano originário da Espanha e como missionário em terras mexicanas plasmou sua visão sobre os índios em XII tomos da sua obra *Historia General de las cosas de Nueva España*. Participou do que se chamou de conquista espiritual do México, a pedido dos conquistadores (1529-1590). Aprendeu o *náhualt*, a língua nativa. Ele pensava que "quando fosse conhecido profundamente o universo cultural mesoamericano seria possível aos evangelizadores efetivar a conversão religiosa" (Alvim, 2022). Por isso, escreveu sua obra em que deixou registrados a vivência, a conquista e os costumes desses povos. Ele percebia que a evangelização precisava também de um processo de inculturação.

Esses dois testemunhos estão se referindo não ao catecismo ou à doutrina que os missionários ensinavam aos nativos, mas à sabedoria teológica que encontraram no passado indígena[16].

Sabe-se que a mentalidade colonial que se impôs, após os primeiros anos, limpou totalmente uma perspectiva inicial e otimista dos primeiros missionários, rejeitou o conteúdo da teologia ancestral como a capacidade de o índio ser cristão pleno na Igreja. Assim, muitos antepassados fizeram sua própria inculturação e simbiose de ambas vertentes, à margem da instituição eclesiástica, originando o que se chama de sabedoria ou religiosidade popular.

> Y es que existía y sigue existiendo hasta el presente una tendencia bastante generalizada, en muchos sectores de la sociedad y de la Iglesia, a pensar que la Teología, como ciencia o sabiduría de Dios, sólo existe dentro del ámbito eclesial católico o únicamente en las iglesias cristianas. Como si sólo nosotros los cristianos conociéramos a Dios y sólo nosotros pudiéramos hablar de Él en las teologías debidamente certificadas y autorreferenciales. Pensar así lleva a cerrar los ojos y el corazón a la existencia de muchas otras teologías producto de la búsqueda legítima de Dios en todos los pueblos y culturas del mundo; y que estas teologías hablan del mismo y único Dios verdadero (López Hernández, 2016).

O Sínodo para a Amazônia interpela a fazer um resgate das teologias indígenas anteriores ao cristianismo, que podem ser consideradas como *propriamente teologias índias*, a fim de valorizar sua contribuição no conjunto das vozes que não apenas falam de Deus, mas com Ele para se comprometer com a obra criadora na realidade natural e humana.

Teologias dos povos antes de 1492

Os povos originários destas terras, que hoje se conhece como América, levam anos gerando relações e conhecimentos sobre o Deus Criador e Formador de tudo quanto existe. São povos que forjaram teologias que deram sentido e orientação transcendente a sua vida, desde que habitam estas terras e a embelezaram com sua presença.

> En los relatos más antiguos la Divinidad (*Huehuetéotl* en lengua *náhualt)* está vinculada al fuego sagrado sin forma ni figura que dio origen a todo que ahora vemos. Y lo hizo sacrificándose y organizando con las partes de su cuerpo el cielo, la tierra y todas las demás criaturas del universo.

> De manera que todos estamos hechos no sólo por Él-Ella, sino que estamos hechos de Él-Ella, y por eso cada una, cada uno somos una pequeña porción de su amor como dicen los guaraníes del sur del Continente. Y, si somos parte de su cuerpo, nadie está separado del resto, todos estamos interconectados e interligados como afirman los amazónicos. La creación y nosotros los humanos somos la presencia tangible de Dios. Lo que nos da una dignidad y responsabilidad de enormes dimensiones (López Hernández, 2020).

Essa expectativa ecoespiritual e ecoteológica deu força social, cultural e espiritual aos povos deste continente em seu longo caminho histórico, desde que eram pequenos grupos humanos que vagavam por montes e planícies, recolhendo frutos e caçando animais que serviam de alimento. Nessa peregrinação, descobriram que a Mãe Terra era o maior sacramento da presença do Deus da Vida e que os humanos somos filhos e filhas desta mãe amorosa que amamenta e protege. Dessa etapa, provém o termo *Tonantzin, Pachamama,* a mãe-terra, a irmã-terra. Vem o sentido mais antigo de parentesco que os unia como irmãos e irmãs e os **demais seres do universo.**

Após alguns anos de nomadismo, esses povos se tornaram sedentários quando domesticaram o milho, junto com o feijão, o tomate e a pimenta. Em outras partes do continente, a mandioca, a banana, a batata, dos que a partir daí se alimentaram, chegando a serem filhas e filhos dessas plantas que são um dom divino e também fruto do trabalho humano. Em suas orações, os antepassados indígenas descobriram que os povos não só são dependentes de Deus, mas feitos por Ele para ser seus interlocutores e colaboradores no mantimento da vida. Em consequência, sendo cocriadores e coformadores não para dominar e submeter, mas para dar a vida, conservá-la e incrementá-la. A agricultura desenhada fez possível uma humanidade mais forte e consistente em base a pequenas unidades de produção e reprodução (*calpulli* em Mesoamérica, *ayllu* nos Andes, e *malocas* na Amazônia) como famílias extensas organizadas em torno a um território e tradições próprias.

Com o passar do tempo, a sabedoria científica, cultural e religiosa que foram recolhendo em processos de acumulação contínua de saberes levou esses povos a construir admiráveis civilizações mediante grandes concentrações urbanas que articulavam, em grandes territórios, o conjunto das pequenas unidades vitais anteriores numa visão mais global. Esse é o caso de cidades como *Chichen, Itzá, Teotihuacán, Montealbán, Tikal, Cuzco, Tihuanaku, Cancebí* e tantas outras, onde se desenvolveram ciências, tecnologias, e saberes cujos vestígios atuais seguem chamando a atenção de todos. Esse poder alcançado pelos ancestrais, eles o identificavam como mostra do ser e da vontade de Deus. E efetivamente sem esse poder, que os fazia semelhantes a Deus, não tivesse sido possível que chegassem a esses costumes da grandeza humana ao serviço do bem viver para todos.

Essa grandeza durou próximo de mil anos, porque funcionou efetivamente para o bem do conjunto. Mas, quando o poder corrompeu os dirigentes, esmagando os pequenos, esses abandonaram as metrópoles e sobreveio o colapso das grandes cidades há mais de mil anos. Os habitantes dos povoados menores procuraram outros modelos de vida que fossem mais de acordo com o ideal sonhado por Deus e pelos pobres, os mais pequenos das filhas e filhos de Deus. Um modelo que surgisse da base, desde aquele que haviam carregado com o peso das grandes cidades e que recolhera o melhor das etapas anteriores. No caso de Mesoamérica, foi o tempo da espera do retorno de *Quetzalcóalt,* ou seja, do Deus pobre e simples (López Hernández, 2020).

As teologias dos povos originários depois de 1492

À chegada dos europeus no continente, há mais de 500 anos, as possibilidades de encontro eram propícias. Não apenas pela crise civilizatória que houve por aqui, nem pela expectativa do retorno de *Quetzalcóalt*, mas porque os povos haviam elaborado esquemas culturais e religiosos que permitiam a inter-relação em todos os aspectos, incluindo o religioso, entre povos diferentes[17].

Havia a consciência de que existiam muitas modalidades de entender a vida e de situar nela a Deus, que podiam se somar em conjuntos polissintéticos. O Deus cristão podia sentar-se, sem problema algum no *petate* ou esteira dos povos. Para os nossos antepassados, a maneira de viver e de entender o mundo era perfeitamente compatível com a nova fé que chegava[18]. Porém, da parte dos europeus não houve a mesma atitude dialogante. Ter ganhado a guerra lhes concedia a certeza de que seu Deus, e com ele sua teologia, era o único Deus verdadeiro[19]. E, em consequência, o entendimento transcendental indígena devia ser aniquilado, prova disso está no catecismo do Concílio de Lima[20].

Nas comunidades, houve quem interiorizou as consequências dessa civilização intolerante e genocida[21]. Muitos indígenas aceitaram enterrar suas crenças para sobreviver ao extermínio da conquista. O argumento foi pragmático: "Si han matado a nuestros dioses, que al menos nosotros no muramos" (López Hernández, 2020). Hoje em dia, há irmãos que assim entendem **sua conversão ao Evangelho e sua pertença à Igreja. Não querem** saber mais nada das tradições religiosas e costumes ancestrais, pois sua opção é aceitar e acolher os esquemas da sociedade emergente[22]. Isto leva a afirmar que, após a conquista material e espiritual europeia, as teologias preexistentes não desapareceram, mas através de processos de justaposição

> Debido a la imposibilidad de erradicar la religiosidad andina (también en otras culturas) y los rituales autóctonos, los actores de la evangelización se contentaban con una suerte de doble vida religiosa. Si bien es cierto que la mayoría de la población se dejó bautizar católicamente, y que aceptaron inclusive un nombre 'cristiano' y aprendieron de memoria el Padrenuestro en latín o

> español, seguían, sin embargo, en un mundo paralelo con sus rituales, venerando a la *pachamama* e invocando a los espíritus tutelares de las cumbres. En los tiempos de la Colonia y de las nuevas Repúblicas, este paralelismo (yuxtaposición) religioso nunca estaba a la misma altura que el catolicismo oficial, sino que manifestaba una asimetría que también existía en los niveles culturales y lingüísticos: oficialmente, el 'indio' debía hablar castellano, pensar de modo occidental, vestirse a la moda europea, subordinarse al liberalismo político y reconocer al cura católico como autoridad religiosa. En secreto, es decir entre semejantes, hablaba, sin embargo, aimara, quechua o guaraní, caminaba en ojotas, pensaba en su lógica indígenas, practicaba un comunitarismo político y confiaba en el *yatiri*, *paq'o* o *opyguá* (ritualistas indígenas) más que en el cura que normalmente se alineaba con el poder colonial y la élite republicana. Este paralelismo religioso que llevaba en la mayoría de los casos a una 'birreligiosidad' o 'doble fidelidad', fue tolerado por las autoridades eclesiales coloniales de manera silenciosa (aunque a regañadientes), siempre y cuando no interfería en o subvertía los preceptos eclesiales y religiosos de la Colonia [...]. (Estermann, 2014).

Alinhada com a ideia de incorporação:

> La estrategia de la incorporación de la religión autóctona por los conquistadores a su proprio universo religioso es desde tiempos inmemorables una posibilidad de usurpación del potencial religioso del 'enemigo' por los triunfadores en la guerra – o de la eficiencia de los dioses ajenos – para los intereses propios. Esta actitud 'fágica' o 'canibalística' en el trato de una religión ajena sólo es posible si no se trata, como es el caso de las religiones indígenas de *Abya Yala*, de normas y prácticas

> doctrinaria, ritual y canónicamente definidas. [...] Esta 'incorporación' puede darse en distintas variantes. Por un lado, hay que mencionar la forma de 'superposición' de la religión autóctona por la religión introducida. Esta forma a menudo tiene rasgos claramente físicos, si se trata de edificar iglesias y capillas del catolicismo ibérico sobre los fundamentos y ruinas de santuarios (*wak'a*) precoloniales. [...] Por otro lado, hay que mencionar la forma de 'reemplazo' que se dio sobre todo en el contexto de rituales y deidades. La procesión de las momias de los Incas que se hizo cada año en la plaza principal (*Wauqaypata*) de la capital incaica Cusco, fue reemplazada por la procesión católica de Corpus Christi, manteniendo a grandes rasgos la coreografía: en vez de 14 momias de los Incas, se carga hoy las 14 estatuas de santos y santas católicos/as, guardando inclusive el principio de complementariedad sexual (siete imágenes de santos y siete de santa, entre ellas algunas Vírgenes). En el caso de las deidades, Dios Padre ocupa el lugar de *Pachakamaq* quien fue interpretado justamente como 'creador' o 'hacedor' de Cielo y Tierra. Jesucristo ocupa el lugar – en el sentido de un *pars prototo* – de los *apus* o *achachilas* (espíritus tutelares de las cumbres; ancestros). La Virgen María ocupa el lugar de la Madre Tierra (*pachamama*), Santiago reemplaza a *Illapa* (Rayo), y Juan Baptista reemplaza a la deidad solar *Inti*. [...] (Estermann, 2014).

Ademais, a substituição:

> [...] Referente al 'reemplazo' de los rituales, se puede decir que la mayoría de los sacramentos y *sacramentalia* católicos vienen reemplazando ritos andinos precoloniales correspondientes. El bautismo es el equivalente al primer corte de cabello (*rutucha; chukcha rutukuy*), la confirmación (secularizada en la fiesta de quinceañera para chicas

> y la despedida del servicio militar [licenciamiento] para chicos) reemplaza al rito inicial incaico del *warachikuy* ('ponerse el taparrabos'), el matrimonio católico ocupa el lugar del matrimonio andino del *siwinakuy* o *sirwisiña*, la ordenación sacerdotal reemplaza el rito inicial para los 'sacerdotes' andinos (*yatiti; paq'o; altomisayuq*), y el sacramento de la última unción ocupa el lugar de la momificación de los difuntos. El agua bendita reemplaza a la *ch'alla* (aspersión de edificios, lugares y personas con alcohol), la eucaristía al *apthapi* (una suerte de comida comunitaria), el cementerio católico a las *ch'ullpas* precoloniales, y la fiesta patronal a la invocación de los espíritus tutelares (*nuna; anchanchus*)" (Estermann, 2014).

E por fim, a síntese se mesclam com a proposta do exterior não só por conveniência, mas porque encontraram em ambos os caminhos o mesmo Deus que acompanha os povos do mundo. Porém, a mesma atitude não teve correspondência nos conquistadores missionários, que atacaram as crenças desses povos, nomeando-as de diabólicas[23].

Essa situação explica também o porquê, desde a época colonial até os dias de hoje, a grande parte das buscas de Deus dos indígenas e afro-ameríndios ficou fora das igrejas e de suas teologias oficiais e segue na chamada religiosidade popular que gerou um cristianismo com rosto indígena ou uma religião indígena com rosto cristão, que é compartilhada com os demais pobres da terra.

Teologias indígenas dos tempos atuais[24]

De uma visão eclesiológica e periférica nascem vozes emergentes que procuram reconstruir as identidades silenciadas e oprimidas que vêm transgredindo a teologia acadêmica oficial e monocultural.

A transformação intercultural e inter-religiosa da teologia latino-americana se articula sob duas condições reais de poder, já que precisa passar por uma série de mecanismos de descalcificação e de exclusão dos novos sujeitos e seus processos. Essa é uma realidade que não se pode deixar de lado. De modo que

> existe una brecha entre la teología académica oficial y las teologías emergentes de personas o comunidades, por ser catalogadas por la oficialidad como teologías contextuales o denominadas como teologías del genitivo, porque responden sólo a realidades locales y de demandas de algunos sectores, perdiendo su sentido universal. Ya que la teología académica oficial se define por encima del contexto y de las culturas con la pretensión y la seguridad de impactarlas y modelarlas, pero sin verse afectada por ellas. En cambio las teologías emergentes viven otro proceso, porque surge de la sensibilidad de los contextos, como de la cultura (Chipana, 2012).

Todas as combinações teológicas principiam de um contexto, ou seja, de situações concretas, quando o teólogo/a, no momento em que se começa a articular sua reflexão, parte de uma preocupação ou interesse. Pode-se confirmar que toda teologia parte de um pretexto, já que o contexto sempre apresenta as múltiplas realidades, seu entorno histórico, geográfico, econômico, social, político, cultural, religioso, ambiental.

Não se nega que as teologias latino-americanas deram prioridade ao cenário, especialmente ao econômico e ao político sobre o cultural, uma vez que o próprio contexto está marcado por uma injustiça social, o que é visível na brecha existente entre pobres e ricos. Mas certo é, assim como os contextos, todas as teologias têm marcas culturais e multiculturais. A teologia latino-americana não deixa de ser um produto cultural que alcançou uma epistemologia significativa, dialogando com as ciências humanas:

> Y se podría decir que aprendió a expresarse en formas plurales: teología india-indígena, teología afroamericana, teología feminista, la teología del pluralismo religioso-intercultural; luego con otros aportes mucho más contextuales y dialogantes surgen el ecofeminismo y la ecoteología, la teología Queer (Chipana, 2012).

Essa diversidade de posturas provocou a saída de uma linha de pensamento teológico. Na atualidade, é possível encontrar articulações de teologias emergentes que vêm de diversos movimentos ao interior da Igreja Católica. Algumas vezes sustentam posturas fundamentalistas, buscando transformar o entorno cultural e religioso, desde uma vivência que segue uma determinada forma de compreender a vida eclesial. Podem ser posições abertas ou conservadoras, mas despertam a sensibilidade subjetiva.

Tais teologias emergentes evocam diversos paradigmas, mas, acima de tudo, conseguem entrelaçar e realizar um processo interessante de articulação de suas reflexões em torno do paradigma intercultural e suas formas simétricas. Presume um caminho interdisciplinar que saiba pensar simultaneamente nos **enfoques e disciplinas do conhecimento, que interaja e crie fe**cundidade teológica. Nessa perspectiva, vislumbra-se a proposta da *teologia índia*.

A Teologia Índia

A teologia índia ou dos povos indígenas se aplica no quadro das chamadas teologias contextuais da Teologia da Libertação, podendo ser chamada de teologias indígenas, dado o fator cultural, que é específico, mas que, na essência da elaboração teológica, é o mesmo: desconstrução dos paradigmas teológico-cristãos. Elas manifestam a particular maneira de encontrar Deus, viver no seu mistério e construir o sonho dos antepassados, ao mesmo tempo, como uma oferenda viva para a construção de um mundo melhor[25].

Se retomar a história da teologia, nos seus primórdios, descobre-se que ela nasceu como discurso apologético diante da necessidade de defender os princípios cristãos, mas também de tornar conhecido, com outras categorias, a essência do cristianismo e seu discurso sobre Deus. Essas categorias referidas são de origem greco-romana e helenística e, como resultado, muitos conceitos não cristãos entraram no vocabulário teológico, na elaboração dos dogmas e na reflexão posterior dos séculos (IV e V em diante), na forma de inculturação da fé.

Nota-se, então, que o central da fé cristã se encontra traduzido nas categorias do pensamento greco-romano e helenístico e que durante muito tempo permaneceu assim até os esforços realizados pelos cristãos imersos em distintas culturas.

No entanto, mesmo em confronto com a evangelização de povos não ocidentais, as categorias da teologia clássica permaneceram juntas à reflexão teológica e não sofreram divórcios. A forma de impor a fé aos povos indígenas, a demonização de seu convívio, a destruição de suas intituladas idolatrias, fizeram parte do projeto de romanização, não apenas nas terras *Abya Ayala*, mas também no continente asiático. E nesse sentido se questiona a roupagem cultural ocidental.

A teologia índia retoma a história dos antepassados que habitaram o continente americano, o projeto de humanização, culto e compromisso pela vida[26]. É uma luta relacionada ao resgate de direitos territoriais, econômicos, políticos, culturais e religiosos. Ela expõe que é possível chegar a Deus sem renunciar à própria cultura.

Nos anos 1980 e 1990[27],

> podemos ver que el surgimiento de la llamada 'Teología India' no partió de círculos que pretendieron salvar del olvido a las religiones indígenas precristianas o extra-cristianas y devolverlas nuevamente a sus portadores/as antiguos/as, sino de laicos/as, religiosos/as y sacerdotes, en algunos casos inclusive de obispos comprometidos/as

> en iglesia y pastoral, e interesados/as en la religiosidad específica de los pueblos indígenas y de la fe concomitante, para hacerlas fructíferas para la pastoral y teología (Estermann, 2014).

Tendo o aval da reflexão de Estermann, dois exemplos são destacados de como uma pastoral e teologia orientadas na Teologia da Libertação, também em lideranças eclesiais, levou a uma pastoral indígena e, como resultado, a uma *teologia índia.* Nos casos citados, referência a Dom Leonidas Proaño do Equador e a Dom Samuel Ruiz do México. Leonidas Proaño Villalba (1910-1988) foi bispo de Riobamba, uma cidade dos Andes equatoriano e dedicou seu ministério em favor da pastoral indígena, da qual foi defensor. Baseado na Teologia da Libertação, fez uma opção pelos indígenas[28]. Fundou as *Escuelas Radiofónicas Populares* y el o *Centro de Estudios y Acción Social* para fomentar o desenvolvimento das comunidades andinas. Em 1973, foi acusado de guerrilheiro, teve que prestar contas a Roma e ficou preso durante a ditadura militar.

Samuel Ruíz García (1924-2011) foi bispo da Diocese de San Cristóbal de las Casas em Chiapas, sul do México, por quarenta anos (1959-1999). Assumiu a mediação entre os *zapatistas* (Exército Zapatista da Libertação Nacional) e o governo do México. É considerado um dos principais defensores dos indígenas de Chiapas, no México, e em toda a América Latina, comprometendo-se por uma pastoral e liturgia indígena autóctone. Foi chamado pela Congregação para a Doutrina da Fé do Vaticano, porque supostamente queria ordenar *viri probati* indígenas como sacerdotes.

Sendo assim, a predecessora da teologia índia foi a chamada pastoral indígena[29], introduzida e promovida na maioria dos países latino-americanos a partir das Conferências do Episcopado Latino-americano, principalmente Medellín (1968) e Puebla (1976). Mas, foi em consonância à IV Conferência, em Santo Domingo, quando o CELAM constitui a Comissão da Pastoral Indígena.

Teologia Índia como resistência e projeto

A noção de teologia índia é ambígua e controversa[30]. A palavra espanhola *índio* é como sabido, uma denominação alheia que parte da suposição errada dos primeiros descobridores de *Abya Yala*, de ter encontrado partes do subcontinente indiano. Em consequência, a noção *índio* se tornou um conceito carregado de racismo, em oposição à maioria mestiça e a minoria branca que se sentiam superiores frente à população autóctone. Assim,

> en el contexto del despertar y de la visibilización de la población indígena de *Abya Yala*, también se produjo una reflexión crítica de las auto denominaciones y de las dominaciones ajenas, colonialmente cargadas. Se sustituyó a 'América Latina' por *Abya Yala*, y en lugar de 'indio' se puso la noción más general de 'indígena', lo que significa, en el fondo, 'aborigen' o 'nativo', términos problemáticos por su carga peyorativa en la escala valorativa genealógica de la antropología cultural. Prácticamente ningún 'originario' de *Abya Yala* usa el término 'indígena' para referirse a sí mismo/a, sino se recurre normalmente a la pertenencia concreta a una determinada etnia o pueblo (maya, nahua, aimara, quechua, guaraní) (Estermann, 2014).

No entanto, a teologia índia retoma novamente a noção índia, carregada de negatividade histórica, e o faz com uma intenção clara. O teólogo Eleazar López o expressa da seguinte maneira: "la categoria *india*, ciertamente es una imposición venida del exterior, que nos enmascaró encubriendo nuestra identidade originaria. Pero después de 500 años, también nos ha hermanado en el dolor, en la resistencia y en la elaboración teológica"[31].

Em memória à determinação alheia e à humilhação, este movimento mantém de maneira consciente e como lembrança provocadora, a denominação teologia índia. Desde 1990, ela se diferencia de uma teologia índia não cristã que, tem como objetivo retomar as religiões anteriores à colônia e purificar o sincretismo religioso de todo elemento cristão. De outra maneira, a teologia índia cristã se concentra na grande maioria da população da América Latina, a teologia indigenista não cristã é, antes de tudo, uma elaboração de poucos intelectuais que se dedicam, no ambiente da descolonização e do movimento indigenista, ao fator religioso.

Esta corrente de teologia latino-americana procura compreender os povos indígenas, suas tradições e convicções religiosas e sua fé cristã à luz do Evangelho e da situação concreta que vivem, atuam e celebram. Assim como na Teologia da Libertação clássica, explicita-se uma orientação dupla que se expressa pela metáfora dos dois ouvidos. Um para escutar a palavra e a manifestação de Deus e o outro para a situação concreta em que se encontra a população indígena. Esta situação e contexto é o ponto de partida para a reflexão teológica, especificamente a situação de marginalização, invisibilização, difamação e pobreza induzida por razões de raça e etnia[32].

Uma problemática peculiar projetada pelo conceito ocidental de teologia aparece em dois sentidos. É difícil falar em um contexto indígena de um "Deus" atrelado à acepção grega do *theos* ou latino *deus*. **Entretanto, é problemático fazer isto do modo e com** o instrumento de *logos* ocidental. No transcurso desta história de mais de vinte anos da teologia índia contemporânea, costuma-se colocar o termo teologia, em várias ocasiões, à disposição e ao submetimento crítico, mas ainda hoje ele permanece em pé e a maioria de seus representantes continua a usá-lo[33].

Nos espaços disseminados das diversas regiões de *Abya Yala,* busca-se articular a reflexão teológica denominada de índia ou indígena. O que se pretende é que as espiritualidades ancestrais e a cristã possam dialogar, a fim de se nutrir mutuamente. Para sua própria interação, ambas devem beber do seu próprio poço.

> Los diversos circulos y espacios de reflexión sobre todo ecuménicas en torno a la teología indígena o india se

> construyen desde su propia cosmovisión, filosofía y espiritualidad; de ese modo 'cuestiona la universalidad de una cierta teología que se considera descontextualizada, supracultural y absoluta, tenga o no una historia larga y un apoyo institucional fuerte (Chipana, 2012).

Por outro lado, as espiritualidades indígenas, ao conceber o ser humano como um membro da casa comum, não como um ser superior, mas como ser necessitado da terra, da natureza e dos outros seres viventes, desafiam a cosmovisão moderna individualista que, desde um pensamento antropocêntrico e androcêntrico patriarcal, fundamentadas nos discursos teológicos que respondem a uma lógica dominante que separou os seres humanos da natureza, legitimando a colonização e a repressão dos povos indígenas.

Uma das tarefas do ofício teológico é a de uma aproximação profunda à espiritualidade dos povos indígenas, que é o núcleo vital de sua vida, que acompanha os ritmos da vida cotidiana com vários ritos: da terra, do cuidado dos rios, das plantas que começam a florir e dar frutos, ou no momento em que se guardam os produtos; o tempo da fertilidade, quando nasce uma criança, entre outros. Porém, a vida mais pública ou política está acompanhada por ritualidades próprias que têm um alcance muito mais comunitário. Estes ritos mantêm a dinâmica da vida, que é tecida com os diversos elementos das cosmovisões e espiritualidades carregadas de sentidos que possibilitam o bem viver[34].

Restam muitos desafios na teologia indígena, que se apresenta como só, mas tem a finalidade de se articular partindo de um sentido mais comunitário, onde se pode escutar a polifonia de vozes que vão contribuindo no trabalho teológico. E, em muitos casos, chega a ser uma sorte de diálogo inter-religioso, porque o indígena não é só folclore e costumes, mas um universo próprio. Assim, o processo é mais do que uma simples transposição ou justaposição, é fruto de uma simbiose criativa e ao mesmo tempo crítica entre os universos religiosos que convergem (Chipana, 2012).

Não existe apenas uma teologia índia e sim várias. Apenas para exemplificar, pode-se registrar algumas: *maya*[35], *guaraní*[36], *quéchua*, andina, conforme a inspiração que o próprio Espírito concede e as circunstâncias históricas que permitem seu desenvolvimento[37]. Não excetuando, às vezes, a oposição ao cristianismo, justaposição, de forma sincrética[38]. de síntese, ou de forma simbiótica. No interior da Igreja, há um protagonismo que antes não se reconhecia. Então, faz-se admissível falar da própria experiência de Deus e das razões que dadas a ela.

Caraterísticas da teologia índia

Dentro desse cenário, são elencadas as características mais importantes e comuns a todos às teologias indígenas da América Latina segundo a obra de Estermann (2014):

- É uma teologia cristã. As propostas e manifestações da teologia indígena são expressão da fé cristã de pessoas indígenas. A Igreja Católica tem uma relação de protagonismo na articulação da teologia indígena contextual, mas é sempre um assunto ecumênico;
- Não é uma teologia acadêmica[39]. Mas construída das bases **dos próprios indígenas, que expressa o sentir religioso** deles e se torna uma vivência no concreto da vida. Os teólogos acadêmicos atuam como parteiros desta teologia, apoiam os esforços através de sua prática de fé, mas não são os sujeitos em sentido estrito. Partindo desse princípio, não é possível reduzir os projetos correspondentes a nomes ou escolas específicas;
- A teologia indígena latino-americana é uma contextualização da Teologia da Libertação (TDL)[40], uma especificação do contexto de onde se faz teologia. O ponto de referência é o mundo vivencial e da fé das pessoas indígenas. A opção pelos pobres se contextualiza como opção pelos indígenas;
- As fontes são, sob um enfoque, o Evangelho cristão e as experiências de fé das pessoas indígenas e, por outro, a

riqueza de ritos, mitos, tradições orais e símbolos que são próprios aos povos indígenas da América Latina[41]. A mensagem bíblica é a explicitação do que eles já viveram como sementes e presença do divino no seio dos povos indígenas;

- As disciplinas auxiliares da teologia índia são as ciências linguísticas, a antropologia e, em tempos mais recentes, a filosofia ancestral de cada povo. São fontes das ciências humanas que se dedicam à investigação e à difusão das fontes de reflexão teológica indígena;
- Esta teologia não se apoia nem em textos teológicos elaborados nem em personalidades da vida teológica no passado e no presente. Resgata as tradições orais e de bens culturais coletivos que não tem nome nem *copyright*. As culturas indígenas são ágrafas, na maioria dos casos. A exceção vem por casos muito específicos como os *mayas*, que tem algo parecido a textos sagrados. Os textos surgidos dos esforços teológicos são, na maioria, reflexões de segundo grau, ou seja, sínteses e análises concebidas por teólogos/as profissionais, na base dos esforços intelectuais dos próprios indígenas;
- O método teológico da teologia índia recorre à TdL clássica e à teologia popular que se elaborava nos anos 1980: ver, julgar, agir e celebrar[42];
- É uma teologia integral em conteúdo, forma e método. Além dos elementos discursivos que não saem do centro, dos espaços narrativos, da atuação, das músicas, das representações gráficas, das ações simbólicas, dos ritos, dos aprofundamentos espirituais, há a relação com a natureza, o princípio da complementaridade sexuada e a facilidade para o uso de vários dialetos como elementos estruturais do falar e pensar teológico indígena[43];
- A teologia índia da América Latina não é homogênea, mas plural de acordo com o contexto geográfico, étnico e eclesial. As correntes mais destacadas são a dos *maias*,

kunas, guaranís, mapuches, quéchuas e *aymaras*. A teologia andina, aprofundada nesta obra, é aquela teologia indígena sul-americana que abrange, sobretudo, duas etnias, os *quéchuas* e *aymaras*, mas também outras minorias;

- A teologia índia latino-americana não é iniciada ou reivindicada pela Igreja (seja católica, seja protestante). Porém, a relação com as igrejas institucionalmente constituídas é bastante orgânica e crítico-construtiva[44]. Os porta-vozes desta teologia se compreendem como representantes de uma comunidade[45] de fé concreta e veem seu fazer teológico como continuação e aprofundamento da pastoral indígena.

Simpósios de teologia índia do CELAM

No ano de 1992, por ocasião do V Centenário da chegada dos espanhóis à América, os povos indígenas do continente emergiram com força. Naquele ano, o IV CELAM, em Santo Domingo, salientou a importância dos indígenas para a Igreja e assinalaram as linhas pastorais, que continuam sendo válidas.

Na estrutura do CELAM daqueles anos, o referente aos indígenas se assumia no Departamento de Misiones (DEMIS). Após a Conferência de Santo Domingo, no período de 1995-1999, foi criado o Secretariado de Pastoral Indígena (SEPAI), para dar força à evangelização inculturada. Posteriormente, na reestruturação do CELAM, esta pastoral foi situada no "Departamento de Cultura y Educación", com o nome de "Pastoral de los Pueblos Originarios". A esta última seção corresponde organizar os simpósios de reflexão teológica índia e outras atividades para estes povos. A seguir uma descrição dos simpósios (Arizmendi Esquivel, 2018):

- I Simpósio aconteceu em Bogotá, Colômbia, no ano de 1997, cujo tema foi "Hacia una Teología India inculturada". Seu objetivo foi plantear o que significa esta teologia, iniciar um diálogo entre bispos e impulsores do evento. Foram os primeiros planejamentos[46];

- II Simpósio foi na cidade de Riobamba, Equador, no ano de 2002, cujo objetivo geral foi "promover una reflexión profunda y sistemática sobre la Teología India Cristiana para que juntos, obispos y teólogos, acompañemos la inculturación del Evangelio en los pueblos indígenas" (Arizmendi Esquivel, 2018). Cabe destacar que posterior a este simpósio foi criada uma equipe formada por bispos e peritos para continuar a reflexão e acompanhamento, e a partir de 2004, a Congregação para a Doutrina da Fé, a pedido do Cardeal Ratzinger, segue de perto o processo da elaboração da teologia índia;
- III Simpósio escolheu a Guatemala, no ano de 2006, para discutir sobre "*Cristo en los pueblos indígenas*". A intenção deste simpósio foi provocar um discernimento do mistério de Cristo incorporado na vida dos povos indígenas. Nos anos posteriores, continuou-se a reflexão de maneira crítica sobre esta experiência dos povos originários. À parte disto, a V Conferência do Episcopado em Aparecida, no documento final, não ousou de chamar este caminho de **reflexão de *teologia índia*, dada a falta de consenso entre os** bispos votantes (Arizmendi Esquivel, 2018). Nos próximos anos, o diálogo permaneceria. Esta tensão acontecida em Aparecida é resolvida quando da convocação do caminho *Sinodal da Igreja para a Região Pan-Amazônica,* onde se reconhece de maneira oficial o caminho da "teologia índia" (Instrumentum Laboris, n. 113);
- IV Simpósio teve como sede Lima, Peru, no ano de 2011, com o tema "La teología de la creación en la fe católica y en los mitos, ritos y símbolos de los pueblos originarios cristianos en América Latina". Era preciso discernir sobre as Sementes do Verbo nos relatos da criação dos povos originários, à luz da Palavra de Deus e o Magistério da Igreja e dessa forma

fortalecer o espírito de uma evangelização inculturada como promulgou Aparecida (DAP 125) ;

- V Simpósio, em San Cristóbal de Las Casas, México (2014), com a seguinte temática: "*Revelación de Dios y pueblos originarios*". Foram aprofundados os conteúdos doutrinais da *Teologia Índia*, para persistir no esclarecimento à luz da Palavra e do Magistério da Igreja;
- VI Simpósio ocorreu em Assunção, capital do Paraguai, em 2017. A convocação faz parte do programa de Departamento de Cultura e Educação do CELAM. O tema do encontro foi "*Trinidad, família y pueblos originários*";
- VII Simpósio, programado para ser na cidade de Panamá, foi em ambiente virtual, devido ao tempo pandêmico, em 2020 e 2021, com a temática "*El Espírito Santo y los pueblos originarios*". Este encontro teve continuidade como os anteriores.

A partir destes simpósios, são apontadas as seguintes perspectivas. A primeira delas é que a *teologia índia deve ser considerada como verdadeira teologia*:

> Se ha avanzado en no regatear la categoría de verdadera 'teología' a la llamada 'Teología India'. Es un paso significativo, porque muchas veces la hemos querido reducir a una 'sabiduría indígena', en la que se rescatan mitos y tradiciones de los antepasados, pero como si no tuviera la altura y profundidad de una auténtica teología. Se la ha menospreciado, porque no se han elaborado tratados, al estilo clásico, sobre los contenidos doctrinales de fondo que hay en las culturas indígenas, y su relación con los diversos dogmas y misterios cristianos. Apenas se están haciendo esfuerzos por iniciar una sistematización de sus métodos y contenidos. Algunos resisten a ello, porque dicen que esta teología es vida, es experiencia religiosa, no elucubración mental. Sin embargo, otros admiten que se

> necesita dar este paso, para lograr un diálogo teológico intraeclesial. Es necesario crear puentes teológicos, para no quedarnos en islas o muros. (Arizmendi Esquivel, 2018)

A *teologia índia cultiva um próprio método* que resgata uma maneira específica de se aproximar do Mistério Sagrado da Vida:

> Se ha insistido y aclarado, por parte de sus autores, que la Teología India tiene su propio método, diferente al de la teología clásica occidental. La Teología India trabaja más con mitos, ritos, símbolos, tradiciones, sueños. Los mitos no son fábulas o cuentos, sino distintas formas de expresar realidades trascendentes y de encontrarse con ellas, en un lenguaje más simbólico que conceptual. Esta es la forma de razonar en las culturas indígenas, más cercana a métodos orientales que occidentales. Por tanto, hay que apreciar y valorar su propio método, y no descalificarlo porque no se parece al que se aprende en los Seminarios y en las Universidades eclesiásticas (Arizmendi Esquivel, 2018).

Outrossim, o primeiro passo para fazer teologia é a experiência de Deus, e a teologia é ato que expressa e comunica essa experiência. A fonte primeira da teologia índia é a experiência de Deus que se revela em tradições, narrativas, conselhos e práticas indígenas, assim como em suas celebrações, ritos e festas. Tal prática é lida à luz da Palavra e do Magistério:

> Esta postura teológica, que implica una determinada opción metodológica, es asumida y ampliada por la teología amerindia, que considera la misma *vida cristiana* de los pueblos indígenas en todas sus variadas dimensiones y expresiones cotidianas como *fuente* para su quehacer teológico. En efecto, si la vida indígena es en gran medida religioso-simbólica, o espiritualidad, con mayor razón la

> teología amerindia es eminentemente teología espiritual […] (Tomichá Charupá, 2017).

São *Categorias fundantes:* sinais dos tempos, sementes do verbo e memória ancestral (Tomichá Charupá, 2017). A *teologia católica índia* promovida pelo Conselho Episcopal Latino-Americano (CELAM) sugere um adequado discernimento dos sinais dos tempos, para reconhecer a presença do mesmo Cristo seminal nas tradições culturais originárias, a partir da recuperação das memórias ancestrais dos povos originários. Nesse sentido, a Conferência de Santo Domingo joga um papel significativo para colocar em evidência a teologia indígena (DSD 248).. Todavia, preparou o terreno para que o CELAM começasse a organização dos *simpósios de teologia índia,* lugar onde se pudesse confrontar e aprofundar as reflexões milenárias ameríndias com tradição cristã católica.

O universo e a história humana estão penetrados pelo dinamismo do Senhor e seu Espírito: são os traços de uma ecoteologia índia (Tomichá Charupá 2017). Os povos originários vivem sua relação com o Mistério divino, onde Cristo está presente, através de sua relação ao mundo criado. E só se consegue chegar a **tais afirmações por uma atitude contemplativa da natureza e de** encontro com o mistério. Esta espiritualidade ecológica já fora ressaltada pelo Papa Francisco na *Laudato Si' (2oss).*

Um Deus Mistério-Dual, relacional, recíproco, perikorético: uma teologia índia mais narrativa, simbólica, apofática (Tomichá Charupá, 2017). O Deus vivido e assim entendido pelos indígenas é geralmente integrador, relacional, dual, onde os opostos buscam confluir para chegar a harmonizar em um Deus Símbolo e Mistério. Existe aqui uma dificuldade, que diz respeito às linguagens e às categorias para expressar as *cosmovivências,* ou simplesmente experiências cósmicas propriamente religiosas dos povos indígenas. De outra maneira, a teologia cristã é marcadamente racional, conceitual e abstrata, que se contrapõe às experiências indígenas mais narrativas, simbólicas e concretas. No mesmo nível, a passagem da oralidade à escritura é outro problema.

Atitude humilde e coração ascético-místico: o estilo da teologia índia (Tomichá Charupá, 2017). No percurso dos simpósios de teologia índia, tendências antagônicas e, muitas vezes, incompatíveis se cruzaram. Por um lado, há os que consideram que abordar a teologia índia com categorias conceituais ocidentais seria aniquilar e destruir a reflexão, porque esta teologia é mais experiencial, simbólica e celebrativa. Por outro ângulo, há quem argumente em prol de uma sistematização, para que a teologia índia possa ser compreendida e reconhecida pela própria Igreja oficial. Com o tempo, tem prevalecido a segunda postura, a tendência de colocar a reflexão teológica em linguagem conhecida, buscando consensos entre tradição teológica herdada e as experiências dos indígenas.

Este viés tem respaldado o caminho dos simpósios de *teologia índia cristã,* aprofundar método e conteúdo. Além de todos esses limites contextuais, o que interessa, no fundo, é o espírito interior ou atitude profunda diante do mistério inefável de quem faz teologia. É uma atitude humilde e simples, a exemplo de Jesus de Nazaré, cujo coração aberto e contemplativo foi capaz de se encontrar em profundidade com o Pai para se entregar em plenitude a seu projeto de Vida plena (Jo 10,10).

Perspectivas

A inculturação feita pelo povo simples, durante a época colonial, recebeu nos últimos 50 anos o respaldo dos membros importantes da hierarquia eclesiástica que se converteram em aliados da causa indígena ou afro, logrando mudanças na atitude institucional para com estes grupos humanos. O mais decisivo é que os indígenas fazem dentro das igrejas. Com ousadia, existe uma reapropriação da teologia dos povos, visibilizando o motor teológico de suas reivindicações e pleiteando o diálogo aberto e transparente com a fé cristã.

A Igreja Católica e algumas igrejas evangélicas estão se unindo para acompanhar este diálogo a fim de encontrar todo o nobre e o bom que os *une* e também apontar situações que requerem uma atenção especial. Os avanços que vão sendo conseguidos manifestam o *kairós* aberto recentemente como dom do Espírito e conquista de quem luta por tornar isso possível.[47]

Os escritos e obras publicadas deste processo recente são o testemunho dos protagonistas do momento.[48] Não são livros pops, mas da voz balbuciante da teologia índia e afro-ameríndia ao interior das igrejas, tanto na vertente oficial da Igreja Católica como na vertente ecumênica.

> Con las y los hermanos de la Teología de la Liberación la caminada va avanzando, aunque haya habido algunos obstáculos y malentendidos. Avanzamos en cuanto a ser convocados y tomados en cuenta en los foros internacionales, donde podemos recibir aportes de muchos de ellos en nuestros encuentros; pero prevalece en algunos el desinterés y hasta cierta minusvaloración de nuestras teologías no académicas sino pastorales o populares. Con todo, el fruto mejor es que los pueblos originarios y afroamerindios valoran más sus teologías y el dinamismo que ella genera para llevar a la práctica los ideales propios que coinciden con los del Reino de vida, de justicia, de paz, de ágape (compartir) que Jesús, el Hijo de Dios, nos trajo al poner su morada entre nosotros. Por eso, cada vez aumenta el consenso eclesial sobre la importancia de estas teologías con sus sujetos, sus contenidos y sus metodologías propias dentro del conjunto de voces teológicas de las iglesias (López Hernández, 2020).

Da mesma forma, fica claro para os indígenas e afros o compromisso de sistematizar o pensamento, usando 'nossos esquemas' e também os esquemas dos não indígenas para ajudar na compreensão da teologia. Esta atitude propicia como resultado que a instituição eclesiástica e a academia teológica avancem no reconhecimento de que várias das características das teologias ancestrais deveriam ser características da ciência teológica cristã como a perspectiva integral em relação à vida, à comunidade como sujeito teológico, à linguagem analógica ou simbólica de toda teologia.

Permanece, ainda, o desafio maior de dialogar com as teologias índias e afros que não buscam o aval das igrejas, e sobretudo, dialogar com o mundo moderno que obriga às teologias ancestrais e às igrejas a reformular suas propostas em esquemas mais urbanos do que rurais, mais seculares do que religiosos, mais atento ao presente e ao futuro do que ao passado, mais rumo a abraçar a humanidade do que apenas ao interior de cada povo ou de cada igreja. Alguns desafios por assumir em diálogo de teologias (López Hernández, 2020):

- Superar a colonialidade teológica[49] existente nas igrejas para se abrir e receber humildemente as flores e cantos teológicos da periferia;
- Passar da perspectiva da verdade de Deus, que é pensada e colocada em teses e livros para chegar ao bem viver e conviver que vem de Deus e serve para a vida.[50] Alguns **chamam isto de "Vidologia", que se "corazona", ou ser** "sentipensa" (sentimental) com todo o ser;[51]
- Assumir a integralidade da teologia dos pobres que sabem que nada e ninguém estão fora do amor de Deus;
- Assumir nas igrejas ao sujeito comunitário da fé e da teologia, superando a supremacia das luzes individuais desligadas do povo;
- Assumir a linguagem analógica ou simbólica do povo para superar as ideias claras e distintas do Ocidente, a fim de saborear, estar com Deus em seu mistério e não tanto de querer entender o mistério divino;
- Reconhecer e acompanhar a ação de Deus presente nos povos originários e afro-ameríndios, distinguindo que é o mesmo Deus de Jesus Cristo que leva adiante seu

projeto salvador em todos os povos do mundo e em toda a criação.[52]

4.2 Teologia andina: desconstrução intercultural

Os fortes traços ocidentais da teologia cristã, tanto católica quanto protestante, com certeza têm sofrido muitos questionamentos e modificações ao longo da história, porém nunca foi sujeita a uma desconstrução sistêmica e radical, assim como acontece nas recentes teologias indígenas e do pluralismo religioso. Nomes como Bartolomé de Las Casas ou Mateo Ricci, movimentos como as reduções jesuíticas ou as igrejas africanas independentes fazem tomar consciência das fissuras do tecido dogmático das teologias ocidentais. Porém, de uma forma tímida, sabiam levar adiante uma revolução paradigmática na teologia.

> Aun la Teología de la Liberación latinoamericana clásica y las demás teologías liberacionistas en África y Asia, no podían desprenderse por completo de ropaje cultural occidental y grecorromano, a pesar de la 'revolución' **metodológica de invertir el orden entre teoría y praxis.** Es verdad que lograron revertir una tendencia 'ultra-mundanista' y 'dualista' heredada de la filosofía griega y pudieron plantear nuevamente la integridad del gran proyecto del reino; sin embargo, no lograron aún superar el androcentrismo y etnocentrismo teológicos inmanentes en las concepciones más importantes de sus teologías. (Estermann, 2009)

Como expressado no tópico geral da teologia índia, existe hoje uma preocupação por parte da Igreja oficial a respeito desta nova elaboração teológica. A teologia andina não questiona o *depositum fidei*, o núcleo central da mensagem cristã: o Reino de Deus, a encarnação do divino, a opção pelos pobres e a dignidade do ser humano, mas a roupagem cultural ocidental.

É necessário olhar para os períodos de alta produção escrita sobre o campo religioso nos Andes. Uma das maiores obras sobre os sistemas religiosos nos Andes aconteceu no século XVII. A grande maioria deste trabalho tinha o propósito de sistematizar as religiões andinas, com o intuito de facilitar a tarefa da extirpação de idolatrias ou de subsumir estas práticas ao cristianismo.

> Hay otros textos en los que se nota una voz crítica a las políticas coloniales: en ellos las y los investigadores/as indígenas o indigenistas procuraron encontrar la voz y memoria indígena; son, por ejemplo, los textos firmadores por Joan de Santa Cruz Pachacuti Yamqui, Felipe Guamán Poma de Ayala y el Inca Garcilaso de la Vega. Para la investigación sobre la religión andina e incluso para la fundamentación ideológica de proyectos políticos, culturales y religiosos andinos muchas veces se ha recurrido a esas crónicas. Es el caso del 'dibujo cosmogónico' de Santa Cruz Pachacuti Yamqui, que durante varios años fue tomado como expresión sublime de la cosmovisión andina; **sin embargo, también hay voces que sugieren su parecido** con un retablo catequético que afirma la predominancia del Dios cristiano sobre las divinidades y personas andinas. Con Felipe Guamán Poma de Ayala y su Nueva Crónica de Buen Gobierno ocurre lo mismo; se valora su crítica social al proyecto colonizador y a su versión del cristianismo, pero se dice muy poco sobre su visión negativa y erradicadora de la religión andina (Colque Jiménez, 2009).

Os debates teológicos daquele tempo se concentram na questão de se os indígenas eram *tabula rasa*, onde havia que escrever a mensagem cristã de salvação ou se eram similares aos pagãos mouros que tinham sido expulsos da Espanha. Por conseguinte, seu sistema religioso devia ser combatido. Alguns chegaram a prever que a religião dos indígenas era o Antigo Testamento e se necessitava complementar com o anúncio do Novo Testamento.

> [...] El debate sobre la cuestión de si los/as indígenas tenían aspectos religiosos que debían ser respetados y evangelizados o si todo era contrario al cristianismo, fue definido por el contexto de dominación y colonización. Ser cristiano/a no sólo tenía que ver con una manera de creer, sino, ante todo, con una subordinación a la monarquía. Cualquier versión religiosa diferente del cristianismo era un atentado contra la Corona, y cualquier movimiento subversivo era un atentado contra la religión. Las políticas, estrategias y acciones de erradicación de idolatrías fueron la línea que se impuso sobre las religiones indígenas. Las otras voces quedaron como notas anecdóticas en la historia, recuperadas posteriormente (Colque Jiménez, 2009).

As crônicas trazem uma visão da vida em certo período histórico: a conquista e a colônia não podem ser lidas acriticamente como fiéis espelhos da realidade, já que foram escritas, a maioria delas, com a finalidade de extirpar as idolatrias e libertar os índios das superstições. As crônicas exprimem a forma como os europeus ou europeizados entendem uma realidade e expressam a interpretação que eles, sobretudo homens, fazem de diversas práticas. Os acontecimentos que os cronistas veem são organizados em suas estruturas mentais, em sua maneira de ver o mundo e em seu interesse por representá-los. Muitas vezes, as crônicas propalam mais as próprias preocupações e projetos dos cronistas que voz dos outros. A vida indígena corre por outro lado e não sempre se deixa capturar.

Posterior a essa época colonial, sofre-se a diminuição da produção escrita sobre o campo religioso e cultural andino. No entanto, sempre haverá ações concretas na linha da erradicação de idolatrias, ordens para que os índios enterrem seus mortos em cemitérios, exigências de abandono do consumo de coca, perseguições aos *yatiris*. Depois deste período intenso e violento de erradicação de idolatrias, desenrola-se um tempo em que a população indígena começa a recompor seu sistema religiosa. Os ritos, as instituições mais representativas se perderam. As práticas e crenças que subsistiram se encontram representadas no ambiente familiar. No entanto, outras ainda permanecem escondidas ou encobertas nas festividades e ritos cristãos, como são algumas festas do calendário cristão.

A tarefa sistematizadora novamente reaparece no século XX, principalmente por meio dos estudos antropológicos. Embora não esteja livre de estar a serviço dos interesses e projetos colonialistas de dominação ocidental, poderia se dizer que, com estes trabalhos, há uma maior informação sobre o sistema religioso nas populações indígenas. Assiste-se a uma época de alta produção sobre o campo religioso indígena, alentada por setores e pesquisadores religiosos e não ligados a interesses eclesiais. Merece atenção o trabalho dos investigadores "afilhados" a alguma igreja cristã (Colque Jiménez, 2009).

4.2.1 A teologia andina como realidade e projeto

Dentro do arco-íris da teologia índia encontra-se a *teologia andina*, que seria uma das correntes teológicas da libertação adjetivas. É índia, com rosto indígena, mas andina, que se descobre na forma de seu teologizar, a partir do contexto. O caso da teologia andina se inclui entre uma série de contextualizações socioculturais e étnicos do trabalho teológico que tomou corpo nos últimos anos na América Latina. Esta teologia não é somente fruto de uma crescente tomada de consciência dos povos indígenas e de suas cosmovisões, mas também de um trabalho no campo da reflexão intercultural.[53] A articulação de fé e cultura, de teologia e códigos étnicos, a consciência de cada expressão de fé é carregada de traços culturais e de uma reflexão teológica que vai na mesma direção, são como que os padrinhos que estavam no berço desta criatura chamada teologia andina (Estermanm, 2009).

Esta teologia se insere num movimento mais amplo das teologias índias, ou seja, teologias indígenas do continente de *Abya Yala*. Este movimento tem seu percurso histórico, ainda que se possa discrepar do rótulo de teologia "índia", que é o resultado de um erro histórico. A intenção é clara na inculturação (em ambientes católicos) e contextualização (ambientes evangélicos) da mensagem bíblica que tem de ser entendida como "indigenização", chegando a ser um diálogo inter-religioso, porque o tema indígena não é assunto de folclore ou de costume, e sim de um universo religioso muito próprio.

Desse modo,

> [...] la 'teología andina' se comprende como teología cristiana, inspirada en el mensaje evangélico y los testimonios de fe resultantes de éste. Por lo tanto, de una u otra manera, se inserta en la larga historia de intentos teológicos de Occidente y teología contextuales oriundas de otros continentes. Tal como fue la primera inculturación (que también era una suerte de 'indigenización') en los primeros siglos, la teología andina reivindica la 'reinculturación' de la fe cristiana en el contexto andino (Estermann, 2009).

Porém, não se trata de um simples processo de "transculturação" ou de "adaptação", mas de um verdadeiro processo de "intertransculturação", ou seja, de um processo histórico e dinâmico de dialogo vivo entre culturas, paradigmas e visões. "Intertransculturação" é a síntese de "transculturação" como processo histórico e de "interculturação" como processo de intercâmbio, o que mostra a complexidade das relações entre povos, culturas, etnias e pessoas.

Ser andino não é uma entidade estática e de museu, como também não é a fé cristã e a mensagem cristã.[54] Nesse caso, requer uma hermenêutica diatópica, que busca a compreensão da alteridade pelo diálogo intercultural entre dois lugares culturais, sem recorrer a um terceiro ponto de mediação.[55] Desse modo, exige uma interpretação e tradução conceitual de dois topos culturais, religiosos e históricos. Teologia andina não é teologia europeia com vestimenta andina, a maneira como se "andiniza" a liturgia católico-romana com um simples verniz andino de cores, símbolos, idioma vernáculo. A teologia andina é uma teologia indígena, construída não a partir de parâmetros europeus ou ocidentais, e sim desde a própria cosmovisão e filosofia.

> El desafío epistemológico y conceptual es inmenso. El incipiente proceso de la 'deshelenización' de la teología y filosofía, sobre todo en las ex – colonias europeas, es parte del proceso de la 'descolonización mental' de los pueblos indígenas. Una de las estrategias de los y las misioneros/as católicos/as y protestantes ha sido – y sigue siendo para muchos nuevos movimientos religiosos – la 'occidentalización' de las culturas autóctonas, mediante el sistema educativo, la imposición de un idioma occidental, la vestimenta y las instituciones (desde el matrimonio hasta la Constitutición Política del Estado). Esta 'occidentalización' conlleva a un **proceso de alienación cultural y religiosa por un lado,** y el establecimiento de una alianza o hasta identificación entre cristianismo y Occidente cuyos frutos podemos apreciar hoy día con mucha pena [...] (Estermann, 2009).

Muitos dos protagonistas de uma teologia andina tinham que se submeter a esse processo de "ocidentalização" mental e em praticamente todos os seminários teológicos, católicos e protestantes continua a se praticar "a circuncisão helênica", ou seja, uma formação na medida dos parâmetros da filosofia e teologia ocidentais. Para muitos sacerdotes, pastores, teólogos e teólogas, a academicidade ocidental, divulgada em títulos e dissertações, continua a ser o preço para poder participar do trabalho teológico "sério".

Os desafios para uma teologia andina são múltiplos, desde a desconstrução de conceitos até a indigenização dos currículos, desde o uso do idioma autóctone até a oralidade das fontes, desde a coletividade do sujeito até a desmasculinização dos conteúdos teológicos. Parece que os protagonistas deste projeto ainda são conscientes da envergadura e da profundidade do que, às vezes, acredita-se bem leve à "indigenização" da teologia cristã.

No caso da teologia andina, não se tem que ver somente com a categoria da inculturação, ou a já mencionada "intertransculturação"[56] da fé e da teologia. Embora a grande maioria dos andinos se autodeclare, sem hesitação alguma, como cristãos, a teologia andina se encontra diante do desafio de um verdadeiro diálogo entre sistemas religiosos diferentes, um diálogo inter-religioso que certamente tem outros matizes do que na África ou Ásia. Por exemplo,

> [...] la 'indigenización' de la Virgen María en la *Pachamama* y la 'andinización' de la Virgen María en la *Pachamama* representan mucho más que una simple transposición o yuxtaposición; son el fruto de una simbiosis creativa y a la vez crítica entre dos universos religiosos, en los que convergen los 'lugares' (topoi) de la Virgen María y de la *Pachamama* (Estermann, 2009).

Há promotores de uma teologia andina autóctone à maneira da teologia índia, que entendem o processo de desocidentalização como "desevangelização" ou de "descristianização". Uma das características da sabedoria e cosmovisão andina é a inclusividade. A concepção dicotômica e exclusivista, ou bem uma coisa ou bem outra, é alheia.

Portanto, o processo de "deselenização" e "desocidentalização" nunca é um processo de exclusão, mas um diálogo intercultural crítico e construtivo. Quando se usa a palavra ocidental, não se refere à soma de todos os males, da mesma forma como segue sendo julgado o andino pelos extirpadores da idolatria.

Conceber uma cultura ou religião como satânica não pertence ao universo cultural e religioso andino. É mais um alto grau de intelectualidade alheia e ideologizada, seja por parte de grupos mais radicais como "indianistas" ou "pachamámicos", seja da parte de certas igrejas fundamentalistas marcadas por uma forte tendência ocidental, mantendo uma posição dura e irreconciliável frente ao andino.

> El problema de la 'descontrucción' andina de la teología consiste en la simultaneidad de dos procesos dialécticos y críticos: la 'exculturación' de la teología dominante en nuestras casas de estudio, iglesias y comunidades, es decir: el proceso de 'deshelenización' de conceptos, contenidos, ministerios, instituciones, currículos, métodos, terminología, etc., por un lado, y la construcción de una teología indígena propia, desde los parámetros intrínsecos a las culturas y cosmovisiones andinas, por otra parte. El proceso decompositor va de la mano del proceso constructivo, y esto en una articulación dialéctica crítica que es el mismo desafío de cualquier diálogo intercultural verdadero. Una teología andina seria y auténtica tiene que entenderse entonces como el proceso y fruto de un diálogo intercultural que implica mucho más que costumbres, rituales, idiomas y teminología (es relativamente fácil reemplazar la palabra española 'Dios' por *Apu* o *Achachila*). Se trata más bien de una proceso en que se contextualiza todo código cultural de lo religioso, provenga de Occidente o de los Andes; eso quiere decir que una teología andina (o cualquier teología contextual) es al mismo tiempo un cuestionamiento de la supuesta universalidad de la teología occidental dominante (que justamente por este mismo hecho se revela como 'dominante') (Estermann, 2009).

Desse ponto de vista, cada teologia indígena ou contextual questiona a universalidade de certa teologia, tenha ou não uma longa história e apoio institucional forte. No espelho da teologia andina, a teologia acadêmica dominante se revela como cultural e historicamente particular, como teologia ocidental e europeia. O processo levará à libertação da teologia, da autodeclarada globalidade e universalidade, de sua reivindicação supratemporal e cultural, de seu suposto absoluto. E esta libertação da teologia enfatiza a contextualidade implícita, mas negada da teologia cristã clássica para alguns ou canônica para outros.

4.2.2 Características da teologia andina

A fim de traçar a tarefa pendente que tem a teologia andina, Josef Estermann nomeia alguns campos que precisam desta desconstrução intercultural, ou seja, do processo crítico de decomposição e reconstrução usando a hermenêutica diatópica entre as culturas envolvidas, a ocidental e a andina (Estermnn, 2009).

Teísmo *versus* panenteísmo ou animismo

As teologias cristãs e judaicas surgiram praticamente como um instrumento para defender a "personalidade" e "unicidade" de Deus, diante do panteão grego e romano, do politeísmo do Médio Oriente, do animismo céltico e germânico, e, mais tarde, pelo paganismo do Novo Mundo. A concepção teísta das religiões monoteístas do "divino" foi considerada em várias ocasiões como uma das causas para seu exclusivismo e a propensão virtual e real à violência inter-religiosa, a fim de defender esta condição específica.

Muitas das concepções teológicas que sustentam o teísmo cristão não são genuinamente bíblicas, mas provêm de uma reflexão teológica posterior, sobre a base da filosofia helenística. A "personalidade" de Deus, por exemplo, surge contra a concepção do *fatum* cego grego, à abstração de forças e poderes sobrenaturais, à sacralização e à divinização do mundo e de império políticos, em especial o Romano. Nesse sentido, o teísmo judeu-cristão vinha se desenvolvendo como crítica das religiões e teologias políticas da época, que pretendiam reivindicar o divino para fins de poder e opressão dos seres humanos.

A "transcendência" absoluta de Deus resultava ser uma arma poderosa contra as tentativas pagãs de sacralizar o mundo criado e de estabelecer "teocracias" políticas. O teísmo teológico dos primeiros séculos fomentava a secularização radical, a demitologização do mundo, a "profanação" da natureza e do campo sociopolítico, e no final a instrumentalização do ser humano. Neste ponto, o teísmo cristão deixa um dualismo teológico e antropológico, abismo entre Deus e o mundo, entre espírito e matéria, entre sagrado e profano, entre o religioso e o mundano.

> Sin embargo, no se trata de una concepción genuinamente bíblica semita, sino de una concepción surgida del impacto de la filosofía (neo-)platónica y estoica sobre la nueva fe y teología. El Reino de Dios fue interpretado a la manera del 'cielo de las ideas' platónico, la salvación como iluminación y escape gnósticos, la encarnación como 'racionalización' (en el sentido del *logos* estoico neoplatónico) del mundo, y el compromiso evangélico como 'espiritualización' del ser humano. Se produjo una interiorización de la fe, una espiritualización de la acción, y una desmundanización de la salvación (el 'transmundo' platónico-cristiano), muy al contrario de la corporalidad, materialidad, politicidad y terrenalidad del proyecto del Reino promovido y practicado por Jesús de Nazaret (Estermann, 2009).

A teologia andina não é teísta (monoteísta ou politeísta), mas panenteísta, no sentido de que tudo converge para Deus, ideia que se aproxima da experiência mística cristã. Apesar disso, adverte-se que todas estas categorias, às quais serviram de discurso, são o resultado de uma certa racionalidade classificatória do Ocidente que resulta ser um tanto excludente no seu intuito de classificar fenômenos desconhecidos. "El llamado 'animismo andino' no concuerda con los parámetros de las ciencias de la religión, ni con las concepciones teológicas clásicas sobre lo que se entiende bajo esta etiqueta" (Estermann, 2009).

A desconstrução intercultural do teísmo cristão ocidental leva à revalorização de concepções andinas inclusivas, que não partem de um abismo entre o divino e o humano, entre o sagrado e o profano, entre céu e terra, mas que entendem o divino como parte da *pacha*, da realidade última e suas múltiplas relações.[57] A inclinação da pesquisa é pela concepção panenteísta, campo de que o divino forma parte da realidade e está presente em todos seus aspectos, como garante a força ordenadora da ordem cósmica e suas articulações, nas *chakanas* (Estermann, 2009).

Cosmocentrismo *versus* cristocentrismo

As diferentes teologias do pluralismo religioso, sobretudo na América Latina, deparam-se com o problema da exclusividade do caminho de salvação em e pela figura de Jesus Cristo. A dogmática cristológica se converteu num obstáculo insuperável em diálogos inter-religiosos empreendidos nas últimas décadas. O dogma cristológico de Niceia (325) e da Calcedônia (451) são espelho de uma cultura e terminologia helénicas. As concepções de natureza, consubstancialidade, união hipostática, pessoa, substância e individuo não são bíblicas nem pertencentes ao mundo cultural semita. É mais uma ontoteologia grega que se refere a uma metafísica da substancialidade e individualidade, do que uma teologia da relação e do amor.

Por outro prisma, existem também cristologias, mais nas igrejas ortodoxas do que nas latinas e reformadas, que dão ênfase ao caráter cósmico de Cristo como *pantokrator* (governador do universo), como *logos* pré-existente, como *alpha e ômega*, ou seja, como o "todo em tudo", ou o alicerce da relacionalidade cósmica última. Para a teologia andina, talvez não seja a cristologia "baixa", o recurso do Jesus histórico, a saída de um exclusivismo cristológico em diálogo inter-religioso, mas de uma cristologia cósmica, que insiste no Cristo como *chakana* entre céu e terra, entre o divino e o humano.

> El 'Cristo cósmico' andino, sin embargo, no es el *pantokrator* de la ortodoxia oriental, ni el *verbum* o *logos preexistente*. Se acerca más a las divinidades de los cerros (*apu; achachila*) y de las transiciones entre *alax/hanaq y aka/kay pacha* (rayor, arco iris, nubes). Se trata de la *chakana* universal que garantiza el equilibrio y la armonía cósmicos, y la inclusividad de lo divino y humano favorece este lugar y esta función (Estermann, 2009).

Uma desconstrução intercultural da cristologia tem como tarefa tirar a roupagem helênica na formulação clássica do dogma cristológico, além de andinizar a cristologia por meio das "cristofanias" e dos princípios da filosofia andina com as características de "relacionalidade", "ponte cósmica" e "mistério".

Teologia denominacional *versus* macroecumênica

A confessionalidade ou denominacionalidade da teologia cristã clássica, pelo menos desde o século XVII, não apenas causam estranheza pela divisão entre Igreja e fé cristãs, e de sua reflexão correspondente, mas que se exportou e transculturou de uma perspectiva eminentemente europeia para âmbitos não ocidentais.

Praticamente, nenhuma das igrejas e denominações existentes na China, na Índia, na América Latina, na África, têm suas origens nesses continentes, mas são o produto de excisões e disputas teológicas que não lhe pertencem. As colônias europeias herdaram, junto à ocidentalização cultural e civilizatória, as correntes filosóficas de moda e as divisões religiosas e eclesiais vigentes. Este produto exportado tem um impacto tão forte em contextos não europeus, que, por exemplo, até o dia de hoje, o governo chinês reconhece as duas denominações cristãs, católica e protestante como duas religiões, lado a lado com o islamismo, o judaísmo e o budismo.

No caso do mundo andino, os povos originários sofreram diferentes ondas de evangelização e campanhas de extirpação de idolatrias, conforme as igrejas e movimentos religiosos chegavam às suas comunidades. Cada uma delas tinha e segue tendo seu próprio ponto de vista diante do andino e das práticas religiosas autóctones. A história tem sido uma sequência brutal de mudanças, desde a extirpação de idolatrias até um reconhecimento tácito das práticas ancestrais. Chega, a alguns casos, a uma incorporação da religiosidade andina na fé cristã, e na pior das situações a uma satanização e condenação dos ritos andinos.

> Una teología andina que merece este título tiene que desarrollarse como teología 'ecuménica', como teología de esta 'casa común' que es la imagen y el símbolo de la convivencia y complementariedad de religiones, costumbres, rituales y creencias en el mundo andino. Si bien es cierto que cada una de las iglesias de procedencia cristiana **tiene su propio enfoque de la 'culturalidad' en general** y de lo 'andino' en especial, esta misma cultura andina y su religiosidad no es católica ni luterana o pentecostal, sino *sui generis*, más allá de fronteras y distinciones confesionales (Estermann, 2009).

A desconstrução intercultural da teologia ocidental é ao mesmo tempo uma crítica, desde a inclusividade e complementaridade andina, de seu caráter confessional e excludente, sem uniformizar, por isso, a diversidade e pluralidade dos enfoques teológicos. A inclusividade andina permite desenvolver uma teologia em diálogo inter-religioso que não suprime as diferenças, mas que inclui como as cores do arco-íris. Portanto, entende-se que não existirá uma única teologia andina canônica e ortodoxa, mas uma diversidade das abordagens teológicas que se fecundam mutuamente, em respeito e abertura.

Escrituralidade *versus* oralidade[58]

O cristianismo junto ao judaísmo e o islamismo são considerados como religiões do livro. O eixo da revelação para o cristianismo é a pessoa de Jesus Cristo, e a teologia cristã clássica é uma reflexão baseada na Tradição e nas Sagradas Escrituras, no Verbo, na lógica da criação, na palavra. Este "verbocentrismo" se agravou na Reforma, levando adiante o problema do iconoclasta, o "iconocentrismo" ortodoxo e latino ao canto idolátrico.

A centralidade nos escritos da religião cristã foi uma das razões pelas quais a evangelização se desenvolveu junto a uma "culturização" e "civilização" dos povos à medida de Ocidente.[59] A Sagrada Escritura e os documentos teológicos e litúrgicos posteriores serviram de "Bíblia dos pobres" e base para a alfabetização e educação de gerações indígenas.

Pode-se dizer que os esforços de alfabetização, no sentido leitura-escritura, não só acompanharam os empenhos de evangelização e extirpação de idolatrias, mas tinha como propósito **substituir uma religiosidade centrada na oralidade e na leitura** do "livro" da natureza e do cosmos.

> La filosofía occidental dominante que secundaba a la teología patrística y medieval en su afán de absolutizar la escrituralidad de la revelación divina, es en el fondo '*logo-logía*', un razonamiento de la palabra escrita, una filosofía 'rumiante' en el sentido de una 'interpretación de la interpretación de textos'. Y la teología correspondiente se ha convertido también en 'teología rumiante', distanciándose cada vez del contexto cultural y del mundo socio-político como verdaderos *loci theologici* y epifanías de lo divino. La Teología de la Liberación latinoamericana ha retomado este desafío de la 'escucha'

> y de la oralidad fundamental de la teología, dirigiendo una de las dos orejas al pueblo y sus preocupaciones (Estermann, 2009).

Uma desconstrução intercultural da escrituralidade e do verbocentrismo da teologia ocidental dominante precisa passar da crítica da palavra escrita como fetiche e ídolo, para se expandir a outros tipos de expressão e manifestação do divino.[60]

A teologia andina é, em primeiro lugar, um relato oral sobre as experiências do sagrado e do divino, feitas por gerações de pessoas, em *quéchua* e *aymara*, onde o céu aberto e a terra fecunda são o "livro" do mundo que pode ser lido, tal como os ocidentais podem ler os livros. Recentemente, esta teologia começa a ser formada em livros, ensaios, textos, monografia. Mas a teologia andina deverá sempre recordar que o "escrito" tem uma referência ao "dito", e isto corresponde a um "dizer" vivo e fecundo.

Seguindo esse raciocínio, há duas tendências em torno do tema da inculturação bíblica:

- A primeira linha faz tradução de todo o doutrinal nos diversos idiomas nativos sem nenhum tipo de mudança;
- A segunda linha, diferente da anterior, busca formas de ir **introduzindo sinais e símbolos nas celebrações litúrgicas** cristãs que salientem as dimensões religiosas do povo, a ética e a sabedoria da vivência andina que encerra uma cosmovisão própria.

A teóloga *aymara* Sofia Chipana Quispe caminha na segunda linha de inculturação, pois ela investiga o poder de autoafirmação e libertador que a leitura da Bíblia proporciona. Ela oferece sete pistas para uma leitura libertadora da Bíblia, que dá vida não apenas ao texto, mas ao projeto histórico dos povos. Convém plantear algumas luzes que possam orientar e forjar uma hermenêutica andina que brote do povo (Chipana, 2012):

1. A Bíblia, nos contextos andinos, deve ser refletida a partir das coordenadas básicas que constituem os valores do cosmos andino. Implica contemplar a vivência do povo e

escutar seus códigos linguísticos, de forma que proporcionem elementos para a hermenêutica dos textos bíblicos;

2. Convêm situar os textos bíblicos em sua época e ambiente. Não uma análise fria do texto, mas à maneira da calidez da vida, mostrando que o texto foi escrito num povo concreto e em diversos tempos;
3. Mostrar que a Bíblia foi escrita no Oriente, com cânones literários próprios, um estilo peculiar de escrever e uma compreensão do mundo alheia à nossa, mas que adquire vida a partir das experiências concretas onde se podem encontram correspondências;
4. Diálogos interculturais que promovam a valorização da riqueza cultural. Processo que acolhe com tolerância e respeito à riqueza do outro, confronta espaços radicais que regem uma tradição e, em muitos casos, leva a uma valorização da identidade e criticidade diante da cultura;
5. Diálogo entre tradição oral e escritura. A escritura não é uma prática social dos povos indígenas, são culturas de argumentação. Por isso, é fundamental uma articulação entre oralidade e escritura onde se reconheçam o valor que tem a palavra, e a forma como a cultura andina organiza seus discursos;
6. Trabalhar o sentido libertador da Bíblia. Por muito tempo, os textos escritos condicionaram e limitaram a participação das pessoas. Deve-se alcançar que as competências da escritura estejam integradas com as atividades da comunidade, sem que isso implique a perda de valor da palavra falada. Ou seja, recuperar a palavra, devolver a voz aos povos e deixar de sacralizar a escritura;
7. Resgatar o sentido da comunidade que está fortemente arraigado aos contextos andinos. O sentido comunitário é uma das fontes da sabedoria *aymara*, as relações de complementaridade entre comunidade, natureza e divindade levam a viver o equilíbrio que humaniza toda atividade realizada.

Esses aspectos são alguns dos que requerem ser tomados em conta na articulação da leitura da Bíblia em comunidades cristãs *aymaras* em torno da Palavra de Deus, que resgataria experiências que dão vida a alguns relatos da Bíblia. Por sua vez, proporcionam uma hermenêutica andina que ilumine seus processos e projetos históricos.

Androcentrismo *versus* complementaridade sexuada

Como comprovado na teologia feminista, o androcentrismo teológico não é uma casualidade, mas uma longa história de apropriação do fazer religioso masculino.[61]

> El androcentrismo teológico no es una casualidad y peculiaridad del cristianismo, sino se inserta en una larga historia de la apropiación masculina de lo religioso, desde los remotos tiempos de la Biblia Hebrea, pasando por el machismo paulino y el patriarcalismo de los Padres de la Iglesia (evidentemente no hay Madres de la iglesia, salvo algunas monjas de épocas posteriores), hasta llegar al sexismo teológico del islam fundamentalista. No **sólo lo divino ('el cielo'), sino también su representación** mundana ('la tierra') son esencialmente masculinos y obedecen hasta hoy día a una sociedad feudal y teocrática. Por otro lado, la jerarquía masculina – tanto en la Iglesia católica como en las iglesias protestantes, en el judaísmo como en el Islam – tiene un miedo arquetípico y hasta neurótico a lo femenino y las diosas (Estermann, 2009).

No caso andino, o elemento feminino está presente em todos os níveis e aspectos, embora não se deva idealizar a questão. Existe, também, o machismo andino, seja por influência da Colônia, seja por herança de culturas patriarcais pré-hispânicas. A complementaridade entre o feminino e o masculino não compete somente ao mundo humano, mas a todos os fenômenos da natureza e do cosmos, e, consequentemente, também ao religioso e ao sagrado. Para os andinos, Deus reúne em si aspectos femininos e masculinos, e Jesus tem uma companheira no seguimento, a *Pachamama*. A complementaridade sexuada é uma das características mais destacadas da cosmovisão andina.

Uma desconstrução intercultural do androcentrismo teológico vigente é, por um lado, uma crítica aos fundamentos teológicos do patriarcalismo dominante das igrejas, práticas religiosas e teologias provenientes do Ocidente, e por outro uma reivindicação radical do feminino na teologia, prática religiosa e eclesial. Para a teologia andina, esse entendimento significa um enfoque de complementariedade em termos de polaridades sexuadas nas concepções teológicas. Portanto, a libertação da teologia consiste no abandono da arrogância masculina de administrar racional e ritualmente o religioso, enquanto as mulheres o colocam na prática.

4.2.2.6 Academicidade *versus* pluralismo metódico

No Ocidente, o trabalho teológico adquiriu uma forma canônica na academia e faculdades teológicas como lugares privilegiados para este exercício. O método teológico obedece a um código zelosamente vigiado pelo mundo acadêmico e colocado em prática pelas diferentes igrejas, quando lhes cabe desenhar a formação de suas lideranças, ministros e especialistas rituais. Este método segue a grandes peculiaridades o cânon da ciência ocidental, com a subdivisão em ramos ou disciplinas. Em particular, o exercício acadêmico da teologia submete seus estudantes a uma "circuncisão mental", a uma determinação do cérebro ocidental e a uma doutrinação inconsciente androcêntrica.

Durante a história da teologia ocidental, também houve momentos de elaboração de uma teologia alternativa, como o caso da teologia apofática, querida por grandes místicos, ou algumas de viés mais narrativo, como as teologias de gênero. A racionalidade dominante da teologia acadêmica, porém, é racionalidade masculina e logocêntrica, além de sustentar o privilegio escritural. A teologia apofática, pela via negativa, ficou fora dos limites de uma vida teológica "séria", encerrada nos conventos e círculos heréticos, igual às teologias femininas de algumas poucas mulheres revolucionárias, dentre elas Hidelgarda de Bingen, cuja obra está sendo resgatada nos últimos anos.

No caso da teologia andina, trata-se de uma teologia cujo sujeito primordial é o povo, seus contos, seus sonhos, seu inconsciente coletivo, suas crenças e ritos, suas práticas simbólicas e suas devoções.[62] A conceitualização de todos esses elementos é um segundo momento, e a reflexão sistemática um terceiro passo.[63] Logo, tem-se que situar esta elaboração teológica com um sujeito e métodos particulares. O método não é o mesmo em sua concepção ocidental, que parte da sociologia ou da análise política e que serve como marco conceitual e analítico do trabalho teológico. Na pesquisa em questão, é uma sinopse entre antropologia e historiografia, que ocupa um lugar importante.

O anteriormente exposto traz presente os desafios da teologia andina, incluso desde uma perspectiva intercultural. O **pesquisador optou pelo uso de categorias ocidentais para o diálogo** e tradução. A teologia ocidental assim como a filosofia se desenvolveu, praticamente, em vinte séculos de um vocabulário sofisticado e técnico, que nem o mais fervoroso teólogo indígena pode se libertar. Então, a teologia andina se realiza na base de dois "canteiros", a sabedoria e prática religiosa dos povos andinos, e a história e tradição milenar da teologia cristã ocidental.

> Se trata entonces de un 'sincretismo teológico' no muy distinto al que se viene practicando desde los primeros siglos, sólo que uno de los referentes ya no es el mundo cultural y filosófico grecorromano, y que el otro referente no es un mensaje evangélico 'puro', sino el resultado de un esfuerzo analítico y reflexivo de muchos siglos y con

> muchas sobreposiciones conceptuales. La elaboración de una 'teologia andina' (como de cualquier teología indígena y no occidental) tiene que ver con este proceso complejo de 'sincretización' terminológica, conceptual y metodológica que se puede resumir en lo pretende ser la 'hermenéutica diatópica' (Estermann, 2009).

Este é um dilema do qual não se pode fugir, e transitar por este caminho cheio de "inconsistências" e de "impurezas paradigmáticas", recorda uma convicção andina de que a "consistência" e pureza é um ideal de morte e não de vida.

É nesse sentido que falamos de superar o maniqueísmo teológico: para evitar qualquer tipo de condenação à bagagem de uma cultura milenária, precisamos realizar um discernimento, para não emitir qualquer tipo de juízo fundamentalista e superar o maniqueísmo teológico-pastoral no qual temos sido doutrinados, acreditando que nenhuma religião ou igreja é tão pura, já que o cristianismo teve influência de muitas culturas (judaica, grega, romana, germânica, anglosaxona, hispânica, latino-americana). O problema reside em como continuar este caminho, considerando a manifestação do próprio Deus desde as experiências dos povos originários, sabendo que é um caminho pedregoso, pois o padrão de evangelização usado, na maioria dos casos, foi o da exclusão, onde o cristianismo se apresentou como perfeito e absoluto, puro e sem mancha. (Intipampa Aliaga, 2005).

Uma teologia ou *apusofia*[64] andina, com seu uso multifacetado e diverso de termos ocidentais-andinos, de formas literárias variadas, de tentativas fragmentárias e de elaboração novas, c airá, necessariamente, aos olhos do Ocidente, em inconsistências e incoerências.

A consistência e coerência devem ser os critérios de "bondade" e qualidade de certa teologia, que contribui ou não com a vida, com mais inclusão, mais justiça e solidariedade. A partir daí, propõe-se a explorar a partir de algumas virtudes andinas-cristãs, como da "reciprocidade", "solidariedade" e "encontro", a experiência diversa da fé no mundo andino, com a intenção de elaborar apenas alguns pontos teológicos de convergência. Assim sendo, a teologia andina sempre terá um aspecto prático, um enfoque de compromisso, um ato de solidariedade com seus sujeitos calados, à margem e descartados. Insere-se, fundamentalmente, num processo histórico de reivindicação da dignidade e dos direitos dos povos originários, que se chama de andino.

4.2.3 Propostas e iniciativas desde o cristianismo

A Igreja Católica ainda carrega o peso histórico de ser uma Igreja associada aos projetos de dominação dos povos indígenas, mesmo que nos últimos anos tratasse de reverter essa imagem com algumas ações solidárias e reflexões teológicas que apontam para a valorização das espiritualidades indígenas e a opção pela inculturação.

> La Iglesia Católica en sí misma es la expresión de la diversidad. Hay diferentes movimientos y opciones teológicas que están conviviendo y a veces confrontándose al interior de ella. Así, por ejemplo, fue notoria en los años setenta y ochenta del siglo XX la confrontación entre la Iglesia comprometida socialmente e identificada con la teología de la liberación y la Iglesia conservadora. Por el tema que estamos desarrollando, la distancia entre práctica religiosa y creencia de la población andina católica y de la jerarquía eclesial es enorme (Colque Jiménez, 2009).

Sabe-se que a população cristã andina se considera católica em muitos casos. Os batizados assistem a celebrações litúrgicas em certas épocas do ano, mas, ao mesmo tempo, são praticantes ativos de ritos indígenas. É como se tivessem uma dupla nacionalidade, e, entre eles, não existe uma conotação negativa de colocar os pés e transitar por ambos os lugares, porque sua concepção religiosa é bastante inclusiva. Através desta prática conseguiram construir uma teologia em que o cristão e o andino são parte de um mesmo sistema religioso.

Nos anos setenta do século passado, vários sacerdotes se confrontam com a persistência de uma religião andina que se apresenta como catolicismo popular.[65] A Igreja Católica toma consciência de que a evangelização não havia sido tão efetiva, pois *aymaras* e *quéchuas* continuavam vivendo sua religião de forma mascarada.

> Este período está marcado por un nuevo influjo misional de Occidente: gran parte de los misioneros europeos y norteamericanos viene con el propósito de combatir el comunismo, el alcoholismo y el paganismo de las y los andinos/as. Ellos y ellas procuran apoyar el desarrollo de las y los indígenas embarcándolos/as en la corriente de la modernización. Para ello era necesario nuevamente combatir las supersticiones que les ataban al pasado; así, por ejemplo, se esfuerzan en explicar que el rayo se produce por choques de energías eléctricas y nada tiene que ver *Tata* Santiago. Desde la perspectiva de las y los cristianos/los catolicos/as andinos/as, no hay un conflicto de intereses. Ellas y ellos se consideran efectivamente cristianos/as, aunque diferentes: 'no como los padrecitos'. No hay una intención de engañar a los sacerdotes, sino básicamente lo que ocurre es que se incluyen en la práctica religiosa tradicional algunos elementos del cristianismo, y también se adapta la práctica tradicional a las exigencias del nuevo contexto político y religioso cristiano. Las y los actuales cristianos/as andinos/as viven su fe como una totalidad donde lo andino y lo cristiano tienen un rol importante para garantizar la continuidad de la vida (Colque Jiménez, 2009).

Ainda é necessário valorizar esse cristianismo diferente, essa nova síntese do Evangelho numa cultura particular. Afinal, há avanços significativos conduzidos em obras escritas, majoritariamente de sacerdotes. Nos anos 80 e 90, aparece uma literatura que começa a valorizar a religião andino-cristã. É o caso de Xavier Albó (1992), que mostra o rosto índio de Deus no mundo aymara, em contexto boliviano através da apresentação do ciclo vital da pessoa e sua relação com o sagrado em comunidades *aymaras*. Do lado peruano, Diego Irarrázaval, e no mesmo período, procurou apresentar uma cultura e religião andina, mais *aymara*, que se move entre o ideal e a confrontação com o moderno. As contribuições deste autor recolhem de alguma forma a ampla experiência de inculturação promovida pelos agentes de pastoral andina.

No lado chileno, Juan van Kessel (1989) busca a restauração da religiosidade andina tradicional que inclui o católico, e é muito crítico do *pentecostalismo* em seu papel desestruturador da comunidade andina. Ele cria o *Instituto de Estudio y Comunicación de Tecnología Andina* (IECTA), que tem uma produção sobre recuperação de tecnologias andinas e também sobre o campo religioso.

Os encontros de agentes de pastoral andina,[66] Peru-Bolívia, que acontecem há vários anos, possibilitaram espaços de reflexão e discussão entre agentes pastorais. As preocupações centrais foram a de encontrar linhas para a pastoral inculturada. Sobre estes encontros existe pouco material escrito.

Como já mencionado, os *Encontros de Teologia Índia* marcaram um ponto na história da valorização das culturas indígenas. E nos últimos anos proporcionaram espaços para diálogo fecundo e verdadeiro, onde a região andina é valorizada com sua produção. Esta sistematização é uma preocupação do CELAM.

Existem teólogos andinos como Nicanor Sarmiento, Sofía Chipana Quispe, Roberto Tomichá Charupá, que, nos últimos anos, produziram uma série de artigos e obras com a intenção de propiciar conhecimento dessa teologia. Nesta irradiação, merece destaque o ILAMIS, coordenado pelo teólogo Tomichá. Em *perspectiva ecumênica*, o ISEAT. Muitos dos trabalhos teológicos também foram de missionários como Juan Gorski, Joseff Estermann, entre outros, que, com solidariedade e acompanhamento de comunidades indígenas, escreveram obras teológicas a partir do mundo andino.

4.3 Convergências teológicas

Nenhuma pessoa indígena nos Andes vive e pratica sua fé da mesma forma como o fizeram seus antepassados há mais de cinco séculos, assim como nenhum cristão vive e pratica sua fé como no tempo das primeiras comunidades.[67] As diversas maneiras indígenas e cristãs de viver a fé são fruto de um longo e dinâmico processo de sincretismo religioso.[68]

> [...] Este proceso, en muchos casos, especialmente desde el lado del cristianismo, ha tratado de ser dirigido institucionalmente; fueron las universidades, los seminarios, los centros de catequesis que, por un lado, trataron de mantener una correcta y fiel doctrina y, por otro lado, empujaron a la contextualización del evangelio. En el caso de los pueblos indígenas, este proceso no tuvo instituciones especializadas, por lo menos no en los últimos 500 años, y los procesos de sincretismo y tejido intercultural se fueron dando entre la resistencia colectiva y las dinámicas culturales de inclusión. No se puede negar que el actual sistema religioso en los Andes es fruto de varios choques culturales, confrontaciones militares, políticas y económicas que también tuvieron su eco en el plano religioso. No nos referimos solo al proceso de conquista europea, sino también a otros procesos anteriores, internos en *Abya Yala* (América Latina). Los vencedores dejaron su marca mayor y, aunque no arrasaron con

> todo, lograron modelar un sistema religiosos acorde a su 'imagen y semejanza'. Los vencidos mostraron lo que había que mostrar y escondieron lo inaceptable para el cristianismo (Colque Jiménez, 2009).

A intenção deste subcapítulo não é de fazer um inventário teológico dos principais assuntos que se referem à teologia dogmática. Na verdade, a finalidade é a forma de fazer teologia intercultural em ambiente andino e com autores imersos e autóctones. Esta seria uma maneira reivindicar e, ao mesmo tempo, de propor novos caminhos para uma renovada experiência teológica cristã.

4.3.1. Revelação e tempo no mundo andino

A apresentação oficial do Deus cristão teve vários acentos celestiais, o que, em parte, tem sido assumido pela população. Muitos falam de Deus como se estivesse para além do visível e palpável. Porém, o concreto costuma ter primazia. As pessoas andinas têm intuições precisas com respeito à divindade, é terrenal e corporal.

> [...] En cuanto a su comprensión de Dios, resalta como es llamado Papito, y en lenguaje autóctonos: *Taytta, Taytacha, Tatitu,* con una modalidad radicalmente afectuosa, humilde, respetuosa. Esto claramente es similar a como Jesús de Nazaret ha tratado a su Padre, que es también nuestro Padre. Sin embargo, tal semejanza en lenguaje y en sentimiento tiene que ir de la mano con la acción solidaria [...] (Irarrázaval, 2009).

O encontro com Deus se realiza numa vivência integral que abrange toda a existência e se encontra Deus em suas múltiplas respostas à problemática do ser humano. Entretanto, o caminho andino tem que encarar obstáculos e tramas, especialmente, quando no mundo contemporâneo se dá atenção à sacralização de bens. O estudo da espiritualidade andina salienta a sintonia cotidiana com o sagrado. Em cada espaço e em cada espaço de tempo, as pessoas sentem e colocam em prática o sagrado. Também o festejam e dançam, e o fazem parte da convivência, da liderança e a organização familiar e comunitária. A reciprocidade com o sagrado pode ser entendida como adesão a Deus. Esta fé em Deus tem simbologia e prática própria da população andina. Grande parte das pessoas se autodefine como cristã e dá sinais de cumprir com o mandamento do Amor, pode também ser dito que a fé se refere ao Deus cristão.

Pachamama como revelação de Deus

Será difícil encontrar no mundo andino um discurso elaborado sobre revelação, como termo, em andinos e andinas, que moram no campo ou na cidade. São necessárias outras entradas ao tema, por exemplo, a presença de Deus na natureza, os protetores da casa, do caminho, da comunidade, o *pachakuti,* a relação do ser humano como *chakana.*

É conveniente dar atenção à Revelação de Deus na *Pachamama,*[69] **e através dela encontrar um projeto de vida que está** baseado sobre a comunidade na reciprocidade, práticas que se situam no horizonte ético da cultura andina:

> La *Pachamama* revela a Dios, lo que en el fondo muestra es la vida misma, aquella vida real: las condiciones para vivir. Lo que la Madre Tierra da es el ciclo de la vida, dentro de la cual se afirma la vida de los seres humanos. Lo que se da a conocer por la *Pachamama* no es abstracto, no es un concepto, no es un discurso sobre Dios (como lo es mucho de la teología verbocéntrica generada en las facultades de teología), sino que la *Pachamama* revela la misma vida, ella es expresión de la vida misma, de la red de la vida. La respuesta humana

> a esa grandiosa revelación de la vida concreta no puede ser otra sino la ofrenda de reciprocidad (*ch'alla, wilancha, q'oacha, waxt'a*), dedicarle a la *Pachamama* las ofrendas representa ofrendar nuestra vida y el fruto de nuestro trabajo, compartir con ella porque ella nos ha colmado de bendiciones. Nosotros mismos no ofrendamos a la *Pachamama*, y en realidad retornamos a ella porque de ella hemos salido (Tancara Chambe, 2009).

A revelação de Deus se materializa na vida, mas de modo mais concreto na batata, no milho, no trigo, nos animais, como os frutos, a cara ou flores de Deus. Constata-se que a revelação no mundo andino não é abstrata, mas adquire corporeidade, seja humana, seja em outros viventes. Deus, assim, intervém na vida do *aymara* de forma concreta, no cotidiano. Esta revelação traz colheita, bênção, os frutos, a amizade entre o ser humano e os outros seres vivos, e permite a comunicação de todo o universo. Não apenas existem bênçãos, mas também Deus se revela para corrigir diante da dureza do coração do ser humano. Assim, os andinos interpretam a seca, a geada, os raios, alagamentos como uma advertência corretiva de Deus, para impulsar o cumprimento **da obrigação de servir ao próximo, a quem precisa desta ajuda** e se encontra desamparado. Deus está na problemática do ser humano, em toda sua existência: trabalho, comunidade, saúde, luta, festa, fecundidade.[70]

A valorização da *Pachamama* é a valorização da vida real, a vida do ser humano, da natureza, do cosmos. Essa valorização pode ser entendida melhor pelo andino que vive no campo, mas é importante na cidade, dado que o ser humano, como ser natural, depende, embora viva na cidade, sempre da rede da vida, uma rede concreta que afirma os corpos viventes como o do ser humano[71] e da *Pachamama*.

Deus se revela na terra que nutre, que alimenta aos seres vivos. Está presente em cada etapa do crescimento dos frutos da terra, na plantação e na colheita. Por isso, sua presença é celebrada com cerimônias, com ritos que consideram a importância de reconciliar a Mãe-Terra, pedir sua bênção, seu perdão e licença para plantar. Deus está em cada um dos seres criados: humanos, animais, plantas, rios, montanhas, na natureza como um todo. O cristão andino reza antes de comer, agradecendo pelo recebido, antes de fazer a colheita, antes de semear, ao sair para cuidar do gado. A oração é uma constante e dá a entender o profundo respeito pelas bondades que Deus oferece mediante a natureza e o trabalho humano.

Relevância do Deus *Wiracocha*

Na experiência *aymara*, após quase cinco séculos de tentativa de extirpação de idolatrias, o Deus *Wirakucha-Pachakmak*, e de outras deidades, hoje essa divindade se expressa como Deus *Apu-Tata-Mama*, e se relaciona de uma forma contínua e recíproca com o *jaqui* (homem/mulher *aymara*).

O divino para o *jaqui* não é questão de definição conceitual, nem questão de abstração teológica, mas é algo que se expressa no vivencial, na hora de semear, na colheita, na seleção das sementes, na preparação da terra, no pastoreio, na procriação do gado. Na cidade, expressa-se através das distintas libações realizadas no mercado informal, como para qualquer tipo de negócio, antes que se possa cair no fracasso. Até os professores rurais fazem suas respectivas libações ao iniciar e concluir o ano escolar.

O motorista ao atravessar as montanhas não deixa de fazer sua libação de álcool, desde a cabine de seu carro, para que se possa chegar a seu destino sem dificuldade. O síndico municipal, antes de começar seu mandato anual, deve realizar um ritual correspondente, da mesma forma na metade do ano e ao concluir seu mandato. Os passantes das festas, para iniciar, devem oferecer oferendas aos eternos vigilantes, para que a festa tenha êxito, e mais que tudo para evitar rinhas ou brigas imprevistas. O pedreiro, antes de construir a casa, faz as libações em quatro esquinas respectivas, para que os quatro pilares possam prender a casa. Outros exemplos poderiam ser citados.

Praticamente, todo o dia a dia não escapa da eterna vigilância da divindade. O ser humano vive de acordo com a benevolência da divindade e essa necessita de reciprocidade, por isso, não se deve pensar em sentido de simples contemplação, como se estivesse fora da esfera andina, mas que a presença de *Apua-Tata-Mama* seja sentida. A forma de entender Deus não se reduz a uma estrutura religiosa, nem se percebe dentro das paredes do templo, mas no dia a dia da vida mesma (Intipampa Aliaga, 2009).

Revelação como afirmação da vida

Deus se revela nas interdependências entre os seres humanos e entre os seres humanos e o meio natural, no *ayni*,[72] trabalho comunitário que é condição para a solidariedade e sobrevivência, na reciprocidade, no dar e receber que implica interdependência e humildade. Se existir um interesse, é o de afirmar as possibilidades de vida do outro, da outra que significa afirmar a própria vida.

A ética andina da solidariedade ensina a partilha, pois é algo querido pelo mesmo Senhor (Lc 9, 10-17). Uma imagem andina popular diz que Cristo, hoje, anda visitando as casas vestido de mendigo ou de pobre, e que quando se convida alguém provavelmente se está convidando o próprio Senhor. Esta piedade popular fomenta a ética da partilha, do entregar-se como manifestação de serviço, diaconia, que se deve ao outro. Um dito popular resume esta ideia: "el otro soy yo mismo, si niego ayuda al otro al final me la estoy negando a mí mismo" (Tancara Chambe, 2009).

No campo, o ambiente sagrado permite expressar ações e respeito à Mãe-Terra. Esta reverência é a consciência, o ser humano deve se abastecer do necessário e não aproveitar os recursos naturais de maneira perversa destruindo-os de forma mercantilista, com fins egoístas, que tem como resultado o assassinato da natureza.

> La revelación de Dios nos saca de la obscuridad del mundo y nos permite incorporarnos al cuerpo de Dios. En la cosmovisión andina el ser humano es parte de la creación. El ser humano es un hijo e hija de la Madre Tierra. Por eso dice que la destrucción de la Tierra es la violación del cuerpo: violación del organismo de la tierra, de la Madre, del cuerpo que nos cobija, acoge, protegiéndonos. La tierra nos alimenta, no amamanta. La Madre Tierra toda se nos revela como la fuente de la vida, como la condición de posibilidad de la vida humana y de otras formas de vida (Tancara Chambe, 2009).

Os andinos sonham com uma nova terra, pois veem que o ser humano com seu pecado condenou a terra à morte e é necessário que a salvação de Deus não só salve o ser humano, mas a criação inteira.[73] A terra é uma nova oportunidade para a criação e nela para o ser humano, um ser humano com corpo e espírito.

> Dios está en los protectores y las protectoras de la creación, cada ser tiene un protector o protectora. Estos protectores nos acompañan en la caminata, dependemos de ellos y ellas. Las y los cristianos andinos hablarán de ángeles guardianes quienes las y los cuidan de su viaje, durante el trabajo, en sus casas. En la vivienda de la o del cristiano andino habita el Espíritu Santo de Dios, cuida el hogar de todo mal, por eso cuando se adquiere una vivienda es imprescindible ungirla en sus cuatro esquinas. (Tancara Chambe, 2009).

A pessoa andina vive e age com seu olhar no sagrado. A divindade se revela no cotidiano. Porém, o ser humano compreende só quando rompe o equilíbrio com a natureza.

A cultura andina participa de luzes e sombras de toda a humanidade. Com seus valores e sabedoria, possui, também, aspectos negativos como a magia negra, o alcoolismo, situações de violência como brigas grupais, sacrifícios humanos e justiça comunitária. Esta cultura está chamada a confrontar-se com o Evangelho, a não permanecer apenas no aspecto comunitário, e tomar em conta o aspecto supremo de cada pessoa, na forma de Jesus. Parece oportuno discursar a respeito do conceito do mal, este que se entende como a ruptura da harmonia, seja da comunidade, seja do cosmos, onde, na verdade, a comunidade é símbolo do cosmos. Como todos os elementos estão relacionados, tudo o que possa afetar a uma pessoa, afetará a outros. Assim, um ato ruim, no sentido moral ocidental, fará que as forças da natureza reajam contra a comunidade. E diante dessa situação, pergunta-se o que é possível fazer para restabelecer o equilíbrio.

> Si hacemos una comparación del sentido de pecado en el mundo andino con lo que en el cristianismo se entiende por 'pecado', encontramos que éste tiene que ver con una conciencia individual subjetiva y con relación a la persona. En cambio, el 'pecado' en la cultura andina tradicional tiene que ver fundamentalmente con la comunidad y es ruptura de armonía comunitaria y cósmica. (Zambrano, 2009)

Com essas emergências na teologia índia, são possíveis algumas ponderações e conclusões.

> La 'revelación' es entendida como la presencia protectora de Dios. Muchas personas andinas se refugian en la divinidad revelada, buscando consuelo, esperando mejores días y para construir su proyecto de vida histórico, individual y colectivo, que la reivindiquen. La revelación es una experiencia cristiana capital para la fe de la y del creyente andino/a, es, sobre todo, una experiencia personal con lo divino, una que alimenta y le da forma definitiva a su fe y

le ayuda a comprender la comunidad, su individualidad, sociedad e Iglesia (Tancara Chambe, 2009).

Conotações temporais (Intipampa Aliaga, 2009)

Além da estratificação nos três espaços, sistematizado no primeiro capítulo desta obra, *pacha* subdivide-se no tempo de acordo com o calendário cíclico anual, nos seguintes períodos:

- *Jallu-Pacha:* tempo das fortes chuvas e do crescimento das plantas;
- *Awti-Pacha:* é o tempo seco, onde no páramo do Altiplano e os fortes ventos das cordilheiras açoitam a vida;
- *Juyphi-Pacha:* é o tempo quando se sai das geadas e quando estas aparecem fora do tempo e destroem plantações.

Historicamente, *pacha* como tempo[74] se expressa nos seguintes períodos:

- *Laq'a-Pacha:* é o tempo dos antepassados, os quais se transformaram em terra, e que desde a profundidade da terra animam o futuro do povo;
- *Nayra-Pacha:* **é a história da cultura, a época dourada,** quando existiam as comunidades originárias (*ayllu*) em igualdade, vida comunitária, dentro do serviço de gratuidade;
- *Purum-Pacha:* é o tempo em que se cultivavam as terras virgens, aos originários que são fortes no trabalho, os mais velhos são qualificados como os mais fortes e resistentes, porque se alimentaram dos primeiros frutos das terras virgens. Enquanto a nova geração, que se alimenta de frutos de terra dominada e poluída, não tem a mesma resistência e está propensa a doenças;
- *Chullpa-Pacha:* tempo da colonização, espanhola, onde a humanidade vivia na sombra, dia em que escureceu ao meio-dia;

- *Jichhha-Pacha:* o tempo atual, em sentido histórico do tempo presente;
- *Ch'axwaña-Pacha:* o tempo das disputas e lutas pela dignidade, pelo direito usurpado por outra comunidade ou de uma cultura diferente;
- *Mutuña-Pacha, t'aqhisiñ-Pacha, qayquña-Pacha:* o tempo do sofrimento, da miséria e desesperação, marginalização cultural, discriminação quando os donos da palavra são os pós-modernos. Tempo de crise comunitária e de identidade cultural;
- *Kuti-Pacha/Pacha-kuti:* literalmente, pode-se traduzir como o retorno ao mundo cósmico andino, o tempo da mutação. Porém, tem uma ampla transcendência histórica, religiosa, política, mítica, dentro do projeto divino-histórico dos *aymaras*. Esta concepção mítica e histórica tem sua relevância até os dias atuais. Poderia se chamar a este tempo como uma alternativa para um novo sol e uma nova terra diante do reverso histórico que se padece. Este termo adquire um sentido político e tem sido usado como conceito ancestral que guia muitos movimentos indígenas, por exemplo, o movimento *Pachakutik*, no Equador. **Por outra parte, o termo *kuti* significa retornar e este tem** outras conotações: *Kutkatasiri:* quem se revela contra os maus-tratos; *Kutt'anxaña:* voltar ao verdadeiro caminho dos originários; *Kutt'ayanxaña:* fazer voltar quem perdeu o caminho; *Kutt'ayanirapitatawa:* imperativo *terás que me devolver; Kutt'anxawa: vou voltar à minha comunidade*; *Kutt'aniñkama:* até o voltar à casa; *Kutikipayaña:* ajudar que o alienado cultural tome seu caminho normal; *Kutirpayata:* aquele que voltou novamente.

Devido à experiência agrícola, o ser humano andino vê o tempo e espaço (*pacha*) como algo que se repete. A infinidade não é entendida como linha sem fim, mas como um movimento circular ou espiral interminável. Cada círculo descreve um ciclo, seja com respeito às estações do ano, a sucessão das gerações, ou seja, quanto às diferentes eras históricas. O *novum* como algo absolutamente desconhecido, não existe para o pensamento andino. A sequência de ciclos é dialética e descontínua. Cada ciclo termina com um cataclismo cósmico, *pachakuti*, que dá lugar a outra volta, uma era em outro nível.

> El 'tiempo' para el runa/jaqui andino es como la respiración, el latido cardíaco, el ir y venir de las mareas, el cambio de día y noche. El 'tiempo' es relacionalidad cósmica, co-presente con el 'espacio', o simplemente otra manifestación de pacha. Las categorías temporales más importantes no son 'avanzado' o 'atrasado', ni 'pasado' y 'futuro', sino 'antes' (ñawpaq/nayara) y 'después' (qhepa/qhipa). El tiempo tiene un orden cualitativo, según la densidad, el peso y la importancia de un acontecimiento. Por eso, existen 'tiempos denso' y 'tiempos flacos'; en algo la temporalidad andina refleja la concepción griega del kairós (Estermann, 2007).

O tempo não é quantitativo, mas qualitativo. Cada tempo, época, momentos de lapsos, tem seu propósito específico. Existe um tempo para plantar, outro para a colheita. Há tempos rituais para fazer os despachos à *Pachamama*. Os ritos e as cerimônias não são neutros com respeito ao tempo, se não é o tempo apropriado, o rito não tem o efeito desejado. Não dá para pressionar o tempo, por isso os supostos "lucros" de tempo para o *runa/jaqui* andino, em longo prazo serão "perdidos".

Culturas e sementes do Verbo

O Concílio Vaticano II, com a intuição de *abrir-se e de reconciliar-se* com o diferente em todo sentido, elaborou, desde sua responsabilidade magisterial, uma interessante doutrina a respeito: as sementes do Verbo (GS 31). Em síntese, em toda cultura, o Verbo de Deus, o mesmo Cristo está presente desde o início de maneira invisível sob a forma de uma semente.

A partir desta afirmação, que muitos teólogos latino-americanos foram ampliando, chegando a dizer que não apenas se trata de uma semente, mas da presença plena do Verbo. Assim, os pesquisadores asseveram que em tudo o que as culturas têm de valioso, o mesmo Espírito do Pai e de Jesus estava e continua agindo.

Dessa forma, todo agente de pastoral que se aproximar de uma cultura diferente ou desde a mesma cultura deseja se colocar a serviço do povo de Deus, precisa ler os sinais dos tempos (GS 4). Esta é outra expressão privilegiada pelo Concílio Vaticano II. Isto significa que a primeira atitude evangelizadora é a acolhida humilde e gozosa do Espírito de Cristo já presente em toda cultura ainda que o nome de Cristo fosse pronunciado por ela.

Nesta linha teológica conciliar, a evangelização das culturas é uma obra de revelação de Cristo já presente implicitamente no mundo. Assim, se comparada à missão de Cristo e missão das primeiras comunidades cristãs (Atos dos Apóstolos e São Paulo), verifica-se que Jesus se autodetermina semeador, enquanto Paulo e os demais usam imagens de plantação, irrigação ou de arquitetura (1Co 3; At 10). Em muitas oportunidades, são os próprios missionários os que estão surpreendidos pela ação do Espírito em uma comunidade ou em pessoas que não conheciam Cristo, como no caso de Cornélio e sua família (At 10, 1ss). O papel do apóstolo, nesses casos, limita-se a constatar, revelar e confirmar a ação do Espírito de Jesus já presente e ativo antes de sua chegada. A missão apostólica é mais de irrigação e cuidado do crescimento da planta que de semeadura. O semeador já passou e semeou o Espírito antes que chegue a pastoral (Arnold, 2009).

O novo e o velho nas culturas andinas desde um olhar cristão

Se lidos os sinais dos tempos na cultura andina, incluindo a religião originária, que examina, com surpresa e gozo, o sabor evangélico inato de muitas de suas mais nobres expressões.

Porém, na tarefa evangelizadora, compete questionamentos sobre alguns pontos importantes. Enquanto a teologia cristã ocidental, que exportaram os espanhóis e que continua até hoje, baseando-se na doutrina, ou seja, em conteúdos abstratos ou morais da fé, parece, por outro lado, que a religião e cultura andinas privilegiam uma perspectiva sapiencial, uma sabedoria centrada nos comportamentos concretos e as inter-relações das criaturas em vista da harmonia do mundo, sem se preocupar com os conteúdos doutrinais abstratos de dita sabedoria (Arnold, 2009).

Longe de se oporem, estas duas correntes podem se enriquecer e corrigir mutuamente a condição de ter as coisas claras por ambos os lados. Em efeito, a revelação cristã e bíblica está cheia de propostas sapienciais. Outra variante importante é a seguinte:

> [...] Mientras la fe originaria andina se basa en una experiencia algo difusa de una presencia cósmica de lo divino, el cristianismo privilegia la revelación de un Dios histórico, comprometido en el quehacer de la humanidad, del pueblo y de cada ser humano. Este compromiso histórico del Dios bíblico culmina en la encarnación y redención en Jesucristo, y apunta al futuro de la esperanza, el Reino. **El cristianismo es a la vez histórico y escatológico.** Este contraste entre cosmovisión y/o religión andina, por una parte, y cristiana por otra, es, sin lugar a duda, el más importante. Exige un fuerte trabajo de aclaración para permitir a los andinos, desde su experiencia de la presencia divina cósmica, acceder a la experiencia personal del Dios histórico judeocristiano desde sus propias categorías teológicas y místicas. Si no fuera así, toda la savia del evangelio se vería neutralizada o reducida a un discurso exclusivamente occidental incomprensible en el contexto andino (Arnold, 2009).

Estas duas variantes são as mais importantes para o diálogo intercultural e inter-religioso. Agora, o objetivo é descobrir meios ou recursos teológicos para empreender este diálogo. Pela razão de a região andina experimentar Deus de formas múltiplas, com sua presença no cosmos e na comunidade humana, parece que o terreno privilegiado para o diálogo seja a teologia do Espírito Santo, a pneumatologia.

A revelação e tradição judeu-cristã desenvolveu, também, um campo importante de sua reflexão em dita experiência de presença cósmica falando do "anjo de Deus" ou dos "anjos". Para entender e iluminar biblicamente a mística dos *apus* ou das diversas formas de manifestação cósmica de Deus, a doutrina sobre os anjos, ou mais amplamente da *shekina,* deveria ser reativada, não de maneira mítica e ingênua como, às vezes, sucede, mas com a preocupação de um diálogo esclarecedor com a experiência mística andina.

Este diálogo não concerne apenas dentro da tradição, mas deve ser um esforço ecumênico entre grupos e igrejas cristãs que favoreçam um ambiente para o florescimento da teologia andina. Este diálogo intracristão, embora tenha uma linguagem mais comum, é exigente. O debate com o diferente, próximo, provoca, muitas vezes, mais conflitos que com os mais distantes. Na aproximação com a cultura originaria andina, o diálogo com **outras igrejas suscitará pontos em comum. É nesse quadro que** cabe compreender a catolicidade não tanto como uma identidade unívoca, mas como a arte de fazer cantar o cristão, e até todo o humano, em suas mais variadas tonalidades, que logre harmonia na pluralidade. Em efeito, a catolicidade nasce em Pentecostes quando cada um é entendido e entende a boa notícia em seu próprio idioma ou, mais amplamente, em sua própria cosmovisão (Arnold, 2009).

4.3.2 Pautas para uma cristologia desde os Andes

Mesmo que tenha afirmado que a teologia do Espírito Santo é o terreno privilegiado do diálogo com o andino, parece preponderante, porém, iniciar com a originalidade do cristianismo, o que nele se torna identidade e contrasta com qualquer proposta religiosa. É Jesus de Nazaré, referência de fé. De fato, para todo cristão não pode existir outro ponto de partida de seu testemunho de fé a não ser pela pessoa de Cristo.

Há mais de um século, quando os crentes tratam de aprofundar sua fé em Jesus Cristo, eles o fazem de três maneiras. *Primeiro se centram no Jesus histórico*, e desta questão se faz opção, dentre tantos estudos sobre o assunto, por três características principais confrontá-las com o mundo andino: o Jesus Nazareno, o Jesus judeu e o Jesus marginal ou subversivo. São dimensões que parecem ser inspiradoras ao contexto eclesial nos Andes (Arnold, 2009).

O Jesus Nazareno. Até na cruz, Jesus quis ser designado pelo mais humilde de seus títulos, oriundo de Nazaré, a cidade mais insignificante de seu país. Por ser de tal território, as autoridades políticas e religiosas de seu tempo o desprezaram e se escandalizaram de suas pretensões proféticas. Da mesma forma, reconhece a seus discípulos, no momento do juízo, porque tem o mesmo jeito provinciano. Jesus nunca escondeu suas origens humildes, pelo contrário, comportou-se como qualquer vizinho desde criança até uma idade adulta. Este aspecto, para o teólogo S. Arnold, implica a vida banal e cotidiana das pessoas, a vizinhança de cada dia, é a matéria prima da fé. Em termos teológicos latino-americanos, Nazaré é o que torna o Evangelho um pequeno relato em contraste com os grandes da religião e da ideologia oficial judaica. O evangelho é uma teologia que se constrói de baixo (Arnold, 2009).

O Jesus judeu. Os evangelhos sublinham, também, a fidelidade escrupulosa de Jesus e de sua família aos costumes religiosos de seu povo. Ele foi um judeu piedoso e observante e nunca quis romper com sua cultura e religião. Antes de tudo, buscava voltar à fonte de inspiração da Lei e dos profetas e denunciava o que considerava como infidelidade dos sumos sacerdotes, dos fariseus e do povo, sob o pretexto de doutrinas humanas. Esta postura de provinciano desprezado lhe concedeu uma rejeição, condenação e a morte. Esta ortodoxia judaica do Jesus histórico se encontra especialmente no Evangelho de Lucas, que, por outra parte, insiste mais na abertura da boa notícia a dimensões universais. Lucas deu uma importância à questão onde se faz teologia, iniciando da Galileia, do pequeno relato particular, enraizando-se em Jerusalém, para propor destes lugares específicos ao mundo inteiro (Arnold, 2009).

O Jesus marginal. Alguns escritos exegéticos recentes ressaltam um terceiro aspecto importante da personalidade histórica de Jesus, sua marginalidade. Por sua absoluta liberdade de pensamento e de ação, Jesus provocou escândalo. Livre das normas opressoras da Lei, ele optou em tudo pela vida antes do que a lei. Andava livremente com todas as categorias sociais, com mulheres de todo tipo, com pagãos, pecadores. O absoluto moral e religioso de Jesus é a vida das pessoas, em qualquer condição que fosse. Esta marginalidade frente ao mundo judeu é também uma característica dos discípulos de Jesus, que, em qualquer cultura e qualquer expressão religiosa, colocam o ser humano antes que o sábado, ou seja, das normas. Esta afirmação também vale quando na hora de inculturar o cristianismo no mundo andino.

Jesus histórico e o mundo andino. As três dimensões do Jesus histórico são como que três entradas cristãs privilegiadas à cultura andina.

O aspecto nazareno convida a entrar no cotidiano, nos costumes e valores próprios deste Nazaré andino em tudo o que nele caiba o Evangelho. É muito mais do que a cultura moderna. Este aspecto é o que talvez a teologia andina trabalhou de maneira mais minuciosa, nos primeiros anos, quando observa, descreve, narram os costumes, os sistemas sociais e culturais, a cosmovivência e mística comunitária. Porém, não se pode esquecer a preocupação lucana e latino-americana de fazer do pequeno relato de Nazaré não um ponto de chegada, mas de partida. Jesus anuncia desde e a partir de Nazaré. Este "desde" o acompanha até a cruz e se espalha no mundo pagão. É de salientar o pouco sucesso da opção nazarena de Jesus no próprio Nazaré. Se a teologia andina se estancar na descrição de seu Nazaré, o próprio corre o risco de perder-se no anedótico, enquanto que Nazaré é o sabor próprio de uma mensagem à vocação universal, tanto hoje os Andes quanto ontem a Galileia.

De igual modo, Jesus não tentou arrancar seus discípulos de seus costumes religiosos, culturais e rituais. Foi um judeu observante. Na mesma linha, não é necessário adotar posturas ocidentais ou romanas para ser cristão. Basta aceitar com seriedade e radicalidade a andinidade com toda a novidade e a liberdade dos que encontraram com Jesus Cristo. Esta dimensão implica repensar e revisitar a concepção religiosa e a ritualidade andina como parte do tesouro cristão. Repensar a sacramentalidade, a dogmática e a experiência mística desde um mundo próprio é todo o esforço que fez Paulo em seu debate com a ritualidade judaica em oposição à mentalidade dos cristãos que vinham do ambiente grego. Este mesmo esforço intelectual, espiritual, litúrgico, continuaram os padres da Igreja, confrontados com a exigência de inculturar a fé cristã em uma cultura dominantemente helenística. Esta tarefa é essencial, e ao mesmo tempo delicada, é incipiente em nosso meio e peca, frequentemente, de folclorismo, como simples justaposição de modalidade andina em um contexto de celebração ou pensamento ocidental, ou de culturalismo, identificando de forma arbitrária as formas de pensamento e celebração da cultura andina com a novidade cristã (Arnold, 2009).

O Reino de Deus, depois de tentar compreender o projeto de Jesus é uma proposta messiânica que se precisa entender. A novidade de Jesus é apresentar o Reino de Deus, já presente no meio da história da humanidade, desde os pobres, e assim começar a revelar sua pessoa. A consequência deste anúncio é uma profunda reconciliação com a história humana, já que o dia de Deus não era uma ameaça humana, mas presença germinal escondida no mundo. A ética cristã não consiste em abandonar a história humana para esperar o juízo final, e sim uma profissão de fé estando no meio do mundo.

> [...] en el contexto andino, es menester replantearnos la noción de futuro histórico y escatológico. Es aquí donde conviene hacer la diferencia entre cristofanía y cristología. Si bien es cierto que la cultura originaria es capaz de discernir presencias divinas y hasta crísticas en su experiencia cósmica, sin embargo, su utopía corre el riesgo de contemplar a este Cristo cósmico como simple manifestación de una armonía cíclica cerrada sobre sí misma. En otras palabras, la figura de Cristo podría limitarse a ser una señal privilegiada inscrita en el mito de un eterno retorno o de un divino reconciliador de las dimensiones del cosmos. La cristología, en cambio, implica la noción y la resurrección de Cristo, que inaugura nuestra convicción escatológica, no apunta a una cualquiera eternidad o a una situación ideal definitiva. Lo cristiano es el riesgo permanente de la esperanza nunca terminada, nuca cerrada, nunca imaginada cabalmente (Arnold, 2009).

Para os cristãos, o futuro utópico não é o retorno a um paraíso perdido ou a uma harmonia rompida, mas a aposta em uma novidade de gozo em Cristo, ainda não advinda, não realizada e **em gérmen no agir dos discípulos em vista de um mundo mais** humano na história conflituosa que atravessam.

Finalmente, foca-se no Jesus da fé, o que a tradição cristã, durante séculos, desde os evangelhos e do Novo Testamento, pronunciou sobre Jesus e aos poucos o abraçaram.

Além do Jesus histórico e da proposta do Reino, a comunidade cristã está percorrendo, desde a origem da Igreja, todo um itinerário espiritual e teológico que se chama de Tradição.[75] O próprio Novo Testamento é uma experiência comunitária e mística dos discípulos que simples testemunho histórico. Incluso, na revelação, é possível distinguir o que vem da experiência histórica da primeira comunidade do que constitui a trama de sua reflexão, oração e experiência eclesial pós-pascais. É importante, referindo-se à dita experiência de fé comunitária, constatar, por exemplo, que os quatros evangelhos da Igreja diferem sensivelmente na sua apresentação, interpretação e teologização dos fatos vividos com Jesus.

Esta experiência da comunidade passa pela tomada de consciência do chamado, pessoal e comunitário, por este Jesus, encontrado e seguido. Para a fé cristã, é suposto ter tido este encontro com a pessoa de Jesus e, por ele, ter-se deixado seduzir. 'Nosso Deus' não é apenas uma simples presença cósmica vaga e protetora ou castigadora. É uma pessoa com quem se caminha a vida inteira.

Esta experiência do Jesus da fé implica, ao crente, não só ter "crenças" abstratas (doutrina e lei) ou míticas (costumes e cosmovisão), mas viver uma transformação espiritual e ética em sua pessoa e suas relações sociais em todos os níveis. A fé muda as imagens espontâneas ou culturalmente herdadas de Deus para implicar uma verdadeira experiência mística pessoal e comunitária. Como consequência destas características da experiência cristã, é o entusiasmo missionário. A missão é parte do chamado e fruto da experiência mística.

Da ótica da inculturação em contexto andino, pode-se dizer que a fé cristã não contradiz necessariamente às crenças originárias, mas são ampliadas, concedendo a estas uma personalização do crente, comprometendo-o a uma nova ética, uma nova imagem de Deus na história e uma responsabilidade missionária de compartilhar e anunciar uma transformação.

> Esta dialéctica creencias-fe no es nada fácil de aclarar en nuestro contexto andino. En efecto, la primera evangelización se presentó en la inmensa mayoría de los casos, como la imposición de un sistema religioso de creencias alternativo al sistema originario. La llamada lucha contra la idolatría representa la caricatura por excelencia de este 'combate de los dioses', es decir de los sistemas religiosos e creencias. Concretamente, este combate resultó ser una semiderrota. En efecto, el nuevo sistema impuesto no

> logró sustituir al originario. A lo más, se superpuso como un manto extraño sobre un cuerpo firmemente identificado con su sistema originario. *Hoy en día hablamos de un cristianismo andino a propósito de esta recreación original que consiste en releer el mensaje cristiano en categorías indígenas originarias.* En este sentido, una de las pocas síntesis históricas y dinámicas de estos mundos es, a nuestro modo ver la religión popular. Por este motivo, es quizás también el lugar privilegiado de una experiencia de fe cristiana para el pueblo andino, mientras lo originario y las iglesias oficiales se reducen muchas veces a un sistema de creencias combinadas (Arnold, 2009).

Os mediadores andinos e Cristo

A maioria dos ritos andinos vai dirigida ou tem como destinatários mediadores andinos. Esta reflexão aprecia todas estas mediações dentro de uma *cosmovivência andino-cristã*, que busca novas chaves teológicas que apresentem esta síntese, para explicitar com mais claridade uma teologia da mediação no âmbito andino. **Há que ter presente o principio da relacionalidade, já abordado** no primeiro capítulo da pesquisa, como caraterística fundante desta cosmovivência, o que permitirá uma compreensão do rol dos mediadores, como mantenedores do equilíbrio do universo cósmico andino. Para a fundamentação cristã da mediação andina, a figura de Cristo ressuscitado é a chave teológica. O ressuscitado como presença cósmica na vida dos mediadores e doando equilíbrio na *pacha*.[76] Esta questão se situa dentro de uma possível cristologia andina que apresenta Cristo como ação do Ressuscitado que mantém as relações harmônicas entre todos os seres da *pacha*, oferecendo saúde e salvação ao andino, perante os mediadores andinos e toda a ritualidades que existe ao redor deles.

Mediações religiosas andinas

A respeito disso, pode-se localizar três grandes grupos de mediações: os fenômenos de transição, os *apus* ou *achachilas* junto à *Pachamama*, e, por último, os santos.

Uma das principais mediações andinas são os fenômenos de transição, na sua diversidade de fenômenos naturais: raio, chuva, trovão, neblina, sol, lua, estrelas. Dentro deste âmbito, também se localizam alguns lugares terrestres como nascentes, as pedras com figuras especificas, as covas, as lagoas, os animais. Em cada um desses fenômenos, existe uma presença espiritual que forma uma sociedade extra-humana onde estes espíritos não são nem totalmente bons ou maus. Eles se inserem no esquema triplo da *pacha*, seja de forma horizontal, seja vertical, como já trabalhado.

> [...] más que localizar cada fenómeno en el universo cósmico andino, es importante comprender el sentido o impulso religioso por el cual e/la andino/a se dirige, a través de diversos ritos y práctica, a estos/as intermediarios/as (en este caso los espíritus presentes en los fenómenos naturales), otorgándoles una función específica. Estos **fenómenos naturales como el rayo, la lluvia, el granizo,** el sol u otros, pueden cooperar al cuidado de la vida de todos los seres vivos o también amenazar esta vida y con ella el equilibrio vital cósmico. En definitiva, estos fenómenos despiertan la sensibilidad del andino/a para mantener el equilibrio entre todos los seres vivos (incluido el ser humano) en la *Pacha*, equilibrio que es Vida en abundancia (Cerviño, 2009).

Como mediadores mais específicos, são encontrados os *achachilas* ou *apus*. Estes são considerados a força espiritual que emana dos morros e montanhas. A fé neles está vinculada às necessidades práticas, sendo, muitas vezes, protetores da comunidade. Isto leva a uma prática que chega a se constituir um modo de ser, gerando uma tradição ancestral que deve ser cuidada e mantida. Os atributos que se concedem e que ajudam a entender o dinamismo da mediação são três: seres tutelares ou protetores da vida e portanto criadores de vida, tanto vegetal como animal e humana; o papel de seres reguladores da organização social, por isso são oferecidos ritos para a prosperidade comunitária ou para que iluminem a eleição da autoridade; e o terceiro atributo é de dar sentido à vida, já que recordam o caminho dos ancestrais, manter a identidade e continuar a trilhar um caminho dos antepassados.

Dessa forma, entende-se o sentido do andino se dirigir aos *achachilas*. O primeiro atributo está relacionado aos dos fenômenos de transição que procuram proteção da vida para recriar mais vida. Os outros dois atributos oferecem novos significados na relação do andino com seus mediadores: receber bênçãos para a comunidade e afiançar sua identidade fazendo memória dos ancestrais (Cerviño, 2009).

Outra mediação especial é a *Pachamama*. Existe nela uma densa presença de Deus que leva o andino a considerá-la como sacramento do amor de Deus, porque contempla e testemunha o agir de Deus na natureza como fonte de vida. De fato, o cuidado e respeito à terra, e nela à *Pachamama*, é a oportunidade de encontro com a divindade. Encontro feito de diversos ritos, oferendas e pedidos que se situam nos ciclos da natureza. Para o andino, a *Pachamama* é a natureza objetivada na terra, à que se reconhece como uma mãe fecunda, porque dela brota a vida. Portanto, é sagrada e mediadora entre a comunidade humana e a divindade. Destruir, agredi-la, é acabar a relação com Deus ou em termos andinos, romper o equilíbrio com a *pacha*.

Nesse sentido, a *Pachamama* pode ser considerada uma mediação especial já que, de certa forma, engloba ou está em íntima relação com outras mediações. Por esse motivo, muitas vezes, foi associada como uma divindade, como uma deusa mesma. Em suma, ela é revelação do Deus Criador, carregada de densidade divina, mas não é Deus; é sacramento do amor de Deus, geradora e protetora da vida. Se não se cuidar o equilíbrio dela, tudo morre, não há produtos, nem animais. A fecundidade da terra é fecundidade para a comunidade andina. É bênção divina que gera vida (Cerviño, 2009).

Outras figuras importantes de mediação com Deus no mundo andino é a realidade dos *santos*. Ao falar de santo/a, alude-se às representações visíveis, imagens ou quadros, não apenas dos santos canonizados, mas também da Virgem Maria e de Jesus Cristo em suas distintas avocações. O santo cumpre uma função de intercessor diante de Deus, não tanto pela sua história ou hagiografia, mas como um mito, transmitindo o poder sagrado da divindade para a pessoa ou comunidade. O santo oferece proteção à pessoa devota. Cada comunidade ou confraria tem seu santo padroeiro.

A devoção aos santos como intermediários se desenvolveu dentro duma história de colonização. Em primeiro lugar, porque a catequese recorreu à vida dos santos por motivos pedagógicos para evangelizar e porque a vida cristã da época esteve centrada no culto à imagem. Em segundo, a categoria de intermediário e mediação sagrada é algo latente no pensamento andino. Finalmente, porque os andinos descobriram verdadeiras manifestações do sagrado nos santos/as, graças, milagres ou cumprimento de promessas.

> En definitiva, el desafío que nos plantea la experiencia andina de los/as diversos/as 'mediadores/as' es el de elaborar una teología de la mediación, que por una parte respete esta diversidad de mediadores/as con su lógica andina, y por otra parte se cuestiones si estas mediaciones anulan o son compatibles con la unicidad y la universalidad de la mediación de Jesucristo. Hemos dicho que muchos de los destinatarios de la ritualidad andina son estos seres mediadores; por lo tanto, no es banal y especulativa la pregunta de dónde está aquí la muerte y resurrección de Jesucristo como salvación definitiva (Cerviño, 2009).

O rol dos/as mediadores/as andinos/as

As mediações religiosas são necessárias porque os seres humanos não podem praticar sua religião sem ritos, como assumido pela antropologia da religião, e porque Cristo revelou a encarnação e com esse ato entregou algumas mediações, que são os sacramentos.

No cristianismo, existem mediações obrigatórias, os sacramentos, mas que sendo obrigatórias não significa que excluam a possibilidade de outras mediações surgidas do ambiente cultural do povo. Dentro do catolicismo popular, depara-se com uma série de mediações, tais como as imagens, o "pago" da *Pachamama*, a água benta, as festas, as procissões. Numa cultura marcada pela oralidade e materialidade, é compreensível e se justifica que as mediações mais intensas sejam as imagens e não tanto as Sagradas Escrituras.

Ligado a esta crença, está a relação com os castigos que podem ser infringidos por Deus ou pelos santos quando o andino comete alguma falta. Muitos atribuem a esta situação uma oportunidade para que os andinos mudem de vida e se libertem de seus pecados. Uma interpretação mais adequada seria que **as imagens despertam para a sensibilidade, um estímulo, para** que as pessoas cumpram suas obrigações, pois se está diante de uma cultura que não vive o dualismo profano-sagrado. Por essa razão, todo acontecimento, desde os naturais aos sociais, tem um significado religioso que expressa algo sobre sua relação com Deus e o equilíbrio cósmico que deve reinar na *pacha*.

Um outro rito importante é o "pago" à *Pachamama*, cujas motivações podem se resumir em três ideias: são ritos realizados porque a *Pachamama* tem fome, para que não castigue e para agradecer o que ela oferece. Este último apresenta uma chave de interpretação sobre o rol dos mediadores. Neste caso, a *Pachamama* é uma intermediária entre Deus e o ser humano ao manifestar com sua fertilidade a providência de Deus. Nos ritos de agradecimento, acontece uma mediação de ação de graças e pedido para continuar a receber as bênçãos da terra. Com esta chave, dá para afirmar que o rito oferecido como "pago" à *Pachamama* seria uma forma legítima de culto a Deus, como se podem venerar os santos por serem intermediários de Deus, assim se pode venerar e respeitar a terra, que é símbolo da providência divina, e em tempos de *Laudato Si'*, recuperar o bom relacionamento com a terra sagrada. Acentua-se mais a pauta do equilíbrio do que o temor e medo às distintas mediações:

> [...] el rol de los/as mediadores/as andinos es principalmente el de ser *chakanas* (puentes) entre la divinidad, los seres espirituales, la naturaleza y el/lo andino/a. Todo esto con la finalidad de mantener, fortalecer y manifestar el equilibrio y la armonía en la *Pacha*. Para mantener y manifestar esta presencia de Dios en la creación, el/la andino/as se dirige con distintas actitudes (buscando bendición o protección, agradeciendo, ofreciendo, implorando, dando) a sus intermediarios/as dependiendo del tiempo y de la situación (Cerviño, 2009).

Esta aproximação aos mediadores/as andinos comprova que a abertura ao mistério se manifesta com uma gama de características, que são representadas pelos mediadores andinos.

Na cultura andina distinguida pelo concreto e as funções, assimila-se não tanto um Deus com seus atributos essenciais, mas que age e se manifesta em diversos fenômenos e figuras, com a finalidade de explicitar harmonia cósmica que é vital para o povo. Estas características exigem à teologia refletir mais sobre a imanência de Deus em sua criação a profundar o conceito de proteção e amparo, algo tão peculiar da espiritualidade andina.

O seguinte passo é buscar uma categoria cristã que permita abordar o tema da imanência de Deus na criação. Assunto muito pertinente relacionado ao equilíbrio e harmonia cósmica no mundo andino, realidade onde os mediadores têm seu protagonismo.

Em definitivo, a finalidade dos mediadores é de ser chakanas que oferecem proteção e amparo, características intimamente relacionadas à manifestação dos Deus Abbá cristão, e que admitem serem expressas de tantas formas, segundo as experiências culturais.[77]

O ressuscitado: *chakana* cósmica de Deus

Como já citado, a religião andina é cosmocêntrica, no sentido em que não existe centro algum, mas uma ordem cósmica de relações, onde Deus tem a função de recriar um cosmos desde o caos. Sendo assim, Deus faz parte do cosmos como uma rede universal de relações onde tudo está em Deus. A religião andina se situa dentro do que pode se chamar *cristianismo cósmico*. Esta realidade pode ser encontrada em alguns países de *Abya Yala*, onde os cristãos se sentem mais atraídos por um cristianismo de caráter popular, centrado na celebração com os acontecimentos da natureza, lugar teológico, criação teológica original. A salvação não se trata de algo individual, mas de equilíbrio cósmico que parte desde o ser complementado pelo outro, pela comunidade, até atingir toda a *pacha*.

Consequentemente, na religião andina, a relação com Cristo, **único mediador e Salvador, caracteriza principalmente a relação com o cosmos.** Esta experiência faz nascer no andino uma consciência profunda de que a natureza é o lugar onde reside Deus como poder generativo da vida em toda a criação. Desse modo, o povo dos Andes envolvido nesta prática tem a função de ser administrador da criação e responsável por ela, mantendo a ordem e o equilíbrio.

O andino cumpre seu papel consciente de que os ritos e festas são celebrações fraternas da vida e da presença harmônica de Deus, já que expressa as relações sociais de reciprocidade, feitas de gratuidade e responsabilidade. O pecado aqui consiste nessa ruptura ou interrupção das relações harmônicas, principalmente a negação, a indiferença e a insensibilidade para com Deus presente na natureza.

Nesta experiência de fé andina, a figura de Cristo Ressuscitado se manifesta como vida, já que o ressuscitado é aquele que venceu a morte para conceder plenitude.[78] Cristo está presente nos mediadores andinos porque assume o valor primordial como primogênito entre muitos irmãos. O Cristo cósmico é, em outras palavras, o Ressuscitado, seu corpo é o cosmos, e Ele existe como cosmos. Logo, a presença do Ressuscitado acompanha a criação, que geme e sofre dores de parto, no transcurso à reconciliação plena ou em termos andinos ao equilíbrio harmônico, e cada vez que isso acontece pelos mediadores, o Ressuscitado se manifesta e revela. A comunicação do Ressuscitado ocorre na cultura andina pelo espírito do Verbo. Espírito que se mostra em diversos seres, mediadores andinos, que expressam a força divina, que liberta e busca justiça, que protege e abençoa, que dá segurança e permite participar do Reino de Deus.

Conforme Cerviño (Cerviño, 2009), cada vez que o andino se dirige aos mediadores andinos ou os invoca, comunica e manifesta a presença do Ressuscitado na comunidade (Mt 18, 20) como equilíbrio cósmico, ou como *chakana* que harmoniza os espaços e seres da *pacha*. Embora não seja consciente, é uma comunicação carregada de simbolismos, porque a população conhece pouco o Salvador. É bem verdade que, em muitas celebrações, a comunidade vive e compreende o amor gozoso que provém de Deus. Em formas implícitas, ela tem contato com o Ressuscitado. Comunicar e explicitar a presença do Ressuscitado é um labor teológico-pastoral que precisa reflexão e aprofundamento. A fim de conclusão, Cerviño completa que:

> [...] los mediadores andinos pueden ser comprendidos como manifestaciones del Resucitado, entendido desde una clave cósmica. Creemos que es fundamental la reflexión del Cristo cósmico, ya que la cosmovisión andina está enmarcada o tiene como eje la dimensión de un Dios cósmico entendido como panenteísmo. Donde el centro es el orden cósmico de relaciones, por lo tanto una presencia

> del Resucitado que está en todo y en todas/os pero no es el todo (Cerviño, 2009).

Se a *chakana* é o símbolo no qual todos os elementos supostamente opostos ou até incompatíveis se tocam e se fertilizam mutuamente a fim de manter o equilíbrio cósmico, que não é outra coisa que a presença do divino, o Ressuscitado entendido como *chakana* cósmica é a manifestação da salvação de Cristo, não intuída tanto em chave pessoal como no Ocidente, mas numa salvação que é harmonia da *pacha*.

Como consequência, seria necessário, do ponto de vista pastoral, considerar os mediadores andinos tão válidos quanto os anjos, os arcanjos, os santos, já que todas estas mediações são expressão de um momento histórico-cultural. Exige uma pastoral que valorize e promova a sacramentalidade andina, sem deixar de explicitar a presença de Cristo Ressuscitado nesta mediação. O Ressuscitado como presença de Deus que equilibra, harmoniza todas as relações cósmicas para assegurar, promover uma vida plena e fecunda na *Pacha*. E talvez sublinhar a presença cósmica de Cristo Ressuscitado seja o primeiro passo para que a figura de Cristo esteja mais presente e vital no mundo andino.

Desde o princípio fundante da relacionalidade no mundo andino, e apresentando o Ressuscitado como aquele que mantém e restabelece as relações cósmicas por meio dos intermediários, propõe-se uma imagem de Deus caracterizada pela relação amorosa. Implica, em nível social, salientar a importância de relações justas, sadias e equilibradas entre os seres humanos e não só com a natureza. Amar Deus é amar o próximo e o cosmos. E porque Deus é inclusivo, já que se relaciona com todos/as e tudo para levar à sua plenitude, também se tem que viver uma espiritualidade profundamente inclusiva e acolhedora:

> El Resucitado está en relación con todo y todos/as, pero esta su presencia relacional se manifestará con mayor potencia y plenitud si somos capaces de mantenernos sensibles a

todo el acontecer de la naturaleza y del prójimo. Y allí entra toda la ritualidad andina, pero también la cotidianidad, porque para la andina cada relación es religión (re--ligio), ya que un desequilibrio o rotura en las relaciones es ruptura o desequilibrio con Dios. Y aquí volvemos a lo anterior: mantener el equilibrio cósmico en la *Pacha* es amar al prójimo, a la naturaleza y a los seres intermedios, para defender y promover Vida. Por lo tanto, dirigirnos y orientarnos a los/as mediadores/as no es algo mágico, sino es algo que está enmarcado en algo mucho más grande: nuestra relación con cada prójimo, con la naturaleza y todo el cosmos, o sea con la divinidad. Sólo considerando este amplio marco, nuestra relación con la *Pachamama*, las *awichas*, los *apus*, y *achachilas*, 'santos/as', vírgenes, Cristos, y fenómenos naturales, habrá un encuentro con el Resucitado para manifestar su relación amorosa con todo, y con ello el equilibrio en la *Pacha* (Cerviño, 2009).

Chakana cósmica e bíblica

Em nível de documentação *aymara*, pode se falar de uma linha de interpretação cristológica bastante mítica, que entende Cristo como um dos santos e não com clara centralidade única e salvadora, é venerado entre os santos e às devoções à Nossa Senhora:

se le venera mucho entre los 'Tatas' o 'Señores' y cerca de los 'santos y vírgenes' y aun de otros 'señores ancestrales', o fácilmente como 'imagen milagrosa' relacionada con la cruz y con poco acento histórico y evangélico; todo esto hace que se aplique a Jesús las cualidades de un 'santo' en el sentido de realidad sagrada, fuente de poder sobrenatural, con mediación visible, pero dejando un poco en penumbra su posición central en la teología cristina

> del Cristo histórico que viene a cambiar el mundo como único Salvador. [...] De todos modos, el pueblo catequizado sabe, de ordinario, a quién se dirige: si a Cristo mismo como central en la fe, o a otro 'santo'; cosa que se hace más patente en el tiempo de Navidad ('el Niñito') y especialmente en el de Semana Santa (la muerte del Señor en la cruz por nuestros pecados, al confesar y comulgar muchos, el acompañarle en el vía crucis con grandes sacrificios, ayunos, oficios) (Jordá Arias, 2009).

Em consonância à observação, Jordá Arias propõe a centralidade de Cristo, fazendo uma releitura da cruz cósmica, símbolo querido pelo povo andino. O cristão ao se encontrar com Deus encontra-se com Cristo e o Espírito. As duas pessoas da Trindade estão no centro, como coração vital de todo, atestado pelas comunidades indígenas quéchuas do Equador:

> Si se les pregunta dónde está Dios en esta cosmovisión, responden: 'está aquí, en el Centro de nuestra vida'; y cuando les insisten dónde está ahí Cristo, dicen con vehemencia: 'ahí en el centro: él es el Corazón de nuestra vida'. **El anuncio de Jesucristo y su vivencia quedan explícitos** en esta comunidad kichua cristiana: él es el dueño de todo (del Arriba, del Aquí y del Adentro) y está haciendo camino con nosotros. Jesucristo es el Ñaupaq (El Primero), el que va delante de nosotros haciendo camino. Jesucristo es el Kunan (El Ahora) y es el Jamoq (El que viene). Cuando quiso ser Runa (gente), llegó a tener Sonqo (corazón humano) como el nuestro y entre nosotros. *Y aquí es donde se ha hecho parte de toda la sabiduría y compartir de cada pueblo.* Y estamos muy contentos de que esté aquí y nos dé un modelo de corazón que ha querido darnos al venir aquí con nosotros. La Encarnación del Hijo de Dios supone todo esto. [...] tales respuestas pueden sonar teóricas; pero uno se convence de que no es así, cuando

> presenta estos esquemas a personas de estas culturas y ve que los captan de inmediato, los reconocen, se alegran y los siguen tejiendo en sus prendas de vestir y colocando como emblema también cristiano (Jordá Arias, 2009).

Dado o acento mítico que influi na atual cristologia popular, pode se relacionar esta situação com o cristianismo cósmico, assim como o viveram outras igrejas locais, por exemplo, na Europa medieval. Em alguns momentos, foi reprovado nas igrejas católicas e ortodoxas o grande número de elementos pagãos e críticas, que nem sempre estavam justificadas. Os camponeses europeus se sentiam atraídos por seu modo de ser no cosmos: por um cristianismo cósmico, e não por um cristianismo histórico e moral. Entendiam o cristianismo como uma "liturgia cósmica", onde o mistério cristológico implicava o destino do cosmos: toda a natureza suspirava na espera da Ressurreição, tema paulino (Rm 8, 20-22), como da liturgia pascal e de alma religiosa da cristandade oriental.

A solidariedade mística com os ritmos cósmicos está no fundo da vida religiosa de populações rurais, sobretudo no sudeste da Europa: para eles, como cristãos, "a Natureza" não é mundo do pecado, mas Obra de Deus que desde a Encarnação se restabeleceu em sua Glória primeira. E por isso Cristo e a Igreja tiveram uma carga de símbolos cósmicos (Jordá Arias, 2009).

Este cristianismo cósmico parece uma chave, na hora de valorizar até que ponto este povo conhece Cristo nas coordenadas de sua cosmovivência, ou se permanece no mítico ou no histórico. Sua visão tem que ser aprofundada em temas como conversão, seguimento e vitória do Senhor sobre os elementos da natureza, como dois critérios fundamentais para avaliar o avanço cristão. A conversão e o seguimento como passagem do ritual à exigência do direito e da justiça (Am 5), em transformação interior (Ez 36,36).

Para chegar ao conhecimento claro de Deus, Pai de Jesus Cristo, é necessário conhecer Jesus Cristo, inicialmente nas sementes do Verbo, que precisam ser iluminadas pela Palavra na Escritura, e por seu Espírito na Igreja.

> [...] Los misioneros coloniales dieron gran énfasis a que los nativos conocían al Dios verdadero; que es el Padre de Jesucristo, parece quedó más a un nivel intelectual de mensaje trinitario que en la vivencia y, en todo caso, Cristo ha quedado formulado en la mentalidad popular más como Dios que como hombre. El Jesús hermano que ha vivido en esta tierra y se ha comprometido día a día con nosotros y nos ha mostrado el amor del Padre haciéndose en todo igual a nosotros menos en el pecado, es un Cristo Hijo Único del Padre y Único Mediador, que necesita mucho anuncio: solo tres momentos fuertes parecen quedar bien grabados en el pueblo: su nacimiento y su muerte-resurrección, y el aprecio a ciertas imágenes (Jordá Arias, 2009).

Jordá Arias indica três passos principais (Jordá Arias, 2009):

1. *Cristo como Deus e Homem.* Para os *aymaras,* Cristo é quase só celeste, e se precisa torná-lo mais humano. A **história colonial deixou um vazio cristológico ao colocar** Jesus apenas no seu aspecto divino e com o caráter de mediador diante do Pai. A solução se encontra em ajudar a recuperar a unidade entre o ser de Jesus e a missão da Igreja, e isto se aprende do contato com Cristo no Evangelho e na vida mesma;
2. *Cristo em sua Palavra:* nesse caso, as características divinas e humanas. A comunidade *cristã-aymara* tem apreço pelo Evangelho e toda a Escritura. Todos querem ter a Bíblia em *aymara*, e se usa tanto nas liturgias quanto na leitura orante. Os diversos cantos têm conteúdo bíblico e vivencial. O mesmo se pode dizer do seu catecismo, *Machaqa* Catecismo, é bíblico e vivencial. E assim outras publicações populares. Esta busca bíblica vai dando o critério de

reinterpretação de seu modo religioso e especialmente a única centralidade de Cristo na fé e no compromisso com ele na vida.

3. *Cristo, o empobrecido*. Aprofunda-se sua presença naquele que passa fome, sede, enfermidade, é preso (Mt 25), nos que vivem as bem-aventuranças, em tudo o que é compreensão de hospitalidade, simplicidade, fraternidade, em tudo o que é vida e reciprocidade. É preciso tomar consciência da presença de Cristo quando se trabalha pela justiça, para tirar do rosto de Cristo sua desfiguração, convidados por Ele a segui-lo, fazendo o mesmo levando sua cruz à Ressurreição.

A comunidade joanina confirma que tudo foi feito pelo Verbo (Jo 1). Sabe-se que o universo inteiro continua a ser criado. Desse modo, o Verbo continua criando o universo e cada um dos seres, conservando-os, fazendo com que cresçam, em criação continuada. Ele como o Alfa está na origem da Criação e Evolução como ao Ômega, até alcançar a plenitude nesse, e assim poderá colocá-lo tudo nas mãos do Pai. Nesse sentido, tudo na criação é imagem e reflexo do Filho Palavra do Pai; o Filho encarnado em Nazaré entrou e transformou a Criação e manifestou que Deus é seu e 'nosso Pai'. Assim, quando se contemplam as criaturas, **contempla-se presença e amor do Filho feito um de nós.** O trabalho de cada um é melhorar e fazer avançar o Plano de Deus como cocriadores com Cristo. Com isso, toma sentido o que dizem os quéchuas no Equador: "Cristo está em todo, es el corazón de toda nuestra cosmovisión, está mostrándosenos y actuando en todo nuestro vivir" (Jordá Arias, 2009).

O Cristo cósmico de Paulo e João sugere um sentido pleno às religiões cósmicas, que veem no centro do universo a presença próxima de Deus que os acompanha. Por outro lado, a tarefa evangelizadora consiste em criar caminhos para que o povo capte a presença do Verbo em tudo, e aumente a consciência desta. E como Igreja ser um sinal de cocriadores, colaboradores, proclamadores e compartilhadores do plano de Cristo na humanidade. A critério de Jordá, a relação de reciprocidade e harmonia entre

Deus e o universo respalda que o Cristo cósmico é a resposta que plenifica as buscas dos indígenas.

O Cristo cósmico está expresso em São Paulo (Ef 1,9-10; Col 1,14-20; Fl 2,6-11; 1Co 15,28). O conceito paulino de Corpo de Cristo ajuda entender melhor esta nossa missão no cosmos. O único corpo crucificado de Cristo se faz presente, em virtude do Espírito, no pão eucarístico. Todos os que comem deste único pão realizam de novo o que já somos: um único corpo (1Co 10,17). A comunhão neste corpo com o Cristo glorificado (1Co 10,16) reclama o serviço de corpo de Cristo e com Cristo aos demais, que se aperfeiçoa no amor (Ef 4,16) e chegar a maturidade da plenitude em Cristo (Ef 4,13). Este crescimento do corpo à cabeça, Cristo, repercute, também, no cosmos, o que está incluído na obra da redenção e chega à plenitude na Igreja e com a Igreja. E o local onde se realiza este encontro da Igreja e do cosmos, da ordem da criação e da redenção, é a celebração eucarística, como centro cristão do cosmos restaurado pelo Filho do Pai. Assim, os conceitos paulinos de "corpo" e "corpo de Cristo", com suas implicações sociais, eclesiais, cristológicas e cosmológicas, têm, em suas raízes eucarísticas, um princípio ordenador, que possibilita uma explicação unitária.

A ideia central de unidade e solidariedade no corpo de Cristo se amplia a todos os âmbitos do mundo e a Deus, ao grande objetivo último: recapitular tudo em Cristo (Ef 1,10). O mundo desintegrado no pecado deve ser devolvido a seu centro ordenador. Há que outorgar ao universo uma cabeça em Cristo: Cristo subiu aos céus para plenificar tudo (Ef 4,10). Esta plenitude é expressa em Efésios e Colossenses: plenitude de Deus e plenitude de ser que reside em Cristo. Segundo a Carta aos Efésios, a Igreja e o cosmos não estão separados, mas relacionados mutuamente: o cosmos chega à plenitude em Cristo por meio da Igreja, e a Igreja só adquire sua verdadeira plenitude quando o cosmos material e imaterial entra em sua unidade, que abrange por completo todas as coisas (Jordá Arias, 2009).

Jordá se esforçou por mostrar a validade e ritualidades *aymara* para responder ao Plano de Deus Criador. O Deus, Uno e Trino está presente nestas buscas inspirando e abençoando seu povo. A sábia e milenária intuição da Cruz cósmica abre espaço para colocar Deus no centro do universo e da mesa ritual comunitária, como o Pai e Cuidador que dá sentido à vida e à morte dos seres humanos.[79]

O seguinte passo consiste em reler essa presença central do Cristo cósmico desde a criação do mundo até sua plenitude, nesse centro da cruz cósmica em que se encontra com o Pai Criador e, obviamente, com o Espírito Santo. As comunidades cristãs *aymaras* têm um sério trabalho de inculturação à mensagem, aprofundando desde as próprias raízes à luz do Evangelho.

À parte da cristologia cosmocêntrica, há elementos de uma cristologia baixa que se articulam provavelmente com uma primeira catequese muito sumária sobre a vida de Jesus, mas que foram sendo reinterpretadas mitologicamente. O motivo da divindade disfarçada de mendigo não se limita ao espaço andino, mas se encontra em outras tradições religiosas diferentes. Na região andina, há que articular a formação desta lenda com a ideia da proto-evangelização do apóstolo *Tomé/T'unupa*.[80] No sincretismo andino, o Deus criador *Wiraqucha/Wiraqocha* substitui a Deus Pai cristão, e *T'unupa* se articula com o Filho de Deus, Jesus Cristo. A pregação de *T'unupa*-Jesus consiste, por um lado o ensino agrícola, e, por outro, da admoestação muito familiar para ouvidos andinos de manter o equilíbrio ecológico e cósmico.

4.3.3 A era da interculturalidade como sopro do Espírito

A teologia latino-americana pós-conciliar foi essencialmente cristológica. Privilegiou as categorias de Povo de Deus e de Reino, quis abordar, desde a fé, as grandes questões históricas que afetavam o continente. Com esta opção, a figura do Cristo histórico e libertador foi, sem dúvida, a referência central de um discurso militante e comprometido. Paralelamente, à referência ao Antigo Testamento privilegiou a simbólica do Êxodo e dos profetas. A opção preferencial pelos pobres e a preocupação pela justiça social encontraram nestas escolhas sua legitimação e fecundidade. Simón Pedro Arnold esclarece que a atual conjuntura do continente e do mundo exige de a teologia adentrar em espaços do discurso teológico da Tradição que ainda não foram os suficientemente trabalhados pelas gerações anteriores na América Latina:

> El giro hermenéutico que planteamos aquí nos lleva a proponer, en el actual contexto planetario y continental, un desplazamiento de las prioridades cristológicas de las etapas anteriores hacia una lectura neumatológica. Sin descartar los avances importantísimos de la Cristología latinoamericana, invitamos a ampliarla y resituarla en un marco más plural, menos eclesio y eurocéntrico. Con esta propuesta, la Teología India-Andina puede salir de sus sacristías particularistas y entrar en el concierto plural de la inteligencia de la fe para este tiempo. Paradójicamente, y a pesar de sus recursos simbólicos míticos pre-modernos, **la espiritualidad originaria es, quizás, más cercana** a los Nuevos Paradigmas y más apta a dialogar con sus nuevos retos que muchos discursos modernos. Al salir de sus particularismos de resistencia, las teologías indias pueden liberarse de sus propios dogmatismos para atrever-se, como es el caso ya para el cristianismo occidental, a recrear sus lenguajes y a repensar su más rica Tradición en categorías postmodernas.
>
> La prioridad de la Neumatología, en efecto, les da a las espiritualidades originarias la oportunidad de una Palabra propia y fecunda. En efecto, su lectura holística y dinámica del misterio y de la realidad la capacita poderosamente para abrir nuevos caminos a nuestra exploración teoló-

gica, en adelante necesariamente intercultural e interreligiosa (Arnold, 2009).

Desde as primeiras páginas da Bíblia, afirma-se que o Mistério Divino se situa na reciprocidade entre os diferentes, através dos quais a relação de gênero é o paradigma fundador. A expressão enigmática do Gênesis, "Deus os fez à sua imagem e semelhança" (Gn 1,26), homem e mulher, apresenta a Deus como fecundidade permanente da relação de diferença. Esta fecundidade divina é, ao mesmo tempo, separação e comunhão, ruptura e abraço, mistério e movimento (Arnold, 2009).

Nessa abordagem teórica, o Espírito não se apresenta apenas só nem primeiramente como "pessoa", segundo a formulação dogmática dos grandes concílios trinitários, no sentido helenista e ocidental do conceito, mas como as "batidas" permanentes do coração de Deus e do Cosmos, o que leva ao processo eterno da reciprocidade vital.

O divino se esconde num estado. Uma identidade estática se representa como uma tarefa recíproca eterna, um processo de encontro para sempre inacabado, um movimento cuja energia é amor, cujo horizonte é a pergunta.

A pneumatologia que se propõe aqui, não é apenas um capítulo da dogmática fundamental, mas uma maneira diferente, envolvente, de contemplar o mistério do divino em sua plenitude. Implica deixar de lado a obsessão identitária, que seja a identidade teologal antropológica, e optar por uma visão mais dinâmica na compreensão da realidade.[81]

Para Simon Pedro Arnold, uma pneumatologia inculturada atende a duas dimensões (Arnold, 2009): *o Espírito como agente permanente da criação e o Espírito de Pentecostes como forjador da comunidade.*[82] Esses dois aspectos são os mais vividos no mundo andino. A melhor maneira de partir ao encontro da mística originária andina, ou seja, da fé deste povo, é sua experiência cósmica e carismática, sua experiência do Espírito e de suas múltiplas manifestações.

O Espírito criador. Parte-se da ideia de o Espírito e sua obra serem uma criação permanente e inacabada da parte de Deus, para com os cosmos em seu dinamismo futuro. O Espírito divino nunca deixa de criar, recriar e manter numa vida nova o que nos deixou desde as origens. Para a fé bíblica, criação, história e escatologia são mutuamente e permanentemente relacionadas.

Com esse entendimento, o Espírito criador como o cuidador permanente do universo em suas múltiplas dimensões poderia se reconhecer também expressões infinitas de sua presença plural no mesmo universo. Como as línguas de fogo se multiplicaram sobre cada apóstolo e cada mulher presente no cenáculo, não é exagerado dizer que o Espírito é ao mesmo tempo uno e múltiplo. O fato se intui na literatura sapiencial ao falar dessa forma da sabedoria de Deus, que se pode identificar, na linguagem cristã, com o Espírito Santo.

Nesta multiplicidade criativa e dinâmica do Espírito, o critério básico de discernimento entre diversas mostras é sempre e unicamente a vida. O Espírito da Vida, em qualquer de suas manifestações, só pode produzir vida. Portanto, toda manifestação de vida se pode referir sempre à terceira pessoa da Santíssima Trindade, enquanto toda manifestação de morte é absolutamente **contrária a este mesmo Espírito divino.**

Finalmente, há que distinguir dois tipos de manifestações do Espírito Santo, as presenciais imanentes, permanentes no universo, implícitas, mas perceptíveis por sensibilidades afinadas, e as manifestações carismáticas, mais explícitas em pessoas e situações históricas específicas.

> Con estos pocos elementos, podemos echar puentes hacia la mística andina. En efecto, la teología de la creación permanente encaja perfectamente con toda la ritualidad andina en su búsqueda por no interrumpir nunca esta dinámica de reciprocidad creativa entre la divinidad, el cosmos y la humanidad. Asimismo, la religión andina se revela muy sensible a la carga inmanente y plural del

> Espíritu en lugares, personas y acontecimientos diversos. Podemos decir, en lenguaje cristiano, que los *achachilas*, por ejemplo, como muchas otras manifestaciones llamadas 'espíritus', son equivalentes a los ángeles. La angelología bíblica considera precisamente estas manifestaciones como presencias parciales pero reales, *shekina* en hebreo, sean inmanentes, sean carismáticas, de un solo Espíritu Santo. Finalmente, ante tantas propuestas religiosas y místicas de la religión originaria andina, el criterio simple de ser la Vida acogida como divina y la muerte rechazada como diabólica (Arnold, 2009).

Experiência do Espírito de Pentecostes. Na fé cristã, a comunidade é o lugar por excelência do Espírito. Nela e para ela este mesmo Espírito suscita os diversos carismas dos quais fala com eloquência Paulo, na primeira Carta aos Coríntios.

Uma comunidade carismática é precisamente uma Igreja que valoriza a diversidade de seus dons e os potencializa em seu caminhar rumo ao Reino de Deus. A comunidade de Pentecostes é exemplo de amor trinitário, onde a fraternidade e paz compartilhada se faz a presença do Pai, do Filho e do Espírito.

Numa cultura onde a mística comunitária canta a harmonia com a mística cósmica, como acontece nos Andes, esta dimensão pentecostal de nossa experiência de fé é central.[83] Nestes tempos de mudanças culturais tão fortes, a alma comunitária andina se vê gravemente ferida. Uma aproximação desde o Espírito que reconcilia e valoriza a diversidade além da competitividade pós-moderna, pode ser uma verdadeira ressurreição do melhor da cultura andina ameaçada. Nesta tarefa, as igrejas de tradição pentecostal podem contribuir muito a condição de voltar a escutar as vozes variadas do Espírito de Pentecostes, começando pela voz indígena originária (Arnold, 2005).

O Espírito e os espíritos na teologia andina

O Espírito de Deus age de modos que estão além do entendimento humano. Pode acontecer que a liberdade do Espírito desafie e surpreenda quando se inicia o diálogo com os povos de outras religiões.[84] Na cosmovivência andina, identifica-se a presença do Espírito, além dos espíritos da terra, estes últimos, manifestados em espíritos protetores do lar, da comunidade e de toda a criação. Estes espíritos habitam em locais específicos e convivem com os habitantes andinos.

A perspectiva do Espírito é tão ampla e tem muitas formas na cultura andina que recebe vários nomes,[85] que correspondem à totalidade dos seres viventes que integram a criação. As dimensões em que se manifesta são as seguintes:

- Espíritos protetores das comunidades: *Pachamama* e *achachilas*. Sabe-se que a *Pachamama* é o espírito maternal do povo andino que gera vida a todos os seres viventes. A mãe-terra é o primeiro sinal sagrado do mais profundo conhecimento. Os *achahilas* são os espíritos ancestrais que também protegem às comunidades andinas. A estes espíritos se ofertam sacrifícios para que desenvolvam o papel de intercessores em favor das comunidades das quais são protetores. Cada comunidade andina tem o seu *achahila*, são as montanhas, os morros aos quais se oferecem ritos numa relação de reciprocidade;
- Espíritos protetores do lar e da família andina: *Kuntur Mamani, Qiri Awicha* e *Uywiris.* Desde muito cedo, as crianças aprendem a respeitar e invocar os espíritos protetores do lar. A própria casa e espaço ao redor são sagrados e são protegidos pelos *uywiris,* cuidadores. A casa e todo seu entorno é um espaço espiritual, porque ali vivem os espíritos protetores que cuidam de todos os membros da família. A eles é solicitado ajuda e se guarda respeito. *Kuntur Mamani* é um protetor masculino, que pode se traduzir como "condor falcão", associado ao cuidado da parte alta da casa. *Qiri*

Awicha é uma protetora feminina, que pode ser traduzido por "vovozinha do fogão", e está ligada ao cuidado do lar propriamente. A eles se oferecem oferendas e ações de graça, especialmente no telhado da casa;

- Espíritos protetores da produção: *illas* e *ispallas*. A agricultura e o pastoreio do gado são atividades principais dos andinos. Nesse sentido, eles estão atentos aos sinais da natureza para prever e organizar atividade agropecuárias, e estão em diálogo com os *achachilas* e a *Pachamama*. Com eles, estão as *illas* e *ispallas* que são espíritos geradores de diversos animais e produtos, garantem a fecundidade entre casais, tanto animais como plantas. São espíritos femininos da fecundidade, que asseguram a boa produção dos cultivos e a produção de animais;
- Espíritos protetores dos recursos naturais: os *saxras*, os *anchanchus e* as *antawallas*. Habitam em lugares desolados, poços de águas, mananciais e nas rochas. Cumprem a tarefa de proteger os recursos naturais, mas, ao mesmo tempo, podem ferir os seres humanos, os animais, os cultivos. Porque originam as doenças são considerados malignos e para aplacar a ira devem ser oferecidos sacrifícios e ritos.

Espiritualidade, modo de viver. A *espiritualidade* não se trata de um conhecimento ou uma técnica, mas um modo de vida.[86] O Espírito não é parte da vida dos andinos, mas de toda sua existência, habitando nos corações das pessoas e concedendo-lhes entusiasmo, coragem e decisão. Consola os afligidos e mantém viva a utopia em sua forma de contemplar o cosmos.

> Toda experiencia espiritual que se manifiesta en la vida comunitaria, en las prácticas de reciprocidad, en el diario vivir, en el trabajo, el pastoreo, en la siembra y cosecha de productor, en los ritos… y en la existencia de los/as andinos y andinas, es un encuentro con el misterio divino. Los/as andinos y andinas viven para relacionarse con el

> Espíritu y las/los espíritus. Y lo espiritual es el desafío principal en todas sus relacionesc (Quispe Aguirre, 2009).

Na região andina, mantém-se o costume ancestral das *minkas*, trabalho comunitário, onde se traduz a solidariedade, a fraternidade. Está presente o Espírito como na construção de uma casa. Assim, descreveram os participantes da Região Andina no IX Encontro Continental de Teologia Índia:

> Desde la vivencia de la fe de nuestros pueblos originarios se conoce al Espíritu Santo como viento (*samay*) o fuerza que anima el caminar de los pueblos en sus luchas diarias por la vida. Los pueblos indígenas decimos también *pushak* (el que guía), *yanapak* (el que ayuda), *risksichik* (el que me conoce, desde lo más profundo de nuestro corazón y de nuestro ser). Los pueblos indígenas llevamos esa fuerza en los más profundo de nuestro ser, por eso, incluso somos capaces de entregar la vida en defensa del agua de la tierra, por nuestros derechos individuales y colectivos. En los pueblos originarios al Espíritu Santo se lo conoce con diferentes nombres: *Nunkui, Samay, Achik, Nina, Yanapak, Ajayu* (aymara), que significan: espíritu de selva, de los ríos, de la montaña, que está presente en las cascadas, en lugares sagrados, en la Madre tierra, en el fuego, en la alegría de la fiesta, en los levantamientos. Es quien les da fortaleza y acompaña en todo momento para perder el miedo y la cobardía. Es la principal fuerza para luchas por la reivindicación de nuestros derechos. El Espíritu presente en nuestros mayores alienta y fortalece la vida en el ayllu, en la naturaleza, en la fertilidad de la Madre Tierra, siempre dando gracias al Ser Supremo (*Pachakamak*); es un Espíritu que da la sabiduría para vivir en armonía con la creación, esta sabiduría se adquiere desde niños, siempre guiados por los mayores, quienes tienen mucha experiencia, por ese contacto con la divinidad. El *jawa pacha* (lugar de la

> divinidad y de la transcendencia) es una experiencia que se ha ido transmitiendo de generación en generación, más que por escrito, ha sido y sigue siendo vivencial, que se manifiesta en las fiestas, en celebraciones diversas, como puede ser en los matrimonios, en la muerte, en las cosechas, en las siembras y en los consejos (*kamachina*) que dan nuestros mayores (IX Encuentro Continental De Teología India).

Os povos andinos entendem a manifestação do Espírito Santo na solidariedade, na alegria, na partilha, na memória dos antepassados, nos bons costumes, em seus ritos, mitos e tradições, nos ensinamentos dos mais velhos. O Espírito se manifesta na *minka*, que é o trabalho para o bem comum ou de uma família; na comida; nos vestidos e suas cores que tem significado; nos arranjos de flores. Os povos originários, em sua espiritualidade, não separam os aspectos da vida, vivem na integralidade, como nos retiros espirituais nos lugares sagrados, no silêncio das montanhas e florestas, nos banhos rituais, segundo o calendário lunar.

> Los rasgos del Espíritu siempre se manifiestan en colectividad. En nosotros no hay individuo; siempre se existe **en relación con el otro; no somos aislados, somos familia** (ayllu). En los últimos años se ha ido perdiendo el sentido comunitario. En el mundo indígena se ha ido perdiendo la espiritualidad, la propia cosmovisión. La migración ha sido uno de los fenómenos de la descomunalización de nuestros pueblos; la globalización que va destruyendo la comunidad, pero muchas veces somos nosotros mismos los culpables de esta pérdida de identidad. Por tanto, es importante ir enseñando a nuestros niños y jóvenes (IX Encuentro Continental De Teología India).

Criar, proteger e dar sentido à vida. As principais tarefas que cumprem os espíritos da terra são criar, proteger e dar sentido à vida. Defendem a vida, a saúde e a alma[87] dos andinos e andinas e de toda a criação. De tal maneira, que todas as plantas, ervas que existem no campo são medicinais e servem para este fim. A origem das plantas medicinais se entende como um dom gratuito da Mãe natureza. Os antepassados e curandeiros foram pessoas excepcionais, pois estavam entregues à sua ciência e tinham uma fé inquebrantável nos espíritos da terra e graças a eles conseguiam curar muitas enfermidades e vencer os espíritos malignos. Sem a presença destes mediadores, de suas preces de favor e orações a cultura andina ficaria em desequilíbrio (Quispe Aguirre, 2009).

Os gemidos dos espíritos da terra. Eles gemem pela libertação de toda a criação, pelo deterioramento da vida e do ecossistema e pela exploração dos recursos naturais. Expressam sua compaixão e sua sabedoria em benefício da vida. Se não ouvirmos estes gemidos, não poderemos ouvir o Espírito de Deus (Rm 8:22ss). Os espíritos da terra, água e ar que gemem nas noites escuras e noites de lua com seus prantos costumam enviar seu "alento" de vida, que ajuda na reprodução dos rebanhos. Pois, no pensamento andino, a natureza não é muda, sua linguagem simbólica, exclama uma libertação.[88]

O Espírito e os espíritos no encontro das espiritualidades

A imagem maternal do Espírito e o regaço maternal da Pachamama. No Antigo Testamento, a *ruah* é um termo feminino, sopro de Deus, conforme Gn 1:2. Encontra-se sua presença poderosa sobre as águas. Embora o texto não saliente sua presença criadora, a *ruah* prepara a criação.[89] A imagem maternal é muito importante, é como o útero materno aonde se vem gestando a vida de uma nova criatura. Em Jo 3, 6-8, emprega-se a imagem de uma mãe que espera a chegada de um novo ser e que logo à luz, para descrever a atuação da *ruah*. Uma mãe em espera sente muita angústia, porque sabe que vai experimentar intensas dores de parto, mas depois do parto se regozija, pela chegada de um novo ser (Jo 16, 21). A *ruah* é como mãe que se alegra porque portadora da vida de um novo ser. A imagem maternal faz alusão ao Espírito, pois, no contexto dessa citação, fala-se sobre a vinda do Paráclito. A imagem significa o doloroso nascimento de uma nova criação.

Como já referido, o texto de Rm 8, 22-23.26, também utiliza a imagem maternal e os gritos de parto para descrever a ação do Espírito. Que toda a criação, quer dizer que está dando à luz à nova criação e que seus gritos dão lugar a que essa nova realidade chegue à sua materialização. Os seres humanos também gritam porque vivem a dor em carne e osso. Dessa forma, fazem-se solidários com toda a criação. O Espírito também se une, de maneira muita específica, a esta cadeia de solidariedade dos que dão gritos de parto.

A relação entre o Espírito e a criação não corresponde apenas ao relato bíblico. Este vínculo pode se encontrar na vivência e transcendência do Espírito no meio da criação, no meio da vida dos povos.[90] De acordo com o texto mencionado, o Espírito está presente em toda a criação, e qual mãe na esperança de dar à luz uma nova criação, sofre solidariamente com ela, e, ao mesmo tempo, vai gerando a vida (Quispe Aguirre, 2009).

Até o presente tem-se a imagem maternal do Espírito na perspectiva da teologia bíblica. A partir disso, há uma concepção mais ampla do Espírito, que não se preocupa apenas pela vida dos seres humanos, mas também pela integridade de toda a criação. Agora, tenta-se ligar esta imagem maternal do Espírito à metáfora do regaço maternal da *Pachamama*.

> La *Pachamama* hoy también grita Dolores de parto en la espera de da a luz una nueva creación, espera con anhelo la redención de su descendencia, fruto de sus entrañas. La *Pachamama* siente, con las entrañas, el dolor y el sufrimiento que atraviesan sus hijos e hijas y se solidariza con toda la creación. De ahí que para el andino la tierra sea un signo de comunión vivificante. Los/as andinos y andinas también sentimos en lo más profundo de nosotros y nosotras, el sufrimiento, la angustia de nuestros hermanos

> y hermanas. La *Pachamama* es el espíritu maternal que produce la fecundidad de la vida, espíritu que hace posible la fecundidad de la tierra árida, así como la reproducción de los animales y los cultivos (Quispe Aguirre, 2009).

Os andinos reconhecem a terra como uma mãe fecunda porque dela brota a vida, seja ela animal, seja vegetal. Ela mesma é a vida que gera a vida, porque somente algo que tem vida pode nutrir a vida. Por isso, os andinos a amam, respeitam, veneram, protegem com todas as forças.[91]

Ousa-se afirmar que a *Pachamama* é a força vital da *ruah*, sagrada, gera vida e de seu regaço os seres são alimentados, dela seus filhos/as recebem consolo e proteção. Assim, procura-se realizar uma comparação entre a imagem maternal do Espírito na Bíblia e a metáfora do regaço maternal na *Pachamama*. Em ambas as tradições, destacou-se a atuação do Espírito como mãe cujo útero se engendra a vida de um novo ser. Da mesma forma, nestas tradições, o central é a presença do Espírito como doador da vida em relação aos seres humanos e à integridade da criação.

O feminino: caminho para e de Deus. O Espírito de Deus e a *Pachamama* são a grande imagem reveladora do rosto feminino de Deus. Ambas possuem o dom de germinar a vida, sua fecundidade materna é divina. O Espírito vem a ser o arquétipo supremo que evoca o sentido terminal de todo o feminino.[92] O Espírito e a *Pachamama* impregnam e se adentram em todo o que vive na criação, dão vida a todo e tudo o atraem. São sinal para renovar a criação e dar vida, suas ações demonstram sua maternal preocupação pela libertação da humanidade e da criação, particularmente dos mais abandonados (Quispe Aguirre, 2009).

Ao Espírito e à *Pachamama* se repartem todos os atributos femininos como ternura, mansidão, simplicidade, humildade, doçura, qualidades que possuem seu último fundamento em Deus, que na história da salvação manifestou também as dimensões femininas. Os textos sagrados o apresentam como a mãe que consola (Is 66,13), que sempre tem o filho em suas entranhas

(Is 49,15; Sl 25,6;116, 5). A ela se aproxima nosso rosto (Os 11,4) e que, no final da história, qual bondosa mãe, enxugou as lágrimas dos filhos (Ap 21,4).

A cultura andina está impregnada de uma imensa sede de emancipação e de um sentido de libertação. São o Espírito de Deus e os espíritos da terra que promovem e lutam por este desejo. Em todas as histórias da emancipação indígena, discerne-se a irrupção do Espírito. Onde este se faz presente, ali fecunda a liberdade (2Co 3,17).

Defender a vida. O Espírito de Deus e os espíritos da terra estão plenamente comprometidos em defender a vida e a dignidade do ser humano e de toda a criação. Estão mais conscientes do deterioramento da vida em todas suas formas, o que adquire características inimagináveis quando se começa a cruzar informação proveniente da área dos direitos humanos, a exploração do ambiente, a marginalização das pessoas do sistema econômico, a violência familiar, o racismo, entre outros. Uma vida em perigo, fragmentada, onde muitos subsistem e outros com boa vontade procuram transformar o mundo, mas desconfiam dos mecanismos sociais e políticos. O que deve permanece claro é o Evangelho promovido pelo Espírito de Deus e os espíritos da terra mostram que Deus quer a libertação para seus filhos e filhas e depois trabalhar para se aproximar dessa vontade.

Glorificação da Trindade Santa. As teologias ameríndias, como toda teologia cristã, são teologias trinitárias, que em suas diversas linguagens, estilos e nomes divinos, convergem para a glorificação do Deus Uno-Trino, Trino-Uno.

Tomichá Charupá apresenta alguns pontos de aproximação entre a tradição teológica cristã e a também milenária espiritualidade ameríndia:

> Desde la experiencia de los pueblos originarios, la vía negativa apofática de acceso a Dios es eminentemente relacional, comunitario-cósmico y celebrativo. Muchos pueblos viven todavía una convergencia existencial en

> todas las dimensiones humano-cósmicas, que obviamente se expresa también en sus relaciones con lo sagrado y con el Misterio divino, pues todo está relacionado e interconectado. Por tanto, para comprender desde dentro las espiritualidades – y la mística- indígenas, se precisa una actitud también simbólica, integradora, abierta y convergente. De modo que las teologías indígenas-cristianas, en fidelidad a la sabia tradición de sus propias/os ancestras/os y abuelas/os (sean del mismo pueblo o de otros), han de ser también simbólicas, espirituales y místicas (Tomichá Charupá, 2017).

Em sintonia com o defendido na pesquisa, poder-se-ia se dizer que a mística ameríndia dá ênfase à experiência da *Ruah* criadora que se manifesta nos detalhes da criação, quando o Filho está presente e vivo, e que conflui no Mistério Último. Não se trata de uma elevação para "Algo" ou "Alguém" fora de si, mas de um aprofundamento interior, no cotidiano relacional, do Mistério Uno e Trino, Trino e Uno. O pressuposto cultural e teológico desta vivência é a não separação do ser humano de seu entorno ambiental, pois "somos parte da natureza e por ela somo atravessados" (LS 139).

> Precisamente, la vivencia consciente de toda la realidade creada, creatural, en clave de interpretación e interrelación, es una auténtica experiencia perijorética del Misterio uni-trinitario, que a través de su manifestación ad extra permite el acceso ad intra. Esta vivencia perijorética es un verdadero encuentro interior-relacional de envolvimiento e interpenetración con/en el Misterio Uni-Trino, que se sigue revelando en todo lo humano-cósmico creatural. En el caso indígena, el camino místco de profundización es uni-trinitrio, pues se vive y experimenta la Presencia del Uni y Trino Inefable en la propia realidad cotidiana

> como retorno al mismo Uno y Trino inmanente.[...] (Tomichá Charupá, 2017).

O mistério é vivido pelos povos indígenas como glorificação permanente do Criador em sua criação, ou melhor, em suas criaturas viventes, e por sinal, tudo vive.

Ayllu: Igreja sinodal sob a inspiração do Espírito

O referido a respeito de Cristo e do Espírito Santo leva a uma proposta eclesial. Na primeira evangelização, o modelo de Igreja importado pelos conquistadores foi elaborado no Concílio de Trento e é reflexo de uma eclesiologia defensiva, militante e clerical da contrarreforma católica, em reação ao protestantismo. Esta mentalidade da primeira evangelização, triunfalista e exclusivista, segue marcando o inconsciente do catolicismo andino tradicional.

Além do mais, esta Igreja, teologicamente assinalada por uma conjuntura eclesial histórica e europeia, viu-se condicionada pelo fato de acompanhar a política de conquista do invasor. Até hoje, essa carga política implícita do modelo eclesial colonial afeta a pastoral na região. Os andinos, consciente ou inconscientemente, veem a Igreja oficial como a igreja dos brancos.

Apesar deste peso teológico e político colonial e europeu, a imagem da Igreja no meio dos Andes é ambivalente e contraditória. Por um lado, a Igreja segue sendo um corpo estranho, a instituição do outro com quem convém estar em paz. Mas, por outro, trata-se da única instituição de referência e de verdadeira confiança no meio de muitos atropelos da parte das instituições do estado e do sistema econômico vigente.

Esta ambivalência explica atitudes aparentemente contraditórias com respeito à Igreja: de um ponto de vista, mantém a distância um respeito enigmático. Mas, por outro, cumprem escrupulosamente as prescrições sacramentais fundamentais católicas ou as normas das igrejas e recorrem às nossas instituições em todas as circunstâncias em que necessitam de arbitragem, de defesa de seus direitos ou ajuda de emergência.

> Es evidente que lo más rico de la mística andina, y me atrevería a decir lo más evangélico de la cultura originaria, es la mística comunitaria, aun si se encuentra bastante dañada y en crisis en contexto de agresión posmoderna. En una perspectiva de inculturación de la fe, me parece esencial valorizar la ritualidad doméstica comunitaria andina y, ¿por qué no?, darle categoría de 'casi sacramento', lo que el derecho sacramental llama precisamente los 'sacramentales'. En un contexto eclesial donde, en la Iglesia católica, la penuria de clero hace difícil la experiencia regular de los sacramentos, ¿no sería fecundo insistir más en la fecundidad sacramental de lo originario en una sana expresión cristiana? (Arnold, 2009)·

O desafio principal da pastoral e da evangelização no ambiente andino é passar de uma imagem institucional e assistencial da Igreja a uma verdadeira experiência de comunidade cristã. Para **tanto, evangelizar significa qualificar evangelicamente a ética** e a espiritualidade, numa palavra, as relações na comunidade tradicional andina ou em seus espaço urbano migratórios, em vez de artificialmente criar comunidades que não correspondem à vivência de nosso povo (Arnold, 2009).

Dentro desta reflexão e sob um ângulo mais especificamente católico, parece que a proposta eclesiológica do Concílio Vaticano II é uma alternativa valiosa, mas não aproveitada plenamente. A Constituição Dogmática *Lumem Gentium*, fazendo um exame de consciência, não chegou à experiência dos povos originários e indígenas e o Concílio de Trento continua sendo referência inconsciente de forma maioritária. Em algumas regiões, sobressai-se como proposta hegemônica. É urgente, então, decolar no mundo andino com a teologia da Igreja como Povo de Deus, uma

Igreja com rosto de povo. Da mesma forma, a Igreja serva e pobre, figura bastante esquecida que valeria a pena ressuscitar para se aproximar, com esta humildade radical, à realidade cultural e à religiosa dos andinos.

Finalmente, o Vaticano II retomou a velha teologia paulina do corpo de Cristo e do povo sacerdotal. A partir de apregoada teologia adormecida nos documentos teóricos, é oportuno empreender uma cruzada contra os preconceitoss clericais tanto do próprio povo como da própria Igreja.

A população nativa de América, embora tenha sido despojada de suas riquezas materiais desde a implantação, nestas terras, da sociedade colonial, possui grandes valores humanos e de Deus que, nestes momentos de crise, pode-se contribuir para o bem e de toda sua santa Igreja.

Há de se reconhecer que uma das maiores dificuldades que impediu a vivência da Igreja como Povo de Deus, provém da categoria ocidental de povo, como uma categoria desvalorizada, assim como a palavra leigo. Mesmo que se fale de "sinodalidade" como "exercício de discernimento de todo o Povo de Deus", às vezes, a prática acaba sendo uma solução democrática, algo criticado pelo próprio Papa Francisco, para perceber as resistências **e dar passos no aprendizado do poder enquanto Povo de Deus.**

É nesse ponto que os indígenas de *Abya Yala* podem oferecer a maneira de entender e viver com alegria do seu povo. "Entendo-o como família ampla que se situa num território, que funciona como uma unidade coletiva de trabalho em benefício de todos os seus membros, que age como assembleia construindo a palavra maior do consenso comunitário, que conta com estruturas de serviços e exercício de poder para cuidar de tudo e de todos, que celebra festivamente a fraternidade de seus membros e sua comunhão com o universo" (López Hernández, 2016).

Na região andina, entender o povo como *ayllu*, categoria bastante explorada no primeiro capítulo desta pesquisa, que se dirige ao bem viver é uma identidade definida pela trama de relações que se estabelecem com a *Pachamama*, entre seus semelhantes e com o mundo divino. Este ideal de vida que conduz ao bem viver foi impulsado na história longa dos andinos e permanece como constante na vida das comunidades *quéchuas e aymaras* dos Andes.

> Para la renovación de la Iglesia como Pueblo de Dios los indios seguimos ofreciendo no ideas sacadas de libros o mentes iluminadas sino de la experiencia milenaria que hay en nuestra historia y que queda en nuestra vivencia actual, aunque esta ya se halla muy deteriorada por los ataques sistemáticos que hemos padecido durante los 500 años de contacto. El sentido comunitario, el servicio gratuito y la lucha por toda vida son nuestras mejores flores y cantos – nuestras verdades – que pueden ayudar a acelerar la llegada de la primavera para la Iglesia y el mundo. [...] (López Hernández, 2016)

Ao Espírito ninguém pode engaiolá-lo. Sua obra enche as pessoas, acontecimentos, a terra, o cosmos. Não é propriedade de indivíduos nem de alguma denominação cristã. É chamado de *ajayu* e bem viver pelos povos andinos, e tantas outras expressões que carregam uma lógica espiritual em relação às outras.

É crucial sintonizar com a obra do Espírito a fim de discernir a época contemporânea. O magistério latino-americano na Conferência de Apa¬recida salientou a ação do Espírito no discipulado e na comunhão eclesial (n. 149, 151-153), no diálogo ecumênico e inter-religioso (n. 230-232, 236) a serviço da vida (n. 347-348).. Talvez a pneumatologia não precise se inclinar ou pela atividade eclesial ou pelo acontecer humano, mas são dois polos que se interpelam e que se complementam. Por outro motivo, é salutar apreciar a sacralidade cotidiana da população. Nesse sentido, são valorizados os indícios espirituais na comunidade, na individuação, no socioeconômico cultural, no afetivo, no particular e global.

Em Ameríndia e outras latitudes, durante as últimas décadas, existem maiores indícios de fidelidade e reflexão que respondam à força do Espírito. A proposta do bem viver, para o mundo andino, é um sinal do Espírito. A fidelidade pneumatológica está rebrotando e pode se nutrir de diversas crenças em energias humanas e cósmicas. Há que discernir como o Espírito dá gemidos de vida plena.

As conquistas das populações andinas até o momento incentivam a ação e reflexão em contextos atuais. Os resultados, por sua vez, não implicam se fechar em ingênuos espiritualismos, distantes e urgências históricas, nem se arrastado por modas pós-modernas. A transversal e polivalente sabedoria espiritual na América Latina requer um trabalho sistemático. As energias simbólicas são discernidas à luz da Palavra e da surpreendente obra do Espírito do Senhor.

No continente andino e em outras partes do mundo, periodicamente existem reconhecimentos de um novo Pentecostes. É impugnada a acomodação, e é postulada a audácia, a fim de discernir o que diz o Espírito às igrejas através dos sinais dostempos (DAP 366)). Nesta Casa Comum se interage com a qualidade espiritual, sociopolítica, comunitária, e assim é cuidada a Casa Comum (Irarrázaval, 2021).

Notas

1 A inculturação se faz assumindo críticamente a modernidade: "[...] la inculturación del acontecimiento cristiano es llevada a cabo no sólo al interior de cada itinerario cultural, sino también asumiendo críticamente la modernidad. En este sentido se des absolutizan factores modernos a fin de que perjudiquen al ser humano. Esto es hecho sin nostalgias de cristiandad. Más bien se hace buscando alternativas viables. Con estas preocupaciones escudriñamos las fuentes de la inculturación. Así volvemos a apreciar la manifestación pequeña del Dios-con-nosotros. Ella no concuerda, por ejemplo, con esquemas de éxito en que algunos superhombres hacen milagros seculares. Ella también interpela el positivismo moderno, ya que éste pasa por alto el sufrimiento y la maldad humana. Al respecto, el camino pascual desde la cruz hacia la vida es fundamento de una inculturación atenta a todo lo humano. Otro desafío es el progreso humano, que la modernidad hace unidimensional. Estos problemas son encarados con la fe en Pentecostés, que reconoce en cada pueblo capacidades ('carismas' en lenguaje bíblico) en su búsqueda de la plenitud" (Irarrazával, D. *Inculturación*, p. 59).

2 "[...] Muchos limitan la inculturación a ciertos ámbitos de expresión cultural y a lo intra-cultural. Pero la evangelización no puede encerrar-se en la liturgia; ni son las culturas unas estructuras segregadas de lo económico, político, ecológico **y demás. Una buena pastoral inculturada es a la multi-cultural, inter-cultural,** holística. No es etnocéntrica. La cultura propia tiene que ser sacralizada. Es inaceptable que siga imponiéndose un cristianismo occidental (en el lugar del Evangelio) como norma para otras formas de la fe. El cuestionamiento a un pueblo/cultura proviene de la Buena Nueva de Vida plena para cada uno y para todos" (Irarrazával, D. *Inculturación*, p. 16).

3 Irarrazával, D. *Inculturación*, p. 14. Esta reflexão se situa dentro da perspectiva de cristianismos indígenas descoloniais, questão tratada no fascículo n. 382 da revista *Concilium*, uma perspectiva assumida nas últimas décadas como um fenômeno global. Na introdução dos editores se diz: "Os povos indígenas nas Igrejas já não são objetos passivos da 'evangelização' e do trabalho pastoral. O ressurgimento dos povos indígenas em escala global é um apelo aos Estados Nacionais, à sociedade em geral e, evidentemente, às Igrejas para que assumam a responsabilidade pela violência da história passada, se empenhem num novo

diálogo a partir de uma posição de mutualidade e se relacionem com os povos e nações indígenas em pé de igualdade na busca de uma vida e de um futuro melhores para todos, inclusive para a Mãe-Terra" [...] (Concilium. *Povos indígenas e cristianismos.* Petrópolis: Vozes, n. 382, 2019/4, p. 9-10).

4 Entende-se por missão: "[...] Es acción de enviar, y desenvolvimiento de la tarea; es ir como enviado y llevar a cabo acciones. Es decir, la misión es un proceso presente en toda la evangelización hecha por la Iglesia al servicio de la salvación de la humanidad. [...] La misión tiene varios niveles de significación. Tiene un contenido teológico, porque Dios y su Iglesia están en movimiento al servicio de todo ser humano y de la regeneración del cosmos. También tiene un sentido orgánico: programas misioneros llevados a cabo por diócesis, institutos de vida consagrada, movimientos laicos, comunidades de base, organismos del 'catolicismo popular'. Además, tiene componentes familiares, económicos, políticos, ideológicos, inseparables de todo lo anterior. Por consiguiente, sería una miopía fijarse sólo en aspectos intra-eclesiales; por ejemplo, la acción de misioneros externos y los beneficios adquiridos por los misionados. La misión forma parte de toda la labor e identidad de la Iglesia; y su solidez doctrinal tiene que ir acompañada de aciertos en aspectos de organización, comunicación, economía, formación. Es una misión-movimiento; es un movimiento libertador-inculturador. Esta perspectiva está enraizada en el Vaticano II [...]" (Irarrazával, D. *Inculturación,* p. 116).

5 Podemos falar de uma complementaridade teológica pastoral: a história da evangelização sempre apresentou a evangelização de forma unilateral, o cristianismo como a verdade absoluta. No mundo andino, a maior valorização tem sido o sincretismo formal, implicando uma apropriação de símbolos cristãos à maneira indígenas. Em outros fenômenos, manteve-se a justaposição de práticas religiosas, tanto andinas como cristãs, como é o caso do batismo cristão e a *rutucha,* primeiro corte de cabelo. Portanto, o desafio é projetarmos um diálogo inter-religioso entre o cristão e andino, dentro do marco da complementaridade e reciprocidade, sob a metodologia da escuta e anúncio, evangelizar *evangelizando.* Já que nenhuma confissão religiosa é capaz de alcançar a absoluta revelação de Deus (Cf. Intipampa Alaga, C. *Lo divino en la concepción andina,* p. 66).

6 "Respecto a los intentos de aculturación, se trata de un acercamiento deseado y en parte también provocado de la religiosidad indígena al universo religioso cristiano. En el caso de la religión andina (y al mismo tiempo se puede sugerir para otras, se recurrió seguramente al potencial de la inclusividad y 'hospitali-

dad' (tal como los hemos visto en referencia a Atawallpa), muy enraizado en la cultura autóctona. Inconsciente o conscientemente, se recurre en estos intentos a una distinción o inclusive separación entre 'religión', por un lado, y 'fe', por otro lado, que domina sobre todo en la teología protestante (en especial la Teología Dialéctica). En el caso del ámbito no-religioso, esta 'aculturación' conlleva a una adaptación de las lógicas, racionalidades e imaginarios indígenas a aquellos de Occidente, lo que denominaría una 'circuncisión helénica u occidental" (en referencia a la circuncisión judía, rechazada por San Pablo como prerrequisito para ser cristiano/a). Ante todo, las y los representantes de las iglesias cristianas (aspirantes para el sacerdocio o los ministerios, seminaristas y pastores) deben de someterse a una 'lavado de cerebro' y una 'reprogramación' cultural que contiene, aparte del estudio de la filosofía y teología occidentales, una renuncia al idioma indígena (aimara o quechua), a la vestimenta autóctona (ahora hay que ponerse la sotana o el terno) e inclusive a los instrumentos musicales y las canciones. *Muchas veces, estos intentos de aculturación conllevaban una alienación cultural total de los fieles y autoridades eclesiales, y en caso de que no haya sido realmente exitosa, a una suerte de 'esquizofrenia religiosa', que sólo tiene común el nombre con la mencionada 'doble fidelidad', pero que implica, en el fondo, una 'conciencia infeliz' y una constelación conflictiva. En muchos/as representantes eclesiales de origen indígena quienes no lograron articular su propia cultura con la fe cristiana, hasta el día de hoy se puede sentir una tensión existencial: que el Evangelio conlleva* ***a un etnocidio, una renuncia o hasta una disolución de los propios valores cultu****rales, este hecho queda como un espino en la carne de la socialización religiosa de cada uno/a*" (Estermann, J. *Cruz y coca*, p. 30-31).

7 "Desde el Concilio Vaticano II (1962-65), se producía, sobre todo en la iglesia católica, un giro epistemológico que tiene que ver con una apreciación positiva de la 'cultura' y, por tanto, de la alteridad cultural. El paradigma 'inculturación' parte de supuestos que están diametralmente opuestos al modelo de la 'aculturación': no es la religión y cultura autóctona que deben adaptarse al cristianismo occidental, sino éste debe acercarse a las distintas culturas (no-occidentales) y 'encarnarse' en ellas. A pesar de las buenas intenciones, se parte, sin embargo, nuevamente del dualismo aristotélico entre esencia y accidentes, entre un núcleo intocable de la fe y su ropaje cultural contingente, una distinción que ya fue anticipada por la Teología Dialéctica, aunque respecto a la relación entre fe y 'religión', y no entre fe y 'cultura'. El paradigma de la 'inculturación' presupone una

apreciación fundamentalmente positiva de la 'cultura', en general, y de la 'cultura indígena' en especial. En parte, también las iglesias evangélicas han asumido este modelo, sobre todo las llamadas 'iglesias históricas' (luterana, metodista, bautista, calvinista, reformada, presbiteriana), pero no así las iglesias pentecostales y neopentecostales. Este modelo intenta 'exculturar' la Buena Nueva del contexto occidental y de la filosofía europea, para 'inculturarla' nuevamente en un contexto no-occidental, muy parecido al proceso que se llevó a cabo en los primeros cinco siglos de la era común, cuando el Evangelio fue 'desjudeizado' y 'helenizado'. Sin embargo, este proceso de inculturación se truncó, en gran parte, a medio camino: las celebraciones religiosas ahora se realizan en los idiomas nativos, la vestimenta es adaptada a los usos autóctonos, las canciones son acompañadas por instrumentos nativos, la simbología andina es recogida en la liturgia y los ritos. Pero la lógica que forma que forma la base de la teología occidental, no es aún 'exculturada' y 'reinculturada'; peor: a estos intentos, se ha dado recientemente, por parte de la jerarquía de la iglesia católica, una negativa tajante" (Estermann, J. *Cruz y coca*, p. 31-32).

8 Os encontros continentais de teologia índia são momentos de articulação teológica, organizados pela Articulación Latinoamericana de la Pastoral Indígena (AELAPI). A sequência de temas é a seguinte: O *primeiro encontro* aconteceu no México, cidade de México, em 1990, cujo tema foi "La metodología de la Teología India"; o *segundo encontro* no Panamá, cidade de Tolé, em 1993: "La experiencia de Dios em los proyectos de vida de nuestros pueblos"; o *terceiro* na Bolívia, em Cochabamba (1997): "Sabiduría indígena, fuente de esperanza"; o *quarto encontro* no Paraguai, cidade de Asunción, em 2002: "En busca de la tierra sin mal"; o *quinto encontro* no Brasil, cidade de Manaus, em 2006: "La fuerza de los pequeños, vida para el mundo"; o *sexto* em El Salvador, cidade de Berlín (2009): "Movilidad humana, desafios, y esperanzas para nuestros pueblos indígenas"; o *sétimo encontro* no Equador, Pujilí, em 2013: "Sumak Kawsay"; o *oitavo encontro* na Guatemala, cidade de Panajachel, em 2016: "Palabra de Dios y Palabra de Nuestros Pueblos"; o *nono e último encontro* no Panamá, em Tolé (2020): "La acción del Espíritu en los pueblos originários". O caminho de diálogo nas instâncias locais e regionais de nossas igrejas avança com passos firmes e se observam progressos nos diferentes níveis do processo. A pastoral indígena é uma das mais organizadas e ativas na Igreja Católica latino-americana, e nela estão comprometidos desde as estruturas locais até o CELAM, que promove e acompanha o

processo. Nas memórias dos encontros se observa um avanço "[...] desde una simple búsqueda de herramientas metodológicas para la elaboración de teología india hasta abordar temas teológicos como la sabiduría indígena, los mitos, los ritos, los proyectos históricos de los pueblos indios y la migración. Las memorias de los encuentros latinoamericanos no son tratados de teología india, pero ofrecen las voces teológicas de los mismos indígenas. Esto dice que la producción de la teología india es colectiva, no es propiedad de uno o de otro teólogo. Es más, inspiran la realización de encuentros locales, nacionales y regionales. Podemos decir que la teología india latinoamericana nace y se desarrolla en un ambiente ecuménico, donde las diferentes Iglesias cristianas fueron capaces de reflexionar y caminar juntas, unidas por fe en Jesucristo y por la identidad cultural" (Catota, A. *Encuentros de Teología india en América Latina (1990 – 2016)*, p. 201).

9 "[...] Podemos decir que la problemática indígena, finalmente llegó a dar signos claros de afectar la conciencia teológica generalizada en Latinoamérica, en la Conferencia de Santo Domingo (1992), que reconoció claramente el carácter 'multiétnico y pluricultural' de este continente [. . .], y urgió una 'evangelización inculturada', basada en la valoración de la cosmovisión y símbolos de los pueblos originarios, cuya reflexión teológica debería ser respetada [. . .]" (Gorski, J. *El desarrollo histórico de la "Teología india" y su aporte a la inculturación del Evangelio*, p. 12).

10 "Los protagonistas de esta primera reflexión teológica indigenista, generalmente, estuvieron ligados a instituciones eclesiales que les animaron, ofreciéndoles también un apoyo estructural. Generalizando, se puede decir que, antes de la Conferencia de Puebla (1979), la valoración de los indígenas en y desde su identidad cultural fue una preocupación de los misioneros que trabajaban entre ellos, y de aquellas instituciones eclesiales al servicio de esta actividad misionera. Al nivel continental latinoamericano, el Departamento de Misiones del CELAM (el DEMIS), desde su fundación en 1966, ha promovido una valoración teológica de las culturas indígenas por medio de una seria de encuentros y publicaciones [. . .]. Durante los años 60 y 70 se fundaron varios centros nacionales o regionales para acompañar la pastoral indígena y animar los necesarios estudios antropológicos y teológicos, normalmente con alguna relación con el DEMIS. La reflexión teológica indigenista comenzó mayormente con personas ligadas a instituciones eclesiales en México, Guatemala, el Ecuador, el Perú y Bolivia, los países de mayor concentración indígena. Otros centros, algunos de ellos ecuménicos, se fundaron después en éstos y otros países [. . .] En el desarrollo de la Teología India

propiamente dicha, las dos instituciones que han ejercido mayor protagonismo son el CENAMI (Centro Nacional de Ayuda a las Misiones Indígenas), de México, y el CIMI (Conselho Indigenista Missionário), del Brasil" (Gorski, J. *El desarrollo histórico de la "Teología india" y su aporte a la inculturación del Evangelio*, p. 11). A parte desses círculos missionários indigenistas, a tomada de consciência sobre as interpelações teológicas relacionadas aos povos indígenas e outros grupos culturais se desenvolveu mais adiante. A "teologia indígena", ainda não "índia" se desenvolvia contemporaneamente com a teologia da libertação. Em Medellín, e juntando o esforço da TdL, o ponto de fixação eram os pobres, do ponto de vista socioeconômico do que na riqueza e unicidade cultural dos povos. Após a Conferência de Puebla, com sua problemática da evangelização da cultura, com os impulsos da *Evangelii Nuntiandi*, chamou a atenção para dar prioridade à evangelização dos povos indígenas e afro-americanos, chamando-os de pobre entre os pobres (n. 34), muitas vezes esquecidos (n. 365). Em Puebla se afirmou que esses pobres são os primeiros destinatários da missão (n. 1142) e também reconheceu seu potencial evangelizador (n. 1147), como sujeitos criativos na vida eclesial, e implicitamente, da teologia também. Nos anos posteriores a Puebla, o DEMIS fomentou a passagem de uma pastoral indigenista à pastoral indígena, ou seja, do impulso evangelizador dos missionários por adaptar o Evangelho nas culturas a um protagonismo das comunidades eclesiais indígenas.

11 "La búsqueda consciente de una expresión teológica cristiana en el lenguaje y **símbolos de las culturas amerindias tiene sus raíces remotas (pero directas) en** los años 1955-1960, cuando algunos misioneros destinados a zonas indígenas andinas y mesoamericanas emprendieron una nueva evangelización de estos pueblos por medio de la formación de evangelizadores o catequistas autóctonos. Estos debían no sólo catequizar a su pueblo en su propia lengua, sino también ser responsables del culto católico y otras dimensiones de vida eclesial en sus propias comunidades. La interacción entre ellos y sus formadores misioneros, que pronto reconocieron que tenían que estudiar las lenguas nativas, condujo, primero, a una evangelización *de* aquellas culturas y, eventualmente, *en* y *desde* ellas" (Gorski, J. *El desarrollo histórico de la "Teología india" y su aporte a la inculturación del Evangelio*, p. 10).

12 Bento XVI. *Discurso inaugural de la V Conferencial General del Episcopado Latinoamericano y del Caribe*. Disponível em: https://www.vatican.va/content/benedict-xvi/es/speeches/2007/may/documents/hf_ben-xvi_spe_20070513_con-

ference-aparecida.html. Acesso em: 3 de dez. 2021. Ele observou no discurso inaugural da V Conferência do Episcopado Latino-Americano sobre a sabedoria dos povos originários que afortunadamente ajudou a formar uma síntese entre suas culturas e a fé cristã que os missionários lhes ofereciam.

13 "Todos nosotros que, en cierta medida, somos pueblo de la tierra (Gn 2,7) estamos llamados al Buen vivir (Küme Mongen) como nos los recuerda la sabiduría ancestral del pueblo Mapuche. ¡Cuánto camino a recorrer, cuánto camino para aprender! Küme Mongen, un anhelo hondo que brota no sólo de nuestros corazones, sino que resuena como un grito, como un canto en toda la creación. Por eso hermanos, por los hijos de esta tierra, por los hijos de sus hijos digamos con Jesús al Padre: que también nosotros seamos uno; Señor, haznos artesanos de unidad" (Francisco. *Homilia en la Santa Misa por el progreso de los pueblos*. Temuco, 18 de enero. Viaje apostólico a Chile y Perú, 15-22 de enero 2018). Disponível em: http://w2.vatican.va/content/francesco/es/homilies/2018/documents/papa-francesco_20180117_omelia-cile-temuco.html. Acesso em: 18 fev. 2018).

14 "Se puede observar un inicio de esta 'desconstrucción' intercultural de la teología en el surgimiento de las llamadas 'teologías indígenas' que en el caso de América Latina llevan el nombre de 'teologías indias'. Se trata en una 'inculturación' de la Buena Nueva cristiana al fondo sapiencial y filosófico de las culturas indígenas autóctonas. [...]" A teologia índia já tem uma história de mais do que 25 anos e experimentou, sobretudo, por meio da data simbólica de 1992, Quinto Centenário do 'descobrimento', da 'evangelização' ou da 'conquista' de *Abya Yala* uma nova dinâmica muito forte (Estermann, J. *Cruz y coca*, p. 32).

15 Guadalupe expressa resistência contra o poder dominador e como uma forma de registrar a história que não pode ser esquecida. Três palavras resumem a forma do conhecimento da divindade segundo a tradição guadalupana: flor, canto e beleza. Como vemos, algo totalmente diferente do pensamento dominante espanhol na época: conquista, ambição, destruição. No relato da aparição de Guadalupe, o primeiro sinal manifestado a Juan Diego é o canto. O clímax da história se dá com as flores. Flores e música eram, para o índio, a forma suprema de comunicação através da qual ele sentia a presença do Deus invisível. O pedido que Guadalupe fez ao índio Juan Diego, a construção de um templo, é símbolo de construção de uma nova forma cultural e religiosa que os primeiros missionários do México queriam levar adiante. O mais importante é que sua aparição deixou evidente a possibilidade de construir um cristianismo com identidade própria. Fato que leva

à interpretação da simbologia presente. Guadalupe é templo onde se encontra a presença do Salvador. (Cf. Muñoz Célleri, L. *Maria, figura da Igreja*, p. 35); Flores e cantos expressam a vida que se comunica com a criação inteira. Dessa forma, todos os nomes de Deus estão relacionados à vida, como fonte de origem, como sustento ou manutenção ou como proteção da vida. A família humana é um espelho dos macrocosmos, em que Deus está estreitamente involucrado como Mãe e Pai (*Tonatzin – Totatzin*). Os termos usados nos mitos e ritos antigos que, apesar de algumas deformações pela agressão dos 500 anos perduram até nossos dias, mostram claramente a profundidade e importância desse modo de pensar e de agir indígena em relação à família (Cf. López Hernández, E. *La Santísima Trinidad como familia en los pueblos mesoamericanos*, p. 118).

16 Pode-se falar de uma teologia indígena implícita: "Tal como se habla de una Teología de la Liberación 'antes de la ola principal' del siglo xx, también se puede hablar, en el contexto de las teologías indígenas, de formas 'premodernas'. Me limito en esta ocasión a ejemplos del mundo andino, sin excluir ejemplos de América Central. Se puede mencionar, sobre todo, las teologías 'implícitas' en la obra de Inca Garcilaso de la Vega (1539-1616), Joan de Santa Cruz Pachacuti Yamqui Salcamaygua (datos biográficos desconocidos) y Felipe Guamán Poma de Ayala (aprox. 1556-1644). Como ya se puede inferir de los nombres, se trata de personas quechuas 'puras' o mestizas que se habían apropiado el castellano y aceptado la fe católica. La 'teología indígena implícita' que se manifiesta en sus obras, debe ser considerada **como un intento de salvar a sus antepasados de las 'penas de infierno', al admitir** una suerte de 'cristianismo anónimo', es decir al interpretar las religiones autóctonas en el sentido de una 'proto-evangelización', como preparación pedagógica de la nueva religión" (Estermann, J. *Cruz y coca*, p. 128). Em relação à obra de Guamán Poma de Ayala, já mencionada nesta obra, mencionamos aqui obra de Juan de Santa Cruz Pachacuti Yamqui Salcamaygua, *Relación de Antiguedades deste Reyno del Perú*, de 1613. Nessa obra Juan de Santa Cruz tem o interesse de comprovar que seus antepassados já haviam sido batizados na fé católica e não seriam condenados ao fogo eterno, tal e como os missionários haviam ameaçado. Em princípios do século XVII, encontra-se nessa obra uma teologia indígena implícita. O relato pode ser interpretado com toda razão como uma tentativa de uma evangelização indígena. Não apenas chama a atenção a defesa de uma proto-evangelização de *Abya Yala* pelo apóstolo Tomé e sua metamorfose como filho de Deus, *Tunupa* ou *Tonopa*, mas também a ideia de que todos e todas indígenas e espanhóis provenham de um

mesmo Deus. Para um aprofundamento maior deste assunto, confira: Estermann, J. *Cruz y coca*, p. 130-133.

17 "Tanto en Mesoamérica como en la región andina, se habían desarrollado civilizaciones muy avanzadas que podían competir con el Renacimiento español y el pensamiento religioso de los conquistadores, ligado estrechamente a la Escolástica medieval. Las religiones de los mayas, aztecas e incas, para mencionar solamente las más importantes de las civilizaciones autóctonas de esa época, se habían evolucionado a una profundidad espiritual que los dominicanos y franciscanos que acompañaban a la Conquista, ni podían comprenderlas y ubicarlas en su universo simbólico. Su pensamiento estaba todavía determinado grandemente por la Reconquista de la Península Ibérica de la ocupación islámica-árabe, por un lado, y por una teología apologética y militante contra los protestantes apóstatas, por otro lado. Por tanto, la identidad religiosa de los pueblos 'descubiertos' ya ha sido a priori una 'pagana', es decir: una herejía sujeta a la idolatría y, por tanto, contraria a la ortodoxia católica" (Estermann, J. *Cruz y coca*, p. 13).

18 "Algunos/as autores/as incluso hablan de una suerte de 'predisposición' de las religiones indígenas para la incorporación relativamente armoniosa de la religión 'foránea' de los europeos 'barbudos' en sentido literal de la palabra, tal como fueron llamados los pueblos indígenas de Europa (germanos, normandos, celtas) por los romanos, porque tenían, en contraste con éstos, barbas (barbari). En el contexto americano, la situación era exactamente inversa: los españoles **barbudos llamaron a los indígenas rasurados bárbaros. Esta 'convergencia' apa**rente entre dos sistemas religiosos refleja un fundamento muy importante del pensamiento indígena, es decir, el principio de la complementariedad que también puede expresarse como principio de inclusividad o *tertium datur*, o sea del 'tercero incluido'. La religiosidad andina (y mesoamericana) no se caracterizaba en absoluto por la presunción de exclusividad y pureza dogmática, tal como el catolicismo hispánico lo era, sin duda, en su oposición al islam y protestantismo. Hasta hoy día, la religiosidad andina es inclusiva y abierta a un enriquecimiento mutuo, una espiritualidad macroecuménica que no se orienta ni en textos canónicos ni en el dogma" (Estermann, J. *Cruz y coca*, p. 15).

19 "Según mi opinión la aceptación bastante rápida (aunque tal vez no tan profunda) de la nueva religión tiene que ver, aparte de la medida forzosa y del chantaje espiritual, con un hecho que se ignora fácilmente: existe una suerte de convergencia estructural entre el catolicismo español renacentista y la religiosidad y

cosmovisión andina pre-colombina. Esta 'convergencia' tiene que ver – para adelantar – sobre todo con el elemento femenino de la religiosidad popular (Virgen María; Madre Tierra), con los distintos mediadores (Santos, cristofonías, Jesucristo, *chakanas*) y los lugares sagrados (apariciones, santuarios, *wak'as*). Despues de que Pizarro, y en seguida la iglesia católica, había acabado con la resistencia de la población autóctona – por la captura y el asesinato del Inca Atawallpa –, el 'Nuevo Mundo' debería de ser ocupado no solamente militar, económica y políticamente, sino también simbólicamente, en el sentido de una conquista religiosa. Como no se trataba, contrariamente a la situación de gran parte de Norteamérica (Canadá, EE.UU.), de pueblos nómadas 'incivilizados', sino de sociedades altamente estructuradas y diferenciadas, con un universo espiritual y religioso complicado, era necesario adaptar también la estrategia de la 'ocupación religiosa' correspondiente" (Estermann, J. *Cruz y coca*, p. 19-20).

20 Catecismo Mayor Del III Concilio Provincial De Lima. Disponível em: http://www.mscperu.org/teologia/1historia/1era%20EvangAL/documentos1EvaAL/Catecismo_mayor_menorConcLimIII.htm#_ftn1. Acesso em: 04 de mai. 2018. "En los Andes, uno de los centros claves de adoctrinamiento durante las primeras décadas fue Lima, donde se llevó a cabo una seria de concilios eclesiásticos, cada uno reforzaba las medidas ya aplicadas en los eventos anteriores. Para nuestros propósitos aquí, el Tercer Concilio de Lima (1584-1585) es el más interesante, puesto que allí se pusieron a trabajar las ideas y experiencias religiosas mediante **el uso de lenguas andinas, principalmente aymara, quechua y pikuna que eran** lenguas generales de la época" [...] (Arnold, D. *Algunos aportes de las ciencias sociales para el proyecto de la teología andina*, p. 183).

21 "La Cruz vino con la espada, tal como muchos críticos de la evangelización del continente subrayan hasta el día de hoy. Aunque siempre había figuras proféticas de una amplia perspectiva (Antonia Montesinos, Felipe Guamán Poma de Ayala, Bartolomé de las Casas), el cristianismo ha sido vivido y considerado por la población (indígena) autóctona como 'religión de los conquistadores', por muchos/as inclusive como 'religión de la Conquista'. Por esta razón, el estudio del ámbito religioso y el esfuerzo teológico por una teología 'inculturada' no pueden ser separados de un análisis crítico y auto-crítico del pasado. En ciertos contextos políticos como el boliviano, el cristianismo sobre todo en la forma de la iglesia católica, es considerado hoy en día la institución predilecta de la

colonización y neocolonización, con el desafío correspondiente de una profunda 'descolonización'." (Estermann, J. *Cruz y coca*, p. 11-12).

22 "Sin embargo, la mayoría de los antepasados no comprendieron el razonamiento de la intolerancia religiosa y no lo tomaron en serio. Simplemente ajustaron en adelante su vivencia espiritual y elaboración teológica a las márgenes de acción que les permitió la sociedad colonial y su situación de vencidos. Y siguieron adelante con la vida haciendo elaboraciones y reelaboraciones de sus esquemas de comprensión de Dios y de la vida. Es lo que dio por resultado lo que ahora llamamos Religiosidad, Espiritualidad o Piedad Popular y la Teología India, en sus múltiples manifestaciones." (López Hernández, E. *Teologías indias en diálogo*, p. 5).

23 "La estrategia de la 'negación total' de la religión autóctona parte de la convicción de que se trataría en las prácticas y concepciones religiosas de la población autóctona de *Abya Yala*, desde México hasta Tierra de Fuego, de religiones 'diabólicas', 'satánicas', o por lo menos 'paganas', concorde a la actitud preconcebida de los conquistadores españoles y portugueses. Los 'moros' y 'protestantes' del Renacimiento y de la Contrarreforma europeos fueron reencontrados en la población indígenas del llamado 'Nuevo Mundo' y formaban la pantalla de proyección para una lucha sin tregua contra cualquier forma de 'idolatría'. Muchos teóricos de la Conquista, ante todo el teólogo español Juan Ginés de Sepúlveda, estaban convencidos de que el 'descubrimiento de América había sido una suerte de la Providencia divina, porque abrió a la Europa católica, sobre todo a la Corona **española representada por los 'reyes católicos', la posibilidad de expandir la fe** católica hacia Oeste, después de que ésta ha sido asediada por la Reforma Protestante. Y esto permitirá repotenciar la 'Contrarreforma' prácticamente por el desvío por América" (Estermann, J. *Cruz y coca*, p. 21); "La estrategia de la 'negación total' fue secundada paralelamente por el intento político y militar de resolver el 'problema indio desde su raíz, mediante su exterminio (genocidio) completo. Sin embargo, esto no era fácilmente posible, tal como en Norteamérica, porque en el caso de Centro – y Sudamérica, se trataba de civilizaciones bien organizadas y de alto nivel, o en el caso del Amazonas, de pueblos remotos y casi inaccesibles. [...] La estrategia del 'exterminio religioso' se mantuvo, sin embargo, contra viento y marea, al menos hasta el siglo XVIII. El siglo XVII era marcado, sobre todo en el contexto andino y mesoamericano, por las 'campañas de extirpación de idolatrías', promovidas por la iglesia católica y apoyadas por la Corona español. Se trató de una suerte de reedición de la Inquisición y de la Caza de Brujas europeas,

esta vez en el contexto de la conquista y pacificación del continente 'descubierto'. Estas campañas que fueron relativamente bien documentadas, se vieron frente a grandes dificultades, no tanto en el sentido de una resistencia activa por parte de los y las indígenas (como tampoco ha sido el caso con Atawallpa), sino de una contra-estrategia del 'disfraz' y de la 'clandestinización' religiosos de prácticas autóctonas, lo que por parte de los inquisidores justamente fue interpretado como 'astucia del diablo'. Después de muchos intentos y esfuerzos infatigables por parte de la iglesia católica por más de cien años, se llegó a la conclusión de que un 'exterminio' completo de la religiosidad y espiritualidad autóctonas no era posible" (Estermann, J. *Cruz y coca*, p. 22-23).

24 Também se aproveitou o material publicado em: Muñoz Célleri, L. *Teologia e sumak kawsay*, p. 111-121.

25 "Su objetivo es la elaboración de una nueva expresión autóctona de la fe cristiana basada en el redescubrimiento, la apropiación y la valoración de las experiencias y expresiones religiosas y culturales de los pueblos originarios de América [...]. Los protagonistas de este movimiento son los indígenas y algunos colaboradores invitados de otras culturas" (Gorski, J. *El desarrollo histórico de la "teología india" y su aporte a la inculturación del evangelio*, p. 9).

26 A expressão vida toma um sentido amplo. Trata-se da inter-relação com a vida em todas as suas formas, não se limita ao humano, nem ao biológico. Mas, adquire implicações éticas, espirituais e teológicas. Em suma nos alerta para bons conviveres a partir do próprio modo de ser interior, relacional e cósmico, em sintonia com a ampla contribuição do próprio cristianismo, que agora é decodificado de forma vivencial pelos próprios indígenas (Cf. Tomichá Charupá, Roberto. *Trinidad y buen con-vivir*, p. 103).

27 "Ha surgido en América Latina un movimiento que, desde aproximadamente el año 1990, ha asumido la apelación 'teología india'. Su objetivo es la elaboración de una nueva expresión autóctona de la fe cristiana basada en el redescubrimiento, la apropiación y la valoración de las experiencias y expresiones religiosas y culturales de los pueblos originarios de América. Busca explicitar lo que, durante siglos, se ha mantenido en la clandestinidad, al margen de las expresiones 'oficiales' (y europeas) de la fe católica. Los protagonistas de este movimiento son los indígenas y algunos colaboradores invitados de otras culturas" [...] (Gorski, J. *El desarrollo histórico de la "Teología india" y su aporte a la inculturación del Evangelio*, p. 9).

28 A ação evangelizadora de *Taita* Proaño permitiu construir uma Igreja comprometida com a causa indígena. A esta construção chamou-a de *La Revolución de Poncho y el sueño profético de una Iglesia India*. Ele carregou sobre si o pecado da Igreja, que durante séculos explorou os indígenas (Cf. Loor Giler, Y. *Monseñor Leonidas Proaño Villalba*, p. 44).

29 Fazem parte deste movimento o Conselho Indigenista Missionário (CIMI) no Brasil, a Comissão Nacional de Pastoral Indígena da Conferência Episcopal (CONAPI) na Guatemala, o Centro Nacional de Ajuda a Missões Indígenas (CENAPI) no México, a Coordenação Nacional de Pastoral Indígena (CONAPI) no Paraguai. No início de 1980, foi fundada a Associação Ecumênica de Teólogos/as do Terceiro Mundo (ASETT), a Articulação Latino-americana Ecumênica de Pastoral Indígena (ALEAPI), que articulariam os encontros continentais da Teologia Índia. Além disso, os encontros continentais de Teología Índia que começaram em 1990 e os Institutos que têm a finalidade de promover a pastoral e a teología índia, como o Instituto de Pastoral Andina (IPA) no Peru, o Instituto de Estudos das Culturas Aymaras (IDECA) também no Peru, o Instituto para o Estudo da Cultura e Tecnología Andina (IECTA) no Chile, o Centro de Teología Popular (CTP), Instituto Superior de Ecumênico Andino de Teología (ISEAT) na Bolívia, o Insituto de Missiologia da Universidade Católica em Cochabamba – Bolívia (Cf. Estermann, J. *Cruz y coca*, p. 136).

30 Para mais detalhes da discussão: López Hernández, E. *La teologia índia y su lugar en la iglesia*. Disponível em: https://www.cimi.org.br/pub/assteologica/Eleazar_LATEOLOGIAINDIAYSULUGARENLAIGLESIA.pdf. Acesso em: 9 out. 2016.

31 López Hernández, E. *Teologia india*, p. 7, *apud* Estermann, J. *Cruz y coca*, p. 138; "[...] la Iglesia en América Latina estaba preparando la conmemoración de los 500 años de la llegada del Evangelio a este continente. Todos recordamos la polémica que se suscitó ¿Cómo 'celebrar' la conquista de los pueblos originarios de este continente, la destrucción de sus culturas y la imposición de estructuras socio-económicas y políticas de dominación? La primera reacción se expresaba en un 'lamento' de los abusos perpetrados en contra de los indígenas y sus culturas durante ese medio milenio. Progresivamente, con la realización de los encuentros que contribuían a lo que ahora llamamos la 'teología india', el lamento se convirtió en un 'proyecto': la expresión de la fe religiosa de los pueblos indígenas desde su propia identidad e historia cultural" (Gorski, J. *El desarrollo histórico de la "Teología india" y su aporte a la inculturación del Evangelio*, p. 13).

32 "Si, por ejemplo, tomamos como *locus theologicus* a una mujer quechua del área rural que, además, es analfabeta y viuda, tenemos que ver con una discriminación y pobreza en cuatro sentidos: es económicamente pobre porque tiene que vivir con menos de un dólar por día; es socialmente pobre porque es discriminada debido a su color de piel, idioma materno y su nombre, y es confrontada a menudo con expresiones racistas; es genéricamente pobre porque como mujer en un mundo dominado por el machismo y como viuda soltera no tiene esperanza de un reconocimiento social; pero también es religiosamente pobre porque practica un sincretismo religioso y una religiosidad que son denigradas por las instituciones religiosas oficiales o inclusive juzgadas de 'paganas'." (Estermann, J. *Cruz y coca*, p. 140).

33 "[...] Esto tiene razones muy variadas de las que solamente menciono las más importantes. En primer lugar, en los idiomas indígenas no existe ninguna palabra para 'dios'; en segundo lugar, las denominaciones para lo divino en *Abya Yala* son tan distintas que no hay ningún denominador común, o se debería definir de manera autoritaria una noción perteneciente a una cierta cultura como normativa; en tercer lugar, esto vale también para la cosmovisión que forma el marco de la racionalidad correspondiente con la que se reflexiona sobre lo divino; y en cuarto lugar, se trata de una teología cristiana, con tal de que es oportuno mantener una cierta continuidad y conmensurabilidad intercultural con la tradición occidental" (Estermann, J. *Cruz y coca*, p. 141).

34 "O 'bem viver' é ainda hoje a concretização do ideal da harmonia cósmica, comunitária e pessoal, em que o valor da vida é o maior dom que se há de buscar não somente para as pessoas, mas também para as plantas, para os animais e para a própria Terra; em que o intercâmbio entre pessoas não se mede pelos lucros econômicos gerados (bens materiais e dinheiro), mas pelo crescimento das relações humanas que os tornam mais irmãs e irmãos. Por isso, existiram e existem ainda o sistema de cargas e o serviço comunitário gratuito, assim como a permuta ou intercâmbio personalizado de bens em que se unem e estreitam-se relações de parentesco ou vizinhança. A celebração é a expressão maior do desfrute da vida em comunidade". (López Hernández, E. *O bem viver e uma teologia indígena)*. Disponível em: http://www.ihuonline.unisinos.br/index.php?option=com_content&view=article&id=4681&secao=404. Acesso em: 9 out. 2016.

35 A intuição indígena dos povos mesoamericanos, os povos do milho, em relação a Deus se baseia no esquema que estes elaboraram desde os primórdios e que se-

gue vigente até hoje: a família como comunidade de vida que abraça tudo quanto existe dentro da grande casa que reúne Deus, à humanidade e ao cosmos. O ponto de partida desta grande família está na forma de conhecer Deus como uno, mas com uma diversidade de nomes e tarefas relacionadas à vida. Desde épocas antigas foi se desenvolvendo este modo de viver e entender Deus como *Ometéotl* (Deus na dualidade), que é a causa e o modelo perfeito de harmonia natural, familiar e cósmica (Cf. López Hernández, E. *La Santíssima Trinidad como família en los pueblos mesoamericanos,* p. 117).

36 A teologia guarani tem seu fundamento na sabedoria e se expressa com o corpo em dança sagrada e com o canto sagrado dos xamãs. Para ela, a palavra é sagrada, foi criada antes dos humanos, e é a alma de todo o ser humano. Por isso, suas expressões teológicas, que se manifestam em seus mitos, são expressas de forma sumamente poética. Esta teologia não é um produto de alguns teólogos em particular, mas se trata de saberes sagrados que foram elaborados e reelaborados por gerações em diferentes assembleias (*aty guazú*), com participação de toda a comunidade. São os xamãs que cuidam dela e a transmitem, fazendo releituras da tradição de seus antepassados com a comunidade atual. Com isso, revitalizam permanentemente sua identidade guarani a partir de suas raízes. É óbvio que se trata de uma teologia comunitária. Através das Assembleias Sagradas o mundo guarani pode se manter em sua soberania durante os milênios graças à celebração das mesmas e ao forte amor à própria cultura. Em suas assembleias, **renovaram o sonho do bem viver, sentindo-se comprometidos na busca da Terra** sem males. Tanto nas assembleias do povo bíblico como do povo guarani está presente a dimensão organizativa, econômica, social, mística e espiritual, política e religiosa. A assembleia é o coração de cada povo que busca sua soberania e identidade. A assembleia tem uma grande importância na construção, às vezes desconstrução e permanente reconstrução do povo (Cf. Bremer, M. *Valor de la Asamblea en la Biblia y en el Mundo Guaraní,* p. 50-51).

37 Nos últimos 25 anos, tem crescido a consciência de que a relação entre religião e espiritualidade indígenas, por um lado, e o universo religioso da tradição (seja ela católica, seja evangélica), por outro, deveria ser abordada como uma relação entre religiões, e não simplesmente entre variantes de uma só religião cristã sincreticamente diversa: "En el caso de *Abya Yala,* este 'diálogo interreligioso' resulta ser difícil, debido al hecho de que en las religiones indígenas no se trata de sistemas religiosos institucionalmente constituidos y doctrinalmente defini-

dos, sino de universos simbólicos que pueden ser denominados mejor mediante las categorías de 'religiosidad' y 'espiritualidad' que de 'religión' a secas" (Estermann, J. *Cruz y coca,* p. 33); Em nível teológico, por parte das religiões indígenas, surgiu nos últimos tempos uma teologia não cristã (pré ou extracristã), à que se refere com o denominador "teologia índia" ou que é denominada no âmbito andino simplesmente "teologia andina". Estas iniciativas tomaram distância, em sua grande maioria, da tradição cristã e tampouco procuraram entrar em diálogo com esta. A disponibilidade de dialogar vem das tradições e instituições cristãs, não tanto das mesmas igrejas, mas de setores da vida académica e sociedade civil. Depois de quinhentos anos de tentativas de extermínio, de justaposição, ocupação, aculturação e inculturação, de novo se encontra diante de uma situação como em 1532, quando inca *Atawallpa* e o padre Valverde se enfrentaram. Hoje, realmente se entendem os códigos religiosos e culturais e seu simbolismo, fica, porém, uma interrogação. Dessa forma, pode-se diferenciar a seguinte terminologia referente à teologia índia: "[...] ante la Revelación evangélica, se ha considerado válida la distinción entre 'Teología India', que reflexiona y revalora la sabiduría de los mayores, sin referencia al Evangelio; 'Teología India Cristiana', que se discierne, se valora y se ilumina a la luz de Jesucristo, junto con otras confesiones cristianas; y la 'Teología India Católica', que se confronta y se enriquece también con el magisterio de la Iglesia Católica". (Arizmendi Esquivel, F. *Historia del proceso recorrido,* p. 81).

38 "[...] la gran mayoría de los/as representantes de la religión cristiana han aceptado el carácter sincrético del cristianismo andino, mesoamericano y afrodescendiente. Las formas de esta 'aceptación' van de intentos de aculturación, pasando por la actitud misionera de inculturación, hasta un verdadero diálogo interreligioso. Común a todas éstas es el hecho de que trata de formas relativamente recientes del relacionamiento entre religión autóctona y cristiana, concretamente, de estrategias del siglo xx y del incipiente siglo xxi". (Estermann, J. *Cruz y coca,* p. 30).

39 "O enraizamento comunitário e ritual da 'teologia índia' dificulta a 'amostragem' em livros e a 'transferência' para congressos. A transferência só pode acontecer como 'documentação' e não como 'acontecimento', portanto de uma maneira descritiva, narrativa ou através de certo voyeurismo de uma câmera clandestina. É difícil comparar 'teologias índias' com outras teologias, umas ritomórficas, outras logocêntricas. Ambas as teologias são articuladas com práxis históricas. A 'teologia índia', em simetria com a causa indígena, é de certa maneira antissis-

têmica. Por causa de sua vinculação institucional, a posição (extra, intra, anti) sistêmica das teologias latino-americanas é contraditória. São reflexos de práticas eclesiais contraditórias que envolvem 'parcerias' que exigem uma 'tabela de preços'. Na reciprocidade dos ritos indígenas, centro gerador de sua teologia, sobrevive um eixo central de sua lógica que, diante da lógica do mercado, está muito à gratuidade evangélica". (SUESS, Paulo. *Povos da madrugada e teologias da tarde*, p. 284).

40 Desde sua inserção no mundo andino de tradição *aymara*, o autor parte da hipótese de que a TdL continua a ser um discurso ocidental e moderno. Ele acredita que a perspectiva teológica do continente precisa valorizar os pequenos relatos, aproximação de discursos inacabados e diversos. É nesse sentido que ele fala de uma teologia que se refunda desde o mestiço (como projeto de síntese e não como ideologia). É urgente repensar e retomar opções metodológicas, menos holísticas, mas que permitam uma leitura simbólica mais afinada de fenômenos novos, diversos, privilegiando o dado antropológico: "El mestizaje, en efecto, es un proceso de ensayos sucesivos, una búsqueda de lenguajes nuevos, nacidos de otros, encontrados y entrelazados [...] optar por una simbólica polifónica y musical donde cada miembro de la orquesta aporta su propio timbre, su propia melodía y su propia estructura rítmica en una construcción común que no tiene ni origen ni fin precisos. En teología esta búsqueda de nuevos lenguajes significa también una nueva referencia hermenéutica. En varias oportunidades, hemos **hablado de la posmodernidad como una cultura del movimiento más que de las** estructuras estables. Una teología posmoderna del mestizaje tendría que explorar esta nueva hermenéutica. Se trata de buscar más insertarse en 'movimientos de sentido' que ubicar, como se decía en contexto de modernidad 'acabada', los 'lugares teológicos'. La noción de lugar me parece obsoleta, en efecto, en una reflexión que intenta dar cuenta de una cultura del encuentro y desencuentro perpetuo, del movimiento sin contornos precisos.

Esta nueva hermenéutica implica, a su vez, la urgencia de un nuevo método de acercamiento teológico a la realidad. Para utilizar una imagen bíblica, propongo pasar de un sistema de lenguaje denotativo, aquel privilegiado por el profetismo clásico y las ciencias humanas, adoptado por la teología occidental, y especialmente latino-americana, desde mucho tiempo, para orientarnos más bien hacia una semántica simbólica, parabólica de tipo apocalíptico, a la manera de la teología y de la mística orientales y, paradójicamente, también de la visión indígena latinoamericana. Es lo que llamamos al comenzar estas reflexiones, una teología de señales, narrativa y poética, de evocación más que de denotación, una teología de 'éxtasis histórico' a la manera de la teología apofática [...]". (Arnold, S. *Esbozo para una refundación mestiza de la Teología de la Liberación*, p. 346-347).

41 "A cultura dá *sentido* à vida dos povos. Também a vida e a experiência teologal adquirem um sentido próprio, segundo a cultura do povo que faz essa teologia. Tanto assim que a cultura é o *veículo* da teologia, que se move sobre seus sentidos, palavras, símbolos e mitos. Só assim o povo pode entender e viver a teologia. Quando se trata de traduções e de versões da teologia índia adaptadas a outros destinatários, ela deve manter também o sentido que lhe é dado pela cultura na qual tal teologia é expressa. Isso concede à teologia a sua especificidade índia, mas também lhe dá sua especificidade aymara, mapuche, yanomani". [...] (Siller, C. *Metodologia da teologia índia*, p. 294).

42 A respeito do método, Juan Gorski propõe o diálogo tripolar como caminho de diálogo para atingir uma teologia inculturada. Esse diálogo está baseado sobre três momentos que ele os chama de fidelidade. Os três passos seriam: fidelidade à cultura, fidelidade à tradição apostólica e fidelidade à comunhão eclesial e universal. (Cf. Gorski, J. *El desarrollo histórico de la "teología india" y su aporte a la inculturación del evangelio*, p. 20).

43 "Estas y otras cuestiones suscitadas por la 'teología india' no se sitúan en la periferia de la teología cristiana, sino más bien penetran su corazón. Son cuestiones de teología fundamental (la Biblia en la vida y doctrina de la Iglesia, la revelación divina, la tradición, el magisterio), de cristología, pneumatología, soteriología y eclesiología, sin mencionar cuestiones importantes de teología moral". (Gorski, J. *El desarrollo histórico de la "teología india" y su aporte a la inculturación del evangelio*, p. 23).

44 "[...] a lógica indígena estimula e questiona a 'reflexão crítica da fé', que não reflete criticamente as suas implicações sistêmicas. A causa indígena lembra a Teologia de uma dupla contradição. Primeiro, ela lembra a Teologia de sua implicação sistêmica, que dificulta a radicalização de sua 'reflexão crítica da fé'. Segundo, ela questiona o 'assento' da Teologia em instituições que anunciam a gratuidade e vivem bem adaptadas ao mercado. Em resumo, as teologias não são suficientemente críticas, nem suficientemente gratuitas. Mas também os que trabalham com a tenra planta da 'teologia índia' sabem que a sua base na lógica da 'gratuidade recíproca' ainda não é a gratuidade do amor maior e universal, e que

a sua base ritual ainda está com o ranço sacrificial do templo que enforca a justiça maior. A 'teologia índia' pode ser um instrumento conjunturalmente válido de defesa diante da sociedade maior, que avalia a baiana pelo que 'a baiana tem'. Essencialmente, sobretudo nas condições históricas do Brasil, a 'teologia índia' é secundária para a aldeia onde o mito não é recalcado pela ideologia, nem compete com o conceito. Para os povos da madrugada, a Teologia pertence à tarde e ao outono" (Suess, Paulo. *Povos da madrugada e teologias da tarde,* p. 284-285).

45 "[...] o sujeito teológico das teologias índias é a comunidade. Pode-se suspeitar dessa afirmação como se pode suspeitar da afirmação de que o sujeito da 'Teologia da Libertação' são os pobres, a não ser numa diferenciação sutil entre 'sujeito 1' e 'sujeito 2'. Convenhamos que o sujeito da 'teologia índia' é a comunidade. O lugar onde essa teologia acontece e é transmitida não é a 'cadeira', mas o pátio da aldeia. Não existem aulas de 'teologia índia'. Ela não é *logos*, mas *speech act*, onde coincidem ação e palavra. Teologia índia acontece sobretudo no rito. Essa ação ritual se desdobra em rezas, cantos, danças e, hoje, muitas vezes até em marchas reivindicatórias. A marcha é uma herança do nomadismo que o cristianismo procurou sempre erradicar, apesar de os primeiros cristão se chamarem 'os do caminho' (Suess, Paulo. *Povos da madrugada e teologias da tarde,* p. 283-284).

46 Este simpósio permitiu aos participantes assinalar as condições de possibilidade, fortalezas, pressupostos e limites do trabalho teológico indígena cristão. O DEMIS do CELAM, fundado em 1966, fora promotor de eventos em prol da teologia índia e sua gestação. Merece atenção o II "Encuentro de Misiones" promovido pelo DEMIS, em 1968, acontecido em Melgar (Colômbia), pois é justamente neste evento que o tema indígena ocupou um lugar central em nível teológico e pastoral, gestando a teologia índia. Lá se buscou reconhecer a pluralidade cultural latino-americana e as diversas situações missionárias. Isto implicava um novo olhar teológico diante do trabalho da pastoral indígena, os princípios, conforme o Vaticano II, foram: universalidade do mistério da Salvação em Cristo, e no dom do Espírito Santo que opera em toda a humanidade e, portanto, nos povos; implantação da Igreja no meio do mundo como sinal de salvação; respeito e promoção das diversas culturas onde a Igreja realiza sua missão, assim como discernimento de valores e contra valores à luz do Evangelho. Argumenta Tomichá Charupá: "[...] si bien la Iglesia había trabajado por varios siglos con los pueblos indígenas de América Latina, no siempre supo reconocer tal presencia salvífica en sus historias. De allí la novedad de una pastoral indígena renovada, *conditio sine qua*

non para una reflexión teológica indígena. En tal sentido, la pastoral indígena representa la condición de posibilidad o el espacio concreto para el surgimiento de la denominada teología india. Así la pastoral indígena y la teología india constituyen dos dimensiones que se implican mutuamente, se distinguen, pero no se separan; sin pastoral indígena o, mejor todavía, sin experiencia cristiana vivida por los indígenas no es posible hablar de teología india". [...] (Tomichá Charupá, R. *Algunas claves para leer los simposios de Teología India*, p. 41).

47 A Congregação para a Doutrina da Fé, através de Dom Luis Ladaria, sugeriu ao cardeal Carlos Aguiar Retes, que fora presidente do CELAM, que alguém pudesse elaborar alguns critérios para continuar o diálogo sobre a teologia índia. Dom Felipe Arizmendi Esquivel, bispo de San Cristóbal de Las Casas, redigiu os princípios, consultando assessores, remeteu para a Congregação, que os revisou e complementou. O documento foi publicado, como uma contribuição e cujo nome é: "Criterios para continuar la reflexión sobre la teologia índia". (Cf. Arizmendi Esquivel, F. *Historia del proceso recorrido*, p. 81-85).

48 "Los participantes *indígenas* son de tres tipos principales: sacerdotes católicos (algo imposible en las generaciones y siglos anteriores), pastores de otras confesiones cristianas de tendencia ecuménica y laicos campesinos (algunos ya urbanizados) que asumen el papel de representar a los diferentes pueblos nativos. Los asesores en el proyecto de otras culturas (de Latinoamérica u otras regiones occidetanles) son personas mayormente especializadas en las ciencias sociales (la antropología cultural, la linguística. Han participado algunos obispos católicos en los encuentros del movimiento: casi siempre, el pastor de la diócesis en donde se celebra, además de otros obispos invitados solidarios con los objetivos del proyecto. Los teólogos católicos que actúan de modo más permanente en el movimiento son, principalmente, especialistas en la pastoral indígena y en la teología de la liberación". (Gorski, J. *El desarrollo histórico de la "teología india" y su aporte a la inculturación del evangelio*, p. 14-15).

49 "[...] Tal excesivo occidentalismo impedía, por una parte, la comprensión y comunicación profunda del mensaje de Cristo entre los indígenas y, por otra, reconocer y valorar la riqueza cultural y religiosa presente en tales pueblos. De allí que un presupuesto importante para hacer teología india sea precisamente superar la uniformidad históricamente impuesta por tales mentalidades y esquemas coloniales. Por cierto, no se trata de rechazar el rico aporte de la visión occidental recibida, sino sus excesos dominadores que han limitado la visibilización de las

diversidades religiosas y teológicas en la catolicidad cristiana". (Tomichá Charupá, R. *Algunas claves para leer los simposios de Teología India*, p. 43). A partir deste processo descolonizador, será possível uma Igreja Católica mais de acordo a sua razão de ser, que permita em seu seio, passar de uma teologia monocultural para teologias pluriculturais. Nas palavras do Papa Francisco, tal processo supõe uma *Igreja em saída e sinodal*, capaz de encontrar os outros com suas diferenças e diversidades, acolher com ternura quem peregrina, praticar a misericórdia com os descartados. Em outras palavras, trata-se de avançar para uma Igreja cada vez menos monocultural e mais transcultural. Conforme a *Evangelii Gaudium*, n. 117, a evangelização reconhece as múltiplas riquezas que o Espírito engendra na Igreja. Não faria justiça à lógica da encarnação pensar num cristianismo monocultural e monocórdio. Se bem é verdade que algumas culturas estiveram estreitamente ligadas à pregação do Evangelho e ao desenvolvimento de um pensamento cristão. A mensagem revelada não se identifica com nenhuma delas e tem um conteúdo transcultural.

50 "Uma primeira aproximação à metodologia da teologia feita pelas indígenas e pelos indígenas assegura-nos que, em qualquer circunstância, a matriz da teologia índia consiste em *fazer a experiência de Deus na própria experiência*. Tudo o mais, em torno da teologia índia, parte dessa experiência teologal. A teologia índia parte da experiência de Deus e termina na experiência de Deus. Nesse sentido, podemos afirmar, sem deixar margens à dúvida, que essa teologia, antes de mais nada, é uma *vivência*; ela envolve os participantes na experiência religiosa. A teologia índia, radicalmente, é *vida*. Não nos referimos exclusivamente à vivência religiosa, ritual ou litúrgica, mas à vivência cotidiana, na qual apalpa-se a presença e a ação de Deus. Dessa presença de Deus e de sua ação na vida diária desprende-se a vida religiosa dos indígenas e sua ação teologal. É disso que a teologia índia vive. Contudo, não podemos perder de vista que essa teologia convalida a si mesma precisamente como algo que vai além da vida puramente comunitária e social, pois se refere, para além dessa realidade, à experiência de Deus na vida, e por isso mesmo *transcende* a experiência puramente *cotidiana*. E exatamente por tratar-se de uma experiência teologal, produz tanta alegria e tanta esperança na vida e nas celebrações dos indígenas. Assim, a teologia é um tipo de experiência diferente da experiência cotidiana em sai mesma. Nós, os que vivemos em culturas não indígenas, temos muitas dificuldades para entender isso". (Siller, C. *Metodologia da teologia índia*, p. 290-291).

51 "O método da teologia índia nos pede que, além da participação e da vivência, cheguemos também a *comunicar* essa experiência teologal. E a *comunicação* tem suas exigências específicas. Outro dado que deve ser considerado na teologia índia é que estamos diante de um processo amplo. Pode ser que o simples fato de se *falar* da experiência teologal dos índios já seja fazer teologia. As teólogas e teólogos índios gozam narrando as experiências de Deus feitas por seu povo. É o que conhecemos como *teologia narrativa*. Contudo, para partilhar dessa teologia no foro ao qual fazem-se presentes também outras teologias, a experiência índia deve ser *refletida*, é preciso voltar a pensar nela; é necessário enriquecê-la com outros dados, apossar-se de tal experiência para transmiti-la aos demais ou, como os próprios indígenas o dizem, lhe *pôr alento e coração*. Isto é, a teologia precisa ser *sistematizada*, para não pôr a criação junto à morte; é necessário separar as coisas diferentes e unir as semelhantes. De outro modo, o momento da *comunicação* se tornará confuso e, da mesma forma, o ponto final da teologia, que consiste em celebrar o que foi vivido, perderá profundidade e autenticidade". (Siller, C. *Metodologia da teologia índia*, p. 291-292).

52 A passagem para uma teologia índia adulta implica o reconhecimento, por parte da Igreja e da pastoral, do indígena como sujeito e promotor: "Si se considera el devenir histórico, tal visibilidad, reconocimiento y valoración del indígena comenzará a darse a parir de las presencias activas y movilizaciones de las mismas organizaciones indígenas, que poco a poco adquirirán influencia en espacios tanto socio-políticos de los estados latinoamericanos como en las Iglesias cristianas y católicas [...]". (Tomichá Charupá, R. *Algunas claves para leer los simposios de Teología India*, p. 42). A este respeito, a Conferência de Santo Domingo reconhece e valoriza a sabedoria dos povos indígenas (n. 169), assim como o fez Puebla (n. 1164), e avança para o diálogo com as religiões ancestrais (*Documento de Santo Domingo*, n. 137). Este diálogo só será possível quando se considera os indígenas como verdadeiro interlocutor, maior de idade, sujeito de quem se assume sua alteridade teológica. Aparecida identificou a irrupção de novos atores sociais, como são os indígenas (*Documento de Aparecida*, n. 75), seu protagonismo conseguido (*Documento de Aparecida*, n. 128), e pede aos católicos para acompanharem as lutas do movimento indígena (*Documento de Aparecida*, 530). Este protagonismo levará os indígenas a ajudarem a formar uma catolicidade mais plena, não só em termos geográficos, mas culturais (*Documento de Apare-*

cida, 479), ou seja, uma catolicidade mais autêntica e variada, plural. Com essa ideia, a teologia índia cristã adulta contribui para uma pluralidade católica.

53 A publicação de dois volumes de Teologia Andina, obra coordenada por Josef Estermann, é uma amostra da transformação intercultural e interdenominacional da TdL latino-americana, surgido nos anos setenta do século passado, desde o grito de um povo oprimido e marginalizado. A dinâmica desta teologia, com a opção pelos pobres segue vigente na teologia andina elaborada. Os membros dos povos originários de *Abya Yala*, não só pertencem aos setores mais pobres da sociedade, mas continuam em sua grande maioria discriminados, à margem de uma vida justa e digna, pelas políticas econômicas dos governos respectivos. Na introdução ao primeiro volume da obra, encontra-se o seguinte objetivo: "La 'Teología Andina' sólo puede plasmarse en y a través de un diálogo intercultural crítico, constructivo y abierto, entre la tradición teológica dominante de occidente (sobre todo de origen europeo) y la tradición religiosa milenaria de los Andes. Este diálogo requiere de una desconstrucción crítica y cuidadosa de muchos de los *theologumena* clásicos, de la inclusión de elementos de origen cultural y filosófico muy diverso y, en fin, de una 'hermenéutica diatópica' profunda y fecunda". (Estermann, Josef (org.). *Teología Andina: el tejido diverso de la fe andina.* La Paz: ISEAT, v. 1, 2009, p. 1).

54 "[...] La teología andina parte de la propia fe de las personas y de la colectividad humana de una determinada región. La teología no puede sino ser un paso segundo de las personas que tienen una particular creencia y participan de un sistema religioso. Si no se tiene fe en la *Pachamama* ¿qué se puede decir teológicamente sobre ella? O ¿qué se puede decir sobre la relación entre la comunidad humana y ella? Tal vez se pueda hacer un estudio fenomenológico sobre las relaciones de los y las indígenas con la 'Madre tierra', pero no ir más allá. Este es uno de los vacíos que presentan las 'teologías andinas' hechas por 'no creyentes', aunque ellos/as sean religiosos/as. Con esto no invalidamos su aporte, porque ya es un paso inicial y no nos podemos permitir juzgar su proceso de conversión". (Colque Jiménez, A. *El caminar hacia las teologías andinas*, p. 85). A prática religiosa indígena escapa da possibilidade de homogeneizar e sistematizar, já que acontece de maneira diversa, sem "reta doutrina", sem universidade que discrimine o verdadeiro ou o falso. A prática religiosa também acontece de maneira dinâmica e se adapta às necessidades do mundo urbano. A fé cristã andina não pode ser vista apenas como rural, mas com vitalidade no espaço urbano.

55 A hermenêutica diatópica considera necessária a compreensão do outro, sem pressupor que este tenha o mesmo autoconhecimento e conhecimento de base, pois o que está em jogo é o horizonte último humano e não apenas os contextos diferentes entre si. Para interpretar tal horizonte alheio, embora não se possam escrever regras específicas, é preciso entrar dentro desta realidade o máximo que der, superando os parâmetros e entrar num processo parecido como ao de aprender uma nova língua, que supõe uma imersão total no mundo outro, atitude de escuta, humildade, para lograr uma aprendizagem profunda e integral. É o chamado *diálogo dialógico,* elementos citados a partir da obra de Raimon Panikkar. (Tomichá Charupá. *Teologías amerindias y encuentro de culturas*, p. 12-13).

56 "Una interculturalidad crítica y emancipadora rechaza cualquier esencialismo o purismo cultural y sostiene que todas las culturas de este planeta son el resultado de un proceso complejo y largo de 'inter-trans-culturación'. Por lo tanto, el objetivo del proceso de 'descolonización' no puede significar la vuelta al *status quo ante* (el estado antes de la colonización), ni a un ideal bucólico y romántico de culturas 'no contaminadas'." (Estermann, J. *Interculturaliad,* p. 63).

57 Nesse sentido, concede-se à teologia um caráter holístico: um dos desafios para a teologia andina é que ela se sustenta principalmente num conceito holístico, onde tudo é parte de todo, não há nada alheio, o mundo natural é parte do divino e o divino se expressa no natural; o profano se relaciona com o sagrado, supera o mundo dual; vai além do antropocentrismo, assim a natureza é parte da vida humana e ambas são parte da dimensão divina; a natureza merece respeito e os indígenas são os cuidadores; a *Pacha Mama* é parte da essência divina e da humanidade, é como uma mãe espiritual da cultura quéchua. Por isso, não se admite a lógica da sobreprodução, mas a lógica econômica da subsistência e da reciprocidade, onde no intercâmbio de bens prevalece a consciência humana acima da cobiça mercantilista. (Cf. Intipampa Aliaga, C. *Lo divino en la concepción andina,* p. 65).

58 As narrativas ou contos são fontes de sabedoria que ajudam a viver melhor. Cada história contada tem beleza, ensinam algo, move sentimentos para determinados fins, cria atitudes, comunica e afiança valores, abre ao mistério. "En cada cuento o dicho que escuchamos, en primer término, sentimos gusto e interés, aprendemos algo importante, precisamente porque nos enseña a vivir y a ser mejores personas. Algunos son cuentos que enseñan a obedecer y amar a los/as ancionos/as, nos ayudan a no dejarnos llevar por la envidia que destruye la fraternidad; otros dan razón de fenómenos naturales o geográficos de los espacios climáticos

donde están ubicadas las poblaciones y las *chaqras*. Lo hacen en un lenguaje simbólico y lleno de fuerza expresiva. En ellos hay miles de años de experiencia basada en la observación de los climas, las aguas, las plagas, el comportamiento de algunos de los animales con los que se convive, y que nada tienen que envidiar a cualquier científico de nuestros tiempos, que con otros términos nos dice lo mismo, que el ser humano tiene que aprender a respetar la naturaleza ya que es su casa donde comparte la vida con otros seres vivos que merecen respeto tanto como él". (Flores Lizana, J. *La sabiduría oral indígena, fuente de esperanza: aportes iniciales para una teología andina quechua*, p. 212).

59 "Desde la 'etnohistoria', que busca rescatar la historia de los pueblos olvidados, sabemos que muchos escritos del tiempo de la Conquista, y de todos los tiempos, responden a los intereses de controlar al máximo el privilegio de algunos y justificar sus acciones. Definitivamente ése parece ser el caso de la Crónica que describe el encuentro de Valverde y Atahualpa. Su pretexto fue mostrar al gobernante del Imperio, el Inca, la Biblia, escrito sagrado de los recién llegados. Esto se convierte en excusa para atacar al pueblo y apoderarse no sólo de sus bienes, sino también de sus vidas. De esa manera, la Biblia es usada para justificar la entrada de los conquistadores y evangelizadores en nuestras tierras". (Chipana, Q. *Hacia una hermenéutica andina de la Biblia*, p. 309). Transcorridos muitos anos de conquista e evangelização, as marcas permaneceram inscritas na memória de muitos, que descrevem o sofrimento e a flagelação dos corpos de seus antepassados e da terra com certa angústia. Este sofrimento levou homens e mulheres a se posicionarem numa espécie de clandestinidade, já que o grito e o gemido dos antepassados não só passaram através da oralidade, mas continuaram na vida de muitos irmãos que sofrem a exclusão, a marginalização. No processo de evangelização, a Bíblia teve muitas interpretações, desde as mais libertadoras até as mais conservadoras, embora prossigam com maior força as interpretações fundamentalistas que cercam o texto como Palavra de Deus, destacando seu caráter libertador. A Bíblia nos espaços andinos nem sempre é vista com bons olhos. Um duplo papel pode ser identificado na vida dos povos indígenas: sinal de vida e morte. É de morte quando as interpretações favorecem o poder de alguns, no sentido de arma colonial e ideológica, e é de vida quando fortalece o caminho do povo, sua identidade, proporcionando serviço e solidariedade.

60 "A palavra em si mesma, pura e simples, tem um valor especial para povos bíblicos e indígenas, com práticas milenares de tradição oral, muito mais do que

escrita. Nessas culturas, a palavra não é apenas um som, mas possui valor real, de verdadeiro documento. No próprio sentido hebraico *dabar*, está o sentido de palavra e acontecimento. Significa que pronunciar a palavra é propor que ela aconteça". (Silva, Valmor da. *Mundo indígena e mundo bíblico*, p. 1395).

61 Nesse sentido, a teologia feminista procura um método crítico. O lugar da revelação é a vida e obra de Jesus. O movimento de homens e mulheres suscitado por ele deve levar-nos à elaboração de um método histórico-crítico para a leitura feminista dos textos bíblicos. Busca-se neste nível romper com o silêncio, com o que os textos calam, para acabar com a interpretação androcêntrica. Falamos em nível da história e sua construção na academia. Neste estágio, pergunta-se em contexto sociocultural sobre a linguagem masculina usada tendenciosamente, se, de fato, o texto bíblico insiste no gênero masculino para falar de Deus ou vai contra a intenção do texto e seus conceitos teológicos. Na Bíblia, a colocação da mulher à margem ecoa um problema social da época. Não é fruto apenas de uma exegese ou interpretação. Reflete um problema da história real de sua atividade na igreja primitiva. Pode-se afirmar que a ausência das mulheres está condicionada à tradição e redação androcêntricas dos autores cristãos primitivos e, se falamos dos Evangelhos e Atos, notamos que o processo de patriarcalização da Igreja primitiva já estava bastante adiantado. Se analisarmos o processo de canonização dos textos bíblicos, teríamos que aplicar o método da suspeita. Porque as interpretações, como na época patrística, não eram neutras e correspondiam ao **método de patriarcalização eclesial, que teve que superar as teologias e tradições** primitivas que reconheciam o papel da liderança feminina. Esse contexto nos leva a afirmar que quando se interpreta algum texto bíblico, onde se fala de mulher/eres, necessariamente temos de usar a ferramenta da suspeita e aprofundar o contexto histórico, cultural, eclesial e social do ambiente em que se insere a questão. Assim, entendemos que textos carregados de linguagem androcêntrica não oferecem e, nem refletem a realidade como ela foi. São apenas interpretações, "projeções" e seleções dadas num contexto patriarcal. Vale avaliá-los de forma histórica e teológica, buscando chaves de leitura para a formação de discipulados de iguais, porque mesmo que existam hipóteses de que mulheres ajudaram na redação de alguns textos bíblicos, há que ter o devido cuidado, porque podem estar carregados de uma linguagem patriarcal. A fim de romper com essa linguagem, somos chamados a usar o exercício da imaginação e recontar as histórias na ótica das mulheres. (Fiorenza, Elisabeth. *As origens cristãs a partir da mulher*, p. 67-

92); E nas palavras de uma teóloga indígena, a intenção desta nova hermenêutica seria a construção de uma teologia inclusiva: "[...] no queremos iglesias con las mismas teologías opresoras y alienantes. Queremos que las iglesias vuelvan a sus principios fundantes de servicio a las personas más necesitadas. Por lo tanto, afirmamos en voz alta, no queremos iglesias que inculquen mensajes que encorven más a las mujeres, tampoco queremos que fomenten la alienación cultural para borrar nuestro rostro indígena, no queremos más división y confusión entre hermanos y hermanas en vez de acompañarnos en nuestras luchas. De lo contrario no están cumpliendo con la misión auténtica y profética de Jesús histórico que sanó a los enfermos morales y espirituales, mentales y físicos. Las mujeres que formamos parte de las iglesias, debemos forjar una nueva interpretación de la Biblia y de la teología. [...] Hay que recordar siempre que las mujeres tienen la armadura de la fe, los dones de sanación a los enfermos, de perdón, de servicio a la iglesia sin esperar grandes recompensas, y de guardar el fiel testimonio del evangelio". (Mamani Bernabé, V. *Mujer aymara migrante*, p. 203-204).

62 "En la base de la teología indígena se encuentra la memoria histórica colectiva. A partir de ahí reconoce a las culturas indígenas como 'lugares teológicos' y espacios de revelación del amor de Dios. Por eso intenta recuperar los mitos, ritos y utopías ancestrales como ámbitos privilegiados donde se encuentran las verdades fundamentales de la humanidad, la fuente de la activación de la energía espiritual de los pobres y el principio de resistencia frente a la actual colonización occidental de signo neoliberal". (Tamayo, J. *Las teologías de Abya-Yala*, p. 98).

63 "Los actores que construyen el tejido religioso diverso no son sólo las y los teólogos cristianos (de diversas iglesias) sino líderes eclesiales sin 'teología académica', especialistas religiosos andinos que recuperan elementos del cristianismo para su práctica, pero principalmente son las diversas comunidades que dan lugar a los religiosos en la vida cotidiana. Estos actores construyen un sentido de vida y orientan a las y los demás a seguir ese camino y también hacen aterrizar los dogmas en función de la vida. Para un balance correcto de los intentos de hacer teología andina cristiana es necesario mirar y valorar los aportes de personas cristianas que toman en cuenta lo andino y tratan de acompañar el tejido religioso popular, pero también en esa intensidad se debe valorar y acompañar el tejido religioso que hacen líderes y personas andinas que toman muy en cuenta lo cristiano y lo insertan en su comprensión de la religión". (Colque Jiménez, A. *El caminar hacia las teologías andinas*, p. 89).

64 Para se referir à forma de fazer teologia no mundo andino. Estermann prefere usar o termo *apusofia*, conformado pela palavra autóctone *apu*, para fazer referência à divindade, e *sophia*, do grego que também traz à tona nossa escolha por construir uma sabedoria e não *logos* como explicamos longamente no segundo capítulo. Em suma, neologismo intercultural para captar o que é distinto e similar a respeito da reflexão teológica andina. (Estermann, J. *Filosofia andina*, p. 256); "Un asunto de debate, que implica a todas estas formas de teología, pero también a la misma 'apusofía', es la cuestión de la sincreticidad religiosa andina. Prefiero hablar de 'religiosidad' más que de religión' que sugiere todo un sistema institucional y doctrinal; la 'religiosidad' como experiencia fundamental puede desembocar en 'religión' pero no necesariamente. Por su carácter sincrético actual, me parece más adecuado hablar de la 'religiosidad andina' que de una cierta 'religión andina'; la teología y apusofía correspondientes son una reflexión sistemática de esta 'religiosidad' como experiencia fundante del runa andino. Aunque la sincreticidad religiosa (sumada a la cultural y racial) es, en la actualidad un hecho en los Andes, existen ciertamente tendencias 'puristas' (como el indigenismo o inkaísmo) de recuperar una religiosidad y teología andina 'pura', lo que normalmente significa: pré-cristina. Para algunos, esto podría desembocar en una 'teología inca', para oros en una 'teología panandina no-cristina'. Como en el caso del 'indigenismo' e 'inkaísmo' (o 'panandinismo'), no niego la utilidad, ni la legitimidad de tal esfuerzo; pero a la vez, creo que no concuerda con los **sentimiento y convicciones más hondas del runa andino. Este no pretende una** 'pureza' cultural y religiosa, sino una modernidad sui generis, un mestizaje y sincretismo proprio, que no es reducible a un 'tipo ideal' de religiosidad pré-hispánica, ni 'ortodoxia romana' de la religiosidad católica". (Estermann, Josef. *Filosofia andina*, p. 260).

65 O estudo das religiões praticadas na região andina no passado merece um ensaio a parte. Porém, acredita-se que as práticas religiosas da região não foram desenvolvidas de maneira isolada, mas através de intercâmbios em toda a região andina num chamado sistema mundial andino. Muitos estudiosos acreditam que, no pasado, houve uma alternação entre períodos de uma integração regional dominada pela ascensão de um centro político, religioso importante, e caracterizado por períodos: "En la arqueología, los grandes períodos de integración regional se llaman 'horizontes', y existen tres horizontes que nos interesa aquí: el 'horizonte temprano', cuando el centro dominante fue Chavín en la sierra de los

Andes nor-centrales; el 'horizonte medio', cuando los centros dominantes fueron Wari y Tiwanaku en los Andes sur centrales, quizás como centros duales de un imperio en común; y tercero el 'horizonte tardío', cuando el sitio en expansión fue Cusco, centro del imperio incaico, desde los Andes centrales" [...]. (Arnold, D. *Algunos aportes de las ciencias sociales para el proyecto de la teología andina*, p. 175). Esta alternação entre períodos de integração horizontal e diversidade regional constitui um processo necessário para alcançar o grau de complexidade social, cultural, ideológica e política, chamada de civilização. Em seu auge, cada um destes centros civilizatórios procura expressar seu poder mediante grandes construções cerimoniais. A construção desses sítios começaria 2500 a.C., o que comparativamente são contemporâneos das pirâmides do Egito.

66 As instituições convocantes destes encontros foram o *Centro de Teología Popular* (CTP) de Bolívia, e o *Instituto de Estudios Aymaras* (IDEA) do Perú. No processo foram se somando o *Insituto de Pastoral Andina* (IPA) do Perú, e o *Secretariado de Culturas de la Comisión Episcopal Boliviana* (CEB). Após alguns anos de encontros, desde o primeiro encontro em 1990, cujo tema era "*Hacia una teología andina*", no paper citado se apresentam algumas contribuições para uma reflexão teológica andina, destacamos a compreensão dos lugares teológicos para o saber andino: a lógica ritual, a tradição oral. Também o trabalho metodológico que sempre é uma vivencia cotidiana do sagrado, por tanto, é uma teologia narrativa, contemplativa, ecumênica, cordial, de coração. Além de sua inserção em problemáticas como da Terra, a história de opressão dos povos andinos e os caminhos de libertação. (Instituto De Estudios Aymaras (IDEA). *Un camino recorrido. 15 años de Encuentros Teología y Pastoral Andina, Perú-Bolivia*, p. 230-231).

67 "Nos envuelven unas paradojas. La gente andina mayormente se autodefine como cristiana, y así también es calificada por quienes observan su realidad. Sin embargo, sus modos de ser cristiano y de vivir como católicos o evangélicos son muy diferentes a otros grupos humanos (que llevan tales nombres). Aún más admirable es que pueblos originarios tienen espacios y tiempos autóctonos y mestizos donde autogestionan sus vivencias de lo sagrado. A un observador externo le deslumbran las combinaciones de lo originario y lo mestizo, de espiritualidad cósmica y de cristianismo histórico, de lo prehispánico, lo colonial, lo moderno, lo más allá de lo moderno. Estas combinaciones no corresponden con la cristianización implantada durante siglos, ni a esquemas con los cuales las iglesias hoy intentan controlar a sus miembros. Abundan pues las contraposiciones y las paradojas. [...] Lo andino no

puede ser considerado como algo unívoco y estable. Algunos hablan de las 'creencias andinas' como si fuera un sistema sin mezclas ni innovaciones; o como si lo autóctono fuera antimoderno, o yuxtapuesto, o bien algo posmoderno. En lo andino sobresalen diversos procesos, entrecruzamientos, y líneas de fuerza que van en varias direcciones. En estas circunstancias complicadas, pongo mayor atención a la interacción andina con la divinidad". (Irarrázaval, D. *Deidad en la tierra: fe y teología andina desde la corporeidad*, p. 151-152).

68 Uma série de estudos sobre a religiosidade andina, em sua grande maioria, falam sem exceção do caráter predominantemente sincrético do pensamento teológico e da prática ritual dos povos andinos. Embora para muitos, este sincretismo pode ser sinal de impureza e heterodoxia, acima de tudo é um fato histórico, e se relaciona a uma história sumamente complexa de imposição, interpretação, extirpação e resistência. A religiosidade é um fenômeno cultural, e como tal está sujeito ao processo orgânico dos diferentes grupos étnicos e sociais. Cabe recordar que, também, a religião cristã, até a mais pura ortodoxia católica, é um produto eminentemente sincretista, fruto do matrimonio entre a *ruah* hebraica e o logos *grego*. "Hablando del sincretismo religioso andino, se trata de algo nuevo como una verdadera síntesis, y no simplemente de una yuxtaposición de dos concepciones incompatibles. La religiosidad andina es un 'mestizaje religioso' de tal manera que no persisten ni la tesis de una religión andina extra-cristiana (como era la antigua 'religión incaica'), ni la antítesis de una religión cristiana pura (si existiera tal cosa). **Los elementos andinos son cristianizados, y los elementos cristianos** son andinizados. Hasta en los mismos ritos andinos ha penetrado lo cristiano, y la misma liturgia católica es teñida de colores y olores andinos. La religiosidad andina no se puede describir como un fenómeno dado y bien definido; es más bien un 'tipo ideal' que se manifiesta de una manera u otra, en forma más o menos completa, en las comunidades campesinas apartadas de la región andina (tanto quechua como aymara)". (Estermann, J. *Apu Taytayku: implicaciones teológicas del pensamiento andino*, p. 38).

69 "La relación andina con la Madre Tierra conlleva el cuerpo humano, el conjunto del medio ambiente, el cosmos, son reconocidos como hondamente espirituales. La fe en la *Pachamama* no sacraliza el organismo físico ni el territorio ni es un animismo cósmico; más bien hay una reciprocidad espiritual y cultural mediante una secuencia de ritos (y en particular en la actividad agrícola) que se expande

hacia todo el acontecer humano". (Irarrázaval, D. *Deidad en la tierra: fe y teología andina desde la corporeidad*, p. 159).

70 "En cuanto a la corporeidad, se desarrolla o bien 'contra' o bien 'con', vale decir en conflicto o en armonía con otros y otras. Puede ser un cuerpo-contra-lo-diferente, en la discriminación e inequidad entre grupos sociales, edades, genero, nacionalidad, y en conflictos ideológicos y militares. Me parece que todo eso es vivido en zonas andinas, pero lo propio y más hondo es un ser cuerpo-con-otras-corporeidades, en vínculos con la naturaleza, relaciones de familia, colaboración social, y con la deidad dadora de vida. Sobresale pues el 'estar con'. Es un modo andino de existencia humana indesligable de la Madre Tierra. Aquí se correlaciona lo pequeño con lo grande, lo femenino con lo masculino, fenómenos cambiantes con energías espirituales". (Irarrázaval, D. *Deidad en la tierra: fe y teología andina desde la corporeidad*, p. 161).

71 O autor usa dados etnográficos recolhidos durante muitos anos de convivência com as comunidades indígenas *quéchuas* do Peru, procurando entender qual é o melhor conceito de pessoa. Existe uma verdadeira antropologia distinta do ocidental. Ele pondera que a antropologia, de modo geral no Peru, sempre olhou para a cultura andina sobretudo como comunidades e como cultura eminentemente agrícola, dando pouca atenção ao dado pessoal, da pessoa individual. O conceito de pessoa no mundo andino é uma construção que se elabora desde diversos espaços da cultura. As primeiras percepções deste autor vieram de campos como da saúde, da cura praticada por curandeiros. Neste contexto, o ser humano andino percebe que as relações entre as sensações de seu corpo e os lugares por onde caminha. Outra fonte de informação para entender como se concebe e manipula o corpo de uma pessoa, é o tipo de trabalho que ela realiza com seu corpo. A agricultura e o pastoreio são os dois tipos de trabalho que fazem os andinos homens e mulheres para subsistir como comunidade. Os andinos cuidam muito da cintura, pois ela é importante para a realização dos trabalhos. Existe uma terceira forma de entender a pessoa e sua corporeidade, através da sexualidade e afetividade. A sexualidade no mundo andino pertence à esfera do privado e não deve ser manifestado ao público. Costuma-se dizer que a cultura andina não desenvolveu a "cultura da pele" de maneira suficiente, ou seja, é pouca afetiva em sua manifestação. Parece que a comida é uma forma especial de comunicar-se mais frequentemente e alcança a todas as esferas da vida social e ritual. Um quarto campo de investigação está relacionado à roupa e à dança. O vestido é

de certa forma a prolongação do corpo e expressão da interioridade da pessoa. Porém, as populações e etnias têm realizado resistência ativa diante desta política de identificação e dominação cultural, embora em sua roupa se encontrem modelos e nomes espanhóis. Eles foram modificados e mudados desde a tradição têxtil e estética dos andinos e suas nações. (Cf. Flores Lizana, J. *Antropología del cuerpo en la cultura andina quechua*, p. 207-223).

72 "Se trata de una cooperación basada en una estricta reciprocidad esto significa: trabajo para otra persona para ésta después trabaje para mí mismo. Esta práctica de reciprocidad se puede ver en el trabajo agrícola, intercambio de productos, o cuando se construye una casa, como también en el intercambio de semillas o ayuda con una yunta de bueyes. [...] se observa cómo en las comunidades, en tiempos de la siembra, los comuneros se organizan en un trabajo comunitario. El *ayni* consiste en trabajar cada día para una familia. En este trabajo comunitario no sólo se trabaja, sino que se comparten el alimento, la alegría y las experiencias". (Manami Achata, M. *La naturaleza: nuestra casa común*, p. 192).

73 "La visión y cosmovisión indígena parte del presupuesto que todo está interrelacionado y es interdependiente; inspira la unidad en la diversidad entre todos los seres vivos de la naturaleza y por tanto la participación de todos y cada uno de ellos en las transformación-domesticación del ambiente y el manejo integrado del ecosistema. Entonces, el ser humano está llamado a actuar en la naturaleza en el marco de la participación con otras criaturas, y considerar y respetar las leyes y principios [...] procurando el bien común de toda la naturaleza que permite tener vida". (Manami Achata, M. *La naturaleza: nuestra casa común*, p. 195).

74 "[...] la percepción del tiempo-*Pacha* es multi-cíclica y coincidente con el ciclo meteorológico anual, encontramos en la visión cristiana del tiempo un solo mega-ciclo que va desde la Creación y el Paraíso Terrenal hasta el Fin del Mundo y el Paraíso Celestial, pasando por la figura de Jesucristo, que baja del Cielo y luego asciende a Dios (esto es: 'la Encarnación (o Humanización) del Verbo' y la 'Divinización del Hombre' tocado por Jesucristo y su sacramento). Esta visión del tiempo como mega-ciclo único produjo en Occidente una percepción histórica y lineal del tiempo junto a la ética comprometedora de la Historia de la Salud, universal y personal; y en tiempos modernos con una ética similar, ahora secularizada pero no menos desafiante, del 'Progreso' (y no se pregunta: ¿Progreso, a dónde?)". (Kessel, J. *Economía bidimensional*, p. 175).

75 A importância da Tradição é que ela possibilita a identidade de uma pessoa ou grupo ao longo da história. Enraíza as pessoas num chão ontológico: uma pátria, um lar, um ninho (é arma de resistência). Nós não viemos do nada/precisamos prezar pela tradição. Em relação à fé podemos identificar três funções: a) constitutiva: originante da fé – Sagradas Escrituras; b) continuativa: tarefa de conservar e passar adiante. O depósito da fé que uma comunidade guarda e faz frutificar; c) inovativa: trabalho de apropriação, interpretação, renovação, atualização, e enriquecimento do depósito revelado (função mais esquecida). Sem esta, a tradição se torna traição. Fidelidade à substância e à mudança da forma. (Cf. Boff, C. *Teoria do método teológico*, p. 240-241).

76 "[...] la 'consciencia natural' del ser humano andino recalca la afinidad y complementariedad fundamental entre naturaleza humana y la naturaleza non-humana, entre el *runa* por una parte y por otra su chacra y su ganado, su entorno natural de la *sallq'a* y su entorno espiritual de las *wak'as*. No existe más que la *'Pacha'*, el universo temporal-espacial, concebido como ayllu universal con sus tres comunidades 'naturales' del *runa*, la *sallq'a* y los *wak'as*. En el *Aylllu-Pacha*, la posición privilegiada del ser humano no se debe a su des-naturalización (su conciencia sobrenatural), sino a su lugar dentro del sistema cósmico, que se determina relacionalmente. En éste el hombre tiene una posición intermedia (y mediadora), como una *chakana* entre los acontecimientos cósmicos y el proceso natural en el ámbito terrestre. Si el hombre se desliga **de las relaciones diversas del mundo natural, esto significa entonces su caída** como individuo o como especie. Sobreponerse a la 'conciencia natural' (como ocurre, entre otros, en el tecnicismo, pero también en el misticismo cristiano) es finalmente una orgullosa impertinencia que amenaza la vida, que atomiza y 'absolutiza' (es decir: 'suelta de las relaciones') al ser humano". (Kessel, J. *Economía bidimensional*, p. 184). Em efeito, a consciência natural do andino é que o *runa* não se considera em primeiro lugar como produtor, ou fazedor, à imagem e semelhança de seu fazedor, mas é um cultivador, cuidador, e em toda sua atividade humana, em primeiro lugar, o ser humano é sobre tudo um agricultor e criador da vida.

77 "Entre las figuras mediadoras religiosas, Jesucristo como Apu Taytaku es en la religiosidad popular, fuera de la Virgen María, respectivamente la Pachamama, ciertamente la más importante. Muchas fiestas religiosas en los Andes tienen que con las muchas cristofanías o la memoria de uno de los acontecimientos que

tienen que ver con la cristología. Como ejemplo menciono la Fiesta de la Cruz del 3 de mayo, el Viernes Santo, Pascua de Resurrección, Navidad, el "Señor de Qoyllur Rit'i" en los altos Andes del Cusco en Perú, el "Señor del Gran Poder" en La Paz, el "Señor de los Temblores" en Cusco o el "Señor de los Milagros" en Lima que es moreno. Tal como se ha dicho, estas cristofanías son muchas veces celebradas como si se tratara de 'Santos' particulares". (Estermann, J. *Cruz y Coca*, p. 177). As pessoas falam ternamente de *Taytacha*, paizinho, e na liturgia se dirige a Jesus com o título honorífico de Apu, palavra quéchua para designar os ancestrais e, em segundo lugar, para os espíritos protetores dos morros. Com isso, expressa-se um certo respeito do poderoso e das forças que vigiam o gado e a comunidade. Jesus é chamado com o mesmo título honorífico, assim visto como um espírito tutelar muito elevado e companheiro do caminho. "En la liturgia católica, el Kyrie establece explícitamente esta articulación lingüística de Apu Taytaku [...]: Jesús es nuestro 'papacito elevado' que cuida de nosotros/as. Por eso, he aquí la oración por el perdón, tal como es en quechua: Apu Taytaku, khuyapayawayku – Nuestro Papacito elevado, ten piedad de nosotros/as. Jesucristo, qhispirichiwayku – Jesucristo, perdónanos. Apu Taytaku, khuyapayawayku – Nuestro Papacito elevado, ten piedad de nosotros/as". (Estermann, J. *Cruz y Coca*, p. 178).

78 A mensagem tantas vezes repetida, no prefácio da missa dos defuntos, "a vida não termina, apenas se transforma", tem um perfeito eco na reflexão teológica andina: **"El muerto – que em realidade sigue vivendo – no deja de ser parte de** la família y de la comunidade. Con la muerte la vida se transforma, pero sigue siendo, como antes, vida de la misma comunidad. Es impresionante el recuerdo que por lo general tiene la gente para seguir recordando a sus familiares y allegados difuntos no sólo en los años inmediatos después de su deceso sino tambien transcurridas varias décadas, en largas listas cuidadosamente elaboradas con un doble fin: para ayudarles a través del rito y para que ellos nos sigan ayudando sin molestarnos ya para reclamar esa ayuda nuestra que tanto necesitan. Pero esta vida de ultratumba es también claramente distinta. Cuando uno está ya muy enfermo tiene siempre alguien cerca que va rezando para que se muera bien, para que su paso a la siguiente vida sea bueno. Aun antes del fallecimiento, si es claro que morirá (por avisarlo la coca o por otros signos), se le puede empezar a llorar y despedir. Si no acaba de morir, se puede incluso pedir una bendición especial al cura para que le ayude a morir. Es que la muerte no es el fin: es un tránsito. En

este contexto, dentro del ideal aymara de vivir bien – *suma qamaña* – con todo lo que ello implica en términos de servir y compartir en comunidad sin que nos falte lo necesario para ello y sin acumular a costa de los otros, entra también el caso específico de morir bien – *suma jiwña* – sin pánicos ni angustias y con la buena asistencia de todos. Morir bien es parte del vivir bien". (Albó, X. *Teología narrativa de la muerte andina, fuente de nueva vida*, p. 279).

79 Uma contribuição importante de Jordá é salientar a singularidade única de Jesus, o Cristo, no Plano de Salvação de Deus. São maravilhosas cada cultura e cada cosmovivência e as expressões rituais de louvor a Deus pela imensa Criação, e temos que vivê-las apaixonadamente como caminhos de Deus em cada povo. Mas, se alguém se chamar cristão, desde o fundo de tudo isso e do Evangelho, Cristo tem que ser o centro e direção da vida. Isto, diante do perigo que pode ser ouvido entre cristãos de boa vontade, que Cristo vem depois, ou seja, primeiro sou de minha cultura e o primeiro é minha pertença religiosa-cultural, e depois, minha catolicidade, ou seja, primeiro meus ritos e depois Cristo. Jordá esclarece: "[...] 1. Lo cultural es hermosísimo, fruto de mucha sabiduría de los abuelos generación tras generación; toda la cosmovisión y ritualidad locales son patrimonio de la humanidad guiada por el Santo Espíritu de Dios. 2. Este conjunto comunitario aymara se realiza bajo la mirada de Dios y queriendo ser fieles a su mandato de armonizar un mundo bien ordenado, en amistad entre todas las criaturas, y con el encargo de 'criar' vida entre todos, como 'colaboradores de Dios; en este **modo aymara de existencia se da gloria a Dios y, si somos cristianos, dentro de la** Iglesia que es gracia del Padre por el Hijo en el Espíritu Santo. 3. El ser cristiano no quita el ser aymara ni expresar la propia fe cristiana en moldes aymaras; pero sí que da una novedad única en la fe en Jesucristo y ayuda a clarificar que los rituales tradicionales, grandes y nobles, no llenan toda la necesidad cristiana, aunque formen parte de ella dentro de la propia cosmovisión. 4. Todos, sin dejar nuestras raíces, debemos ahondar en 'lo nuevo' (el Centro de la Cruz bíblica) que nos aporta Jesús de Nazaret, quien la manifestación plena, singular y máxima de Dios, el que hizo brillar la luz a máxima potencia, plantó su carpa entre nosotros y cuya gloria hemos visto y contemplado (Jo 1,14). Entonces sí habremos unido con plenitud ambas Cruces: la cósmica y la bíblica, con Cristo en su Centro cósmico e histórico y totalmente abierto al Padre, que es el gran anhelo de toda comunidad cristiana: que Jesucristo sea lo primero Ayer, Hoy y Siempre". (Jordá Arias, E. *Cristo en comunidades aymaras de El Alto*, p. 145-146).

80 "Según el mito, *T'unupa/Tunupa*, hijo del dios supremos *Wiraqucha*, andaba disfrazado de mendigo de pueblo a pueblo, predicando la Buena Nueva de la liberación y de una vida digna para todas y todos, curando a enfermos y mostrando su amor por las y los indígenas. Sin embargo, fue rechazado por muchos/as, lo que trajo desastres naturales y la petrificación de los malhechores. En varias ocasiones, una viuda le acogió y se salvó de las consecuencias fatales para los demás. La figura mítica de *T'unupa*, hijo del dios supremo *Wiraqucha*, fue interpretada por la población andina a través de la catequización: *T'unupa* es Jesucristo, peregrino, mendigo, curandero y amante de las y los humildes, libertador de este pueblo subyugado por el Imperio incaico y posteriormente por los colonizadores españoles. *T'unupa*-Jesús es una figura subversiva de resistencia y de esperanza que venía fundiéndose con otro mito muy importante y de gran peso hasta hoy: el mito de *Inkarrí*". (Estermann, J. *Cruz y Coca*, p. 184-185).

81 A proposta de uma pneumatologia cristã em perspectiva indígena se descobre na presença do Criador em cada uma de suas criaturas, em tudo o que existe e vive. Assim como a Igreja proclamou desde o princípio sua fé no Espírito Santo como "Senhor e dador de Vida", *Dominum et vivificantem*. Ao se afirmar que o Deus Uno e Trino se comunica aos seres humanos, constituindo neles a fonte de vida eterna. Nessa perspectiva, Tomichá Charupá oferece a relação da pneumatologia ameríndia na sua concretude com a criação, a cristologia e o mistério trinitário. (Tomichá Charupá. Algunas premisas para una pneumatología en **perspectiva indígena. In: Ix Encuentro Continental De Teología India.** *La acción del Espíritu en los pueblos indígenas:* Memoria. Cochabamba: AELAPI/Itinerarios, 2021, p. 307-328).

82 "En esta cultura (aymara), la mística comunitaria canta en armonía con la mística cósmica; por ello la dimensión de Pentecostés es también central en la fe. Gran parte de las celebraciones se realizan en comunidad y refuerzan ese sentido comunitario, con presencia de muchos ministerios. Por otra parte, en esta época de cambios acelerados que hieren el alma cultural, es el Espíritu quien puede unir en la diversidad hacia un encuentro entre cristianos y culturas diferentes". (Jordá Arias, E. *Cristo en comunidades aymaras de El Alto*, p. 82).

83 "Una lectura madura (no romántica) de la experiencia antropológica y cósmica del '*ayni*' andino, más allá de la simple pareja paradigmática, nos envía, indudablemente por esas sendas. El *ayni* es, ante todo, una categoría dinámica y no estática. En tal sentido, se trata de un cuestionamiento implícito de todo tipo de

pretensión identitária individualista, que se trate de Dios o de cualquier elemento de lo creado. De cierta manera, afirmar el 'ayni' como estructura fundante de la realidad en su conjunto es, a la vez, excluir toda tentación subjetivista, competitiva, jerárquica que no brote de la responsabilidad de interacción social y cósmica entre iguales en interrelación". (Arnold, S. *El tiempo del Espíritu*, p. 133). A globalização dos intercâmbios e a mundialização plural das culturas suscita hoje a progressiva tomada consciência da diversidade e, ao mesmo tempo, da profunda unidade do gênero humano. Tal consciência se manifesta em dois espaços essenciais: a evolução da noção de direitos humanos para campos mais coletivos, e inclusive cósmicos (os direitos da Terra) e, por outro lado, a revolução comunicacional inaugurada em nossa era virtual. A conjuntura obriga a passar de uma identidade ideológica acabada, fechada, a uma consciência dinâmica de si mesmo. Ser e existir se confundem hoje na arte da interação, condição de toda liberdade criativa e solidária.

84 O propósito do autor é discernir a obra e presença do Espírito na espiritualidade andina, em perspectiva ecumênica. (Cf. Quispe Aguirre, R. *Defender la vida: el Espíritu y los espíritus en la teología andina y cristiana*, p. 127-146).

85 Os nomes mais frequentes para chamar o Espírito Santo são três: Tata Espíritu ou Senhor Espírito, Espíritu Santo ou Santo Espírito, e Qollana Espíritu ou Deus Espírito. Todas essas expressões parecem se referir ao nome próprio da Terceira Pessoa da Trindade. O nome do Espírito Santo soa neste povo, pela insistência **da evangelização colonial, da necessidade da "mediação" para salvar-se. Porém,** a linguagem do anúncio do Espírito Santo na Colônia foi muito elevada e com muita preocupação dogmática que, sobretudo em uma sociedade iliterata nesse período, não levou a uma compreensão mais profunda. O Espírito é fácil de captar, quando apresentado biblicamente, mas é difícil em nível de formulações dogmáticas ocidentais. Feito um percorrido bíblico vivencial sobre este Espírito, conheceriam muito melhor. E, de fato, há pessoas que tem uma ideia mais clara afirmando ser uma Pessoa, a Verdade, o Bem, Deus como o Pai e o Filho, dessa forma, integrado à vida. "La teología cristiana tradicional ha utilizado con éxito el símbolo del 'Viento' o 'Soplo' para anunciar al Espíritu Santo: él riega, fecunda y sana nuestra tierra para que sigamos viviendo de su soplo. Los himnos oficiales Veni Sancte Spiritus y Veni Creator Spiritus (Ven Espíritu Santo y Ven espíritu Creador) tienen mucho material de este tipo, en una espiritualización, pero con frases muy sugerentes para hacer el enlace con la aymara. Partir de esta visión

e ir acompañando la concepción de 'Espíritu', con lectura bíblica, privilegiando algunos aspectos en la catequesis, dentro de esa selva inmensa de posibilidades simbólicas. El Espíritu Santo da vida, también él fecunda todo para que podamos seguir viviendo y teniendo lo necesario agradeciéndole sus bondades. Se trata de ampliar el horizonte de 'fecundación' del Espíritu a todo el Plan salvador de Dios en Cristo". (Jordá Arias, E. *Cristo en comunidades aymaras de El Alto*, p. 79).

86 "Nuestro terreno es bien complejo; lo espiritual es percibido en toda entidad viviente, en difuntos, en el medio abundante o naturaleza. Algunas entidades sagradas son benéficas, otras son maléficas, o tienen ambas características o mas de una que de la otra. Entidades ancestrales y personas difuntas suelen ser protectoras, pero a veces también incomodan y agradecen a familiares y vecindarios. Todo esto ¿es sólo un modo de hablar religioso? Me parece que no. Los espíritus autóctonos y mestizos tienen una significación propia, y afectan el día a día. Ni son similares ni son equivalentes a concepciones bíblicas. A menudo se presuponen concordancias entre lo espiritual en clave cristiana (por un lado) y las simbologías en el mundo andino (por otro)". (Irarrázaval, D. *Indicios del Espíritu en Regiones Amerindias*, p. 204-205).

87 No mundo aymara existem duas almas: *qamasa* e *ajayu*. A primeira se traduz por "ânimo" e a segunda por "energia/coragem". O povo aymara tomou o conceito de alma e o integrou para descrever alguns componentes da pessoa: "Desde mi perspectiva, tal como la persona aymara, tanto el varón como la mujer, se **articulan mutuamente, de la misma manera se articulan también el cuerpo de** una persona aymara mutuamente con el *ajayu* y el *qamasa*, y algunas veces tienen manifestaciones concretas. Estos dos componentes se encuentran ligados al cuerpo físico *janchi*. El cuerpo es el lugar donde habita el *ajayu* y el *qamsa*; éstos llegarían a constituir la vida de la persona aymara [...] Entonces, se puede definir que en el mundo aymara, el *ajayu* y el *qamasa* son dos habitantes que conviven en el cuerpo de una persona. Pero cuando el *ajayu* desaloja el cuerpo, se convierte en 'alma'. Por eso el 'alma' en la lógica aymara puede pasearse o caminar por lugares conocidos de la persona. Por esta razón, se dice que existen dos energías que son el *ajayu* y el *qamasa*, y el cuerpo es el lugar donde se alojan". (Cf. HUACANI Cocaure, V. *Sanación en el mundo aymara y en la Biblia*, p. 255-256); Em suma, o *Ajayu* – princípio de vida e *Qamasa* – princípio de energia, junto ao corpo dão como resultado a vida. Por outro lado: "Para el aymara, el quechua y tantos otros pueblos, la vida es un proceso continuo en un contexto más am-

plio de vida universal, humana y cósmica. En palabras de un anciano aymara, tenemos tres vidas y dos nacimientos. La primera vida es en el seno materno y desemboca en un primer nacimiento; la segunda es la vida en este mundo. La muerte a esta segunda vida es el segundo nacimiento, que nos conduce a la tercera vida. El seno de la madre humana y el seno de la Madre Tierra son fuente de nueva y mayor vida en los diversos momentos de este gran ciclo vital a la vez personal, social y cósmico". (Albó, X. *Teología narrativa de la muerte andina, fuente de nueva vida*, p. 277).

88 "Cabe también discernir prácticas. Hay tipos de ritos y celebraciones para cada momento y espacio importante. Cuando una ceremonia va acompañada de un buen comportamiento humano, cuando predomina el amor al prójimo y a Dios, entonces puede presuponerse que el Espíritu anima todo. Si no es así, la ceremonia andina muestra limitaciones, desviaciones, y tal vez algo de idolatría. Por ejemplo, me parece que el Espíritu es ocultado y olvidado cuando entidades no cultivan su propio ser cultural (su identidad indígena, mestiza, y su filiación divina). Por otro lado, tenemos el impacto de entidades de comunicación y la publicidad moderna; estas difunden numerosos y engañadores anti-valores. De nuevo se manifiestan indicios de ausencia del Espíritu". (Irarrázaval, D. *Indicios del Espíritu en Regiones Amerindias*, p. 208).

89 Conforme Tomichá Charupá, a *ruah* teria ao menos quatro acepções: sopro e vento, força viva personificada, força viva no ser humano e força viva de Deus. Se a *ruah* está presente em cada singularidade particular da criação, cabe ao ser humano viver em relação ou conexão profunda e integral com seu entorno, escutando e sintonizando com todas as vozes que são presença viva e revelam o divino, porque tudo vive, nas diversas formas de expressão. Muito significativa é a imagem do sopro do Espírito que dá vida aos ossos secos (Ez 37,14). De modo que a *ruah* criadora não só gera ou dá via ou a aumenta, mas protege e acompanha. Dá vida aos mortos, faz passar da morte para a vida, gera esperança quando aparentemente tudo é morte e desesperança. É uma *ruah* que desde o reverso da história e do cosmos e em situações críticas de saúde, depredação, extrativismo, violência, e extermínio das criaturas, segue criando vida em e desde os espaços marginais do mesmo cosmos que sofre dores de parto (Rm 8,22) e que espera ser reconhecido como criação redimida. Na tradição cristã, a Divina *Ruah* está presente nos hinos medievais *Veni Cretor Spiritus* (s. IX) e *Veni Sancte Spiritus* (s. XIII), embora com uma carga intimista, que relega a dimensão relacional, social

e cósmica. Porém, neste último hino, chama-se o Espírito como "pai dos pobres", que desde o ponto de vista latino-americano e ameríndio, compreende-se não só como "pai materno" ou "mãe paterna" dos pobres em relação aos pequenos e as pessoas simples dita na exultação messiânica de Jesus (Mt 11, 25-27), mas como pai-mãe de todas e cada uma das criaturas, simbolizadas na expressão de Francisco de Assis e retomada pelo Papa Francisco em LS, 1: "Louvado sejas, meu Senhor, pela nossa irmã, a mãe terra". Portanto, a força vital da ruah materna-paterna criadora se expressa no simples, no pequeno, no frágil, no humilde e descartado, ou seja, desde o kenótico das criaturas e do cosmos, por isso é possível afirmar que o Espírito Santo é força dos pobres. (Cf. Tomichá Charupá, R. *Algunas premisas para una pneumatología en perspectiva indígena*, p. 312-314).

90 A partir dessa compreensão, é possível entender a relação entre Espírito Santo e mistério da criação, uma criação que não só dá a existência ao cosmos, mas vai além, é presença do Espírito de Deus na criação, comunicação de Deus em cada uma de suas criaturas. Em outras palavras, o cosmos está chamado não só a existir em modo precário, deriva, dependente ou submisso diante de uma realidade que pudesse ultrapassar, mas que, por vocação, deve subsistir, ser criação, existir com fundamento, viver com sentido, e inclusive resistir a tudo o que impede uma vivência plena e autêntica. Em termos teológicos, o cosmos-criação está chamado a manifestar e revelar a presença divina que lhe concede subsistência, para assim adquirir uma verdadeira consistência, ou seja, estabelecer-se em modo permanente sempre junto a, em relação ao e em harmonia intrínseca com seu entorno. O passo da existência à subsistência é possível pela presença do Espírito de Deus na criação, ou seja, a *ruah*, que em termos cristãos concede consistência crística (Teilhard de Chardin) ao cosmos que chegue a ser criação. Trata-se de uma consistência criatural que supera todo tempo e espaço: "Dado que el ser humano es intrínseca y eminentemente relacional, la salvación histórica de Dios en el mundo pasa o se manifiesta no sólo en determinadas expresiones culturales (mitos, ritos, organización y ethos propios), sino también en las demás expresiones creaturales (otros seres vivientes, signos y símbolos cósmicos) con quien el ser vivo se encuentra en sus espacios cotidianos. Esta salvación-sanación de Dios es posible por acción continuada y creativa de la misma ruah divina que ha acompañado desde sus inicios todo el proceso cósmico en el cual se inserta el ser humano. En tal sentido, las pneumatologías abyayalenses, en fidelidad a las tradiciones milenarias de los pueblos originarios, buscan recoger, discernir y

explicitar aquellas expresiones vividas de la misma Ruah (en sus diversos nombres) sobre todo – pero no solamente – en dichos pueblos, pues estas teologías reconocen la Presencia Vital (del Espíritu) en las dimensiones relacionales creaturales-cósmicas, muchas veces relegadas o no suficientemente valoradas por otras teologías cristianas. Entre tales expresiones se pueden señalar: el carácter profundamente relacional, interpenetrado (perijorético) y convergente el Misterio Divino; la preeminencia del Espíritu como 'fuerza vital', especialmente femenino dialogal (Ruah, Sophia...), que acompaña los procesos humanos-cósmicos de los pueblos; la atención a los signos y símbolos creaturales que manifiestan la 'revelación progresiva' del Misterio más allás de los loci theologici convencionales [...]". (Tomichá Charupá, R. *Algunas premisas para una pneumatología en perspectiva indígena*, p. 35-36).

91 Diante de qualquer mal e doença, a população andina tem suas maneiras de sarar o corpo, a mente, a sociedade, o meio ambiente. É evidente que a doença é encarada de forma holística. Cabe afirmar que a recuperação da saúde é corporal, nas relações humanos, nos vínculos com o sagrado. Luta-se contra o mal, busca-se reconciliação e perdão, o amor é expressado em todas suas dimensões. A *sanación* é outro modo de construir história, graças à animação do Espírito presente na caminhada de cada povo: "En la lucha contra dolencias y a favor del bienestar pleno del ser humano, encontramos al Espíritu que libera y ama. A lo largo de años de convivencia con familias andinas, presencio y colaboro en sus **prácticas de sanación. Espontáneamente no hablan del Espíritu, ni de Cristo;** pero hacen la señal de la cruz y comunican la fuerza consoladora de la tercera persona de la Trinidad. Uno siente el Espíritu del Señor que sana a personas enfermas y las libera de fuerzas malignas. En un sentido más amplio, uno constata el dinamismo fecundo de la reciprocidad andina – que como lenguaje bíblico llamamos de amor-. Sin embargo, crece la cizaña. Aparece con frecuencia la envidia, violencia horizontal, devoción al dinero, pasividad, egoísmo; estas instancias del anti-amor conllevan un rechazo del Espíritu. Cabe pues acentuar como la persona, la comunidad, la historia son sanadas". (Irarrázaval, D. *Indicios del Espíritu en Regiones Amerindias*, p. 214).

92 Durante horas e horas de sua vida, a mulher tece sua existência. Com tecnologia, sentido artístico, mística e sabedoria, organização e habilidade econômica, ela fabrica vestimenta, artesanatos, tece a convivência familiar e comunitária. Faz isso conversando, e em silêncio. É um símbolo de como a população andina constrói

a realidade: "La sapiencial corporeidade de la mujer tiene energías creadoras; con elementos de tierra-viva se hace el tejido; el cuerpo humano teje la belleza que brota del alma; la mujer y el varón intuyen y generan comunidad. Simultáneamente existen fuerzas negativas: la naturaleza sufre exploración, el cuerpo humano es maltratado, perdura el machismo, hay divisón y enemistad en el seno del pueblo andino, existe el complejo de ser menos e imitar a 'gente con éxito'. Ante estas ambivalencias, la iglesia con rostro andino se pregunta por el Espíritu creador, y por el Espíritu fuente de servicios comunitarios. Encontramos rastros de quien cuida existencias dignas y justas, de Quien infunde carismas fortalecedores de la comunidad. Me parece que con 'parábolas de mujer' es reconstruida la pneumatología". (IRARRÁZAVAL, D. *Indícios del Espíritu en Regiones Ameríndias*, p. 213); Nas palavras de uma mulher indígena: "[...] la espiritualidad es el alimento de nuestras vidas, la llevamos en lo más profundo de nuestro ser, es el eje que integra y vitaliza toda nuestra existencia. La espiritualidad significa vivir con nuestro ajayu, con nuestra qamasa, que son nuestra qipa, nuestro alimento del alma, es el hilo que sostiene nuestras vidas. Esta espiritualidad requiere ser recreada, alimentada y fortalecida continuamente. Las mujeres somos como una planta, necesitamos ser echadas con agua fresca y abono de la espiritualidad para vivir empoderadas con el poder de la qamasa para afrontar diferentes tipos de opresión, violencia, marginación y exclusión. [...] Con la reflexión en clave de empoderamiento del ajayu y la qamasa, espiritualidad de las mujeres, ellas pueden cambiar sus vidas y lograr suma qamaña en cuerpo y espíritu. Por eso es importante el acompañamiento espiritual a las mujeres; no solamente saber que la ley las defiende, o que existe esto u otro... sino dar la fuerza espiritual a las mujeres para que se valgan por sí mismas". (Mamani Bernabé, V. *Identidad y espiritualidad de la mujer aymara*, p. 138-139).

CONCLUSÃO

Pensar o cristianismo e, com isso, sua reflexão teológica contextual andina que se tornou uma opção clara na pesquisa, é um caminho que compromete em dois sentidos. Primeiro, o de relacionar experiência cristã e realidade cultural em vista de um mútuo crescimento. Não é simples conversação para encontrar correspondências interesseiras e mesquinhas com o objetivo de legitimar uma opção, mas diálogo que transforma e permite que ambas as partes, a cultura e a experiência cristã, sejam atravessadas e afetadas no intercâmbio saudável de experiências, na escuta respeitosa e não preconceituosa, sem armas que aniquilem e reproduzam novamente o colonialismo que tanto mal já fez para os povos ancestrais. O segundo compromisso se desprende do anterior e consiste em não renunciar a ser cristão e andino ao mesmo tempo e não abdicar ser teólogo e andino/mestiço ao mesmo tempo, pois se comprova que uma justa relação de paradigmas conduz à síntese de vida, de experiência cristã e teologia. Síntese que não é simples resumo, mas extração do mais precioso de ambos os polos para a produção de uma bendita mescla, que é a originalidade de quem se coloca neste caminho, mescla que se apresenta como mestiça, que é crítica e não anula as diferenças dos autóctones.

Cada capítulo da pesquisa foi mediado por passos sucessivos e processuais para atingir a meta principal. Para a compreensão do mundo andino, usou-se material diverso e a elaboração desta seção, a primeira, exigiu muito esforço para adentrar no âmago e campo semântico desta cultura. Embora, com o conhecimento prévio e já explorado de algumas categorias estudadas em outras pesquisas, agregou-se às experiências dos próprios teólogos, filósofos, sociólogos, antropólogos, etno-historiadores: sabedorias coletadas e confrontadas com a experiência pessoal.

A melhor palavra para descrever a percepção andina da vida, que é cósmica e relacional, seria através da categoria *cosmovivência* e não cosmologia. Já nesta afirmação, que também é proposta, questiona-se a concepção de vida fragmentada, engavetada e centrada na experiência do ser humano. Partindo desse princípio, percebe-se uma lógica de relações fundamentada na experiência do cosmos, da transcendência e do imanente. Uma tríade usada unanimemente pelos pesquisadores para descrever a complexidade da compreensão andina da vida, embora que se dividida para explicar, forma uma unidade no pensamento. Vários princípios sustentam a lógica das relações: complementaridade, correspondência, reciprocidade, tempo cíclico. Esta é a base antropológica, o dado cultural, a interculturalidade cultural que assevera a construção de sabedorias descoloniais.

A *construção de sabedorias descoloniais,* assunto do segundo capítulo, é um apartado crítico, com ênfase na antropologia social, luzes que vieram do diálogo e escuta com colegas da caminhada e empenhados na reivindicação das sabedorias subversivas, de novas epistemologias construídas na base das experiências autóctones. Aqui foi provocado um diálogo interdisciplinar para compreender de que tipo de interculturalidade se fala quando se relaciona com a fé e a experiência cristã (Irarrázaval, 2003). Adentrando na questão, só será possível chegar às relações interculturais de fato se reparados os estragos ocasionados pela modernidade e a colonialidade na América Latina .

O projeto modernidade/colonialidade supôs um eclipse ao meio-dia na história dos povos *abyalenses*, parafraseando um dito popular andino. A modernidade trouxe ao continente problemas sérios que vão de mão com a colonialidade em vários níveis: do poder, do saber e das relações. A colonialidade do poder em níveis de raça, gênero, capital e eurocentrismo. É também um problema epistêmico e filosófico quando, como colonialidade do saber, depreende-se a carga colonial da construção do pensamento e da ciência. E o aspecto mais terrível da colonialidade é sua instalação no mais profundo do ser, deixando as pessoas incapazes de compartilhar o dom das experiências.

À luz das considerações elencadas, há necessidade de um giro a toda essa realidade para *descolonizar* da própria colonialidade, a fim de construir um caminho saudável. A critério dos autóctones só será possível com uma razão cordial, epistemologias afetivas, a partir das sabedorias do coração, ou simplesmente *corazonando*. Propondo a descolonização, entende-se que a interculturalidade crítica se situa no mesmo horizonte e chegam a ser como que sinônimos de um mesmo projeto: desconstruir para reconstruir e a partir das fissuras. A interculturalidade crítica questiona a compreensão eclesial do paradigma de inculturação, colocando-o sob suspeita e apelando para uma decidida opção intercultural no cristianismo, como marca do tempo e compromisso para superar as crises do cristianismo. No entanto, durante o andamento da pesquisa, infere-se que esta vertente crítica da interculturalidade **precisa se relacionar com as outras concepções – a interculturalidade** convivencial, desenvolvida na teologia, e a interculturalidade construída desde as bases e experiências, realizada pela pastoral e teologia andina. Em suma, há várias vertentes de interculturalidade, que se procura desenvolver adequadamente em cada capítulo.

No terceiro capítulo, os esforços se centraram na elaboração de uma hermenêutica teológica intercultural, em chave de encontro e reciprocidade. É teologia hermenêutica porque não dogmatista, e interessada apenas em um método para saber ler e interpretar o mundo cultural, religioso e espiritual andino, lugar donde nascem as reflexões para uma articulação teológica.

Entende-se que definir uma cultura é complexo. No entanto, a pesquisa se aproxima do termo pela vertente teológica, compreendendo como aquilo que diz respeito incondicionalmente a uma pessoa, e nessa definição encontrar o caminho para estabelecer um diálogo com a religião, reflexo e a alma da cultura. Religião e cultura se correspondem. Em contexto andino, o melhor seria falar em espiritualidade do que em religião, pois este conceito é estranho e inapropriado para descrever a religiosidade autóctone, que não se enquadra em uma noção exata e com esquema tão definido como poderia ser no Ocidente. Com isso, no campo teológico, numa apropriada atualização dos lugares teológicos, a cultura encontra seu espaço como marca do tempo contemporâneo, um conceito epocal que ajuda a Igreja a se incluir no tempo e com relevância lendo os sinais dos tempos.

Na América Latina, esses sinais dos tempos, foram lidos pela experiência filosófica e teológica da libertação, onde deparam com níveis de cruzamento: a contextualização, a opção pelos pobres, a inculturação, a mestiçagem cultural e o conceito de povo. Essas situações se afunilam em um método, círculo teológico intercultural, que nasce da experiência missionária nesses encadeamentos e que prioriza os seguintes passos na elaboração de uma teologia intercultural: deixar-se fecundar pela realidade, vislumbrar a novidade e contribuir com germens de vida plena. A experiência cristã, desde seu início, como comprovado na releitura do trecho bíblico de Mt 15,21-28, foi sempre uma experiência intercultural. A escolha foi trabalhar a perícope da mulher siro-fenícia, por descobrir nesse cenário a situação de uma mulher, estrangeira e de outra religião três elementos que entrelaçam no diálogo com Jesus, momento de interaprendizagem, intercultural, deixar se transformar pela experiência do encontro e buscar a reciprocidade como mística que anima a experiência em busca da vida plena, da restituição da vida daqueles que não a tem.

O quarto e último capítulo, à maneira de *notas para uma teologia com rosto andino,* situa a experiência cristã específica em contexto andino, o esforço de um processo que leva anos de maturação. Esta é a interculturalidade como sopro do Espírito, que nasce das bases, da experiência dos indígenas, dos andinos *quéchuas* e *aymaras*. Retoma-se o paradigma teológico de inculturação, dentro da tradição latino-americana, no raciocínio de que este é um processo importante, que é levado adiante por diversas comunidades que se deixam transformam pela experiência com o mistério sagrado da vida. A experiência da inculturação supõe um processo intercultural crítico. Como paradigma teológico, são oferecidos os processos iluminadores: a encarnação como ponto de partida, a Páscoa como processo e o Pentecostes como protagonismo dos autóctones, momentos que ajudam a perceber que um cristianismo diverso e local é possível ser construído.

Nas conferências de Medellín a Aparecida, a Igreja se reencontra com os povos indígenas, numa postura conciliadora que busca remediar os próprios erros. Em tempos de *Querida Amazônia*, o cultural é assumido como lugar teológico e o sonho por uma igreja intercultural. A caminhada da teologia índia, empenhada neste processo, constrói-se desde a pastoral indígena, irmanados na dor, na resistência e na esperança, para que a superação dos projetos monoculturais e neocoloniais acabem de vez.

Como o campo indígena é vasto e diverso, a opção pela teologia andina desencadeou a configuração de uma inter-transculturação, valorizando assim a criticidade do intercultural e **como a superação de um projeto histórico hegemônico. Por** isso, o *trans* evoca o superado ou o que ainda precisa superar. O processo inculturador da Igreja através de suas iniciativas em simpósios de teologia índia estão dentro do contexto das conferências do episcopado latino-americano e enriquecem o processo de intercâmbio.

A teologia andina, que procura romper com a roupagem ocidental da teologia, é um modelo de desconstrução intercultural, para indigenizar e andinizar a experiência de fé. É um caminho de desobediência epistemológica de uma teologia considerada como universal e hegemônica. São características ser panenteísta, cristocêntrica, ecumênica; valoriza a experiência oral; é contra o androcentrismo teológico; é realizada pela experiência em comunidade; os ritos, símbolos e mitos são fonte para a elaboração da teologia; valoriza o diálogo entre sabedoria milenar e a longa tradição ocidental; sua articulação é uma espécie de sincretismo teológico sadio. Estão empenhados em todo este processo muitos institutos e teólogos autóctones.

Na acepção do pesquisador, existem três elementos convergentes que têm sido motivo de reflexão na teologia andina, e que são de certa forma marcas de um cristianismo que se andinizou. O primeiro é perceber a experiência reveladora de Deus, no cotidiano, imanente, ritual, mítico, ético, que é a forma de compreender o tempo (Irarrázaval, 1999) e o espaço, na *Pachamama,* nos diversos nomes dados para se referir ao Deus cristão: *Apu-Tata-Mama,* revelação da vida e do cuidado, no trabalho e experiência solidárias. Um outro elemento importante é a experiência com Cristo, de forma cosmológica e bíblica, Cristo como *chakana*, mediador entre os mediadores andinos. O andino participando deste mistério se torna um intercessor nas relações do mundo para guardar o equilíbrio da vida. Este capítulo encerra com a experiência do *ajayu,* espírito que anima a caminhada e ajuda a perceber do ponto de vista cósmico e bíblico a ação do mistério divino na vida destes povos. Espírito que anima as batidas históricas do povo e o conduz para o caminho do bem viver, aspecto que tem sido explorado bastante nos últimos anos de reflexão teológica andina, como experiência de fidelidade às raízes cristãs e originárias.

Com isso, chega-se ao *sendero teológico,* como caminho ou trilha intercultural e permanece inacabado, pois processos interculturais são dinâmicos e abertos à obra do Espírito. Com o indígena que não é sinônimo do passado, nem apenas uma mercadoria de folclores, observa-se que a criatividade que é plural e se articula com fragmentos de dignidade mestiça e intercultural. O que os indígenas possuem são saberes com relevância universal e apreciação teológica. As pequenas contribuições autóctones valem muito para resolver os problemas contemporâneos, sem idealizar e descontextualizar. Entretanto, necessita-se de projetos de transformação com responsabilidades locais e regionais, acordos entre diversos setores da humanidade.

Permanece aberto o desafio de conjugar os esforços epistêmicos entre o indígena e outros setores, sejam eles afrodescendentes, sejam dos demais setores majoritários. Não é possível encapsular a reflexão só para dentro do mundo indígena, senão a reflexão seria irrelevante. Conscientes também de que as formas autóctones e mestiças de entender e colaborar na criação teológica podem reformular esta ciência, conclui-se com alguns compromissos, sapienciais e místicos (Irarrázaval, 2019). Primeiro, deve-se pensar a vida de fé desde uma experiência holística, reconhecendo que Deus é comunidade, família, alegria, saúde, humildade e que não é o Deus da fome do orgulho, da vaidade. Para isso, é imprescindível celebrar com ritos que se apresentam sincréticos, simbólicos e ecumênicos. Segundo, a teologia andina, de caráter minoritário, pequeno, das bases, entra em processos mundiais, a fim de que o progresso destes povos não seja negado. Em termos paradoxais, estes grupos minoritários passam a ser universais, acontecendo através do cotidiano e de símbolos que condensam a vida, e de modo especial através do silêncio, comumente usado como estratégia para se defender das acusações e agressões que por ventura vierem. Terceiro, a convivência entre o homem e mulher, o princípio da paridade sexuada, a prática de gênero e humanização entre diferentes conduz ao Deus misericordioso e amoroso, convivência que ajuda a superar o androcentrismo e não assume a onipotência divina que aliena. Quarto, a libertação nesse sentido, é concreta, processual, sem fronteiras, mundial. Realiza-se, também, no cotidiano, indicando uma utopia *corazonada*, feita a passos lentos. Aqui, ser e estar, sofrer e fazer festa, é sinal da fecundidade do Mistério, boa notícia para quem sente o mal-estar sistêmico e com teimosia busca a sobriedade.

BIBLIOGRAFIA

Acosta, A.

O bem viver: uma oportunidade para imaginar outros mundos. São Paulo: Elefante, 2016.

Extrativismo e neoextrativismo: duas faces da mesma maldição. In: Lang, M.; Dilger, G.; Neto, J. (Org.). *Descolonizar o imaginário:* Debater sobre pós- extrativismos e alternativas ao desenvolvimento. São Paulo: Elefante, 2016.

Albó, X.

Teología narrativa de la muerte andina, fuente de nueva vida. In: Estermann, J. *Teología andina:* el tejido diverso de la fe indígena. La Paz: ISEAT, 2009, 2 v. p. 275-303.

Almeida, I.; Arrobo, N. (Orgs.)

En defensa del pluralismo y la igualdad: los derechos de los pueblo indios y el estado. Quito: Abya-Yala, 1998.

Alvim, M. H.

Um franciscano no novo mundo: frei Bernardino de Sahagún e sua Historia General de las cosas nuevas de España. Disponível em: http://revistaseletronicas.pucrs.br/ojs/index.php/iberoamericana/article/viewFile/1325/1030. Acesso em: 20 abr. 2022.

Arizmendi Esquivel, F.

Historia del proceso recorrido. In: VI Simposio Latinoamericano De Teología India, 2017, Asunción. *Trinidad, Familia y Pueblos Originarios:* Anales. Bogotá: celam, 2018, v. 6, p. 61-86.

Arnold, D.

Algunos aportes de las ciencias sociales para el proyecto de la teología andina. In: Estermann, J. *Teología andina:* el tejido diverso de la fe indígena. La Paz: ISEAT, 2009, 1 v. p. 173-208.

Arnold, S. P.

¿Cómo hacer teología cristiana desde los Andes? Un recorrido dialogado de diferentes campos de la teología en perspectiva de teología andina. In: Estermann, J. *Teología andina:* el tejido diverso de la fe indígena. La Paz: iseat, 2009, 2 v. p. 69-83.

Esbozo para una refundación mestiza de la Teología de la Liberación: un punto de vista desde la teología andina. In: Estermann, J. *Teología andina:* el tejido diverso de la fe indígena. La Paz: iseat, 2009, 2 v. p. 337-349.

El tiempo del Espíritu: una neumatología desde lo andino. In: López Hernández, E.; Lisa, C.; Arnold, S. P. *Caminos de herradura:* 25 años de Teología Andina. Cochabamba: Verbo Divino, 2016, p. 125-157.

Barbaglio, G.; Fabris, R.; Maggioni, B.

Os Evangelhos I. São Paulo: Loyola, 1990.

Bento xvi.

Discurso inaugural de la V Conferencial General del Episcopado Latinoamericano y del Caribe. Disponível em: https://www.vatican.va/content/benedict-xvi/es/speeches/2007/may/documents/hf_ben-xvi_spe_20070513_conference-aparecida.html. Acesso em: 03 de dez. 2021.

Bíblia.

Português. A Bíblia de Jerusalém. São Paulo: Paulus, 2003.

Boff, C.

Teoria do método teológico. Petrópolis: Vozes, 1998.

Bremer, M.

Valor de la Asamblea en la Biblia y en el Mundo Guaraní. *RIBLA,* São Paulo, v. 83, n.1, p. 42-54, 2021.

Carta Da Terra, 2000.

Disponível em: http://www.cartadaterrabrasil.com.br/prt/Principios_Carta_da_Terra.pdf. Acesso em: 26 de set. 2016.

Catecismo Mayor Del III Concilio Provincial De Lima.

Disponível em: http://www.mscperu.org/teologia/1historia/1era%20EvangAL/documentos1EvaAL/Catecismo_mayor_menorConcLimIII.htm#_ftn1. Acesso em: 04 de mai. 2018.

Catota, Alcides.

Encuentros de Teología india en américa latina (1990 – 2016). In: IX ENCUENTRO CONTINENTAL DE TEOLOGIA INDIA. *La acción del Espíritu en los pueblos indígenas:* Memoria. Cochabamba: AELAPI/Itinerarios, 2021, p. 185-201.

Callisaya Cruz, C. J.

La negociación simbólica. In: Estermann, J. *Teología andina:* el tejido diverso de la fé indígena. La Paz: ISEAT, 2009, 1 v. p. 41-75.

Celam.

Rio de Janeiro: documento final. Rio de Janeiro, 1955.

Medellín: documento conclusivo. Medellín, 1968.

Puebla: documento conclusivo. São Paulo: Paulinas, 1979.

Santo Domingo: documento conclusivo. Santo Domingo, 1992.

Aparecida: documento conclusivo. CELAM, 2007.

CNBB.

Ele está no meio de nós: O Semeador do Reino – Evangelho segundo Mateus. São Paulo: Paulinas, 1998.

Cerviño, L.

Otra misión es posible: dialogar desde espacios sapienciales e interculturales. Cochabamba: Itinerarios, 2010.

El resucitado: *chakana* cósmica. Lo/as mediadores/as andinos/as y Jesucristo In: Estermann, J.. *Teología andina:* el tejido diverso de la fe indígena. La Paz: ISEAT, 2009, 2 v. p. 85-104.

Concílio Vaticano II.

Gaudium et Spes. In: Compêndio do Vaticano II: constituições, decretos, declarações. Petrópolis: Vozes, 1979.

Lumem Gentium. In: Compêndio do Vaticano II: constituições, decretos, declarações. Petrópolis: Vozes, 1979.

Ad Gentes. In: Compêndio do Vaticano II: constituições, decretos, declarações. Petrópolis: Vozes, 1979.

Constitución De La República Del Ecuador. Montecristi, 2008.

Constitución Del Estado – Bolivia. 2009.

Colque Jiménez, A.

El caminar hacia las teologías andinas. In: Estermann, J. *Teología andina:* el tejido diverso de la fé indígena. La Paz: iseat, 2009, 1 v. p. 79-93.

Concilium.

Povos indígenas e cristianismos. Petrópolis: Vozes, n. 382, 2019/4.

Curatola Petrocchi, Marco.

Materiales para el estudio del mundo andino antiguo. *Histórica,* xxxvi.1-2, p. 187-253, 2002.

Chipana Quispe, S.

Teología y Buen Vivir. In: Congreso Continental de Teología, 2012, São Leopoldo. *La teología de la liberación en prospectiva:* Anales. Uruguay: Fundación Amerindia, 2012, v.1, p. 231-262.

Hacia una hermenéutica andina de la Biblia. In: Estermann, J.*Teología andina:* el tejido diverso de la fe indígena. La Paz: iseat, 2009, 2 v. p. 307-321.

De Sousa Santos, Boaventura.

Introducción a las epistemologías del sur. In: Meneses, M. P.; Bidaseca, K. (Orgs). *Epistemologías del sur*. Buenos Aires: clacso, 2018, p. 25-61.

Por uma concepção multicultural de direitos humanos. *Revista crítica de Ciências sociais,* Coimbra, p. 11-32, n. 48, jun, 1997.

Dussel, E.

Europa, modernidade e eurocentrismo. In: Lander, E. (Org.). *A colonialidade do saber:* eurocentrismo e ciências sociais. Buenos Aires: clacso, 2005, p. 24-32.

Estermann, J.

Filosofía andina: estudio intercultural de la sabiduría autóctona andina. Quito: Abya-Yala, 1998.

Más allá de occidente: apuntes filosóficos sobre interculturalidad, descolonización y el Vivir Bien andino. Quito: Abya-Yala, 2015.

Cruz y Coca: Hacia la descolonización de religión y teología. Quito: Abya-Ayala, 2014.

La teología andina como realidad y proyecto: una desconstrucción intercultural. In: *Teología Andina:* el tejido diverso de la fe andina. La Paz: iseat, 2009. 1 v. p. 97-114.

Apu Taytayku: implicaciones teológicas del pensamiento andino. In: Sidekum, A. (Org.). *O imaginário religioso indígena.* São Leopoldo: Unisinos, 1997.

(Org.) *Teología Andina:* el tejido diverso de la fe andina. La Paz: ISEAT, 2009. 1 v.

(Org.) *Teología Andina:* el tejido diverso de la fe andina. La Paz: ISEAT, 2009. 2 v.

Interculturalidad: vivir la diversidad. La Paz: ISEAT, 2010.

Equilibrio y cuidado: concepción indígena de una comunidad solidaria y diaconal. In: De La Torre, M.; Zwetcsh, R. (Orgs.). *Diaconía y solidaridad desde los pueblos indígenas.* São Leopoldo: Sinodal/CETELA, 2007, p. 126-139.

Eckholt, M.

Lo propio y lo ajeno: una actualización de los Loci Teologici de Melchor Cano para el diálogo entre las culturas. In: *La iglesia en la diversidad:* esbozo para una eclesiología intercultural. Chile: Ediciones Universidad Alberto Hurtado, 2014. p. 893-1501. E-book Kindle.

Fiorenza, E.

As origens cristãs a partir da mulher: uma nova hermenêutica. São Paulo: Paulinas, 1992.

Francisco.

Evangelii Gaudium. **Sobre o anúncio do Evangelho no mundo atual.** São Paulo: Paulinas, 2014.

Encuentro con los obispos de México. Fevereiro, 2016. Disponível em: http://w2.vatican.va/content/francesco/es/speeches/2016/february/documents/papa-francesco_20160213_messico-vescovi.html. Acesso em 09 out. 2016.

Homilia en la Santa Misa por el progreso de los pueblos. Temuco, 18 de enero. Viaje apostólica a Chile y Perú, 15-22 de enero 2018. Disponível em: http://w2.vatican.va/content/francesco/es/homilies/2018/documents/papa-francesco_20180117_omelia-cile-temuco.html. Acesso em 18 fev. 2018.

Laudato Si'. Sobre o cuidado da casa comum. São Paulo: Paulinas, 2015.

Querida Amazônia. Exortação apostólica pós-sinodal. Disponível em: https://www.vatican.va/content/francesco/pt/apost_exhortations/dccuments/papa-francesco_esortazione-ap_20200202_querida-amazonia.html. Acesso em 20 fev. 2020.

Fornet-Betancourt, R.

Interculturalidad y religión: para una lectura intercultural de la crisis actual del cristianismo. Quito: Abya-Yala, 2007.

Interculturalidade: críticas, diálogo e perspectivas. São Leopoldo: Nova Harmonia, 2004.

El imaginario (Religioso) Indígena como desafío a la Investigación Filosófica en América Latina. In: Sidekum, Antônio (Org.). *O imaginário religioso indígena*. São Leopoldo: Unisinos, 1997, p. 9-14.

Freitas, V.

Saber, abstração e poder na Dialética do esclarecimento: um comentário crítico. *Veritas: revista de filosofia da PUCRS,* Porto Alegre, v. 59, n. 2, p. 20-45, maio-ago, 2014.

Flores Lizana, José C.

La sabiduría oral indígena, fuente de esperanza: aportes iniciales para una teología andina quechua. In: Estermann, J. *Teología andina:* el tejido diverso de la fe indígena. La Paz: ISEAT, 2009, 1 v. p. 209-226.

Antropología del cuerpo en la cultura andina quechua In: Estermann, J. *Teología andina:* el tejido diverso de la fe indígena. La Paz: ISEAT, 2009, 2 v. p. 207-223.

Galceran Huguet, M.

El análisis del poder: Foucault y la teoría decolonial. *Tabula Rasa*, Bogotá, n. 16, p. 59-77, ene-jun, 2012.

Geertz, Clifford.

A interpretação das culturas. Rio de Janeiro: LCT, 1989.

Geffré, C.

Como fazer teologia hoje: hermenêutica teológica. São Paulo: Paulinas, 1989.

Goppelt, L.

Teologia do Novo Testamento. São Paulo: Teológico, 2002.

Gorski, J.

El desarrollo histórico de la "Teología india" y su aporte a la inculturación del Evangelio. In: Suess, P. *et al. Desarrollo histórico de la Teología india*. Quito: Abya Yala, 1998, p. 9-34.

GUAMAN, P.

El primero nueva crónica i buen gobierno (1615). Disponível em: http://www5.kb.dk/permalink/2006/poma/titlepage/es/text/?open=idm45821230787600. Acesso em 28 mar. 2020.

GUERRERO, P.

Corazonar el sentido de las epistemologías dominantes desde las sabidurías insurgentes, para construir sentido otros de la existencia. *Calle 14: revista de investigación en el campo de el arte,* v. 4, n. 5, p. 80-94, Bogotá, jul-dez, 2010. Disponível em: http://www.redalyc.org/pdf/2790/279021514007.pdf. Acesso em 08 jun. 2018.

La chakana del Corazonar: desde las espiritualidades y las sabidurías insurgentes de Abya Ayla. Quito: Abya Yala, 2018.

GRÜMME, B.

Uma época sem religião: pluralismo e secularização. Subsídios do Seminário Intensivo de Teologia Pública. Porto Alegre: PUCRS, 2017.

Fé impossível?: Questionamentos das Ciências, da Economia, da Sociedade e da Cultura. Subsídios do Seminário Intensivo de Teologia Pública. Porto Alegre: PUCRS, 2017.

Religião e fé como realização do ser humano: aproximações antropológicas nas condições da modernidade tardia. Subsídios do Seminário Intensivo de Teologia Pública. Porto Alegre: PUCRS, 2017.

HALL, S.

A identidade cultural na pós-modernidade. Rio de Janeiro: DP&A, 2006.

HERMOSA, H. (Org.).

"*Cuando vengo nomás vengo*"*:* cosmovivencia andina desde la palabra de nuestros mayores. Quito: Universidad Politécnica Salesiana, 2018.

HOUTART, F.

El bien común de la humanidad. Quito: IAEN, 2013.

HUANACUNI, F.

Buen Vivir/Vivir Bien: Filosofía, políticas, estrategias y experiencias regionales andinas. Lima: CAOI, 2011.

HUACANI COCAURE, V.

Sanación en el mundo aymara y en la Biblia. Estudio comparativo de acciones de sanación a partir de *ajay saraqata* (aymara) y la hija de

Jairo (bíblico). In: ESTERMANN, J. *Teología andina:* el tejido diverso de la fe indígena. La Paz: ISEAT, 2009, 2 v. p. 251-273.

INSTITUTO DE ESTUDIOS AYMARAS (IDEA).

Un camino recorrido. 15 años de Encuentros "Teología y Pastoral Andina", Perú-Bolivia: una memoria interpretativa, histórica e teológica. In: ESTERMANN, J. Teología andina: el tejido diverso de la fe indígena. La Paz: ISEAT, 2009, 1 v. p. 227-248.

INTIPAMPA ALIAGA, C.

Lo divino en la concepción andina. In: ESTERMANN, J. *Teología andina:* el tejido diverso de la fe indígena. La Paz: ISEAT, 2009, 2 v. p. 45-67.

INSTRUMENTUM LABORIS.

Amazônia: novos caminhos para a igreja e para uma ecologia integral. Disponível em: https://repam.org.br/wp-content/uploads/2019/06/INSTRUMENTUM-LABORIS.pdf. Acesso em: abr. 2022.

IRARRÁZAVAL, D.

Inculturación: Amanecer eclesial en América Latina. Quito: Abya Yala, 2000.

Un cristianismo andino. Quito: Abya Yala, 1999.

Itinerario en la fe andina: rasgos originarios y mestizos. Cochabamba: Verbo Divino, 2003.

Indicios del Espíritu en Regiones Amerindias. In: IX ENCUENTRO CONTINENTAL DE TEOLOGIA INDIA. **La acción del Espíritu en los** pueblos indígenas: Memoria. Cochabamba: AELAPI/Itinerarios, 2021, p. 203-219.

Saberes autóctones com relevância universal. In: CONCILIUM. *Povos indígenas e cristianismos*. Petrópolis: Vozes, n. 382, 2019/4, p. 121-129.

Deidad en la tierra: fe y teología andina desde la corporeidad. In: ESTERMANN, J. *Teología andina:* el tejido diverso de la fe indígena. La Paz: ISEAT, 2009, 2 v. p. 45-67

JOÃO PAULO II.

Homilía durante la beatificación de los mártires de Cajonos. Agosto, 2002. Disponível em: https://es.zenit.org/articles/homilia-del-papa-en-la-beatificacion-de-dos-martires-indigenas-mexicanos/. Acesso em 09 out. 2016.

Catechesi Tradendae. Sobre a catequese de nosso tempo. Disponível em: http://w2.vatican.va/content/john-paul-ii/pt/apost_exhortations/documents/hf_jp-ii_exh_16101979_catechesi-tradendae.html. Acesso em 11 de abr. 2018.

Redemptoris Missio. Sobre a validade permanente do mandato missionário. Disponível em: http://w2.vatican.va/content/john-paul-ii/pt/encyclicals/documents/hf_jp-ii_enc_07121990_redemptoris-missio.html. Acesso em 11 de abr. 2018.

Jordá Arias, E.

Cristo en comunidades aymaras de El Alto: cruz cósmica y cruz bíblica. Cochabamba: Verbo Divino, 2009.

Kasper, W.

A Igreja Missionária e dialogal. In: *A igreja católica:* essência, realidade, missão. São Leopoldo: Unisinos, 2012.

Konings, J.

Sinopse dos Evangelhos de Mateus, Marcos e Lucas e da "Fonte Q". São Paulo: Loyola, 2005.

Kusch, R.

Obras completas. Rosario: Fundación Ross, 2000. Vol. II

Libânio, J. B.; Murad, A.

Introdução à Teologia: perfil, enfoques, tarefas. São Paulo: Loyola, 1996.

López Hernández, E.

Teologías índias, una ofrenda para la vida del mundo. cenami, México, 2009. Disponível em: http://curasopp.com.ar/web/es/teologia-india/42-teologias-indias-ofrenda-para-la-vida-del-mundo. Acesso em: 09 out. 2016.

O Bem Viver e uma teologia indígena. Disponível em: http://www.ihuonline.unisinos.br/index.php?option=com_content&view=article&id=4681&secao=404. Acesso em: 09 out. 2016.

La teologia índia y su lugar en la iglesia. Disponível em: https://www.cimi.org.br/pub/assteologica/Eleazar_LATEOLOGIAINDIAYSULUGARENLAIGLESIA.pdf. Acesso em: 09 out. 2016.

La inculturación de la iglesia en los pueblos indígenas y afroamerindios. Subsidios do Seminario Sínodos y Sinodalidad. Boston College, 2020.

Teologías indias en diálogo. Subsidios do Seminario Sínodos y Sinodalidad. Boston College, 2020.

La Santísima Trinidad como familia en los pueblos mesoamericanos. VI SIMPOSIO LATINOAMERICANO DE TEOLOGÍA INDIA, 2017, Asunción. Trinidad, Familia y Pueblos Originarios: Anales. Bogotá: CELAM, 2018, v. 6, p. 117-127.

La iglesia, Pueblo de Dios, una perspectiva desde los pueblos originarios. In: LÓPEZ HERNÁNDEZ, E.; LISA, C.; ARNOLD, S. P. *Caminos de herradura:* 25 años de Teología Andina. Cochabamba: Verbo Divino, 2016, p. 5-52.

LÓPEZ HERNÁNDEZ, E.; LISA, C.; ARNOLD, S. P.

Caminos de herradura: 25 años de Teología Andina. Cochabamba: Verbo Divino, 2016.

LOOR, Y.

Monseñor Leonidas Eduardo Proaño Villalba: obispo de los Indios. 2015. 54f. Trabalho de Conclusão de Curso (Graduação). Escola Superior de Teologia e Espiritualidade Franciscana.

LIMÓN, S.

El culto a la tierra, los montes y el agua: semejanzas entre los Andes y Mesoamérica. *Allpachis,* Cusco, v. 65, n. 36, p. 145-164.

MAIDANA, F. L.

La muerte: tradición, religiosidad y simbolismo. In: ESTERMANN, Josef. *Teología andina:* el tejido diverso de la fe indígena. La Paz: ISEAT, 2009, 1 v. p. 155-171.

MAMANI BERNABÉ, V..

Identidad y espiritualidad de la mujer aymara. Bolívia: Itinerarios, 2021

MANAMI ACHATA, M.

La naturaleza: nuestra casa común. Hacia una teología ecológica andina. In: ESTERMANN, J. *Teología andina:* el tejido diverso de la fe indígena. La Paz: ISEAT, 2009, 2 v. p. 189-204.

MAZZAROLO, I.

Evangelho de São Mateus: ouviste o que foi dito...? Eu, porém vos digo...! Coisas velhas e coisas novas! Rio de Janeiro: Mazzarolo editor, 2005.

MIGNOLO, W.

A colonialidade de cabo a rabo: o hemisfério ocidental no horizonte conceitual da modernidade. In: LANDER, E. (Org.). *A colonialidade do saber:* eurocentrismo e ciências sociais. Buenos Aires: CLACSO, 2005, p. 33-49.

Colonialidade: o lado mais escuro da modernidade. *Revista Brasileira de Ciências Sociais,* v. 32, n. 94/junho 2017, p. 1-18.

Habitar la frontera: sentir y pensar la descolonialidad (antología 1999-2014). Barcelona: CIDOB, 2015.

MUÑOZ CÉLLERI, L. P.

Teologia e sumak kawsay: o diálogo com a sabedoria andina do bem viver. Porto Alegre: Editora Fi, 2019.

Interculturalidade e Vida Religiosa Consagrada. In: ZUGNO, V. (Org.). *Vida religiosa consagrada:* novos contextos, desafios renovados. Porto Alegre: ESTEF, 2019.

Maria, figura da igreja. 2015, 44f. Trabalho de Conclusão de Curso (Graduação em Teologia) – Escola Superior de Teologia e Espiritualidade Franciscana, Porto Alegre, 2015.

MURRA, J. V.

El mundo andino: población, medio ambiente y economía. Perú: IEP/ Pontificia Universidad Católica del Perú, 2002.

OROFINO, F.

Evangelização e interculturalidade a partir do Novo Testamento. In: BRUNELLI, D.; TAVARES, S. (Orgs.). *Evangelização e interculturalidade.* Petrópolis: Vozes, 2010, p. 79-83.

OLIVEROS, R.

Historia de la Teología de la liberación. In: ELLACURÍA, I.; SOBRINO, J. (Org.) *Mysterium Libertionis:* Conceptos Fundamentales de la Teología de la Liberación. Madrid: Trotta, 1990. p. 17-50.

OVIEDO, A..

Qué es el Sumak Kawsay: Más allá del antropocentrismo de derecha e izquierda. Quito: Sumak Ediciones, 2011.

PACHA, S.

Qamaña: Vivir Bien. *Espiritualidades originarias.* Cochabamba: Verbo Divino, v. 8, 2012.

PACHA, J./R.

Espiritualidades originarias. Cochabamba: Verbo Divino, v. 2, 2012.

Pagola, J. A.

Jesus: aproximação histórica. Petrópolis: Vozes, 2010.

O caminho aberto por Jesus: Mateus. Petrópolis: Vozes, 2013.

Paulo VI.

Evangelii Nuntiandi. Sobre a Evangelização no mundo contemporâneo. Disponível em: http://w2.vatican.va/content/paul-vi/pt/apost_exhortations/documents/hf_p-vi_exh_19751208_evangelii-nuntiandi.html.

Pease, F.

El Dios creador andino. Cuzco: Ministerio de Cultura, 2014.

Pires, S. M.

O encontro humano como lugar teológico: uma releitura do encontro da mulher Cananéia com Jesus Mt 15,21-28. 2006. 57f. Trabalho de Conclusão de Curso. Escola Superior de Teologia e Espiritualidade Franciscana, Curso de Graduação em Teologia.

Preiswerk, M.

Hacia una educación teológica intercultural. In: 7ª Jornada Teológica CETELA, 2003, La Paz. *Teologías de Abya Yala y formación teológica:* interacciones y desafíos. Anales. Bogotá: Comunidad De Educación Teológica Ecuménica Latinoamericana Y Caribeña (cetela), 2004, p. 55-84.

Portugal, A. R.

O ayllu nas crônicas quinhentintas. São Paulo: UNESP, 2009.

Quispe Aguirre, R.

Defender la vida: el Espíritu y los espíritus en la teología andina y cristiana. In: Estermann, J.*Teología andina:* el tejido diverso de la fe indígena. La Paz: ISEAT, 2009, 2 v. p. 127-146.

Quijano, A.

Colonialidade do poder, eurocentrismo e América Latina. In: Lander, E. (Org.). *A colonialidade do saber:* eurocentrismo e ciências sociais. Buenos Aires: CLACSO, 2005, p. 107-130.

Modernidad, identidad y utopía en américa latina. Lima: Sociedad y política, 1988.

Colonialidad del poder y clasificación social. In: *Cuestiones y horizontes de la independencia histórico-estructural a la colonialidad/descolo-*

nialidad del poder. Buenos Aires: CLACSO, 2014. Disponível em: http://biblioteca.clacso.edu.ar/clacso/se/20140506032333/eje1-7.pdf. Acesso em: 27 jul. 2020.

Revista De Culturas, Espiritualidades Y Desarrollo Andino Amazónico.

Discurso Teológico y Buen Vivir. Equipo Ilamis/Itinerarios. 2015

Ribeiro, D.

O que é lugar de fala? Belo Horizonte: Letramento, 2017.

Richard, P.

A origem do cristianismo em Antioquia. *RIBLA*, São Leopoldo, n. 29, p. 32-44, 1998/1.

Richter, I.

"Não temais... Ide ver... e anunciai"!: mulheres no Evangelho de Mateus. *RIBLA*, Porto Alegre, n. 27, p. 149-166, 1997/2.

Rodríguez, A.

Teoría y práctica del buen vivir: Orígenes, debates conceptuales y conflictos sociales. El caso de Ecuador. 2016. 421f. Tese (Doutorado). Universidad del País Vasco.

Bibliografía del Buen Vivir. Disponível em: http://filosofiadelbuenvivir.com/wp-content/uploads/2017/03/Bibliograf%C3%ADa-Buen-Vivir-2017.pdf. Acesso em: 21 mar. 2017.

Roussel, J-F.

Decoloniality and Justice: theological perspectives. São Leopoldo: Oikos, 2018.

Sarmiento, N.

Un arco íris de voces teológicas: La trilogía andina desde la experiencia quechua y aymara. Cochabamba: Itinerarios, 2016 (Col. Misión y diálogos, 14).

Santos Junior, A. A.

Cosmovisión y Religiosidad andina: una dinámica histórica de encuentros, desencuentros y reencuentros. *Revista Espaço Ameríndio,* Porto Alegre, v. 3, n. 1, p. 84-99, jan/jun. 2009.

Schussler, F.

In Memory of her: a feminist theological reconstruction of Christian Origins. London: SCM, 1983.

SCHOLZ, V.

Novo testamento interlinear. São Paulo: Sociedade Bíblica do Brasil, 2004.

SILBER, S.

Poscolonialismo: introducción a los estudios y a las teologías poscoloniales. Cochabamba: Itinerarios/Maryknol, 2018.

SILLER, C.

Metodologia da teologia índia. In: SUSIN, Luiz Carlos (Org.) *Sarça ardente*: Teologia na América Latina: prospectivas. São Paulo: Paulinas, 2000, p. 287-296.

SUSIN, L. C.

Revelação e condicionamento cultural. In: SUESS, P. (Org.). *Culturas e evangelização*. São Paulo: Loyola, 1992, p. 173-189.

SUESS, P.

Evangelizar a partir dos projetos históricos dos outros: Ensaio de missiologia. São Paulo: Paulus, 1995, p. 41-65.

Cultura e religião. In: *Culturas e evangelização.* São Paulo: Loyola, 1992.

El "bien vivir" como propuesta de recreación del mundo en el Espíritu. In: II CONGRESSO CONTINENTAL DE TEOLOGIA, 2015, Minas Gerais. *Iglesia que Camina con Espíritu y desde los pobres:* Anales. Uruguay: Fundación Ameríndia, 2017, v. 1, p. 187-209.

Relevância da Teologia índia na construção do bem viver. *Revista Eclesiástica Brasileira,* Petrópolis, v. 76, n.304, p. 963-967, dez. 2016.

Povos da madrugada e teologias da tarde: aproximações a lógicas e práticas dos povos indígenas. In: SUSIN, L. C. (Org.) *Sarça ardente*: Teologia na América Latina: prospectivas. São Paulo: Paulinas, 2000, p. 265-285.

TAMEZ, E.

As mulheres no movimento de Jesus, o Cristo. São Leopoldo: Sinodal, 2004.

TANCARA CHAMBE, J. J.

"Tuve una importante revelación": revelación en la experiencia evangélica andina. In: ESTERMANN, J. *Teología andina:* el tejido diverso de la fe indígena. La Paz: ISEAT, 2009, 2 v. p. 15-43.

TEMPORELLI, C. M.

El cordón de los tres hilos no es fácil de romper. In: *María a la luz de la fe del pueblo latinoamericano*. Nuestra Señora de Guadalupe. Buenos Aires: Gram, 2013.

TILLICH, P.

Teologia da cultura. São Paulo: Fonte Editorial, 2009.

TOMICHÁ CHARUPÁ, R.

El buen vivir. Inspiraciones para un cristianismo simbólico co-convivial. *Spiritus.* n. 223, p. 9-26, jun. 2016.

Algunas claves para leer los simposios de Teología India. In: VI SIMPOSIO LATINOAMERICANO DE TEOLOGÍA INDIA, 2017, Asunción. *Trinidad, Familia y Pueblos Originarios:* Anales. Bogotá: CELAM, 2018, v. 6, p. 37-59.

Teologías amerindias y encuentro de culturas: algunas reflexiones a la luz de Raimon Panikkar. Disponível em: https://www.faje.edu.br/simposio2018/arquivos/seminarios/ROBERTO%20TOMICHA%20CHARUP%C3%81.pdf. Acesso em dez. 2021

Algunas premisas para una pneumatología en perspectiva indígena. In: IX ENCUENTRO CONTINENTAL DE TEOLOGIA INDIA. La acción del Espíritu en los pueblos indígenas: Memoria. Cochabamba: AELAPI/Itinerarios, 2021, p. 307-328.

WALSH, C.

***Interculturalidad crítica y (de)colonialidad:* Ensayos desde Abya Yala.** Quito: Abya Yala, 2012.

ZAMBRANO, L.

El problema del mal en el mundo andino. In: ESTERMANN, J. *Teología andina:* el tejido diverso de la fe indígena. La Paz: ISEAT, 2009, 2 v. p. 227-250.

Ziener, G.

A questão sinótica. In: SCHREINER, J; DAUTZENBERG, G. (Org.). *Forma e exigências do Novo Testamento.* São Paulo: Editora Teológica: 2004, p. 219-233.

ZWETSCH, R.

Teologias da Libertação e interculturalidade. In: Conviver: ensaios para uma teologia intercultural latino-americana. São Leopoldo: Sinodal, 2015, p. 107-128.

ZWETSCH, R.; TRINDADE, C. J. B.
Contextualidade, pluralidade, ecumenicidade: esboço de uma teologia intercultural. In: ZWETSCH, R. (org.). *Conviver:* ensaios para uma teologia intercultural latino-americana. São Leopoldo: Sinodal, 2015, p. 158-180.

ZUBARAN, M. .; WORTMANN, M. L.; KIRCHOF, E. R.
Stuart Hall e as questões étnicos raciais no Brasil: cultura, representações e identidades. *Projeto História,* n. 56, p. 9-38, 2016.

VII ENCUENTO CONTINENTAL DE TEOLOGÍA INDIA.
Sumak Kawsay y la Vida Plena: Memoria/Borrador. Pujilí: AELAPI, 2013, 172p.

IX ENCUENTRO CONTINENTAL DE TEOLOGIA INDIA.
La acción del Espíritu en los pueblos indígenas: Memoria. Cochabamba: AELAPI/Itinerarios, 2021, 348p.

IV SIMPOSIO LATINOAMERICANO DE TEOLOGÍA INDIA, 2011, Lima.
El sueño de Dios en la creación humana y en el cosmos: Anales. Bogotá: CELAM, 2013, v. 4, 279p.

V SIMPOSIO LATINOAMERICANO DE TEOLOGÍA INDIA, 2014, San Cristóbal de Las Casa.
Revelación de Dios y Pueblos Originarios: Anales. Bogotá: CELAM, 2015, v. 5, 230p.

VI SIMPOSIO LATINOAMERICANO DE TEOLOGÍA INDIA, 2017, Asunción.
Trinidad, Familia y Pueblos Originarios: Anales. Bogotá: CELAM, 2018, v. 6, 319p.